フランチャイズ契約

判例ハンドブック

西口　元
奈良輝久
若松　亮
［編］

青林書院

はしがき

　本書は，法律の専門家ではないフランチャイズの関係者にも分かりやすいように，最新のフランチャイズ判例（裁判例）を解説したものである。フランチャイズ判例を解説した書物は，必ずしも十分ではなく，既に発行されているフランチャイズ判例の解説書も法律実務家及び研究者を対象としたものである。本書は，コンビニの経営者等にとっても分かりやすく解説した書籍として，弁護士等の法律実務家はもとより，フランチャイズ業界にも一定の貢献を果たすものと自負している。

　ところで，本書は，フランチャイズに関する書籍が極めて少ない中，意欲的に『フランチャイズ契約の法律相談』（新・青林法律相談11）等のフランチャイズ関係の出版に取り組んでこられた青林書院から刊行されたものである。編集を担当した私達は，これらの書籍に関与してきた者であるが，青林書院の既刊の書籍は，フランチャイズ業界の関係者のみならず弁護士等の実務家からも，多大な支持を受け，発売後，短期間のうちに品切れとなったものもあった。出版不況といわれる中で編集を担当した者として，フランチャイズ業界等の発展に寄与したいという青林書院の努力が報われたものとして，安堵しているところである。

　本書の特色は，以下のような点にある。
① 　各判決の「争点」を明記した。
② 　「事案の概要」，「判決要旨」は，できる限り詳しく引用した。事件を正しい解決に導かんとする裁判官の奮闘努力と深い考察の軌跡は，判決文にダイレクトに現れると考えたからである。なお，判決要旨にはあえて重要箇所に下線を引くなどの処理は施さなかった。読者自ら判決要旨を熟読吟味され，自ら思う重要箇所にラインマーカーを引く等の工夫をされることをお勧めする。
③ 　「分析」は，『【改訂版】フランチャイズ契約の法律相談』とタイ・アップさせ，連携した形で利用できることが好ましいと考え，同書の関

係箇所（該当頁）をできる限り引用した（なお，同書の執筆者名は省略した。）。本書を『【改訂版】フランチャイズ契約の法律相談』と併用することにより，フランチャイズ契約の判例（裁判例）に対する読者の理解は格段に進むであろう。

④ 「分析」は，平易な表現を心掛けたが，内容的には判例評釈なみの詳しいものもあれば，比較的簡潔なものもある。この点は，最終的には各執筆者の自由に任せた。また，「分析」における執筆者の意見は必ずしも一致を見ていない部分もあるが，最終的には各執筆者の判断と責任に委ねた。読者は，同一テーマの複数の裁判例の「分析」を読むことによって，フランチャイズ契約の裁判例の最新の動向のみならず，理論の現時点の到達点をも理解することができると考える。

本書の執筆者は，長期間にわたってフランチャイズ関係の実務を担当してこられたベテラン弁護士等に加えて，将来，法律実務家の中心となって活躍することが期待されている新進気鋭の弁護士，学者や弁理士である。多数の執筆者の手による書籍の多くは，各執筆者が独自に原稿を執筆したものを一冊の書籍にしたものであるが，本書は，内容をより良いものにしたいという観点から，各執筆者が原稿を持ち寄って研究会を開催し，研究会で指摘された事項については，各自が検討課題を持ち帰り，再度，修正した原稿を研究会に持参して，検討を加えるという手間のかかる過程を経たものである。その結果，本書は，予定の刊行時期を大幅に超過してしまい，青林書院の編集者の方に多大の負担をおかけした。しかし，私達の努力は，必ずやフランチャイズの関係者の支持を得るものと確信している。

また，フランチャイズ契約の裁判例としては，本書の編集作業が進み，内容が確定した後においても，①コンビニのフランチャイジーが，フランチャイザーに対し，独占禁止法上の優越的地位の濫用に該当するとして，深夜営業の開店強要禁止等を求めた事件に関する東京地裁平成23年12月22日判決（請求棄却）や，マスター・フランチャイズ契約の不当打切り（更新拒絶）による損害賠償請求を求めた事件に関する東京地裁平成24年1月30日判決（請求を約5億円の限度で認容。関連事件として，本書第30事件，第47事件）など，相次いで重要な裁判例が出されており，今後の裁判例の動向は，一瞬たりとも目を

離せない状況にあると言ってよい。編集者をはじめ執筆陣一同としては，遠からず本書のアップ・デートを図る必要が出てくると強く感じており，もちろん，実行に移す覚悟でいる。

　最後になるが，本書は，フランチャイズ関係の既刊の書籍と同様に，青林書院編集部の倉成栄一さんから，種々のアイデア・資料等を提供していただくなど心温まるご援助をいただいた。倉成さんの変わらぬ笑顔は，今回も我々に大きな活力を与えてくれた。また，四樹総合法律会計事務所の中井稔子さん，杉下真理納さんらには，研究会の事務局を担当していただき，原稿のチェック等をお願いした。本書は，これらの人々のご協力がなければ，刊行されることはなかったであろう。執筆者を代表して，心からお礼を述べたい。私達は，読者からご指摘等をいただき，さらに研究を深めていきたいと思う。

　2012（平成24）年2月

　　　　　　　　　　　　　　　編者　西口　　元
　　　　　　　　　　　　　　　　　　奈良　輝久
　　　　　　　　　　　　　　　　　　若松　　亮

編集者

西口　元（前橋地方裁判所部総括判事）
奈良輝久（弁護士　四樹総合法律会計事務所）
若松　亮（弁護士　四樹総合法律会計事務所）

執筆者〔執筆順〕

秋元大樹（弁護士　川崎あすか法律事務所）
毛塚重行（弁護士　加藤法律事務所）
胡　光輝（北陸大学未来創造学部専任講師）
土居伸一郎（弁護士　小林法律事務所）
カライスコス　アントニオス（京都学園大学法学部専任講師）
石井　亮（弁護士　外苑前法律事務所）
石田晃士（弁護士　隼あすか法律事務所）
若松　亮（弁護士　四樹総合法律会計事務所）
林　紘司（弁護士　四樹総合法律会計事務所）
西口　元（前橋地方裁判所部総括判事）
西口　克（弁理士　浜田国際法律特許事務所）
奈良輝久（弁護士　四樹総合法律会計事務所）

主要参考文献

川越憲治『継続的取引契約の終了:販売店契約・下請契約・継続的供給契約をめぐって(別冊NBL No.19)』(商事法務研究会, 1988年)
川越憲治編『最新 販売店契約ハンドブック[増補版]』(ビジネス社, 1994年)
川越憲治『〔新版〕フランチャイズ・システムの判例分析(別冊NBL No.56)』(商事法務研究会, 2000年)
川越憲治『フランチャイズシステムの法理論』(商事法務研究会, 2001年)
西口 元=吉野正三郎=木村久也=奈良輝久編『フランチャイズ契約の実務』(新日本法規, 2000年)
西口 元=木村久也=奈良輝久=清水建成編『〔改訂版〕フランチャイズ契約の法律相談』(青林書院, 2009年)
社団法人日本フランチャイズチェーン協会編『フランチャイズ・ハンドブック』(商業界, 2003年)
金井高志『フランチャイズ契約裁判例の理論分析』(判例タイムズ社, 2005年)
小塚荘一郎『フランチャイズ契約論』(有斐閣, 2006年)
社団法人日本フランチャイズチェーン協会編『よくわかる!フランチャイズ入門〔新版〕』(同友館, 2011年)
神田 孝『フランチャイズ契約の実務と書式』(三協法規出版, 2011年)
『月刊 Franchise Age』(社団法人日本フランチャイズチェーン協会)

目　　次

はじめに

第1章　総　　論

若松　亮

1　はじめに……………………………………………………………… 3
　(1)　フランチャイズ・システムにおいて紛争が発生する要因(3)
　(2)　フランチャイズ契約の法的性質(4)
2　契約締結段階におけるフランチャイザーの情報提供義務(第2章)…… 6
3　加盟契約締結時の留意事項(第3章)……………………………… 7
　(1)　イニシャル・フランチャイズ・フィー(7)
　(2)　商　標(8)
　(3)　名板貸し(8)
　(4)　フランチャイジーの店舗(9)
4　契約締結後の諸問題(第4章)……………………………………… 9
　(1)　ノウハウの付与(9)
　(2)　不正競争防止法(10)
　(3)　ロイヤルティ(10)
　(4)　会計管理(11)
　(5)　顧客情報の管理(11)
　(6)　フランチャイザー，フランチャイジーの営業(12)
5　契約終了時の諸問題(第5章)………………………………………12
6　フランチャイズと独占禁止法(第6章)……………………………14
7　その他の問題(第7章及び第8章)…………………………………14

第2章　契約締結段階におけるフランチャイザーの情報提供義務

〈裁判例概観〉………………………………………カライスコス　アントニオス…19
　1　はじめに(19)／2　フランチャイザーの一般的な情報提供義務(19)／3　売上収益予測に関する情報提供義務(21)／4　セールストーク(24)／5　損害賠償の範囲(25)／6　過失相殺(28)

第1　教導塾京都事件〔京都地判平成5年3月30日判タ827号233頁〕
　………………………………………………………………………秋元大樹…30
　▽フランチャイザーのフランチャイジーに対する契約締結勧誘行為につき，不法行為責任が否定された事例
　▽フランチャイザーの契約締結段階における情報提供義務違反が認められた事例

第2　ファンタスティックサム事件〔東京地判平成5年11月30日判時1521号91頁〕
　…………………………………………………………………………毛塚重行…37
　▽フランチャイザーの売上収益予測等に係る積極的情報提供義務の有無に関する判断基準を示した事例

第3　フローラ事件〔浦和地川越支判平成7年7月20日判時1572号109頁〕
　……………………………………………………………………………胡　光輝…48
　▽フランチャイザーの販社契約締結上の保護義務違反の不法行為が成立するとされた事例

第4　クィニーシステム事件〔東京地判平成11年10月27日判時1711号105頁〕
　…………………………………………………………………………毛塚重行…55
　▽フランチャイザーに，自己が営むフランチャイズ事業の行政法規適合性をフランチャイジーに説明する法的義務が認められた事例（過失相殺5割）

第5　マーティナイジングドライクリーニング事件〔東京高判平成11年10月28日判時1704号65頁，判タ1023号203頁〕………………………土居伸一郎…63
　▽フランチャイザーのフランチャイジーに対する保護義務違反（不正確な情報の提供）による損害賠償責任が認められた事例（過失相殺7割）

第6　神戸サンド屋事件〔福岡高判平成13年4月10日判タ1129号157頁〕
　………………………………………………………カライスコス　アントニオス…73
　▽フランチャイザーのフランチャイジーに対する信義則上の保護義務違反（適正な情報の不提供）による損害賠償責任が認められた事例（過失相殺8割）

第7　サークルK事件〔名古屋高判平成14年4月18日　LLI05720537〕
　…………………………………………………………………………石井　亮…82

　　　　▽フランチャイザーに，売上予測に係る情報提供義務違反に基づく不法行為責任
　　　　　が認められた事例

第8　ローソン千葉事件〔千葉地判平成13年7月5日判時1778号98頁〕
　　　　………………………………………………………………石田晃士…90
　　　　▽コンビニエンスストア加盟店の経営破綻につき，フランチャイザーの説明義務
　　　　　違反があるとして，加盟店の損害賠償請求が認められた事例（過失相殺5割な
　　　　　いし8割）

第9　フードデザイン事件〔東京地判平成14年1月25日判時1794号70頁〕
　　　　………………………………………………………………石井　亮…97
　　　　▽フランチャイズ契約締結の際にフランチャイザーが行った売上予測及び総事業
　　　　　費予測に合理性があったとして，フランチャイザーの損害賠償責任が否定され，
　　　　　かつ，フランチャイズ・システムの構築及びノウハウの提供に関する情報提供
　　　　　義務違反も否定された事例

第10　デイリーヤマザキ事件Ⅰ〔大阪地判平成14年3月28日判タ1126号167頁〕
　　　　………………………………………………………………土居伸一郎…105
　　　　▽フランチャイザーに契約締結段階における信義則上の情報提供義務違反が認め
　　　　　られた事例─売上予測（過失相殺3割）─

第11　デイリーヤマザキ事件Ⅱ〔金沢地判平成14年5月7日　平12（ワ）242号，666号〕
　　　　………………………………………………………………秋元大樹…115
　　　　▽フランチャイザーの情報提供義務違反（売上・損益予測）による損害の算定方法
　　　　　が示された事例

第12　ホットスパー事件〔那覇地判平成17年3月24日判タ1195号143頁〕
　　　　………………………………………………………………石田晃士…122
　　　　▽フランチャイザーの情報提供義務違反，閉店指導義務違反等が否定された事例

第13　コンビニ・フランチャイズ事件〔福岡高判平成18年1月31日判タ1216号172
　　　　頁〕………………………………………………………………土居伸一郎…133
　　　　▽フランチャイザーに契約締結段階における情報提供義務違反を認め，契約締結
　　　　　上の過失による損害賠償責任を負わした事例（過失相殺2割5分）

第14　ポプラ事件〔福岡高判平成18年1月31日判タ1235号217頁〕…石田晃士…142
　　　　▽フランチャイザーに情報提供義務違反があるとして，契約締結上の過失による
　　　　　損害賠償が認められた事例（過失相殺3割）

第15　アイディーエス事件〔さいたま地判平成18年12月8日判時1987号69頁〕
　　　　………………………………………………………………石井　亮…150
　　　　▽フランチャイザーに信義則上の保護義務違反に基づく加盟金相当額の損害賠償

請求が定められた事例（過失相殺 4 割）

第16 オクトパス事件〔千葉地判平成19年 8 月30日判タ1283号141頁〕
....毛塚重行... 160
▽フランチャイザーにフランチャイズ契約締結段階における信義則上の情報提供義務等が認められた事例

第17 創庫生活館事件〔静岡地浜松支判平成20年10月27日　平17（ワ）459号，464号，平18（ワ）244号〕..若松　亮... 169
▽フランチャイザーにフランチャイズ契約上の商品提供義務及び同義務違反によるロイヤリティの減額，フランチャイズ契約の解除の制限が認められた事例

第18 シャトレーゼ事件〔大津地判平成21年 2 月 5 日判時2071号76頁〕
....林　紘司... 177
▽フランチャイザーがフランチャイズ契約に違反し，契約時に店舗の売上予測に関して不正確，不合理な情報を提供したとして債務不履行に基づく損害賠償請求が認められた事例（過失相殺 5 割）

第19 コンビニ・リロケイト物件事件〔仙台地判平成21年11月26日判タ1339号113頁〕..カライスコス　アントニオス... 187
▽フランチャイザーがリロケイト物件に関して勧誘を行う場合における情報提供義務を認めた事例（過失相殺 5 割）

第20 フジオフードシステム事件〔東京高判平成21年12月25日　平21（ネ）1043号〕
....秋元大樹... 197
▽フランチャイザーの詐欺的勧誘行為により締結されたフランチャイズ契約の加盟金条項等が公序良俗に反するとして無効とされ，フランチャイザーの経営指導義務違反による損害賠償額の算定につき民事訴訟法248条が適用された事例

第21 ニコニコキッチン事件〔大阪地判平成22年 5 月27日判時2088号103頁〕
....カライスコス　アントニオス... 205
▽フランチャイズ契約においてフランチャイザーの情報提供義務違反が認められず，フランチャイジーの競業避止義務違反が認められた事例

第 3 章　加盟契約締結時の留意事項

1　イニシャル・フランチャイズ・フィー

第22 天商事件〔浦和地判平成 5 年11月30日判タ873号183頁〕...... 毛塚重行... 217
▽フランチャイザーの倒産に伴う返還約束のない権利金の一部返還が認められた事例

第23　ステーキワン事件〔神戸地判平成15年7月24日　平13(ワ)2419号〕
　　　　……………………………………………カライスコス　アントニオス… 225
　　　▽加盟金不返還特約が暴利行為として公序良俗に違反するとされた事例

第24　フジオシステム事件〔大阪地判平成19年3月23日　平17(ワ)2104号〕
　　　　……………………………………………………………若松　亮… 232
　　　▽店舗の出店予定区域についての認識が異なることを理由として，フランチャイズ加盟店契約について錯誤無効の主張が認められた事例

2　商号・商標

第25　メガネの愛眼チェーン事件〔大阪地判平成17年5月26日判タ1203号247頁〕
　　　　………………………………………………………………石田晃士… 237
　　　▽商標権侵害及び不正競争防止法2条1項1号の混同行為であるとする標章の使用差止め及び損害賠償請求が一部認容された事例

第26　PAPA JON'S事件〔知財高判平成17年12月20日判時1922号130頁〕
　　　　………………………………………………………………西口　克… 245
　　　▽日本におけるピザのフランチャイズ展開を企図していたアメリカ企業が有する商標につき，商標法50条1項所定の不使用による商標登録取消しの事由があり，同条2項ただし書所定の正当な理由も認められないとされた事例

第27　マクドナルド標章抹消請求事件〔東京地判平成18年2月21日判タ1232号314頁〕……………………………………………………………石田晃士… 252
　　　▽1　ロイヤルティ不払いを理由とする解除が解除権の濫用に当たらないとされた事例
　　　　2　フランチャイズ契約解除後の標章の使用が不正競争防止法2条1項2号に該当するとされた事例

第28　ごはんや　まいどおおきに事件〔大阪地判平成19年7月3日判時2003号130頁〕……………………………………………………………毛塚重行… 260
　　　▽店舗外観が営業主体識別機能を取得し得るとされ，その類似性の判断基準が示された事例

第29　Aラーメン事件〔福岡高判平成19年7月19日　平19(ネ)59号〕
　　　　……………………………………………カライスコス　アントニオス… 268
　　　▽フランチャイズ契約における損害賠償額の予定条項が適用される範囲の補充解釈を行った事例

第30　ほっかほっか亭事件〔東京地判平成22年5月11日判タ1331号159頁〕
　　　　………………………………………………………………胡　光輝… 276
　　　▽サブ（マスター）・フランチャイズ契約におけるエリア・フランチャイザーの

　　　　　　債務不履行による損害賠償及び遅延損害金の支払が否定された事例

3　名板貸し

第31　ユーポス事件〔神戸地尼崎支判平成13年11月30日　平12(ワ)652号〕
　　　　　　………………………………………………………… 胡　　光輝… 288
　　　　　　▽フランチャイザーに名板貸責任の成立を認めた事例

4　フランチャイジーの店舗

第32　ファミリーマート事件〔大阪高判平成13年7月31日判時1764号64頁〕
　　　　　　………………………………………………………… 胡　　光輝… 296
　　　　　　▽顧客の転倒事故とフランチャイザーの安全指導義務違反の事例

第4章　契約締結後の諸問題

1　不正競争防止法

第33　顧客情報流用事件〔東京地判平成12年11月13日判タ1047号280頁，東京地判平成12年10月31日判タ1097号295頁，東京地判平成11年7月23日判タ1010号296頁〕………………………………… カライスコス　アントニオス… 307
　　　　　　▽顧客情報が不正競争防止法上の営業秘密に当たるとされた事例

2　ロイヤルティ

第34　セブン・イレブン・チャージ事件〔最二小判平成19年6月11日判タ1250号76頁，金判1277号45頁〕………………………………… 奈良輝久… 315
　　　　　　▽コンビニエンスストアのフランチャイズ契約に「加盟店は運営者に対して売上総利益（売上高から売上商品原価を控除した金額）に一定の率を乗じた額を支払う」旨の条項がある場合において，消費期限間近などの理由により廃棄された商品の原価等は売上高から控除されないとされた事例

3　会計管理

第35　エーエム・ピーエム事件〔東京高判平成11年12月15日金判1085号3頁〕
　　　　　　………………………………………………………… 若松　亮… 326
　　　　　　▽フランチャイズ契約上の無催告解除特約に基づく解除及び損害賠償額の予定条項がいずれも有効とされた事例

第36　セブン・イレブン・オープンアカウント事件〔最二小判平成20年7月4日金判1318号60頁，判時2028号32頁，金法1858号46頁〕……… 奈良輝久… 335
　　　　　　▽コンビニエンスストアのフランチャイズ・チェーンにおける本部の報告義務を認めた事例

4 顧客情報の管理

第37 防犯ビデオカメラ事件〔名古屋高判平成17年3月30日　平16(ネ)763号〕
………………………………………………………… 若松　亮… 345
▽コンビニエンスストアにおける防犯ビデオカメラの撮影・録画と警察へのビデオテープの提供が違法性を欠くとされた事例

5 フランチャイザー，フランチャイジーの営業

第38 デジタルダイレクト事件〔東京地判平成20年5月14日判時2013号147頁〕
………………………………………………………… 若松　亮… 352
▽コンビニ販売に係る継続的売買契約の返品条項の適用が肯定された事例

第5章　契約終了時の諸問題

1 期間満了及び更新

第39 ほっかほっか亭鹿児島事件〔鹿児島地決平成12年10月10日判タ1098号179頁〕
………………………………………………………… 若松　亮… 361
▽フランチャイザーのフランチャイジー（サブ・フランチャイザー）に対する更新拒絶が否定された事例

2 合意解約

第40 日本さわやかグループ事件〔東京高判平成7年2月27日判時1591号22頁〕
………………………………………………………… 胡　光輝… 369
▽フランチャイズ契約における加盟店側からの解約時の一時金の定めと公序良俗違反

3 一方当事者による解約

〈裁判例概観〉………………………………………………… 林　紘司… 377
　1　はじめに(377)／2　各裁判例の事案と判旨(377)／3　裁判例の検討(380)

第41 ノムラクリーニング事件〔大阪高判平成10年6月17日判時1665号73頁〕
………………………………………………………… 胡　光輝… 384
▽競業避止義務違反に対する高額の違約金条項の一部無効と公序良俗

第42 サークルK京都事件〔名古屋高判平成14年5月23日判タ1121号170頁〕
………………………………………………………… 毛塚重行… 392
▽フランチャイジーがフランチャイザーの経営手法を批判する新聞記事を店内に掲示したことに対するフランチャイザーからのフランチャイズ契約の解除が肯定された事例

第43 弁当宅配FC事件〔東京地判平成17年1月25日判タ1217号283頁〕
.... 石田晃士… 400
▽1 フランチャイザーからされたフランチャイズ契約解除の効力が認められた事例
　2 信義則上，フランチャイジーの店長もフランチャイズ契約に基づく競業避止義務を負うとされた事例

4 違約金をめぐる法律問題

第44 関塾事件〔東京地判平成21年11月18日判タ1326号224頁〕
.... カライスコス　アントニオス… 408
▽フランチャイザーがフランチャイジーに対して行った違約金請求につき，違約金条項の一部が公序良俗に反するとされた事例

5 競業避止義務

〈裁判例概観〉.. 奈良輝久… 417

第45 労働者派遣事業FC事件〔東京地判平成21年3月9日判時2037号35頁〕
.... 土居伸一郎… 419
▽フランチャイズ契約終了後の競業避止義務が公序良俗違反とされた事例

第46 アルファ事件〔大阪地判平成22年1月25日判タ1320号136頁〕
.... 石田晃士… 427
▽契約終了後の競業避止義務規定が公序良俗に違反せず，無効とはいえないとされた事例

6 仮処分

第47 ほっかほっか亭仮処分事件〔東京高決平成20年9月17日判時2049号21頁〕
.... 奈良輝久… 434
▽サブ・フランチャイズ・システムにおけるマスター・フランチャイザー，サブ・フランチャイザー間のマスター・フランチャイズ契約終了後の競業避止義務違反行為（類似営業行為）などの差止めを求める仮処分命令の申立てについて，信義則上の競業避止義務を認める一方，保全の必要性を欠くとして却下した事例

第6章　フランチャイズと独占禁止法

第48 セブン・イレブン見切り販売事件〔公取委命令平成21年6月22日　平21(措)8号〕.. 奈良輝久… 451
▽コンビニ・フランチャイズ本部による見切り販売の制限が「優越的地位の濫

用」に該当するとされて排除措置命令が出された事例

第7章 サブ・フランチャイズ契約の諸問題

第49 京樽サブ・リース事件〔最一小判平成14年3月28日民集56巻3号662頁〕
………………………………………………………………………若松　亮… 465
▽事業用ビルの賃貸借契約が賃借人の更新拒絶により終了しても賃借人が信義則上、賃貸借契約の終了を転借人に対抗することができないとされた事例

第8章 その他

第50 オタギ事件〔横浜地判平成13年5月31日判時1777号93頁〕
………………………………………………………カライスコス　アントニオス… 477
▽フランチャイズ契約において、フランチャイジーらが共謀してフランチャイズ・システムを破壊したとして共同不法行為が認められ、フランチャーザーによる損害賠償請求が認容された事例

第51 フジフード事件〔東京地決平成18年1月12日　平17(モ)13686号、平17(モ)13731号〕……………………………………………西口　元… 485
▽フランチャイズ契約上の専属的合意管轄条項に基づく移送の申立てが却下された事例

第52 コンビニFC文書提出命令申立事件〔仙台高決平成21年3月24日　平20(ラ)75号〕…………………………………………………………若松　亮… 492
▽コンビニのフランチャイザーと業務委託先との間の契約書その他の文書の文書提出義務（秘密文書該当性）が争われた事例

第53 セブン・イレブン・オープンアカウント差戻事件〔東京高判平成21年8月25日LEX/DB06420449〕…………………………………奈良輝久… 501
▽コンビニエンスストアのフランチャイズ・チェーンの運営者(本部)が、加盟店に代わって支払った商品仕入代金の具体的な支払内容及びリベートについて、加盟店に報告すべき義務を負うとされた事例

第54 イタリアン・トマト事件〔神戸地尼崎支決平成21年12月28日　平21(モ)1056号〕………………………………………………………西口　元… 507
▽フランチャイズ契約上の専属的合意管轄事項に基づく移送の申立てが却下された事例

第55 クレープハウス　ユニ・ピーアール事件〔東京地判平成22年7月9日判時2086号144頁〕…………………………………………奈良輝久… 514

▽会社分割に伴いフランチャイザーの飲食店の直営事業を承継した新会社に対する，フランチャイジーからのフランチャイズ契約終了に伴う約定分割返済金の返還請求が認められた事例

第56　不二家事件〔東京地判平成22年7月14日判時2095号59頁〕… 林　紘司… 524
　　▽フランチャイザー（洋菓子チェーン）が消費期限切れ原料使用問題を引き起こした場合について，ブランド価値維持義務違反が認められたものの，損害との因果関係が否定された事例

第57　エイエスピー事件〔東京高判平成22年8月25日判時2101号131頁〕
　　………………………………………………………………… 林　紘司… 532
　　▽フランチャイザーの取締役について，代表取締役の職務遂行に対する監視義務を怠った任務懈怠が認められるとして，フランチャイジーの損害賠償請求が一部認容された事例

《判例索引》

第 1 章

総 論

1 はじめに

(1) フランチャイズ・システムにおいて紛争が発生する要因

　現在，我々がフランチャイズというときにイメージするビジネスモデルは，商標の使用，店舗の運営方法，ノウハウなどがパッケージになって統一的に店舗運営がなされ，フランチャイザーが店舗の経営，運営に関するビジネスコンセプトを持ち，そのビジネスコンセプトを利用する権利をフランチャイジーに与えるタイプのビジネスモデルであり，フランチャイズ・システムなどと定義される。

　フランチャイズ・システムは，①各種の事業に経験の無い人たちに事業参入の機会を与え（事業参入機会の増大），②中小・零細企業にも規模のメリットを享受させ，量の面だけでなく，質的な面でも流通の合理化に資し（流通の合理化），③革新的なビジネスを生み出すことにより経済を活性化（経済の活性化），④パート，アルバイトの雇用にも貢献し（雇用の増大），⑤消費者に全国どこでも値段の比較的安い十分に訓練された良質なサービスを享受できるというメリットをもたらす（消費者のメリット）という大きな社会的経済的意義を有している。フランチャイズ・システムが，個人や中小・零細企業などの資本や能力を集結させ，有効な社会資本として経済の成長や活性化を図る方法として極めて有益なビジネスモデルであることは異論のないところであろう。

　しかし，フランチャイザーとフランチャイジーの利害は，当該フランチャイズビジネスを発展させ，より多くのリターンを獲得するという長期的な部分で共通するものの，あくまで二当事者間以上の独立の事業者による事業提携である以上，事業を展開することによるリスクの負担とリターンの分配の面において利益相反関係が必然的に内在している。また，フランチャイズ・システムは，事業を提携する事業者の一方が，個人や中小・零細企業であることが多く，資金力や事業に関する知識・経験や法律知識等の点において，フランチャイザーとフランチャイジーとの間に大きな格差があることから，フランチャイザーにおいてこうしたフランチャイジーとの間の格差を利用するインセンティブが存在するという問題もある。

そのため、フランチャイズ・システムの発展に便乗し、根拠のない過剰な売上予測を提示し、又は、十分な情報を提供せずにフランチャイズに加盟させ、巨額の加盟金を取る、フランチャイザーとしてのノウハウ等を備えず、フランチャイジーの加盟後もノウハウ伝授や経営指導を行わないなどといった質の悪いフランチャイザーが出現したり、フランチャイズ契約自体が著しくフランチャイザーに有利な不平等な内容となっており、加盟後にフランチャイジーがフランチャイズから離脱したいと思っても多額の違約金条項があるために、離脱もできなくなってしまうケースなど、様々な問題が発生し、訴訟等の裁判に発展する事案が多数発生するに至った。

本書は、第2章以降において、フランチャイズ契約の交渉、締結、履行、終了といった各段階において発生した紛争に関する多数の裁判例を解説とともに紹介している。

(2) フランチャイズ契約の法的性質

フランチャイズ契約に関する多数の裁判例を概観するに当たって、フランチャイズ契約とはどのような契約であるのか、また、フランチャイズ契約の法的性質はどのようなものであるかについて考えてみることは、問題の整理やより良い解決方法の模索のために有益であると思われる。

では、フランチャイズ契約は、法律上の契約としてはどのような契約として位置づけられるのであろうか。

この点、民法の定める13種の契約（売買、交換、贈与、消費貸借、使用貸借、賃貸借、雇傭、請負、委任（準委任）、寄託、組合、終身定期金、和解）は講学上、典型契約、名称が与えられている契約という意味で有名契約ともいい、これら以外の契約を非典型契約あるいは無名契約という。また、典型契約を複数組み合わせたような内容を有する契約を混合契約ということもある。

この用語例に従えば、フランチャイズ契約は、非典型・無名契約であるとともに、混合契約としての性格を有するということができる。すなわち、フランチャイズ契約においては、フランチャイザーがフランチャイジーに対し自己の標章を使用する権利を付与するとともに、経営ノウハウを提供し、これに対しフランチャイジーが統一的なイメージの下に商品の販売その他の事業を行うことから、フランチャイザーを委任者、フランチャイジーを受任者

とする準委任契約（民法656条）としての側面を有している。また，フランチャイジーがフランチャイザーに対し，経営ノウハウや標章の使用に関してロイヤルティを支払っているという点に着目すると，フランチャイザーをいわば賃貸人，フランチャイジーを賃借人とする賃貸借契約（民法601条）としての性質も有している。さらに，フランチャイザーがフランチャイジーに対し，商品や原料を供給している点を捉えると，フランチャイズ契約は売買契約（民法555条）としての側面も有している。このようにフランチャイズ契約は，典型契約が様々に組み合わされた形で構成されているのである。

　セブン・イレブン・オープンアカウント事件〈**第36事件**〉の最高裁判決は，加盟店基本契約における発注システムにより加盟店経営者が商品を仕入れる場合，仕入商品の売買契約は加盟店経営者と推薦仕入先との間に成立し，その代金の支払に関する事務を加盟店経営者がフランチャイズ本部に委託する法律関係が成立するものと解し，これにつき準委任（民法656条）の性質を有するものと述べている。同判決は，当該フランチャイズ契約において問題（紛争）となっている契約条項について，民法の典型契約のどの契約類型に該当するかを検討し，さらに当事者間の契約の合理的解釈から，民法の規定の適用を認めたものとして注目される。

　このように，フランチャイズ契約の法的性質を混合契約として捉える考え方に対し，フランチャイズ契約に特有の契約条項を分析しその機能を明らかにすることで，フランチャイズ契約の解釈論や制度設計の指針を見いだしていくべきとする，独自契約説を提唱する考え方もあり，この点，小塚荘一郎『フランチャイズ契約論』（有斐閣，2006年）は，民商法における典型契約の定義と同様の意味において，法律論の中で参照するための定義を示しており，参考になる。それによれば，標準的なフランチャイズ契約は，次の要件によって定義されることになるとされる。

「・フランチャイザーがフランチャイジーに対して，『フランチャイズ・パッケージ』の利用を認めるとともにその使用を義務付けること
　・フランチャイジーは『フランチャイズ・パッケージ』の利用に対して対価を支払う義務を負うこと
　・商品・サービスの取引を目的とした契約であること

・フランチャイジーは自己の名義および計算においてこの取引を行うものであること
　・『フランチャイズ・パッケージ』の内容として
　　(a)　共通の標識および統一的な外観の使用
　　(b)　フランチャイザーからフランチャイジーに対するノウハウの付与
　　(c)　フランチャイザーによるフランチャイジーの経営の継続的支援
　が規定されていること」

　フランチャイズ契約の大多数は，上記の標準的なフランチャイズ契約が掲げる要件を満たす内容であり，このような標準的なフランチャイズ契約について共通の法的解決を図ることを志向することは，フランチャイズ契約に関する紛争を解決するために有益な取り組みであると思われる。ただ，フランチャイズ契約の内容は多種多様であり，準委任的要素，賃貸借的要素，売買的要素のいずれにより重きを置いているかも各契約において異なる。このような現状に照らせば，フランチャイズ契約に関する紛争の解決に当たっては，標準的なフランチャイズ契約のモデルを意識しつつ，当該紛争で問題となっている契約条項については，最も適合する典型契約の条項や解釈論をあてはめて，当該事案にとって最も適切な解決を志向するというのが現実的な手法であり，本書で紹介する裁判例の大多数もそのような解決方法をとっている。

2　契約締結段階におけるフランチャイザーの情報提供義務(第2章)

　第2章では，フランチャイズ契約の締結段階におけるフランチャイザーのフランチャイジーに対する情報提供義務違反に関する裁判例を紹介している。本章においては本書収録の裁判例の中でも最も多い20以上の裁判例を紹介している。

　フランチャイズ契約において，フランチャイジーは，フランチャイザーの被用者ではなく独立した事業者として取り扱われ，当該フランチャイズ・システムに基づく事業を行うについて投資リスクや事業リスクを負うことになる。ところが，フランチャイジーとなろうとする者は，商売の素人であることも多く，多少なりとも商売の経験があったとしても，当該フランチャイズ・システムによる事業については知識・経験が乏しいこともある。そのた

め，フランチャイズ契約を締結するに際し，フランチャイザーが行う説明は極めて重要なものとなり，この説明が適切に行われなかった場合に，フランチャイズ・システムに基づく事業を開始したことに伴うリスクを全てフランチャイジーに負わせてよいかが問題となるのである。

契約締結段階におけるフランチャイザーの情報提供義務違反の裁判例においては，①フランチャイザーがどのような事項（売上・収益予測等）について情報提供義務を負うか，②フランチャイザーが消極的情報提供義務のみならず積極的情報提供義務までを負うか，③フランチャイザーが情報提供義務に違反した場合の損害賠償の範囲，④過失相殺等が争点となっている（詳細については，第2章の裁判例概観をご参照いただきたい。）。

3　加盟契約締結時の留意事項（第3章）

第3章では，フランチャイズ加盟契約締結時に取り決められた契約条項の内容に関し，フランチャイザーとフランチャイジーとの間，あるいはフランチャイズ契約当事者と第三者との間に発生した紛争に関する裁判例を紹介している。

(1)　イニシャル・フランチャイズ・フィー

フランチャイズ契約は，一言で言えば，フランチャイジーがフランチャイザーからフランチャイズ・パッケージを代金を支払って購入するという契約であるが，この代金のうち契約締結時に提供されるフランチャイズ・パッケージの対価をイニシャル・フランチャイズ・フィーと呼び，契約継続中に提供されるフランチャイズ・パッケージの対価であるロイヤルティと区別されている。

イニシャル・フランチャイズ・フィーは，フランチャイズ契約の締結の前後にフランチャイザーからフランチャイジーに対して提供されるイニシャル・フランチャイズ・パッケージの対価である。したがって，フランチャイズ契約がそれ以降の時期に解約されたとしても，フランチャイザーは既にイニシャル・フランチャイズ・フィーの対価であるイニシャル・フランチャイズ・パッケージを提供し，その履行を実施しているのであるから，本来，イニシャル・フランチャイズ・フィーをフランチャイジーに返還する義務はな

いはずである。

　しかし，実際には，フランチャイジーがフランチャイズ契約に基づく事業を開始する前に事業を中止したり，フランチャイジーの責に帰すべからざる事情により事業を中止せざるを得なくなる場合があり，その場合にフランチャイジーがフランチャイザーに対し，イニシャル・フランチャイズ・フィーの返還を求める紛争に発展する場合がある。**第22事件**や**第23事件**はイニシャル・フランチャイズ・フィーの返還を認めた裁判例である。また，**第24事件**は，フランチャイズ契約における店舗の出店予定区域についての認識の相違に基づくフランチャイジーによるフランチャイズ加盟店契約の錯誤無効の主張を認め，イニシャル・フランチャイズ・フィーの返還を認めた裁判例であり，フランチャイズ契約において規定されることが多いテリトリー条項との関係でも注目される。

　(2) 商　　標

　フランチャイズ契約においては，フランチャイザーがフランチャイジーに対し，当該フランチャイズ・ビジネスに関する商標を，一定の条件の下に使用許諾し，かつ使用を求めることがフランチャイズ契約の中心的内容となっている。商標は，その事業者の商品や役務を，他の事業者の商品や役務とは区別して認識させるといういわゆる「自他識別機能」や商品や役務の製造者や販売者である事業者自身を示す「出所表示機能」，商品や役務の質を高めるとともにその品質を対外的に表示する「品質保証機能」や「広告機能」を有しており，フランチャイジーはフランチャイズに加盟することによって統一した商標の使用を許諾されることにより，統一された運営の下，一定の質を備えた事業者であることを表示することができるようになる。

　商標に関する紛争としては，フランチャイザーがフランチャイジーに対して，フランチャイズ契約の終了等によりフランチャイジーが商標を使用する権限を失ったとして，その使用の中止や損害賠償を求める類型があり，**第25事件**や**第27事件**，**第29事件**，**第30事件**がこの類型に関する裁判例である。また，商標に関する紛争は，フランチャイズビジネス外の事業者との間で発生することもあり，**第26事件**及び**第28事件**がこの類型に関する裁判例である。

　(3) 名板貸し

フランチャイザーがフランチャイジーの営業に関し，自己の商号，商標その他の標識等の使用を許諾している場合には，フランチャイザーにいわゆる名板貸責任（会社につき会社法9条，その他の商人につき商法14条）が生じるおそれがあり，**第31事件**は，フランチャイザーに名板貸責任を認めた裁判例である。

(4) **フランチャイジーの店舗**

フランチャイズ・システムにおける店舗の重要性は，そのフランチャイズ・システムによって異なるが，コンビニエンスストアやファーストフード店等では厳格な仕様が定められており，フランチャイザーが指定する店舗の構造・レイアウト・内外装，機械設備・造作備品の選択配置に従ってこれを行わなければならない。**第16事件**は，このような場合にフランチャイザーがフランチャイジーに対し，適切な施工業者を指名する義務があるとした裁判例であり，他方，**第30事件**は，フランチャイジーによる店舗外観の無断変更が行われた事実はないとした裁判例である。

また，フランチャイズ契約において，実際に店舗において事業を行うのはフランチャイジーであるから，フランチャイザーとフランチャイジーの関係では，フランチャイジーが店舗の管理責任を負うことになるが，**第32事件**はフランチャイザーに，フランチャイズの店舗で転倒した顧客に対して，安全指導義務違反による不法行為責任を肯定しており，注目される。

4 契約締結後の諸問題（第4章）

第4章では，フランチャイズ加盟契約締結後，フランチャイジーが当該フランチャイズ事業を行っていくに当たり，フランチャイザーとの間に発生した紛争に関する裁判例を紹介している。

(1) **ノウハウの付与**

フランチャイザーがフランチャイズ事業を行うのは，自らが築き上げたイメージを象徴する商標等と経営ノウハウをフランチャイジーに提供して事業を行わせることにより，早期の事業拡大や店舗展開を行うことができるからであり，フランチャイジーがフランチャイズ・システムに加盟するのは，提供される商標等や経営ノウハウを利用して自ら事業を行うことにより，独力で事業を始めるより容易に収益をあげることができると期待するからである。

したがって，商標等に表象されるフランチャイズの統一的なイメージと並び，その経営ノウハウの付与はフランチャイズ・システムの本質的な要素であり，フランチャイジーが期待した経営ノウハウが得られなかったとして，フランチャイザーとの間で紛争となることがある。

第16事件や**第20事件**は，フランチャイザーに営業指導義務違反や経営指導義務違反を認めた裁判例であり，特に**第20事件**はフランチャイジーの損害額を民事訴訟法248条により算定している点で注目される。また，**第17事件**は，開業前研修の対価性について，当該事案においては，加盟料の対価でありロイヤルティの対価ではない旨述べている。

(2) **不正競争防止法**

フランチャイズ・ビジネスについても，他の事業類型の場合と同様，公正な競争行為とみなされない事業活動は，不正競争防止法により違法なものとされる。フランチャイズ・ビジネスにおいては，こうした不正競争行為がフランチャイズ契約の当事者間や第三者との間で様々な形で紛争に発展することがある。

第33事件は，顧客情報が不正競争防止法上の営業秘密に当たるとした裁判例である。また，**第25事件**，**第27事件**及び**第28事件**は，不正競争防止法が，商標の使用差止めや損害賠償請求の法的根拠として用いられた事案に関する裁判例である。

(3) **ロイヤルティ**

ロイヤルティは，フランチャイズ・パッケージのうち，契約締結時ではなく契約締結後にフランチャイザーからフランチャイジーに対して提供される部分，すなわち継続的フランチャイズ・パッケージについての対価をいう。

ロイヤルティの支払は，フランチャイザーとフランチャイジーの双方にとって，フランチャイズ契約上の最も重要な関心事項の一つであり，特にロイヤルティの算出方式に関し，両者間で紛争となることも少なくない。**第34事件**は，コンビニエンスストアのフランチャイズ契約における「加盟店は運営者に対して売上総利益（売上高から売上商品原価を控除した金額）に一定の率を乗じた額を支払う旨」旨の条項中の「売上商品原価」は，実際に売り上げた商品の原価を意味し，廃棄ロス原価及び棚卸ロス原価を含まないものと解する

のが相当である旨判示した最高裁判決である。また，**第1事件**や**第16事件**は，フランチャイザーの情報提供義務違反とロイヤルティの請求との関係が問題となった事案であり，情報提供義務違反を認定されたフランチャイザーからのフランチャイジーに対するロイヤルティの請求を信義則違反等を根拠に認めなかった裁判例である。

(4) **会 計 管 理**

フランチャイズ契約には，フランチャイザーがフランチャイジーの会計管理を行うことに関する条項（フランチャイジーの一定の方法等による会計処理義務・報告義務，フランチャイザーの検査権等）が設けられているのが通常である。**第35事件**は，フランチャイジーの不適正な経理処理が，フランチャイズ契約上の約定解除事由（本件契約を継続し難い重大な事由）に該当するとして，フランチャイザーによる無催告解除が認められた裁判例である。

また，フランチャイズ契約においては，フランチャイザーとフランチャイジーとの間に相互に債権債務が発生することがあり，この経理処理の方法としてオープンアカウントという交互計算の制度が，コンビニエンスストアなどのフランチャイズ契約においてよく利用されている。オープンアカウントは，フランチャイザーとフランチャイジーとの間で一種の相殺勘定を設けることにより，相互の債権債務関係を簡略化する決裁システムである。**第36事件**は，このオープンアカウント方式の決済方式を採用しているコンビニエンスストアのフランチャイズ・チェーン本部（フランチャイザー）が，加盟店（フランチャイジー）に対して，フランチャイズ契約上規定されていない商品仕入代金の具体的な支払内容の報告義務を負うとした最高裁判決である。

(5) **顧客情報の管理**

企業の営業活動にとって顧客が最も重要な存在であることは言うまでもなく，このことはフランチャイズ・システムによる営業においても同様であり，フランチャイズ契約の当事者は収集した顧客に関する情報が外部に流出することのないよう注意する必要がある。また，顧客情報の収集，管理においては顧客の個人情報の保護にも十分に注意する必要がある。

第33事件は，顧客情報が不正競争防止法上の営業秘密に当たるとした裁判例である。また，**第37事件**は，コンビニエンスストアにおける防犯ビデオカ

メラの撮影・録画と警察へのビデオテープの提供が，当該事案においては違法なものとは認められないとされた裁判例である。

(6) フランチャイザー，フランチャイジーの営業

その他，フランチャイズ・システムを運用してゆく際に問題となるフランチャイズ契約において定められたフランチャイザーとフランチャイジーとの間の権利義務関係に関して生じた紛争に関する裁判例も少なくなく，特にフランチャイザーの経営指導義務違反をフランチャイジーが主張する事案が多い。

第12事件，**第18事件**及び**第21事件**は，フランチャイザーのフランチャイジーに対する経営指導義務違反や，閉店指導義務違反があることを認めなかった裁判例である。また，**第38事件**は，メーカーと販売代理店との間のコンビニ販売に係る継続的売買契約において，販売代理店側に一定の義務違反がある場合に契約に規定された返品条項の適用がされないとのメーカー側の主張につき，そもそも販売代理店に義務違反はない旨述べて返品条項の適用を認めた裁判例である。

5　契約終了時の諸問題（第5章）

第5章では，フランチャイズ契約の終了段階において，フランチャイジーとフランチャイザーとの間で，フランチャイズ契約の終了の可否や，契約の終了に伴う契約関係の事後処理が問題となった裁判例を紹介している。

フランチャイズ契約の終了が問題となる局面としては，契約期間の満了に伴う更新の可否や，合意解約，契約期間中における一方当事者からの解約などがある。フランチャイザーがフランチャイズ契約の更新拒絶をする場合，契約で期間が定められている場合であっても，裁判例上やむを得ない事由が必要とされる場合が多く，**第39事件**は，フランチャイザーによる更新拒絶は，公平の観念に照らして，信義則上許されない旨判示している。また，フランチャイズ契約において，フランチャイズ契約を合意解約するためには，フランチャイジーがフランチャイザーに対して解約金等を支払う必要がある旨定めている場合があるが，**第40事件**は，フランチャイズ契約において，加盟店から解約する場合には解約一時金として500万円の支払義務を負う旨の条項

は，加盟店の解約自由を著しく制限するため，正義に反し，公序良俗に違反するとした。また，フランチャイズ契約を一方当事者から中途解約（解除）する場合，これが認められるためには，契約当事者間の信頼関係が破壊されていることが必要であるとされる場合が多く，**第42事件**及び**第43事件**は，契約当事者間の信頼関係を破壊する事情の存在を認定してフランチャイザーからされたフランチャイズ契約の解除を認めている裁判例である（詳細については，第5章3の裁判例概観をご参照いただきたい。）。

フランチャイズ契約の終了に際し，多くのフランチャイズ契約においては，フランチャイジーの債務不履行について，フランチャイザーに対して違約金を支払う旨の違約金条項が定められている。この違約金は，契約の一方当事者が債務不履行を犯した場合の相手方に対する損害賠償額をあらかじめ定めておく損害賠償額の予定であると一般に解されている。違約金の額が現実に発生する可能性のある損害に比べて不当に高額であるような場合には，違約金条項が公序良俗違反（民法90条）であるとしてその一部又は全部が無効とされる余地があり，**第41事件**や**第44事件**は違約金条項の一部を公序良俗違反により無効としている裁判例である。

フランチャイジーがフランチャイザーの営業と同一又は類似の営業をしたり，フランチャイザーから提供を受けた営業秘密等を不正に利用したりすることは，フランチャイザーとフランチャイジーとの間の信頼関係を本質的に破壊するものであり，とりわけ，フランチャイジーが，営業開始当時は勿論，以後も当該フランチャイズ事業に従事する限り，フランチャイザーから営業秘密を一貫して開示してもらえる立場にあることを考えれば，フランチャイジーによる競業はフランチャイザーのみならず当該フランチャイズ・システム全体を脅かすものになるといっても過言ではない。そのため，フランチャイズ契約においては，一般にフランチャイジーによる競業や秘密開示を事前に防止するため，フランチャイジーの競業避止義務や秘密保持義務に関する規定が設けられている。**第45事件**及び**第46事件**は，フランチャイズ契約終了後の競業避止義務を定める規定の有効性が問題となった裁判例である（詳細については，第5章5の裁判例概観をご参照いただきたい。）。

フランチャイズ契約の解消をめぐる紛争は，仮処分手続において争われ

こともあり，**第47事件**は，サブ・フランチャイズ・システムにおけるマスター・フランチャイザー，サブ・フランチャイザー間のフランチャイズ契約終了後の競業避止義務違反行為（類似営業行為）などの差止めを求める仮処分命令の申立てを，裁判所が保全の必要性を欠くとして却下した事例である。

6 フランチャイズと独占禁止法（第6章）

　フランチャイズ契約では，商品の仕入れ，販売，店舗の営業方法等に関して，フランチャイザーのフランチャイジーに対する様々な拘束条項が用意されているが，これらの条項については独占禁止法上の規制に違反しないかという問題がある。独占禁止法については，公正取引委員会から「フランチャイズ・システムに関する独占禁止法上の考え方について」等，各種のガイドラインが出ており，フランチャイザーとしては，これらのガイドラインを参考にして，フランチャイズ契約の拘束条項が，独占禁止法上違法とされる抱き合わせ販売，拘束条件付取引，再販売価格の維持，優越的地位の濫用等に当たらないよう慎重に対処する必要がある。**第48事件**は，コンビニ・フランチャイズ本部による見切り販売の制限が「優越的地位の濫用」に該当するとされて，公正取引委員会による排除措置命令が出された事案である。

7 その他の問題（第7章及び第8章）

　フランチャイズ契約に関する裁判例は，第6章までに取り上げた裁判例以外にも多く存在しており，第7章及び第8章においては，フランチャイズ契約に関する裁判例として特に注目され，また参考になる裁判例を紹介している。

　第49事件は，フランチャイズ契約に関する裁判例そのものではないが，事業用ビルの賃貸借契約が賃借人の更新拒絶により終了しても賃借人が信義則上，賃貸借契約の終了を転借人に対抗することができないとされた最高裁判決であり，フランチャイズ契約における店舗の利用関係を考えるに当たって参考となる裁判例である。

　第50事件は，フランチャイズ契約のフランチャイジーらが共謀してフランチャイズ・システムを破壊したとして共同不法行為が認められ，フランチャ

イザーによる損害賠償請求が認められたという珍しい裁判例である。

　第51事件は，フランチャイズ契約上の専属的合意管轄条項に基づく移送の申立てが，訴訟の著しい遅滞を避け，かつ，当事者間の衡平をはかるという観点から却下された裁判例である。第54事件も，フランチャイズ契約上の専属的合意管轄条項に基づく移送の申立てを却下している。

　第52事件は，フランチャイズ契約において，フランチャイジーがフランチャイザーに対し，コンビニのフランチャイザーと業務委託先との間の契約書その他の文書の提出を求めた文書提出命令の申立てに関する裁判例であり，今後，同種の事件が増えていくものと考えられ，注目される。

　第53事件は，第36事件の差戻審であり，コンビニエンスストアのフランチャイズ・チェーンの運営者（本部）が，加盟店に代わって支払った商品仕入代金の具体的な支払内容及びリベートについて，加盟店に報告すべきとする裁判例であるが，差戻審は，当該事案においては仕入報奨金（リベート）は，加盟店（の総体）に帰属するとの判断も示しており，この点の判断も注目される。

　第55事件は，会社分割に伴いフランチャイザーの飲食店の直営事業を承継した新会社に対する，フランチャイジーからのフランチャイズ契約終了に伴う分割返済金の返還請求が認められた裁判例である。

　第56事件は，洋菓子チェーン・フランチャイズ事業のフランチャイザーが消費期限切れ原料使用問題を引き起こした場合について，フランチャイザーのブランド価値維持義務違反が認められたものの，フランチャイジーの廃業の損害との因果関係が否定された裁判例である。

　第57事件は，フランチャイザーの情報提供義務違反について，フランチャイザーの責任及びフランチャイザーの代表取締役の改正前商法266条ノ3第1項の責任を認めた上で，フランチャイザーの2名の取締役にも代表取締役の職務遂行に対する監視義務を怠った重大な任務懈怠があったとして，同じく改正前商法266条ノ3第1項の責任を認めた裁判例である。

【若松　亮】

第2章

契約締結段階におけるフランチャイザーの情報提供義務

裁判例概観

1 はじめに

　近年，フランチャイズ契約に関する訴訟が増加傾向にあるが，その中でも，フランチャイザーの情報提供義務違反に基づく損害賠償請求訴訟は，フランチャイジーによる訴訟の50％を占めている（神田孝『フランチャイズ契約の実務と書式』355頁（三協法規出版，2011年））。本章ではそのような，契約締結段階におけるフランチャイザーの情報提供義務についての裁判例を判決年月日順に整理して掲載することにより，関連する判例法理の形成の流れを紹介している。本稿では，個別の裁判例解説への橋渡しとして，本章に掲載されている裁判例を中心に，それらを体系的に位置づけるべく概観を試みたい。

2 フランチャイザーの一般的な情報提供義務

　契約締結段階における，フランチャイザーによるフランチャイジーへの説明に関連する法令等としては，①中小小売商業振興法11条1項（及び同法施行規則10条ないし11条），②独占禁止法19条及び2条9項（一般指定8項），並びに③民法96条1項（詐欺），同法95条（錯誤），同法709条及び715条（不法行為）あるいは信義則（同法1条2項）等がある。
　フランチャイザーが，フランチャイジーになろうとする者がフランチャイズ契約を締結するか否かについて的確な判断ができるよう正確な情報を提供すべき信義則上の義務を負うことについては，フランチャイザーとフランチャイジーとの間に知識，経験及び情報の格差が存在することを根拠に，判例法理として確立しているようである（『コンビニエンス・フランチャイズ・システムをめぐる法律関係に関する研究会報告書(1)』NBL948号8頁）。これまでの裁判例で，契約締結前におけるフランチャイザーによる情報提供ないし説明が不法行為に該当するものとして争われた事例を違法行為の形態ごとに大別すると，フランチャイザーの説明が①詐欺又は詐欺的行為に該当するとするもの，及

び②独占禁止法に違反するとするものが散見されたが，東京地判平成11年10月27日〈**第4事件**〉は，これらの各形態に加えて，フランチャイズ契約において定めた販売システムが，行政法規に違反するおそれがある場合において，「事業の法適合性に関する問題点を十分説明し，第三者においてその事業が行政法規に違反する可能性やその問題点を認識させた上で，新しい事業に参加するか否かを自己責任において判断させる義務がある」と判示した。

　フランチャイザーのフランチャイジーに対する情報提供義務の内容に関する裁判例は，一般的に，①フランチャイザーが，フランチャイズ・システムに関する何らかの情報を提供すること自体を内容とする義務（積極的情報提供義務）を負うとするものと，②フランチャイザーがフランチャイジーに対して，何らかの情報提供を行ったことを前提として，提供した情報が客観的，正確であることを内容とする義務（消極的情報提供義務）を負うとするものに分類することができる（前掲「コンビニエンス・フランチャイズ・システムをめぐる法律問題に関する研究会報告書(1)」9頁）。

　この点について，本章で扱っている裁判例をみると，少なくともフランチャイザーの一般的な情報提供義務については，後者の考え方を明確に採用するものは見当たらず，前者の考え方を採るものが多いようである。例えば，フランチャイザーは，「生徒確保の可否に関し客観的な判断材料になる正確な情報を提供する信義則上の義務を負っている」とした京都地判平成5年3月30日〈**第1事件**〉，フランチャイザーは，フランチャイジーが「不測の損害を被ることがないように，事前に的確な情報を提供して，十分にその内容を説明した上」でフランチャイズ「契約の締結を勧誘すべき義務があった」とした浦和地判川越支判平成7年7月20日〈**第3事件**〉，「フランチャイザーはフランチャイジーの指導，援助に当たり，客観的かつ的確な情報を提供すべき信義則上の保護義務を負っている」とした東京地判平成11年10月28日〈**第5事件**〉，フランチャイザーには，フランチャイジーになろうとする者に対する「信義則上の保護義務としての情報提供義務がある」とした福岡高判平成18年1月31日〈**第13事件**〉，フランチャイザーは，「フランチャイジーとなろうとする者に対し，フランチャイザーが有する当該フランチャイズ事業に関する正確な情報を提供し，当該情報の内容を十分に説明しなければならない

信義則上の保護義務を負う」としたさいたま地判平成18年12月 8 日〈**第15事件**〉，フランチャイザーは，「フランチャイジー候補者に対し，契約を締結してフランチャイジーになるか否かを判断するに足りる必要かつ十分な情報を適時かつ正確に提供・開示し，同候補者に不測の損害を与えないように配慮すべき義務を信義則上負っている」とした千葉地判平成19年 8 月30日〈**第16事件**〉，及びフランチャイザーは，「フランチャイジーになろうとする者に対し，フランチャイズ契約を締結するか否かを判断するために必要な情報を提供すべき信義則上の保護義務を負っている」とした仙台地判平成21年11月26日〈**第19事件**〉等がそうである。

　また，上記の裁判例よりも柔らかい表現を用いている裁判例としては，「加盟店になろうとする者がフランチャイズ契約を締結するかどうかを判断するための正確な情報を提供することが望ましい」とした東京地判平成 5 年11月30日〈**第 2 事件**〉，「フランチャイザーはフランチャイジーになろうとする者に対してできるだけ正確な知識や情報を提供する信義則上の義務，少なくとも不正確な知識や情報を与えること等により契約締結に関する判断を誤らせないよう注意する信義則上の義務を負担している」とした千葉地判平成13年 7 月 5 日〈**第 8 事件**〉，及び「本部は，加盟店を勧誘するに当たり，加盟店が加盟店契約を締結するか否かの判断をする上で，判断を誤らせるような不適切な情報を提供してはならないという信義則上の義務を負う」とした静岡地浜松支判平成20年10月27日〈**第17事件**〉等がある。

　このように，裁判例は，少なくともフランチャイジーになろうとする者がフランチャイズ契約を締結するか否かを判断するために必要な一般的な情報については，積極的情報提供義務を認める傾向にあるようである。なお，フランチャイザーがフランチャイジーに対して負う当該情報提供義務に違反したか否かは，すべての事情を総合して判断されている（前掲『フランチャイズ契約の実務と書式』357頁以下）。

3　売上収益予測に関する情報提供義務

　売上収益予測に関する情報提供義務の存否等について，端的にこれを認めた明文の規定は存在しない。業界団体の自主規制として，社団法人日本フラ

ンチャイズチェーン協会がその会員を規制するために定めた倫理綱領では，フランチャイジーに売上・収益予測情報提供義務を課しており，有力な業界団体による自主規制として重要なものであるが，当該規定に強制力はない。

売上・収益予測に関する情報提供義務の範囲に関する裁判例は，①売上・収益予測は，フランチャイジーになろうとする者が契約を締結する際の重要な要素であることを理由に，フランチャイザーが売上・収益予測につき情報提供義務を負うとするもの，及び②フランチャイザーは，売上・収益予測を積極的に提供する義務を負うものではないが，売上・収益予測を提供する場合には，情報の内容が客観的，正確かつ適正でなければならないとするものに大きく分類することができる（前掲「コンビニエンス・フランチャイズ・システムをめぐる法律問題に関する研究会報告書(1)」9頁以下）。

前者の例としては，「フランチャイザーは，フランチャイジーとなろうとする者に対して，予定店舗についての的確な情報を収集するとともに，収集して保有するに至った情報を，特に秘匿すべき事情のない限り，フランチャイジーとなろうとする者に開示し，フランチャイズ契約を締結するか否かの判断の資料として提供すべき義務，すなわち情報提供義務がある」とした名古屋高判平成14年4月18日〈**第7事件**〉，「フランチャイザー及びその従業員は，フランチャイジーの勧誘に当たり，客観的かつ的確な売上げ予測及び総事業予測を提供すべき注意義務を負う」とした東京地判平成14年1月25日〈**第9事件**〉，フランチャイザーは，フランチャイジーに対し，売上高や営業利益について「できる限り（下線はすべて筆者によるものである。以下同じ）客観的かつ正確な情報を提供すべき信義則上の義務を負っている」とした大阪地判平成14年3月28日〈**第10事件**〉，フランチャイザーは，「フランチャイジーになろうとする者に対し，売上予測に関する情報，契約期間中にフランチャイザーに対し支払う金銭の額などその収益に関する情報について，できる限り客観的かつ正確な情報を提供すべき信義則上の義務を負っている」とした那覇地判平成17年3月24日〈**第12事件**〉，「フランチャイズ契約を締結して，当該店舗の経営に踏み切るかどうかの決断を迫られる出店予定者にとって，肝心なのは，実際にどの程度の売上が見込まれるかどうかであり，それが損益分岐点を上回るかどうかなのであるから，立地調査に基づく売上予測こそ

がこの場合の決め手ともいうべき最重要の情報である。そうであれば，フランチャイザー側がこの情報を出店予定者に開示しないでよいとする理由は見出せない。」とした福岡高判平成18年1月31日〈第13事件〉，及び「フランチャイザーは，出店予定者に対し，フランチャイズ契約を締結してフランチャイジーになるかどうかの判断材料たる情報（その核心部分は，対象店の売上げや収益の予測に関するものである。）を，適時に適切に提供すべき義務があり，また，当然のことながら，その情報は出来る限り正確なものでなければならないというべきである。」とした福岡高判平成18年1月31日〈第14事件〉等がある。もっとも，フランチャイザーに，売上・収益予測について積極的情報提供義務を認める裁判例のうち，少なくとも近時のものの多くは，下線を付した部分の表現から読み取れるように，無制限にこれを認めるわけではなく，「できる限り」客観的かつ正確な情報を提供すれば足りるとしている。

　また，後者の例としては，フランチャイザーが「フランチャイジーとなろうとする者に対し，当該立地条件における事業の収益性等についての情報を提供する場合には，当該事業の経営について有する知識及び経験に基づいた合理性のある情報を提供すべき信義則上の保護義務を負っていると解すべきである」とした福岡高判平成13年4月10日〈第6事件〉，フランチャイザーが「フランチャイジーになろうとする者に対して立地条件や売上げ予測等に関する情報を提供する場合，フランチャイザーは当該フランチャイジーになろうとする者に対し可能な限り客観的かつ的確な情報を提供する信義則上の義務を負っている」とした金沢地判平成14年5月7日〈第11事件〉，フランチャイザーが，「フランチャイジー候補者に対し，売上予測等を提供する場合には，信義則上，十分な調査をし，的確な分析を行って，できる限り正確な売上予測等を提供する義務がある。」とした大津地判平成21年2月5日〈第18事件〉，及び「フランチャイズ契約締結に向けた交渉の過程において売上予測を提供する場合には，フランチャイザーは，フランチャイジーに対し，客観的かつ正確な情報を提供すべき信義則上の保護義務を負っている」とした大阪地判平成22年5月27日〈第21事件〉等がある。

　裁判例がこのように，売上・収益予測に関しては限定された積極的情報提供義務を認め，又は消極的情報提供義務しか認めない傾向にある背景事情と

しては，売上・収益予測は将来の不確定な事実に関するものであること，その手法が確立されていないこと，及び売上・収益予測に関する情報提供義務については，その範囲をなお明確化する必要があることなどが挙げられよう（前掲「コンビニエンス・フランチャイズ・システムをめぐる法律問題に関する研究会報告書(1)」10頁以下を参照）。

　上記のいずれのカテゴリーにも分類することができない裁判例としては，個別具体的な状況によって売上・収益予測を開示する義務の有無を判断すべきとするものがある。例えば，東京地判平成5年11月30日〈第2事件〉は，「店舗候補地の立地条件および収益予測を科学的方法により積極的に調査しその結果を開示すべき信義則上の義務を負担し，これをしなかったことが契約締結上の過失となるか否かは，勧誘交渉の経緯，営業種目の性質や科学的調査の難易度，その正確性等を総合して判断すべきである。」とした。また，大阪地判平成14年3月28日〈第10事件〉は，店舗立地調査を「行うことを目的とする覚書を締結し，同人から覚書締結金」「を受領していることに鑑みると，そのような覚書締結や金員の受領がない場合に比し，提供すべき情報の客観性，正確性についてはより一層高度なものが要求される」としており，実務上注目に値するものと思われる。

　なお，売上・収益予測に関するフランチャイザーの情報提供義務違反の有無を判断する際の基準としては，裁判例は，①売上・収益予測の手法に相当性・合理性が認められるか，及び②売上・収益予測手法に相当性・合理性が認められるとして，その適用の過程に相当性・合理性が認められるか，という2点を考慮している（前掲「コンビニエンス・フランチャイズ・システムをめぐる法律問題に関する研究会報告書(1)」12頁以下）。

4　セールストーク

　フランチャイザーがフランチャイジーになろうとする者に対して勧誘をする場合には，フランチャイズ契約についてのメリットをある程度強調して勧誘することは当然であり，いわゆるセールストーク自体が直ちに情報提供義務違反になるわけではない（『【改訂版】フランチャイズ契約の法律相談』40頁，45頁）。仙台地判平成21年11月26日〈第19事件〉も，一般の事業経験者間では原

則としてセールストークが許容されることを確認した上で，事業経験のない者を対象としたフランチャイズ契約の締結においては，「虚偽の情報ないし誤認を生じさせるような情報を与え，もって信義則上の保護義務に違反したと評価される余地がある」としている。

5 損害賠償の範囲

　裁判例は，情報提供義務違反の効果としての損害賠償の対象となる損害については，相当因果関係（民法416条）によって画することを前提とする点で一致している。しかし，いかなる損害が相当因果関係の範囲内にあるかという具体的判断については，開業に伴う支出，すなわち加盟金及び開業準備費用（店舗賃貸借費用，店舗改装費用など）等は含まれ，開業後のロイヤルティ，店舗の賃料，仕入代金並びに開業後の赤字（営業損失）及び逸失利益等は，原則として損害賠償の範囲に含まれないとする傾向にある。そのような裁判例としては，フランチャイザーによる「不正確な情報の提供」とフランチャイジーによる「開業及びその経営破綻との間には相当因果関係が認められるから，」フランチャイザーはフランチャイジーが「契約の締結及び」「開業により被った損害を賠償する責任を負う」とした東京地判平成11年10月28日〈第5事件〉，フランチャイジーは「採算がとれなくなって右店舗を閉店せざるを得なかったのであるから，」フランチャイザーの「説明義務違反と経営破綻との間には相当因果関係があるというべきであり，」フランチャイザーに対し「被った損害の賠償を請求することができる」とした千葉地判平成13年7月5日〈第8事件〉，フランチャイザーはフランチャイジーが「フランチャイズ契約の締結及び」「開業により被った損害を賠償する責任を負う」とした大阪地判平成14年3月28日〈第10事件〉，加盟金について，フランチャイザーの説明義務違反によってフランチャイジーらが「契約締結の是非についての判断を誤り，本件フランチャイズ契約を締結したことに基づいて発生した損害」であるとする一方で，諸経費（保険料）について，フランチャイジーらが売上げを上げていくために必要となった経費として，これを損害として認めなかったさいたま地判平成18年12月8日〈第15事件〉，フランチャイザーの情報提供義務違反がなければ，フランチャイジーはフランチ

ャイズ契約を「締結し，本件店舗を開店することはなかったと考えられるのであるから，本件契約を締結し，本件店舗を開業したこと自体を損害と評価すべきである。したがって，本件店舗を開業するために要した費用が損害賠償の対象となる。」とした仙台地判平成21年11月26日〈**第19事件**〉などがある。なお，〈**第15事件**〉は，加盟金について，情報提供義務違反がある場合でも，すでに労務の提供があるとしてこれを損害として認めない裁判例がある中で，これを損害として認めており，同事案においては加盟金の対価である労務提供自体が無意味であったことを考えると，妥当な判断であるといえる。また，千葉地判平成19年8月30日〈**第16事件**〉は，フランチャイザーの情報提供義務違反によりフランチャイジーが被った損害としては加入金，開業準備金，販売促進費，設備費用，店舗改装費用を認めており，この類型に属するものと思われるが，損益相殺について，フランチャイジーはフランチャイザーから不適切な影響を受けていた状況のもとにフランチャイズ契約を締結したのであるから，フランチャイズ契約を前提とするフランチャイジーの利益を損益相殺の対象とすること自体が相当ではないとした点が特徴的である。

　その反面，近時，開業後の営業損失ないし逸失利益について，賠償すべき損害に該当すると認めた裁判例も現れている（「コンビニエンス・フランチャイズ・システムをめぐる法律問題に関する研究会報告書(2)」NBL949号86頁以下）。例えば，福岡高判平成18年1月31日〈**第13事件**〉は，開業関係の損失のほか，営業中に生じた赤字及び逸失利益についても，フランチャイジーの被った損害として認めている。また，福岡高判平成18年1月31日〈**第14事件**〉は，フランチャイジーが開業のために費やした準備資金のほか，店舗経営時における累積赤字分についても損害として認容した他，原告のうちの1名の父親が経営不振を苦にして自殺したことによる逸失利益についても，フランチャイザーの保護義務違反との間に相当因果関係があるものとして認めており，注目を要する。さらに，福岡高判平成13年4月10日〈**第6事件**〉は，「本件店舗のための初期投資費用のみならず，本件店舗の営業損失についても，」フランチャイザーの「報告書に合理性があると誤信して開業した場合に起こりうる損害として，」フランチャイザーの情報提供「義務違反行為との間に相当因果関係を認めるのが相当である」とした。もっとも，同判決は，フランチャ

イジーが「集客力アップの可能性の有無を見極めるのに必要な期間の経過後は，もはや，損失を覚悟のうえで営業を継続していたと見ざるをえない」としており，認定している損害の範囲が限定的であることに注意する必要があろう。同様に，大津地判平成21年2月5日〈第18事件〉も，営業損失を損害額として認定しているものの，開店から閉店までの営業損失のうち，フランチャイジーが独自の責任で営業を継続した期間を除く，開店から6か月間のみを相当因果関係のある損害として認定していることが特徴的である。そして，金沢地判平成14年5月7日〈第11事件〉も，情報提供義務違反と営業損失との間に相当因果関係があることを認めつつも，「フランチャイズ契約の期間満了後，フランチャイザーとフランチャイジーが同契約を更新した場合には，フランチャイジーは，自己の経営する店舗の売上・損益等について十分な情報を有するに至っており，同店舗経営の実績及び経験に基づき更新するかどうかの判断を行っているのであるから，更新後の営業損失と当初の契約段階での情報提供義務との間には相当因果関係がないことは明らか」であるとして，相当因果関係がある期間を「フランチャイズ契約更新までの5年間」に限定している。同判決の特徴としてはさらに，同期間に「生じた差引損益の合計は黒字となっている」ことから，フランチャイジーに「経理上の損失が発生したとは認めることができない」として会計上の損益によって損害の有無を画していることも挙げられよう。このように，営業損失ないし逸失利益を損害と認める裁判例は，限定的な範囲の損害しか認めず，また，個別的事例に基づいた判断にとどまっているものと思われる（「コンビニエンス・フランチャイズ・システムをめぐる法律関係に関する研究会報告書(2)」NBL949号87頁）。

　以上のように，情報提供義務違反の主たる効果は損害賠償請求権の発生であるが，フランチャイザーのフランチャイジーに対するロイヤルティ等の契約金の請求に対する，権利の濫用（民法1条3項）又は信義則違反（同法1条2項）の抗弁を認定するための一事情として扱われることもある。例えば，京都地判平成5年3月30日〈第1事件〉は，フランチャイザーのフランチャイジーに対する情報提供義務違反を認めた上で，フランチャイザーがフランチャイジーに契約金の支払を求めることが「権利の濫用もしくは信義則違反を理由として許されない」とした。また，東京地判平成21年12月25日〈第20事

件）は，事実を告げずに虚偽の説明を行ったフランチャイザーらの勧誘行為を詐欺による不法行為であるとしながらも，それに基づく損害賠償義務については特段検討することなく，フランチャイズ契約のうち，「加盟金及び加盟保証金の支払義務を定めた部分」のみを「公序良俗に反するものとして無効」としており，従来の裁判例の理論的枠組みに当てはまらない特徴的なものである。

6 過失相殺

　フランチャイズ契約においては，裁判例では，フランチャイザーが情報提供義務違反に基づく損害賠償責任を負う場合において，フランチャイジーに過失があるときは，広く過失相殺が認められている。この場合の過失相殺の割合はかなり高率となる傾向にあり，例えば，多くの事例においては3割ないし7割の範囲で認められている（前掲「コンビニエンス・フランチャイズ・システムをめぐる法律問題に関する研究会報告書(2)」87頁）。

　本章で扱っている裁判例における過失割合をまとめると，次のようになる。

- 2割（浦和地川越支判平成7年7月20日〈第3事件〉）
- 3分の1（大阪地判平成14年3月28日〈第10事件〉）
- 4分の1（福岡高判平成18年1月31日〈第13事件〉）
- 4割（さいたま地判平成18年12月8日〈第15事件〉）
- 5割（東京地判平成11年10月27日〈第4事件〉，大津地判平成21年2月5日〈第18事件〉，仙台地判平成21年11月26日〈第19事件〉）
- 7割（東京地判平成11年10月28日〈第5事件〉，福岡高判平成18年1月31日〈第14事件〉，千葉地判平成19年8月30日〈第16事件〉）
- 8割（福岡高判平成13年4月10日〈第6事件〉）

　なお，千葉地判平成13年7月5日〈第8事件〉は，4名の原告のうち，1名については7割，1名については5割，残りの2名については8割の過失相殺を行っており，各原告の属性・経験によって過失割合に差を設けている点が注目される。

　福岡高判平成13年4月10日〈第6事件〉は，過失相殺を行う際に民法722条2項の規定を直接適用せず，類推適用しているが，これは，同判決が，信

義則上の保護義務違反について，不法行為責任という構成に近いものとするが，不法行為責任とまではいえないものと捉えていることによるとの指摘がある（金井高志『フランチャイズ契約裁判例の理論分析』271頁（判例タイムズ社，2005年））。

　従前の裁判例では，情報提供義務違反の有無の判断に際し，フランチャイザー側の事情が考慮されることが多く，フランチャイジー側の事情は，情報提供義務違反と損害との因果関係が認められたときに上記のように過失相殺といった方法で考慮されてきたものが多かったように思われる。これらとは異なり，那覇地判平成17年3月24日〈**第12事件**〉は，加盟契約締結に至ったフランチャイジー側の動機や目的，フランチャイジーの知識や経験，収益性に関するフランチャイジー側の認識等の諸事情を併せ考慮して，総合的に情報提供義務違反の有無を判断しており，同種事案の参考になると思われる。

【カライスコス　アントニオス】

第1 教導塾京都事件

▶フランチャイザーのフランチャイジーに対する契約締結勧誘行為につき，不法行為責任が否定された事例
▶フランチャイザーの契約締結段階における情報提供義務違反が認められた事例

京都地方裁判所平成5年3月30日判決　平成3年(ワ)第1653号，
平成3年(ワ)第2166号
判例タイムズ827号233頁

争　点

1　フランチャイザーのフランチャイジーに対して行った契約締結に向けた勧誘行為につき，不法行為が成立するか。
2　フランチャイズ契約締結過程におけるフランチャイザーの行為につき，情報提供義務違反があったといえるか。

結　論

1　原告（フランチャイザー。X）の被告（フランチャイジー。Y）に対して行った契約締結に向けた勧誘行為につき，不法行為が成立するとまでいうことは困難である。
2　原告（フランチャイザー。X）は被告（フランチャイジー。Y）に対して，フランチャイズ契約の締結に当たって生徒確保の可否に関し客観的な判断材料になる正確な情報を提供する信義則上の義務を負っているものと解されるが，フランチャイザーはこれに違反したものというほかはなく，Yの初期投資額の回収状況が半額にも満たないこと等の事情も総合すると，Xの本訴請求は権利の濫用若しくは信義則違反に当たる。

> 事案の概要

1　Xは，学習塾のフランチャイザーであり，平成元年6月，Yをフランチャイジーとして塾フランチャイズ加盟契約を締結した。同契約においては，YがXに対し，一定の金銭（入塾料や月謝収入の一定割合（ロイヤルティ）等。以下「契約金」という。）を支払うこと等が規定されていた。

2　Yは平成元年9月に塾を開校したが，生徒が思うように集まらなかったことから，平成3年1月28日をもって塾の営業を中止した。Yはその間，契約金の支払を一切しなかった。

3　そこでXは，本訴において契約金の支払を請求したところ，Yはこれに対して，XがYに対して行ったフランチャイズ契約締結に向けた勧誘行為（以下「本件勧誘行為」という。）に関しての詐欺取消し及び錯誤無効，並びにXによる債務の免除等を主張して争うと共に，反訴において，Xの本件勧誘行為が不法行為に当たるとして，Yが被った損害（教室開設工事費用等）の賠償を求めた。

4　本判決は，まずYによる反訴（不法行為に基づく損害賠償請求）については，Xがフランチャイズ契約上の義務を一応履行していること，Yが自らの判断でフランチャイズ契約を締結するに至ったこと，及びYが一定期間にわたり塾の経営を続けていたこと等を理由に，本件勧誘行為について不法行為は成立しないとして，Yの反訴請求を棄却した。

5　次に，Xによる本訴（契約金の支払請求）については，Xが情報提供義務（Yに対して本件契約の締結に当たって生徒確保の可否に関し客観的な判断材料になる正確な情報を提供する信義則上の義務）に違反していること，及びYが結果的に塾の経営において出費した資金の半分も回収できていないこと等を理由に，Xによる契約金の請求が権利濫用又は信義則違反に当たるとして，本訴請求についても棄却した。

> 判決要旨

1　Yの反訴請求（不法行為に基づく損害賠償請求）について

本判決は、「X社員らが本件契約を締結するよう勧誘したこと等の行為が不法行為となるためには、Xには本件契約に定められた義務を履行する意思がなくその見込みがなかったことが前提となる。」とした上で、「Xは本件塾開設時に大阪支社指導部のZ$_1$及びZ$_2$を講師として派遣し、平成元年12月からは本件塾が閉塾されるまでの間1年以上にわたって教員資格を有するZ$_3$を専任講師として派遣していることが認められ、同人による授業の内容等に特に問題があったとまで認めるに足りる証拠はない。また、生徒の確保にはもともと不確定な要素があるのは当然のことであるうえ、右各証拠によれば、Xが本件塾開設に当たって本件契約書に規定されている新聞の折込広告をしたほか、塾開設後も近隣にチラシを投函するなどの行為を行っていることも認められる。そうすると、X社員らの行為がYに対する不法行為となるとまでいうことは困難である。」とした。

また、Xの勧誘行為を受けてからYがそれに応じてフランチャイズ契約を締結するまで一定の期間があったこと（すぐに応じたわけではないこと）、Yが他のフランチャイジーに対して集客状況等についての聴き取りを行うなどして自ら情報収集を行っていること、及び、開講後生徒が一人も集まらなかったことから取りやめとなった高校コースの分につき、XがYに対して開設資金のうち100万円を返還したこと等を挙げて、Yが「熟慮する余裕なく直ちに本件契約書に署名等をさせられたものではない。」こと、「Yは会社の代表取締役であって自ら経済活動をしている者」であること、「Yは本件塾の経営についてそれなりに採算を考え、自らの判断において本件契約を締結したとの面があることは否定できない」こと、及び「1年半もの間右塾の経営を続けて」いたこと等を認定し、不法行為が成立しないとした。

2　Xの本訴請求（契約金の支払請求）について

本判決は、「学習塾の経営の経験がないYとすれば生徒の確保についてノウハウがあると称するXにより的確な予測がなされていることを期待してフランチャイズ契約を締結することが予想されていることに鑑みれば、生徒確保の可否に関し客観的な判断材料になる正確な情報を提供する信義則上の義務を負っているものと解される。」とした上で、「Xは本件契約に際して被告に対しどのような情報を提供したのかについてはなんら具体的な立証をしない」、XがYに提供した資料について「既存塾への評価についての百分率の記載部分があるが、右部分は2、3名程度の調査担当者がスーパーマーケットの店頭やバスの停留所などで2日ないし2週間かけて無記名でアンケートをとったもの

を集計した結果」であり「そのような不正確な調査結果を百分率で小数点第1位の数字まで算出して資料に掲げることは，XがYに極めて不誠実な資料を示したことになるといわざるを得ない。」などとして，「Xは本件契約締結に当たりYに対して客観的な判断材料になる正確な情報を提供すべき信義則上の義務に違反した」として，Xの情報提供義務違反を認定した。

これに加えて，「小中学校コースについて各1名の生徒しか集まらず，その後も生徒数が増えたときでも10名程度の生徒のまま本件契約の終了まで1年半程度の期間が経過」したこと，Yが「右1年半もの長期間にわたって，講師に支払うべき給与及び交通費の支払をしなかった」にもかかわらず「Xは，当時，本件契約の条項に従ってYにその支払を強く求めていたものとは解されない」こと，Yが「当初出資した開設資金及び教室開設工事費用の半額すら回収できていない状況」にあること等を挙げた上で，Xが契約金の支払を被告に求めることは「権利の濫用もしくは信義則違反を理由として許されないというべき」として，本訴請求を棄却した。

分　析

1　フランチャイザーに対する損害賠償請求について

(1)　本件の特徴

本件は，フランチャイザーの信義則上の情報提供義務違反が認定されたものの，それに基づく損害賠償請求については問題にされておらず，単にフランチャイザーの契約金支払請求に対する権利濫用（又は信義則違反）の抗弁の一事情としての扱いがなされているにとどまる点において特徴的である。

すなわち，本件においてはYからXに対して，不法行為に基づく損害賠償請求がなされ，不法行為が成立しないとしてその請求（反訴）については棄却されているが，それとは別に，XのYに対する信義則に基づく情報提供義務違反が認定されている（この情報提供義務違反が，いかなる位置付けでYにより主張されたのか（反訴の請求原因としてであるか，それとも本訴請求の抗弁としてであるか）は不明である。）。そして，この情報提供義務違反に基づく損害については争点とされることなく，情報提供義務違反自体が，XのYに対する契約金の請求に対する，権利の濫用又は信義則違反の抗弁を認定するための一事情と

して扱われているのである。

(2) 不法行為責任

　フランチャイズ契約の締結過程の問題（詐欺的な勧誘方法，不正確な除法提供等）に起因してフランチャイジーが損害を被った場合に，フランチャイジーがフランチャイザーに対して責任追及をするときの法律構成としては，信義則違反（民法1条2項，保護義務違反，契約締結上の過失等とするものを含む。）か，又は不法行為（民法709条・715条）とするのが考えられる（『【改訂版】フランチャイズ契約の法律相談』41頁）。

　そして，どちらの法律構成をとるかについての裁判例の傾向としては，まずフランチャイザーに一般的な情報提供義務違反（売上予測の数値の算定方法が不十分であった場合等）が生じた場合には信義則違反の法律構成がとられ，それを超えて，勧誘行為が詐欺的なものや法令違反行為であった場合には不法行為の法律構成がとられる場合が多い。要するに，フランチャイザーの行為の違法性が高い場合には不法行為，それほど高くない場合には信義則違反とする傾向が概ね読み取れる。ただし，これはあくまで傾向であって，理論的には違法性が低い行為であっても不法行為責任を問われ得るし，違法性が高い行為であっても信義則違反に基づく責任を問われ得ると考えられる。

　この点，本判決が「不法行為となるためには，原告には本件契約に定められた義務を履行する意思がなくその見込みがなかったことが前提」と述べた上で，Xが本契約締結後にいくつかの契約上の義務を履行していること（講師の派遣，新聞の折込広告をしたこと等）をもって「不法行為となるということまでは困難」としているところをみると，本判決は，不法行為責任を，フランチャイザーが当初から契約履行の意思がないにもかかわらずフランチャイジーを勧誘したというような違法性が高い場合に限って成立すると理解しているように思われる。

　しかしながら，不法行為責任は，故意の場合のみならず過失の場合にも成立するものであるし，また違法性の高低につき特段の限定はないのであるから，不法行為責任の成立範囲を行為の違法性が高いときに限定している本判決の考え方は相当でないと考える。本判決のように，フランチャイザーの信義則違反（情報提供義務違反）が認定される事実関係の下においては，特段

の事情のない限り不法行為責任についてもまた成立するものと考えられるし，また，仮に成立しないとしても，裁判所において，損害賠償請求をする当事者に対して釈明を行うこと等によって，請求原因の法律構成を変更するよう促すべき場合も出てくると思われる。

2 フランチャイジーに対する契約金支払請求について

本件においては，フランチャイジーにより，詐欺取消し，錯誤無効，免除等が主張され，これらについてはいずれも排斥されているものの，フランチャイザーの情報提供義務違反等を事情のひとつとして，フランチャイザーの契約金支払請求が権利の濫用又は信義則違反として棄却されている。

フランチャイズ契約の締結過程に関して問題があった場合において，フランチャイジーがフランチャイザーから契約金の支払等を請求された場合の争い方としては，詐欺取消しや錯誤無効等を主張する方法や，フランチャイザーの情報提供義務違反に基づく損害賠償請求権との相殺を主張する方法が考えられ（『【改訂版】フランチャイズ契約の法律相談』42頁），このような争い方が多く見られるところであるが，本判決のように，信義則違反そのものを抗弁事由としている例は多くないように思われる。

3 まとめ

本判決は，結局のところ，情報提供が不十分であったことについて責任を負うべきフランチャイザーの利益と，損害を被ったものの独立した事業者としてその損害の一定程度を自己において負担すべき立場にあるフランチャイジーの利益とのバランスをはかるため，双方の請求を棄却することで結論の妥当性を図ったものであると思われるが，情報提供義務違反を認定しておきながらその損害賠償について検討を加えていない点において理論的には疑問が残る。ちなみに，このフランチャイザーである教導塾については，水戸や福岡において別のフランチャイジーから提訴されており（福岡地判平成6年2月18日判タ877号250頁，水戸地判平成7年2月21日判タ876号217頁），それらについてはいずれも不法行為責任が認められており，不法行為責任の成立要件についての考え方も，本判決のそれとは様相を異にしている。

フランチャイズ契約締結過程における紛争に係る裁判例は数多くあるものの，その理論的構成は未だ十分に整理され統一されているとは言い難く，そ

れ故に，当事者（フランチャイジー）としては，自己の請求の法律的根拠については，比較的に広めに選択的に主張しておくことが現段階ではまだ必要であると思われる。

【秋元大樹】

〔評釈・参考文献〕
西口元＝木村久也＝奈良輝久＝清水建成編『【改訂版】フランチャイズ契約の法律相談』
　　41-42頁（青林書院，2009年）
別冊ジュリスト135号174頁
別冊NBL29号153頁

〔参照判例〕
福岡地判平成6年2月18日判タ877号250頁
水戸地判平成7年2月21日判タ876号217頁

第2　ファンタスティックサム事件

▶フランチャイザーの売上収益予測等に係る積極的情報提供義務の有無に関する判断基準を示した事例

東京地方裁判所平成5年11月30日判決　平成2年(ワ)第6006号（甲事件），平成3年(ワ)第4324号（乙事件）（控訴）
判例時報1521号91頁

争　点

フランチャイザーは，加盟店になろうとする者を勧誘する際，店舗候補地の立地条件及び収益予測を科学的方法により積極的に調査しその結果を開示すべき信義則上の義務を負担し，これをしなかったことが契約締結上の過失となるか。

結　論

フランチャイザーは，加盟店を募集するに当たり，加盟店になろうとする者がフランチャイズ契約を締結するかどうかを判断するための正確な情報を提供することが望ましいことはいうまでもないが，加盟店になろうとする者を勧誘する際，フランチャイザーにおいて，店舗候補地の立地条件及び収益予測を科学的方法により積極的に調査しその結果を開示すべき信義則上の義務を負担し，これをしなかったことが契約締結上の過失となるか否かは，勧誘交渉の経緯，営業種目の性質や科学的調査の難易度，その正確性等を総合して判断すべきである。

事案の概要

【甲事件】
1　フランチャイズ・システムによる美容室の経営指導を目的として設立

された甲事件被告Y（昭和63年3月設立）との間で美容室経営についてのフランチャイズ契約（以下，「本件契約」という。）を締結した甲事件原告X（昭和63年8月設立。なお，X代表者は，かねてから洋菓子の製造・販売業を営んでいたが，従前美容室を経営したことはなく，美容師等の資格も有していなかった。）は，本件契約に基づき，昭和63年8月に美容室（本件店舗）を開店し営業を開始したが，赤字の状態が続いたため，平成2年3月に本件店舗を閉鎖し，本部であるYに対し，Yには独占禁止法及びこれを受けた公正取引委員会の一般指定8項の「ぎまん的顧客誘引」に当たる違法な勧誘があり，また契約締結に際し正確な情報を提供することを怠った過失があるとして，不法行為及び契約締結上の過失を理由に，開店費用，営業損失等合計2450万円の損害賠償等を求め，この請求と選択的に，Yには本件契約に基づきXに対して負担する指導・援助債務の不履行があったとして，3年分の得べかりし利益，営業損失合計4587万1354円の内金2450万円の損害賠償等を求めた事件である。

2　Xは，Yによる契約締結上の過失又は債務不履行として，以下の事実を主張した。なお，Xは，上記のとおり，Yの勧誘行為が独占禁止法に違反するとの主張も行っていたが，ここでは省略する。

(1) 契約締結上の過失

フランチャイズ・システムの本部は，加盟店を募集するに当たり，加盟店になろうとする者がフランチャイズ契約を締結するかどうかを判断するための正確な情報を提供すべき信義則上の義務があるから，Yは，Xを勧誘する際，本件店舗の立地条件や収益予測を科学的方法により正確に調査しその結果を開示すべきであったのに，これを怠り，Xに対し，単に「勘」や「直感」のみに基づき十分収益が上がると述べ，しかも実績に基づかない「平均的損益計算書」を示した。

(2) 債務不履行

ア　Yは，Xが本件店舗を開店する際の従業員募集に協力し，開店ができる程度にまで従業員を指導すべき債務を負担していたが，これを怠った。

イ　Xは，本件店舗を開店する時点でこれを運営していくに足りる資質を備えた従業員をそろえることができなかったから，Yは，Xに対し，本件店舗の開店を延期するよう指導すべき債務を負担していたが，これを怠った

（開店を延期するよう指導しなかったことは争いがない。）。
　ウ　Yは，Xの従業員をYのトレーニング・センター等で指導・教育すべき債務を負担していた（争いがない。）が，これを怠った。
【乙事件】
　本件契約には，将来，本件店舗の所属する地区を統轄する代理店（リジョナル・フランチャイジー）ができた場合には，Yは，Xに書面で通知することにより，当然に，本件契約上の本部としての地位を当該代理店に譲渡することができる旨の定めがあるところ，Yは，昭和63年8月，乙事件原告Z（昭和63年7月設立）との間で，Zを本件店舗を含む地域を統轄する代理店とする旨の契約を締結したことから，Zが，乙事件被告Xに対し，Xが本部に支払うべきマンスリー・フィー等，商品代金，立替金等の合計683万2520円等の支払を求めた。

【判決要旨】

【甲事件：棄却】
　(1)　独占禁止法違反の不法行為について
　Xが独占禁止法に違反するぎまん的顧客誘引であるとして主張する事実は，いずれもこれを認めることはできない。
　(2)　契約締結上の過失について
　フランチャイズ・システムの本部は，加盟店を募集するに当たり，加盟店になろうとする者がフランチャイズ契約を締結するかどうかを判断するための正確な情報を提供することが望ましいことはいうまでもないが，加盟店になろうとする者を勧誘する際，本部において，店舗候補地の立地条件及び収益予測を科学的方法により積極的に調査しその結果を開示すべき信義則上の義務を負担し，これをしなかったことが契約締結上の過失となるか否かは，勧誘交渉の経緯，営業種目の性質や科学的調査の難易度，その正確性等を総合して判断すべきである。
　そこで検討するに，Xは，本件店舗の建物で従前ケーキの製造販売店を営んでいたが，他業種の経営にも興味を抱いていたところ，Yから，フランチャイズ・システムにより美容室を経営することを勧誘され，その際，これを経営するには20坪程度の建物が必要であると言われたことから，本件建物がその広さ

から見て丁度よいと考えたこと，その後契約を締結する話は順調に進み，当初の勧誘から２か月も経ない間に本件契約が結ばれたが，この間，交渉にあたったＸとＹの間では，右場所の立地条件や収益予測を科学的方法により調査，予測することやその結果が話題になったことはなかったこと，Ｙは，立地条件についてはさまざまな角度からチェック項目を設けてこれを加盟店側にチェックさせる方式を採っており，収益予測については美容業界の平均的損益等を基礎に平均的規模の加盟店のため予測した数値を美容室経営に精通した者が候補地を見分して受ける勘や直感，候補店舗の規模等によって修正する方法を採っていたこと，また，美容室の提供するサービスはこれに携わる人の能力等により左右される面のあることを否定できないので，科学的方法により正確な収益予測を立てるには相当困難が伴うこと，が認められる。

　以上の事実の認められる本件においては，ＹがＸを勧誘した際，本件店舗の立地条件や収益予測を科学的方法により積極的に調査してその結果をＸに開示すべき信義則上の義務を負担していたとまでは認めることはできず，Ｙにおいてこれらをしなかったことが契約締結上の過失に当たるとは認めることができないというべきである。

　また，ＹがＸを勧誘する際本件店舗の立地条件及び収益予測を科学的方法により調査，予測していれば，本件店舗が美容室を展開するのに不向きで収益もさして上げることができないことが判明したとの事実を認めるべき証拠もない。したがって，仮にＹが前記調査開示義務を負担し，これを怠った過失があるとしても，この点の過失が，Ｘの主張する開店費用や営業損失の損害との間に相当因果関係を認めることもできないというべきである。

(3) 債務不履行について

　ア　Ｙは，本件契約に基づき，本部として，加盟店であるＸに対し，美容室の経営，運営，従業員の教育等あらゆる事項についてノウハウを指導し，各種援助をする債務を負担しているが，それはあくまで指導や援助をなす債務を負担しているにとどまり，有能な従業員を募集したり，従業員を一定の能力まで育成したり，予想収益を達成したりすることの完成までを請け負ったものではなく，またこれらを保証したものでもない。

　そして，Ｙは，Ｚの協力のもとに，Ｘが最初に従業員を募集するため必要な書面を交付し，第２回目の募集面接以降は経験者を面接に立ち合わせ，「プレ・オープン」と称する仮開店の前には５日間にわたり美容師３名を本件店舗に派遣し接客や技術等の教育，指導をしたことが認められる。

右の事実によれば，Yは，本件店舗の開店に際してなすべき従業員募集のための援助や従業員の教育，指導の債務を履行したというべきである。
　　イ　本件店舗の従業員は開店に向けて合計6名採用されたが，前記の仮開店前の教育，指導の終了した時点で残った者は5名となり，その内美容師の免許を持つ者は1人だけで，そのままでは経営の見通しが立ちにくい状況にあつたことが認められる。
　しかし，右美容師不足を改善するには，開店後もYやZから応援の美容師を派遣したり，見習者をして早期に技術を修得させたり，美容師を追加募集したりする方法も考えられなくはなかったこと，しかも，右仮開店前の教育，指導が終了した時点では，仮開店やその後の「グランド・オープン」（正式開店）に向けて本件店舗の内外装も整い宣伝準備等も終了し，開店に向けてそれなりの宣伝効果が上がっていたことが認められる。
　これらの事実を考慮すると，美容師の免許を持った者が1人であった等の前記事実から直ちに，Yが本件店舗の開店を延期するようXを指導すべき債務があったとまでは認めることができないというべきである。
　したがって，Yが右の指導をしなかったことが債務不履行に当たるとは認めることができない。
　　ウ　従業員の指導・教育はその内容が重要であり，必ずしもトレーニング・センターでなすことを要しないと解されるところ，Yは，Zの協力のもとに，前記の仮開店前の教育，指導，仮開店時，正式開店時，その後と，本件店舗が閉店するまでの約20か月の間に美容師だけでも延べにして120人以上を本件店舗に派遣し，これらの者をして，接客の傍ら従業員の指導に当たらせたことが認められる。
　右の事実によれば，Yは，Xの従業員を指導，教育すべき債務を履行したというべきである。
　以上の事実によれば，債務不履行を理由とするXのYに対する損害賠償請求も，いずれも理由がないというべきである。
【乙事件：認容】
　本件契約には，本部の地位の代理店への譲渡は加盟店に対する書面による通知でなす旨の定めがあると認められるところ，この書面による通知がXにされたことを認めるべき証拠はない。
　しかし，Xは，本件契約の勧誘を受けた当初から，Zが本件店舗のある地域を統轄する代理店になる予定であることを聞き，本件店舗を開店するまでには

Zが正式にこの代理店となったことを知り，本件店舗の開店後昭和63年12月まで，本件フランチャイズ契約により本部に支払うべき毎月のマンスリー・フィー等をZに支払い，本部から供給を受けるべき商品，器材等もZから購入したこと，また，Yは本件契約上の本部としての地位がZに移転したことを認めており，Xはマンスリー・フィー等を二重払させられる恐れはないことが認められる。

以上の事実の認められる本件においては，Zからマンスリー・フィー等の支払を請求されたXにおいて，書面による譲渡通知のないことを理由にZが本部としての地位を承継したことを否定しその支払を拒むことは，信義則上許されないというべきである。

分 析

1 問題の所在

通常，フランチャイジーになろうとする者は，契約締結に先立ち，フランチャイザーから事業や契約の具体的内容，契約により生じる権利義務等について説明を受け，契約締結交渉の結果，双方合意に至った場合に契約が締結される。しかし，フランチャイジーが事業を開始した後，予期に反して利益が上がらず，事業の開始に当たって投下した資本を回収できないばかりか，赤字がかさんで多額の損失を抱え，結局事業を中止せざるを得なくなることがある。そのような場合に，フランチャイジーがフランチャイザーに対して，フランチャイザーの事業に関する情報提供が不十分で，フランチャイザーから受けた説明と実際に生じた結果が異なり損害を被ったとして，フランチャイザーの法的責任を問う事態に発展することがある。

この点，フランチャイザーからフランチャイジー（になろうとする者）に対して提供される情報のうち，売上・収益の予測に関する情報は，フランチャイジーがフランチャイズ契約を締結するか否かを判断する上で，極めて重要な情報の一つである。そのため，①そもそも，フランチャイザーは，フランチャイジーに対して，契約の締結に先立ち，売上収益予測に関する情報を提供する法的義務を負っているのか，②フランチャイジーに対して売上収益予測に関する情報を提供する場合，フランチャイザーは，どの程度の調査を尽

くす必要があるのかが問題になる。

2　法令等による規制

　契約締結段階におけるフランチャイザーによる説明については，法令により以下のとおり規制されている。

　(1)　中小小売商業振興法11条1項によれば，フランチャイズ事業のうち特定連鎖化事業に当たるものについては，契約締結に際し，予め加盟者の利益にかかわる一定の事項を記載した書面を交付し，この事項について説明をしなければならないものとされている（同法施行規則10条・11条参照）。

　(2)　独占禁止法19条，2条9項（一般指定第8項）によれば，契約締結に際し，フランチャイザーは，重要な事項について説明を行わず，又は，虚偽若しくは誇大な開示を行う等して，自己の供給する商品又は役務等が，実際のものよりも著しく優良又は有利であると顧客に誤認させることにより，契約の締結を不当に誘引してはならないものとされている。

　(3)　その他，民法においては，詐欺による取消し（同法96条1項），錯誤による無効（同法95条），不法行為（同法709条・715条），あるいは信義則上の情報提供義務といった規制が加えられている。

　(4)　以上のとおり，フランチャイザーの情報提供に関しては，法令により一定の規制が設けられているものの，売上収益予測に関する情報提供義務の存否等について，端的にこれを定めた明文の規定は存在しない。なお，法令ではないものの，業界団体の自主規制として，社団法人日本フランチャイズチェーン協会が加盟者を規制するために定めた倫理綱領では，「フランチャイザーは，フランチャイジーの募集にあたって，正確な情報の提供を行うものとし，誇大な広告や不当な表示をしない。フランチャイザーがフランチャイジーとなることを希望するものに提供する情報は，契約の内容，モデル店の過去の営業実績，フランチャイジーが必要とする投資額，フランチャイジーの収益予想など，フランチャイズをうけるか否かを判断するのに十分な内容を備えたものとする。」として，フランチャイジーに売上収益予測の情報提供義務を課している。当該規制に強制力はないが，有力な業界団体による自主規制として，重要なものと考えられる。

3 裁判例及び学説

(1) これまでの裁判例によれば，フランチャイズ契約の締結段階において，フランチャイザーとフランチャイジーとの間には，知識・経験・情報等に格差が存在することを実質的な根拠として，フランチャイザーは，フランチャイジーとなろうとする者が契約を締結するか否かについて的確な判断ができるよう正確な情報を提供すべき信義則上の義務を負うとする考え方が確立しているものと思われる。

しかし，売上収益予測に関する情報提供義務の存否について，裁判例の考え方は，大別して，

① 売上収益予測は，フランチャイジーとなろうとする者が契約を締結するか否かを判断する際の重要な要素であることから，売上収益予測に関する情報を提供する義務（積極的情報提供義務）を負うとする考え方

② フランチャイザーは売上収益予測に関する情報を積極的に提供する義務を負うものではないが，当該情報を提供する場合には，客観的に合理的で正確なものでなければならない（消極的情報提供義務）を負うとする考え方

の2つに大別されるようである。

(2) 学説においては，売上収益予測は将来の不確定な事実に関するものであることや，同予測の手法が確立されていないこと等を理由に，上記②の考え方が有力に唱えられている。

他方，売上収益予測について，フランチャイザーには，通常膨大な情報の蓄積があることを根拠に，ある程度正確な売上収益予測を算出することは可能であり，また，フランチャイジーが売上収益予測を把握することなく投資を決定する（フランチャイズ契約を締結する。）ことはあり得ないとして，上記①の考え方を支持する見解もある。

(3) 確かに，通常，フランチャイジーは，営利事業として，収益を上げることを目的として，フランチャイズ契約を締結して事業を開始するものであるから，売上収益予測は，フランチャイジーにとって，契約締結の可否を判断する上で最大の関心事であり，極めて有用な情報である。しかし，フランチャイザーの中には，これから拡大発展していこうとする者もおり，常に必ず売上収益予測に関して膨大な情報の蓄積があるとは限らないにもかかわ

らず，相応の費用負担が予想され，かつ，具体的な分析手法が確立していない状況において，科学的な方法による積極的な情報開示義務の存在を一様に肯定することは，少ない資本で事業を拡大していく手法として社会に普及してきたフランチャイズの意義そのものを揺るがしかねないように思う。また，原則として，フランチャイジーは，独立の事業者として自ら事業リスクを引き受けた上で収益の獲得を図るものであることをも勘案すれば，フランチャイザーに対し，一律に科学的方法による積極的な売上収益予測に関する情報提供義務の存在を肯定することはできないと考えられる。

　結局，この問題の背景には，フランチャイズ・システムにおいて，フランチャイジーを知識や経験に乏しく積極的に保護すべき経済的弱者とみるか，あるいは，事業主として自らの経営判断に基づき経営によるリスクを負担する見返りにリターンを享受する独立の事業者とみるかという価値判断があるように思うが，いずれにせよ，どちらか一方の側面だけに割り切ることはできず，信義則に基づく積極的情報提供義務の有無については，個別の事案ごとに具体的な検討を要する。

4　本判決の意義

　本判決は，科学的方法による売上収益予測に関する信義則上の積極的な情報提供義務の有無について，勧誘交渉の経緯，営業種目の性質や科学的調査の難易度，その正確性等を総合して判断すべきと判示した上で，具体的には，契約締結に際し，①Ｘ・Ｙ間において，収益予測を科学的方法により調査，予測するとの合意はなかったこと，②Ｙは，収益予測について，美容業界の平均的損益等を基礎に平均的規模の加盟店のため予測した数値を美容室経営に精通した者が候補地を見分して受ける勘や直感，候補店舗の規模等によって修正する方法を採っていたこと，③美容室の売上収益は美容師の個人的能力に左右される要素があるため科学的方法により正確な予測を立てるには困難であること理由として，結局，Ｙの情報提供義務の存在を否定している。

　本判決は，信義則上の積極的情報提供義務の有無の判断に関して，なぜ勧誘交渉の経緯，営業種目の性質や科学的調査の難易度，その正確性等を判断要素として取り上げたのかについては何ら説明していない。しかし，上記義務の発生根拠は信義則に求められているところ，信義則が当事者間の相互的

信頼の保護に基礎をおいていることに鑑みれば，売上収益予測に関して，フランチャイジーがフランチャイザーに対して信頼を抱く要素として，契約締結に至る交渉の経過，売上収益予測に関するフランチャイザーの主観的な能力の有無・程度，売上収益予測の客観的な難易度等を考慮し，信頼を抱くことが合理的といえる場合には，積極的情報提供義務の存在を肯定してもよいのではないだろうか。したがって，積極的情報提供義務の有無の判断に関して，本判決の挙げた判断要素は概ね妥当であると思われるが，各判断要素に対する具体的な事実のあてはめや，各判断要素間の軽重が必ずしも判然としないため，今後の裁判例の積み重ねにより，より精緻な判断方法の確立が期待される。

なお，情報提供義務の判断基準を示した裁判例としては，他に以下のようなものがある。

○「フランチャイズ契約の内容，その業種の特殊性，加盟店となろうとする者の当該候補地に対する出店意欲や今までの営業経験及び資力，また出店しようとしている候補地の状況等の諸般の事情に照らし，いかなる程度の調査義務を負っているかが判断されるべきである。」（東京地判平成12年10月20日2000WLJPCA102000007）

○「フランチャイザーは，契約締結のための交渉過程において，信義則上の保護義務として，フランチャイジー希望者に対し，当該事業に関して，契約を締結するかどうかを判断するために重要な事実について客観的・正確・適正な情報を開示・提供する義務があり，また，虚偽の情報をフランチャイジーに提供してはならず，相手方が情報内容について誤解している場合にはその誤解を解く義務がある。そして，これらの義務の内容及び義務違反の有無は，提示すべき情報をどの程度具体的に確定することが可能か，フランチャイジー希望者の理解能力及び具体的認識等を総合して，判断されるべきである。」（東京地判平成19年6月26日2007WLJPCA06268011）

【毛塚重行】

〔参考文献〕
西口元＝木村久也＝奈良輝久＝清水建成編『【改訂版】フランチャイズ契約の法律相談』

43-50頁（青林書院，2009年）

池田辰夫ほか「コンビニエンス・フランチャイズ・システムをめぐる法律問題に関する研究会報告」NBL948号7頁

川越憲治『〔新版〕フランチャイズ・システムの判例分析（別冊NBL—No.56)』176頁（商事法務，2000年）

加藤新太郎『判例Check　継続的契約の解除・解約』（新日本法規，2001年）

神田孝『フランチャイズ契約の実務と書式』357-369頁（三協法規出版，2011年）

48　第2章　契約締結段階におけるフランチャイザーの情報提供義務

第3 フローラ事件

▶フランチャイザーの販社契約締結上の保護義務違反の不法行為が成立するとされた事例

浦和地方裁判所川越支部平成7年7月20日判決　昭和63年(ワ)第535号，第543号売掛代金請求事件（甲・乙事件），平成元年(ワ)第58号損害賠償請求事件（丙事件），一部認容（確定）
判例時報1572号109頁

争　点

1　フランチャイザーのフランチャイジーに対する卸売代金，車両賃貸借料及び人件費の立替金請求が認められるか。

2　販社契約につき，フランチャイザーのフランチャイジーに対する信義則に基づく保護義務違反の不法行為が成立するか。

結　論

本判決は，争点1について，大部分を認容した。争点2について，フランチャイザーは，フランチャイジーらに対し到底実現不可能な予想売上高，予想収益額を示して営業活動を強いたのであって，みずからの利益を図るために誇大な宣伝を行い，フランチャイジーが早晩損害を被ることになることを知りながら，防止策を講じようとせず，放置していたとして，フランチャイジーに対する保護義務違反の不法行為責任を肯定した。

事案の概要

〔甲・乙事件〕

1　Xは，乳酸菌飲料と食品の製造販売等を目的とする会社である。昭和62年5月22日，Y_1，Y_2との間で，それぞれ「……ヨーグルト・クロレラ・

果実酢等の商品供給し，……Xから仕入れた商品を販売し，その仕入代金をXに支払う。」旨の「販社契約」を締結した（「販社契約」は，乳酸飲料のチェーン店に関するフランチャイズ契約の一種である。）。

2　Xは，「販社契約」に基づき，Y$_1$及びY$_2$に対し，昭和62年9月から昭和63年8月までの間に，商品を売り渡した。また，Xは，Y$_1$，Y$_2$との間で，販社契約による業務使用のための車両賃貸借契約を結び，昭和62年9月から昭和63年8月までの間，車両を賃貸した。

3　平成元年2月，Xは，Y$_1$及びY$_2$のそれぞれに対し，代金等の不払いを理由に，販社契約を解除するとの意思表示をし，Y$_1$及びY$_2$に対し，商品の売掛金，車両賃貸料等についてそれぞれ，874万円及び702万余円の遅延損害金の支払を請求した。

〔丙事件〕

1　Xは，フランチャイズ方式（以下「本件システム」という。）による商品を販売することを企て，本社・流通センター・販社・営業所・販売要員からなる販売組織を設けた。

2　Xは，新聞広告，折り込み広告及びパンフレットを用いて，自らの販売方式のメリットを説明し，説明会も開催した。例えば，本社の指導に基づいて営業活動を行えれば，「人口10万人の営業地域の販社において，開業6か月後に，販売要員10人を使用して，月商2234万円，粗利益781万円，純利益440万円となる」こと，「販社は，3か月目で損益分岐点クリアーし，経営は軌道に乗る」ことができること，「特殊な経験，技能を要しない。脱サラ，主婦も対象として」おり，「需要に不安は」なく，「会社の信用は大きい」等の説明を行った。

3　また，Xの専務らは，本社に訪問したY$_1$・Y$_2$にそれぞれパンフレット「経営戦略の展開」と「営業所の概要」を配布して，さらに「本件システムは，約100万人口を1ユニットとして，物流機能を持つ流通センターが設置される仕組みであって，営業所は販社の中枢機能であり，……販売の第一線で活躍してもらう。……本社や販社が営業所長募集経費や使用車両経費を負担し，オープンチラシ，サンプル等を無償提供して，販売ノウハウの指導を行うので，本社は，これらの対価として加盟契約金を受け取る。」等と説

明した。

4 しかし，Xは，流通センターを設置しなかったし，Y_1・Y_2は，いずれも営業所を設置しなかった。

5 Y_1は，本件システムの発展性を期待して，勤務先を退職したうえ，採算の合いそうもない販売業務に専念し，業務を軌道に乗せようと日夜努力したのに，Xの企画と実践が杜撰であったため，赤字が累積し，わずか1年余りで販売業務の継続を断念せざるを得なかったと主張した。

6 Y_2は，営業地域に住居と事務所を設けるため，アパートの一室を賃借し，家族と共に転居して，販売業務を開始したが，当初3か月くらいは顧客が増えたものの，次第に減少するようになり，赤字が増えるばかりであったので，昭和63年1月から販売要員を雇用することを止め，以降は1人で懸命に努力したが，遂に営業の継続を断念して，同年8月21日をもって営業を止めざるを得なくなったと主張した。

判決要旨

〔甲・乙事件〕
　甲・乙事件について，Xの主張がおおむね認められ，Y_1に768万余円，Y_2には607万余円の支払いを命じた。

〔丙事件〕
　Xの不法行為（契約締結上の過失）について，「Xは，一般大衆を本件システムの組織に組み入れて，これを運営しようとしたのであったから，訪問販売についての経験のなかったY_1・Y_2が販社経営をしても，不測の損害を被ることがないように，事前に的確な情報を提供して，十分にその内容を説明した上，Y_1・Y_2に各販社契約の締結を勧誘すべき義務があったというべきであり，XにはY_1・Y_2に対する保護義務があったと認めるのが相当である。」

　「Y_1らは，各販社の開業当初からXの説明にあったような営業収益を上げることができなかったし，開業3ケ月後あたりから各販社の顧客が次々に購買契約を解約して減少し，Xが各種パンフレットに掲載した顧客化達成数，予想売上高，予想収益額は，それぞれ懸命に努力をしても，到底実現することが不可能なものであった。」

> 「そうすると，Xは，各種パンフレットに記載して宣伝し，説明した本件システムについて，自分でもこれを実行することができなかったのに，これに応じたY_1・Y_2に対して到底実現の不可能な営業活動を強いたのであって，Xは，みずからの利益を図るために誇大宣伝をして，経済事情を良く知らなかったY_1・Y_2に甲，乙の各販社契約を締結させ，Y_1・Y_2が如何に営業活動に努力をしても，早晩損害を被ることになることを知りながら，これを防止する策を講じようとせず，放置していたと認めることができる。したがって，Xは，Y_1・Y_2に対する保護義務を怠ったと認めることができるから，Xは，Y_1・Y_2に対して不法行為による損害賠償責任がある。」
>
> 「Y_2は，乙販社契約を結ぶに当たって，十分な準備をしたとはいえず，開業後も適切な策を講じたとはいえないのであって，そのために営業成績の低下を招くに至ったと認めることができるから，Y_2には落度があったと認めるのが相当である」。

分　析

1　保護義務について

　契約の当事者は，契約関係に入ろうとするとき，あるいは契約関係から離脱しようとするときに，相手方の生命・身体・財産的諸利益に損害を与えないように注意する付随的な義務を負っていると考えられている。この付随的な義務は，「保護義務」と呼ばれている。言い換えれば，「保護義務」とは，通常契約を締結する当事者は，相手方に損害を与えないように注意しなければならないという義務である。

　保護義務は，契約締結のための準備段階から存在し，契約の成立・履行段階や契約関係終了後の各段階においても認められている。フランチャイズ契約の締結過程におけるフランチャイザーの保護義務としては，情報開示提供義務や売上高予測等が求められている。実際には，フランチャイザーのこれらの義務違反に関する訴訟が多発しており，保護義務という理論構成は，多くの判決によって定着しようとしている（川越・後掲301頁以下）。フランチャイザーとフランチャイジーの経済力の差や，情報量や分析能力の格差が存在することは，フランチャイザーに課された保護義務の根拠であると思われる。

フランチャイズ契約において，一般にフランチャイザーに対して保護義務が課せられることに関しては異論はないが，しかし，その定義が確立されているわけではなく，またどのような場合において成立するのか，必ずしも明確になっているわけではないといえよう。

2 保護義務理論を採用した先例

保護義務理論を取り入れたフランチャイズ契約関連の先例である①東京地判平成元年11月6日判時1363号92頁（以下「先例①」という。）は，保護義務について，次のように判示している。すなわち「一般に，契約締結のための交渉に入った当事者間においては，一方が他方に対し契約締結の判断に必要な専門的知識を与えるべき立場にあるなどの場合には，契約締結前であっても，相手方に不正確な知識を与えること等により契約締結に関する判断を誤らせることのないよう注意すべき保護義務が信義則上要求される場合もあり得ると解される」。

また，②京都地判平成3年10月1日判時1413号102頁（以下「先例②」という。）は，「フランチャイザーは，フランチャイジーの募集にあたって，契約締結にあたって客観的判断材料になる情報を提供する信義則上の義務を負っていると解すべきである」とし，「中小小売商業振興法1条……所定の書面を開示しさえすれば，信義則上の保護義務違反の問題は生じないと解するのは相当ではない。……フランチャイザーが，加盟店の募集に際して市場調査を実施し，これを加盟店となろうとする個人等に開示する場合には，フランチャイザーは，加盟店となろうとする個人等に対して適正な情報を提供する信義則上の義務を負っていると解すべきであり，市場調査の内容が客観性を欠き，加盟店となろうとする個人等にフランチャイズ契約への加入に関する判断を誤らせるおそれの大きいものである場合には，フランチャイザーは，前記信義則上の義務違反により，契約加入者が被った損害を賠償する責任を負うと解すべきである」と判示している。

さらに，近年保護義務理論を取り入れたケースとしては，東京高判平成11年10月28日判時1704号65頁，福岡高判平成13年4月10日判時1773号52頁，福岡高判平成18年1月31日判タ1216号172頁，福岡高判平成18年1月31日判タ1235号217頁，さいたま地判平成18年12月8日判時1987号69頁，仙台地判平

成21年11月26日判タ1339号113頁等がある。

3　本判決の検討

　本件は，「Xが各種パンフレットに掲載した顧客化達成数，予想売上高，予想収益額は，それぞれ懸命に努力をしても，到底実現することが不可能なものであった」し，また，Xは，「$Y_1 \cdot Y_2$が如何に営業活動に努力をしても，早晩損害を被ることになることを知りながら，これを防止する策を講じようとせず，放置していた」と認めて，不法行為があったとしたものである。この判断からわかるように，本判決は，いわゆる「本件システム」そのものにノウハウがあるとは認められず，「到底実現することが不可能なものであった」として，本件システムそのものの違法性を肯定したといえる。この点は，上記の先例①②と大きく異なっている。

　すなわち，本件のような事件で，フランチャイザーの責任が問われるケースを大きく分けると，2つの形態があると思われる。1つは，詐欺的なケースである。まさに本件のように，システムそのものにノウハウ等がなく，「到底実現の不可能な営業活動を」行い，「みずからの利益を図るために誇大宣伝を」して，「早晩損害を被ることになることを知りながら，これを防止する策を講じようとせず，放置していた」ケースである。もう1つは，「システムそのものは一般的にいえばビジネスのルールの上に乗っている」が，フランチャイジーに対して「不正確な知識を与えること等により契約締結に関する判断を誤らせる」ことによる「適正な情報を提供する信義則上の義務」に違反しているケースである。前掲の先例①及び先例②はこれに当たる。前者は，ほとんどフランチャイザーの不法行為責任問題として処理され，裁判所は，通常過失相殺を認めない。しかし，本判決は，「Y_2に関しては，販社契約を締結に当たって，十分な準備をしておらず，開業後も適切な策を講じていなかったとして，2割の過失相殺」を行い，いわば痛み分け的解決を図った。

　本件のような「詐欺的なケース」は少なくないと思われるが，実際上裁判例においてフランチャイザーの詐欺行為が認められたケースはあまり公刊されていない。そもそも詐欺や錯誤の要件は極めて厳格であり，認定が難しいためと思われる。本判決は，Xに事前に的確な情報を提供して，十分にそ

の内容を説明した上，販社契約の締結を勧誘すべき義務があるにもかかわらず，「各種パンフレットに掲載した顧客化達成数，予想売上高，予想収益額は，……到底実現することが不可能な」ものであるとして，保護義務違反による不法行為責任を認めた。

　また，本判決及び先例は，フランチャイザーに「事前に的確な情報」，「適正な情報」を提供する義務があるとしているが，具体的にどのような情報が的確な情報に含まれているのか，明らかでない。この点について，「中小小売商業振興法に基づく振興指針」（平成3年8月20日通商産業省告知309号）は，「本部事業者が中小小売商業者等の加盟を求める場合に，事業及び契約の内容，過去の営業実績等，加盟に際しての判断のために必要な情報をあらかじめ提供するものであること」と述べているに過ぎない。本判決は，Xのパンフレットに掲載していた「予想売上高，予想収益額」等を挙げているが，これらの情報について，最初からフランチャイザーが提供しなければならない義務ではなく，あくまでも勧誘資料としてフランチャイジーがそれを信頼し契約締結の判断基準になった場合は，的確・正確な情報であることが要求されるという趣旨であろう。

　なお，平成14年に改定された公正取引委員会のガイドラインは，「加盟者募集に際して，予想売上げ又は予想収益を提示する本部もあるが，これらの額を提示する場合には，類似した環境にある既存店舗の実績等根拠ある事実，合理的な計算方法に基づくことが必要であり，また，本部は，加盟希望者に，これらの根拠となる事実，算定方法等を示す必要がある。」としている。裁判例と基本的に同一の立場にあると思われる。　　　　【胡　光輝】

〔参考文献〕
西口元＝木村久也＝奈良輝久＝清水建成編『［改訂版］フランチャイズ契約の法律相談』
　43-50頁（青林書院，2009年）
川越憲治『フランチャイズシステムの法理論』（商事法研究会，2001年）

〔参照判例〕
東京地判平成元年11月6日判時1363号92頁
京都地判平成3年10月1日判時1413号102頁

第4 クィニーシステム事件

▶フランチャイザーに，自己が営むフランチャイズ事業の行政法規適合性をフランチャイジーに説明する法的義務が認められた事例（過失相殺5割）

東京地方裁判所平成11年10月27日判決（確定）
判例時報1711号105頁

争　点

フランチャイズ契約において定めた販売システムが，行政法規に違反するおそれが存する場合に，フランチャイザーは，フランチャイジーに対し，当該事実を説明する法的義務があるか。

結　論

フランチャイザーは，フランチャイジーに対し，自己が営むフランチャイズ事業の法適合性に関する問題点を十分に説明し，フランチャイジーにおいて，当該事業が行政法規に違反する可能性やその問題点を認識させた上で，当該事業に参加するか否かを自己責任において判断させる義務がある。

事案の概要

1　コンビニエンスストアの経営等を業とする株式会社であるX（代表取締役A）は，酒類の販売等を業としクィニーと呼ばれる宅配による酒類及び医薬品のフランチャイズ販売システム（以下，「クィニーシステム」という。）を主宰する有限会社 Y_1（実質的経営者兼取締役 Y_2，代表取締役 Y_3）に興味を抱き，同社に対して資料（以下，「マニュアル」という。）請求し，その送付を受けた。その後，Aが税務署に対して前記マニュアルを示した上で，クィニーシステムによる営業が酒税法に違反しないか確認したところ，税務署は，「マニュアル通り運営していれば酒税法違反の点はない。」旨回答した。これを

受けて，Aは，Y₂から直接クィニーシステムの説明を受けた。その際，Y₂は，Aに対し，売上げに応じてXからY₁に支払うべき歩合額について，クィニーシステムに基づき商品を販売した場合よりも，Aが御用聞きにより顧客から直接注文を受けて販売した場合の方が低くなる旨説明した。

2 平成5年3月11日，XとY₁は，商品販売業務委託契約（以下，「本件契約」という。）を締結し，Xは，Y₁に対し，クィニーシステムの加盟料250万円を支払った。本件契約の概要は，①Xは，自己の費用で倉庫を用意し，Y₁は同倉庫を蔵置所として税務署に届け出る，②Xは，Y₁が指定する地域内に設置する蔵置所において，同地域内の顧客からY₁に電話で注文された商品を，Y₁の指示に従い，Xの費用で雇用する従業員に配達させる，③Xは，自らの判断で在庫を管理し，Y₁がXより商品の出荷を依頼されたときは，Xから当該商品の仕入価格相当の保証金の支払があったことを確認してから出荷する，④Xは，Y₁の指定する金額により商品を販売し，顧客より代金を受領する，⑤Xは，Y₁に対し，㋐クィニーシステムを通じて販売した場合，売上げの1.3～2.3％を支払い，㋑Xが独自で注文を受け販売した場合，売上げの0.8％を支払う，⑥Xが顧客に商品を配達した際，「何かお持ちする物はありませんか。」と注文を依頼する，というものであった。なお，Y₂は，本件契約締結の際，Aに対し，御用聞き（Xが顧客を訪問して酒類の注文を取ること。）は普通の酒屋でも許されていることを説明し，御用聞きに酒税法上の問題はないことを強調した上，御用聞きを奨励した。その後行われたY₁によるクィニーシステムの研修会に参加したAは，Y₂の指示により，実際に御用聞きを行った。

3 Xは自己の出捐により開業に向けた各種準備を行い，平成5年4月21日，クィニーシステムによる営業を開始した。

4 同月24日，Xは，Y₁から，「税務署の立入りがありましたのでご連絡致します。」等を内容とする業務連絡を受けた。Xは，当該業務連絡を受け，クィニーシステムによる営業が酒税法及び薬事法に違反するのではないかと疑念を持ち，税務署に相談したり，国税庁酒税課長監修に係る文献を読んで検討し，国税庁酒税課に電話で質問する一方，県庁に電話で薬事法上の問題点についても質問した結果，クィニーシステムによる営業が，酒税法及び薬

事法に違反するとの認識を持つに至った。そこで，Xは，同月28日，クィニーシステムによる営業を停止し，Y₁に対し，その旨連絡した。

5　その後，Y₁及びY₂は，クィニーシステムによる営業方法が酒税法に違反するものとして起訴され，同10年10月15日，有罪判決を受けた。

6　そこで，Xが，Yらはいずれもクィニーシステムが酒税法及び薬事法に違反すると知っていた又は容易に知り得べきであったにもかかわらず，共謀の上，Xをしてクィニーシステムの営業をさせた上，その営業をやむなく停止させるに至ったのであるから，Yらの上記行為が共同不法行為等に該当するものと主張して，民法709条・719条等に基づき，Xがクィニーシステムの営業をするに当たって支出した金員を連帯して支払うよう求めたのが本件である。

判決要旨

【一部認容】
(1)　判決は，「クィニーシステムによる酒類の実際の販売形態及び営業所の営業形態をかんがみると，営業所を単なる配達を行う者と見るのは困難であり，営業所は酒類の販売の代理業を行っているとの疑いは高いといわなければならない。

そうすると，クィニーシステムによる酒類の販売は，酒類販売免許を持たない営業所をして酒類の販売代理業をさせるもので，酒税法9条に違反する取引形態である疑いは高いということになる。」，また，「営業所は，その倉庫において薬品を保管していることが認められるところ，薬局開設者又は医薬品の販売業の許可を受けることなく，薬品を保管していることは薬事法24条に違反する疑いがある。」と認定した上で，以下のように判示した。

(2)　ア「Yらが主張するとおり，今までになかった業務形態を模索し，新しい発想で営業を行うベンチャー企業が我が国の経済を活性化し，行政法規に違反することなく有益な事業として成立する余地もあるのであるから，結果的に右営業が行政法規に違反することになったとしても，それ自体をもって不法行為法上違法であるということはできない。

イ　しかしながら，自ら単独で右事業を行うのではなく，右事業における営業所となるべき第三者を勧誘し，これらの者を右事業に組み入れて事業を行

おうとする者は，第三者に対し，右事業の法適合性に関する問題点を十分説明し，第三者においてその事業が行政法規に違反する可能性やその問題点を認識させた上で，新しい事業に参加するか否かを自己責任において判断させる義務があるというべきであり，Y_1の実質的経営者であり，Xと本件契約を締結するに当たって交渉を行ったY_2は，Xに対し，本件契約を締結する際に，本件事業の将来性を説明するばかりでなく，クィニーシステムによる酒類及び薬品の販売が酒税法及び薬事法に適合するか否かについての問題点及び危険性を説明し，Xに右各法規に違反する可能性を認識させた上で，右事業に参加させる義務があったというべきである。

　ウ　しかるに，Y_2は，Xに対し，クィニーシステムによる営業が行政法規に違反する可能性について何ら説明を行うことなく，かえって，酒税法及び薬事法に違反することはないことを強調して，クィニーシステムによる営業の参加を勧誘したことが認められるから，Y_2には，右義務を怠った過失があるといわなければならない。」

　「Yらは，クィニーシステムを始めた昭和61年……以降，10年以上税務当局の指導を受け……，（その）指導内容は，御用聞きの禁止を含むものであることが認められるところ，……営業所におけるクィニーシステムによる実際の営業形態……を認識していたY_2においては，これが酒税法に違反する疑いがあることは十分認識していたと認められ」る。

　エ　以上のとおり，XとY_1との間で本件契約を締結するに際し，①Y_2は，Aに対し，クィニーシステムに酒税法及び薬事法違反の疑いがあることを説明する義務を怠った過失があるから，民法709条に基づき，②Y_3は，Y_1の代表取締役として，Y_2に対する監視義務を怠った重過失があるから，旧有限会社法34条の3，旧商法266条の3第1項に基づき，③Y_1は，Y_2がY_1の取締役であることから，旧有限会社法32条，旧商法78条2項，旧民法44条1項に基づき，Xに生じた損害を連帯して賠償する義務がある。

(3)　その上で，本判決は，原告の損害として，本件契約に基づく営業活動に関連してXの支出した，①クィニーシステムへの加盟料，②商品及び消耗品仕入代金，③倉庫設置費用，④人件費，⑤広告宣伝費，⑥燃料費，⑦通信費等を認定し，他方，Xがクィニーシステムの営業により上げた売上げを損益相殺として控除した。

(4)　過失相殺

　Aは，そもそもクィニーシステムによる営業について酒税法に違反しないか

疑問を持っており，本件契約締結前に，税務署に対しマニュアルを見せて相談したところ，クィニーシステムの適法性につき，マニュアルどおりの運営なら酒税法違反はない旨の説明を受け，その後，Aは，Y$_2$からマニュアルにはない御用聞きを奨励されるとともに，研修の際には，御用聞きを実際に行ったのであるから，Xとしては，右各時点において，クィニーシステムによる営業がマニュアルと異なる内容であることを認識した以上，その適法性につき疑問をもって，再度クィニーシステムによる真実の営業形態に基づく適法性について，税務署に確かめるなり，自ら調査を行うべきであった。Xは，コンビニエンスストアを経営している株式会社であって，新しい事業に参加しようとするときに自らの責任でその事業についての法適合性を調査すべきことを要求したとしても，相当性を欠くものではない。しかるに，X及びAは，Y$_2$の説明を軽信して，同システムの適法性を特に調査することなく，本件契約を締結するとともに，クィニーシステムの営業を準備することにより，前記の損害を被ったものであるから，このXの過失を損害賠償額の算定に当たって斟酌すべきであり，右各事実に加え，XがY$_1$の営業所としての立場に立つものではあるが，XとY$_1$とは，会社の規模にさほど違いはないことなどからして，対等の立場にあったものと認められるから，5割の過失相殺をするのが相当である。Xとしても自らの選択により新しい事業を行おうとする以上，自らの調査不足による損害に対して，何ら責任を負わないということはできない。

分　析

1　フランチャイザーによる情報提供義務

(1) フランチャイズ契約においては，フランチャイジーも独立の事業者として自らの責任において，経営を行うことが求められている。そのため，フランチャイジーは，フランチャイズ事業による損失を自ら負担するリスク等を負っている。したがって，フランチャイジーにとっては，当該フランチャイズ・システムの仕組み・内容等をよく理解した上で，自ら事業を開始するか否かを判断することが求められる。しかし，フランチャイジー候補者には，自営業等を行ったことのない素人も多く，また，フランチャイズ・システムによる事業に関する知識に乏しい者も多いため，フランチャイズ契約の締結

に際し，フランチャイザーがフランチャイジー候補者に対して提供する情報及び説明は，極めて重要なものとなる。

(2) そこで，従来，フランチャイザーによる説明が不十分であったとして，フランチャイジーがフランチャイザーに対して損害賠償請求訴訟を提起した事例において，その法律構成は，①不法行為（民法709条）と②信義則（民法1条2項）上の情報提供義務違反（契約締結上の過失）の2つに大別することができる。

(3) 前記2つの法律構成の相違点としては，不法行為構成では，フランチャイザーの代表者又は従業員個人に不法行為が成立することを前提として，旧民法44条等を適用して，法人たるフランチャイザーにも損害賠償義務が生じるのに対し，信義則上の情報提供義務違反構成では，フランチャイジーに対して情報提供義務を負うのは，基本的にはフランチャイズ契約の当事者であるフランチャイザーであり，代表者又は従業員個人が直接に当該義務を負うわけではないため，こうした個人に対して直ちに損害賠償義務が生じるわけではない点が挙げられる。

(4) 本判決は，クィニーシステムの実態を知悉していたY_2には，Xに対して同システムによる営業形態が酒税法及び薬事法に違反する可能性を説明し認識させた上で事業に参加させる義務があったにもかかわらずこれを怠ったとして不法行為責任の成立を認め，Y_1には旧民法44条等を適用して責任を負わせていることから，前記①の類型に分類される。

2 不法行為責任

(1) これまでの裁判例で，契約締結前におけるフランチャイザーによる情報提供ないし説明が不法行為に該当するものとして争われた事例を違法行為の形態ごとに大別すると，フランチャイザーの説明が①詐欺又は詐欺的行為に該当するとするもの，②独占禁止法に違反するとするものが散見された。

(2) ①について，契約締結の意思決定に重要な影響を及ぼす事項を故意に隠蔽し，虚偽の事実を真実であるかのように告知したとされた事例（大阪地判昭和53年2月23日判タ363号248頁），もともと説明通りの運営をする意思も能力もなかったとされた事例（水戸地判平成7年2月21日判タ876号217頁）などが挙げられる。

②について，フランチャイザーによる勧誘方法が，独占禁止法の禁ずる「ぎまん的顧客勧誘」（同法一般指定8）に該当するとして争われたものとして，京都地判平成3年10月1日判時1413号102頁や東京地判平成5年11月30日判時1521号91頁などが挙げられる。

(3) 本判決は，以上の各形態に加えて，フランチャイズ契約において定めた販売システムが，行政法規に違反するおそれが存する場合において，フランチャイザーは，フランチャイジーに対し，当該フランチャイズ事業の法適合性に関する問題点を十分に説明し，当該事業の法適合性やその問題点を認識させた上で，フランチャイジーが当該事業に参加するか否かについて，自己責任において判断させる義務があることを判示した点に意義がある。

もっとも，本判決が，フランチャイズ事業について，「新しい発想で営業を行うベンチャー企業が我が国の経済を活性化し，行政法規に違反することなく有益な事業として成立する余地もある」としてその重要性を認めた上で，「結果的に右営業が行政法規に違反することになったとしても，それ自体をもって不法行為法上違法であるということはできない。」と判示したことにも留意すべきである。

確かに，フランチャイザーの提供するフランチャイズ・システムが，結果として，予見することが困難であり，かつ，比較的軽微な行政法規に違反していたことを奇貨として，独立の事業者であるフランチャイジーが，当該行政法規違反の事実とは無関係の原因から生じた営業損失を，損害賠償という名のもとにフランチャイザーに転嫁するような事態は，不当と解されると思われる。しかし，本事例において，Y_2は，クィニーシステムを知悉しており，行政法規違反の可能性を予見できたのであり，かつ，違反の程度は，その販売行為について免許制あるいは許可制を採用する酒税法及び薬事法による各規制を免れる（まさにXによる販売行為自体が行政法規に抵触する。）という重大なものであったのであるから，Yらに不法行為の成立を認めた本判決は妥当である。

3 過失相殺

本判決は，Xに対して，そもそもXはクィニーシステムによる営業について酒税法に違反しないか疑問を持っており，かつ，マニュアルにはない御用

聞きを奨励されたのであるから，その適法性に疑問を持つべきであったのに，当該調査を怠った旨認定し，5割の過失相殺を認めている。しかし，XにおいてY，らがXと本件契約を締結するまで，約10年近くクィニーシステムによる営業を継続してきたという実績に信頼をよせ，本件契約を締結したとすれば，5割の過失相殺は過大であるようにも思われる。

【毛塚重行】

〔参考文献〕
西口元＝木村久也＝奈良輝久＝清水建成編『【改訂版】フランチャイズ契約の法律相談』43-58頁（青林書院，2009年）
西口元＝吉野正三郎＝木村久也＝奈良輝久編『フランチャイズ契約の実務』（新日本法規，2000年）

第5 マーティナイジングドライクリーニング事件

▶フランチャイザーのフランチャイジーに対する保護義務違反（不正確な情報の提供）による損害賠償責任が認められた事例（過失相殺7割）

東京高等裁判所平成11年10月28日判決（控訴審・一部認容）　原審：東京地方裁判所平成10年10月30日判決
判例時報1704号65頁，判例タイムズ1023号203頁

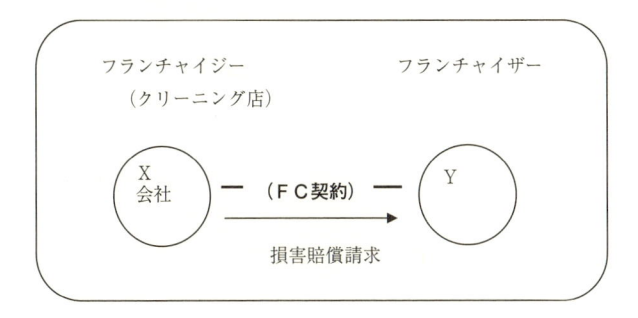

```
       フランチャイジー          フランチャイザー
       （クリーニング店）

         ┌─────┐                  ┌─────┐
         │  X  │── （ＦＣ契約）──→│  Y  │
         │ 会社 │                  │     │
         └─────┘                  └─────┘
              損害賠償請求
```

争　点

1　保護義務違反の有無
(1)　フランチャイザーは，フランチャイジーになろうとする者に対して，情報提供義務を負っているか。
(2)　本件でフランチャイザーが提供した売上予測等の情報は適正なものであったか。

2　不正確な情報の提供と相当因果関係がある損害の具体的範囲
(1)　開業費用
(2)　営業経費

3　過失相殺の割合

結 論

1 保護義務違反の有無

(1) フランチャイザーはフランチャイジーの指導，援助に当たり，客観的かつ的確な情報を提供すべき信義則上の保護義務を負っているから，契約に先立って提供された情報が客観的かつ的確な情報でなく，これによりフランチャイズ・システムへの加入（契約者の締結及び開業）に関する判断を誤らせた場合，損害賠償責任を負う。

(2) 競合店の判断において，フランチャイザーＹは，本件店舗はユニット店であり，短時間仕上げが可能な点，誤配・紛失等のトラブルが少ない点で，他の多くの取次店は実質的に競合店ではないと主張した。これに対し，判決は，一般的に取次店とユニット店とで納期について特段の差があるものとは認められず，また，取次店とユニット店とでトラブルの多寡に差があるとも立証されていないから，ユニット店としての特徴が顧客にとって店舗選択のポイントとはなっていないと判断した。

したがって，フランチャイザーＹのした売上試算，予測は，競合店についての判断に誤りがあり，客観的かつ的確な情報でなかった。

2 損害の具体的範囲

(1) 開業費用の内，ドライ機等のリース料について

原告が損害として請求した項目の内，金額が最も大きいのがリース料である。リース契約には，契約解除（中途解約）によりリース物件が返還又は回収された場合でも規定損害金（リース料相当額）を支払う旨の約定があったため，実際には９か月間しか営業はしなかったものの契約に定められたリース期間60か月間分の損害債務を負った。

原告は，本件店舗開業のためにリース料債務を負ったものであり，このことは右リース契約を解除し，リース物件を返還した場合でも同様であるとしてリース料相当額全額が損害と認められた。

(2) 営業経費の内，賃料等について

店舗の賃貸借契約の期間は５年間とされたが，実際に賃借した期間は１年間であった。原告はその間，同店舗を利用してクリーニング店を経営（開業

準備及び残務処理を含む。)し，右賃料額を上回る売上げを得ていたのであるから，右賃料自体は，右売上げに直接対応する必要経費であり，開業のために被った損害とは認められないとされた。これに対し，店舗の賃貸借に関わる項目の内，原状回復費用，及び仲介手数料は，損害と認められた。

3 過失相殺の割合

フランチャイジーも，フランチャイザーから提供された情報を検討，吟味した上，最終的には自己の判断と責任においてフランチャイズ・システム加入を決すべきものであるとの一般論を述べた上で，本件においては，フランチャイザーYから提供した資料等を検討，吟味すれば，同一商圏内に多数の競合店が有し，Yがした売上試算，予測が的確なものであったかについてXは疑問をもってしかるべきであったなどとして，7割の過失相殺がなされた。

事案の概要

1 X(原告，控訴人，フランチャイジー)は，カメラ部品メーカーの元開発部長で，退職後に2年の事業経験を経て，Y社の展開するクリーニング店のフランチャイズ・システムに加盟することとし，市川市に行徳店を開業した。

2 Xは，開業を決意するまでの過程で，Yから売上予測を示されたが，それによればXが月40万円程度のオーナー報酬を取っても，事業は損益分岐点を上回るというものであった。

3 しかし，実際は予測に反して，売上げは最高でも約98万円と，一度もYの示した損益分岐点(オーナー給与40万円の場合で売上月額251万9000円，オーナー給与なしの場合で売上月額187万4000円)に達せず，Yも人員を派遣したり，資金を援助して経営の改善を図ったが，結局Xは経営を断念し，開業から9か月後にはクリーニング店を閉店した。

4 Xは，Yを相手として損害賠償請求訴訟を提起し，示された売上予測が適正なものではなく，フランチャイザーとして適正な情報を提供すべき信義則上の義務に反しているとして，開業費用等の支払を求めた。

5 一審は，Yの提供した売上予測情報が適正を欠いていたとはいえないとしてXの請求を棄却したが，本控訴審は，請求を一部認容した。クリーニング機器のリース料，原状回復費用等について損害と認めた上で，Xにも，

多額の開業資金を投下して商売を始めようとする者としては，フランチャイザーの言動に寄りかかりすぎた軽率な決定があったとして7割の過失相殺をした。

判決要旨

1 保護義務違反の有無について

「一般に，フランチャイズ・システムにおいては，店舗経営の知識や経験に乏しく資金力も十分でない者がフランチャイジーとなることが多く，専門的知識を有するフランチャイザーがこうしたフランチャイジーを指導，援助することが予定されているのであり，フランチャイザーはフランチャイジーの指導，援助に当たり，客観的かつ的確な情報を提供すべき信義則上の保護義務を負っているものというべきである。

本件においては，Xは，クリーニング業は全くの素人であったので，開業に当たっては相当多額の開業費用を要することなどからも，開業することに対する不安が極めて大きかったが，契約に先立ってYから示された開業予定地（物件）に関する売上予測等の最終的な資料によっても，月40万円程度のオーナー手取額が得られるとされ，かつ，営業不振の場合には，営業権の本部移管まで約束されたため，本件契約の締結及び開業に至ったのであるから，契約に先立ってYがXに対して示した情報が客観的かつ的確な情報でなく，これにより控訴人のフランチャイズ・システムへの加入（契約者の締結及び開業）に関する判断を誤らせたといえる場合には，Yは，前記信義則上の保護義務違反により，Xが右加入により被った損害を賠償する責任を負うというべきである。」

「Yの売上試算，予測について検討するに，Yは，競合店について，……行徳店が他の多くの取次店と異なり，納期については短時間に仕上げが可能なこと，誤配，紛失等のトラブルが少ないことを特徴としているので，右取次店は実質的に競合店ではないとして，実質上の競合店数を数店舗（以内）と……判断したものであるが，一般的に取次店とユニット店とで納期について特段の差があるものとは認められず，また，取次店とユニット店とでYの主張するようなトラブルの多寡（取次店に対する客の不安）があると認めるに足りる資料もなく，Yの主張するフランチャイズ店のユニット店としての特徴が顧客にとって店舗選択のポイントとはなっていないものと認めざるを得ない。そうすると，Yのした売上試算，予測は，競合店についての判断を誤ってしたものというほ

第5　マーティナイジングドライクリーニング事件〔東京高判平成11年10月28日〕

かなく，Yが契約に先立ってXに対して示した情報が客観的かつ的確な情報でなかったものと認められる。

「したがって，Yによる不正確な情報の提供とXによる行徳店の開業及びその経営破綻との間には相当因果関係があると認められるから，Yは，前記信義則上の保護義務違反により，Xが本件契約の締結及び行徳店の開業により被った損害を賠償する責任を負うというべきである。」

2　損害額について

(1)　開業費用の内，ドライ機等のリース料

（Xは，）「開業のために，……クリーニング店用機器一式（Yに支払った加盟金300万円を含む。）のリース契約を締結したこと，右契約において，リース期間は……60か月間，……契約解除（中途解約）の場合の規定損害金は未経過リース料相当額，契約解除によりリース物件が返還又は回収された場合でも規定損害金を支払う旨の約定がされたことが認められる。……（Xは，）解除をし，リース物件を返還した場合でも，未経過リース料相当額の規定損害金の支払を免れないことになる。そうすると，Xは，行徳店開業のために右リース契約を締結し，リース料支払総額2904万6000円の債務を負担したのであり，このことは右リース契約を解除し，リース物件を返還した場合でも同様であるから，右金額を損害として認める。」

(2)　店舗賃貸借関係費用の内

①　賃料

Xは，「行徳店の店舗を平成7年2月14日，賃貸借期間を同月24日から平成12年2月23日までの5年間として賃借し，平成8年2月15日ころ明け渡し，その間月額33万の賃料を負担したことが認められるが，Xは，その間，同店舗を利用してクリーニング店を経営（開業準備及び残務処理を含む。）し，右賃料額を上回る売上を得ていたのであるから，右賃料自体は，右売上に直接対応する必要経費であり，行徳店開業のために被った損害として認めることはできない。」

②　原状回復費用

Xは，「行徳店の店舗の賃貸借終了による返還に際し，原状回復費用として33万9900円を負担したことが認められるから，右金額は，行徳店開業に伴って控訴人が被った損害ということができる。」

③　保証金償却

Xは，「行徳店の店舗の賃借に際し，保証金500万円を差し入れ，その終了に

伴い，平成8年2月15日ころ，約定の償却金30万円等の差引き計算をして右保証金の返還を受けたことが認められるから，右30万円は，行徳店開業に伴って控訴人が被った損害ということができる。」

④　仲介手数料（請求額及び認容額33万9900円）

証拠（甲24，29）によれば，控訴人は，行徳店の店舗の賃借に際し，仲介手数料として33万9900円を負担したことが認められるから，右金額は，行徳店開業に伴って控訴人が被った損害ということができる。

3　過失相殺

「フランチャイズ・システムにおいては，専門的知識を有するフランチャイザーがフランチャイジーを指導，援助することが予定され，客観的かつ的確な情報を提供すべき信義則上の保護義務を負っているとはいえ，他方において，フランチャイジーも，単なる末端消費者とは異なり，自己の経営責任の下に事業による利潤の追求を企図する以上，フランチャイザーから提供された情報を検討，吟味した上，最終的には自己の判断と責任においてフランチャイズ・システム加入を決すべきものである。

前記認定事実によれば，Xとしても，Yが提供した資料等を検討，吟味することが十分に可能であったといわなければならず，そうすれば，同一商圏内に多数の競合店が存し，Yがした売上試算，予測が的確なものであったかについて疑問をもってしかるべきである（現に，国民金融公庫からは，立地条件が悪いなどとして融資を断られている。）ところ，Xとしても，不安感を抱いていたものの，最終的にはYの売上試算，予測をよりどころとして月40万円程度のオーナー手取額が得られるものと信じてYのフランチャイズ・システム加入を決定したものである。これは，多額の開業資金を投下して商売を始めようとする者としては，フランチャイザーの言動に寄りかかりすぎた軽率なものであったといわざるを得ない。以上の諸点に，Xが開業期間中，赤字であったとはいえ前記損害に係るリースないし購入機器等を使用して売上を得ていたこと，その他本件にあらわれた諸般の事情を総合考慮すると，Yの前記義務違反による損害賠償額を定めるに当たっては，公平の原則に照らし，Xに生じた前記損害について7割の過失相殺をするのが相当である。」

第5　マーティナイジングドライクリーニング事件〔東京高判平成11年10月28日〕　　69

分　析

1　フランチャイザーの情報提供義務について

　本件は，フランチャイジーが，FC（フランチャイズ）契約締結前に売上予測等に関する情報の提供を受けその情報を信じて契約関係に入ったが，その情報が間違っていたため，損害を被ったとしてフランチャイザーに損害賠償を求めた事案である。

　FCが社会に広く普及するにつれ，FC業界も加盟店同士の過当競争の段階に入ったと言われており，参入したものの見込みが外れて大きな損失を被ったフランチャイジーがフランチャイザーを提訴する事案が増加しつつある。

　FC間の差別化や営業努力による業績向上にも一定の限度があるから，売上予測に関する情報は，開業後の利益に直結する情報であり，最重要の情報といってよいだろう。

　売上・利益等の予測に関し間違った情報を提供してしまったフランチャイザーの責任を認める法的構成としては，情報提供義務を，契約締結上の過失責任の一種である信義則上の保護義務としてとらえる裁判例が一般的であり，本件もその一例である。

　このような情報提供義務が認められる背景としては，フランチャイザーとフランチャイジーの情報力の格差という実態があるのであるが，一方で，FC契約は独立事業者間の契約という形式を取り，各当事者は基本的には自己責任で情報を収集・判断せねばならないという建前があるため，現状では，情報提供義務の内容としては，フランチャイザーに積極的な情報提供義務までは認められず，提供する以上は客観的かつ的確な情報を提供しなければならないと義務にとどまると解するのが一般的であり，本件の判旨1で引用した最初の一文も，以上の趣旨を端的に述べたものと理解すべきである。

　これと対照的なのが原審判決であり，「保護義務なるものが観念し得るとしても，被告にその違反があるということはできない」という結論部分の表現からも読み取れるように，保護義務自体を認めることにも消極的なニュアンスを示している。「現実に達成できるか否かの判断は，最終的にはフランチャイズ契約を締結して加盟店となろうとする原告が，自己の責任において

行うべきものであって，上述のように，客観的な根拠に基づく予測が示されている以上，その信頼性の判断も自らの責任において行うべきである。」という記載も，自己責任を強調する立場からのものととらえることができる。

2 本件において，被告フランチャイザーに情報提供義務違反が認められるか

　原審と控訴審が，ほぼ同一の認定事実に基づきつつ，責任の判断について大きく分かれたのも，以上の基本的立場の違いによるところが大きいと考えられるが，売上予測が合理的なものかという認定のプロセスにもかなりの違いが見受けられる。

　原審は，「予測の方法なりその精度については，……架空の数倍に基づくものであるとか，推計の過程に明らかに不合理な点があるというのでない限りは，相手方の判断を誤らせるような適正を欠く予測を提示したものということはできない。」とか「あくまで予測にすぎず，被告による保障とは異なる」と述べるのみであるから，このような基準で情報提供義務違反が認められるのは，客観的な基礎資料に著しい過誤があった場合や，詐欺的勧誘の手段としてフランチャイジーに過大な期待を負わせるような予測情報が提供されるような場合に限られることになろう。

　これに対して，控訴審は，予測判断の元になった情報の正確性のみならず，予測のプロセスにも検討を及ぼしている。本件では，同じ商圏に属するクリーニング店のうち，競合店となり得ないとしていくつかの取次店を除外した判断について，以下のように述べている。「一般的に取次店とユニット店とで納期について特段の差があるものとは認められず，また，取次店とユニット店とで被控訴人の主張するようなトラブルの多寡（取次店に対する客の不安）があると認めるに足りる資料もなく，被控訴人の主張するフランチャイズ店のユニット店としての特徴が顧客にとって店舗選択のポイントとはなっていないものと認めざるを得ない。」

　「顧客にとって店舗選択のポイントとはなっていない」と断言しているかのような表現は，立証責任の観点から問題もあるが，おそらくその言わんとするところは，「取次店であるというだけで全く競合店とはならない，という判断は合理的ではない」というものであろう。

裁判例の大きな流れとしては，近年，この控訴審のように予測プロセスに立ち入った細かい検討がなされる傾向があると言われている（後掲山下評釈）。

このような傾向が続くならば，今後はフランチャイザーとしても，情報提供義務違反という認定を避けようとすれば，取次店とユニット店で納期について特段の差がある（たとえば半日～1日くらいか）とか，トラブルの多寡が有意にあるという資料をあらかじめ準備しておくか，それができないならば，一定の割合で競合することを前提とした売上予測を行わざるを得なくなるであろう。

3 情報提供義務違反による損害の範囲はどこまでか

賠償の範囲については，「Yによる不正確な情報の提供とXによる行徳店の開業及びその経営破綻との間には相当因果関係があると認められるから，Yは，前記信義則上の保護義務違反により，Xが本件契約の締結及び行徳店の開業により被った損害を賠償する責任を負うというべきである。」との基準が示されている。そうだとすると，開業しなければ，店舗賃貸借関係費用は支出する必要がなかったのであるから，これらはすべて損害の範囲に含まれることになりそうであるが，そのうち原状回復費用，保証金償却，仲介手数料は損害と認めたものの，賃料については，売上げに直接対応する必要経費であるとの理由で否定されている。

また，ロイヤリティや加盟金は，否定されるのが通例であるが，本件では加盟金がリース料の一部として認められている。

4 過失相殺

専門的知識を有するフランチャイザーに客観的かつ的確な情報を提供すべき信義則上の保護義務を負わせる一方で，フランチャイジーにも，「単なる末端消費者とは異なり，自己の経営責任の下に事業による利潤の追求を企図する以上，フランチャイザーから提供された情報を検討，吟味した上，最終的には自己の判断と責任においてフランチャイズ・システム加入を決すべきものである。」として過失相殺を認めた。

過失相殺の割合は7割と高率であるから，フランチャイズ契約の締結及び店舗の開業に伴う損害の発生については，フランチャイザーよりもフランチャイジーの責任の方が重いという判断だということができよう。結論的には，

Xの決断が、「フランチャイザーの言動に寄りかかりすぎた軽率なものであったといわざるを得ない。」と認定されている。判決では、「諸般の事情を総合考慮すると」という形がとられているため、その判断のプロセスは明示されていないものの、金融機関から、「立地条件が悪い」という判断を示されたという事実が特に挙げられている。これは、売上予測についてネガティブな情報を得られるという、ある意味ではせっかくの機会があったのに、フランチャイザーや金融機関に疑問をぶつけたり根拠を詳しく問いただせず、自ら情報収集の努力を尽くさなかったことがマイナスに評価されたと見てよいだろう。すなわち、フランチャイジーは、一般に店舗経営の専門的知識や経験に乏しいという特質を持ち、本件のXも2年の共同事業の経験を有するのみではあるのだが、独立した事業主体として経営を行う以上、最終的な判断は自己責任となるのであるから、少なくともそのために必要な情報を「求める」努力は最低限すべきであるという判断が過失相殺の認定の背後にあるのだと思われる。

【土居伸一郎】

〔参考文献〕
西口元＝木村久也＝奈良輝久＝清水建成編『［改訂版］フランチャイズ契約の法律相談』43-65頁（青林書院、2009年）
神田孝『フランチャイズ契約の実務と書式』38-39頁、54-59頁（三協法規出版、2011年）
金井高志「フランチャイズ契約締結過程における紛争の判例分析(1)」判例タイムズ1059号11頁
金井高志「フランチャイズ契約締結過程における紛争の判例分析(4)」判例タイムズ1064号25頁
山下友信「フランチャイズ契約締結過程における予測情報の提供とフランチャイザーの責任」江頭憲治郎＝山下友信編『商法（総則・商行為）判例百選 第5版』134頁（有斐閣、2008年）

〔参考判例〕
京都地判平成3年10月1日判時1413号102頁〔進々堂事件〕
福岡高判平成18年1月31日判タ1235号217頁〔ポプラ事件〕
大阪地判平成8年2月19日判タ915号131頁〔ローソン事件〕

第6 神戸サンド屋事件

▶フランチャイザーのフランチャイジーに対する信義則上の保護義務違反（適正な情報の不提供）による損害賠償責任が認められた事例（過失相殺8割）

福岡高等裁判所平成13年4月10日判決　平成12年(ネ)第1041号，
平成12年(ネ)第1163号損害賠償請求控訴・同附帯控訴事件
判例タイムズ1129号157頁

争　点

1　Y（フランチャイザー）のX（フランチャイジー）に対する信義則上の保護義務違反の有無。
2　損害の発生及び額。
3　過失相殺の可否。

結　論

Y（フランチャイザー）は，X（フランチャイジー）が出店を希望する物件における事業の予測売上高等についての情報を提供するに当たり，Yが事業の経営について有する知識及び経験に基づいて合理性のある情報を提供すべき信義則上の義務を怠っており，Yにはこれについて過失があったと認めた。そして，Xに発生した損害の額が3456万円余りであると認めた上で，本件フランチャイズ契約の締結及びその後の損害の発生については，Xにも落ち度があるというべきであるとし，民法722条2項の規定を類推適用して，損害から8割を減じた。

事案の概要

1　X（原告，被控訴人，附帯控訴人。フランチャイジー）は，電線電纜の販売

等を目的とする株式会社であり，Y（被告，控訴人，附帯被控訴人。フランチャイザー）は，フランチャイズチェーン・システムによる飲食店業加盟店の募集業務等を目的とする株式会社である。

　2　Yは，平成8年，大阪市内において，無料でセミナーを開催し，Xの代表取締役Aは同セミナーに出席した。

　3　Yは，本件セミナーにおいて，パンフレット形式の「フランチャイズガイド」及び「収支計算」等を席上配布し，Yの代表取締役は，これらの資料に基づいて，セミナー参加者に対し，Yの提供する神戸サンド屋のフランチャイズ・システムについて，味に関しては他に負けないし，他の飲食フランチャイズに比べて投資が少なくて済むこと，ローリスク・ハイリターンであり，早期に初期投資を回収できる収益性があること，「フランチャイズガイド」記載の400万円のモデル収支の売上げ以下の店は作りたくないこと等を話した。

　4　Aは，Yの取締役であるBから熱心な勧誘を受け，Xの従業員に店舗候補地のリストアップを指示し，リストアップした9物件の資料をYに送付した。これに対し，Bは，その中からC物件とD物件を調査対象としてピックアップし，その通行量調査を行った上で，本件報告書を作成した。同報告書には，明らかにC物件よりD物件の方が有利な売上げを見込むことができる，D物件の予測売上高につき算出すると1か月490万円となる，1年間の営業利益は1142万円余に上り，D物件は充分な売上げが見込めるなどの記載があった。Bは，Aを訪ね，本件報告書を提出してその内容を説明し，フランチャイズ契約の締結を勧誘した。

　5　なお，Xは，当時，コンサルティング会社を経営コンサルタントとして依頼し，上記説明の場にも，同社のコンサルタントの立会いを依頼し，本件フランチャイズ契約について，同コンサルタントに相談する等していた。

　6　XとYは，平成9年1月，Xが店舗候補地とした物件に神戸サンド屋の店舗を開くことを前提に，神戸サンド屋フランチャイズ契約を締結した。Xは，D物件を賃借することができなくなったため，同物件と道を挟んで対面するE物件に出店することになったが，Bからは，本件報告書の内容は，そのまま同物件にも当てはまるし，むしろ，同物件の方が条件はより良いと

の説明を受けていた。

6　Xは，本件フランチャイズ契約の締結を受けて，Yに加盟契約金，保証金，広告宣伝費を支払い，本件物件における本件店舗の開業準備のため，店舗の実施設計業務及び監理業務の委託契約並びに本件物件の賃貸借契約の締結，内装，備品の購入，店長その他の従業員の採用等を行った。店は平成9年3月に開業したが，同月は約270万円の損失を計上し，以後，毎月，損失が続いたため，Xは，平成10年1月に，書面により，本件フランチャイズ契約を，同年2月末日をもって解除する旨の意思表示をした。

7　Xは，Yが売上げ及び利益の予測についての適正な情報を提供しないままXにフランチャイズ契約を締結させたため，フランチャイズ店開業のための初期投資費用及び営業損失の損害を被ったと主張して，Yに対し，契約締結上の保護義務違反を理由とする損害賠償金4287万円余りの支払を求めた。

判決要旨

1　争点1について

(1) フランチャイザーの義務について

「フランチャイザーが，フランチャイズ契約の締結を勧誘し，交渉する中で，成約を目的として，フランチャイジーとなろうとする者に対し，当該立地条件における事業の収益性等についての情報を提供する場合には，当該事業の経営について有する知識及び経験に基づいた合理性のある情報を提供すべき信義則上の保護義務を負っていると解すべきである。」

(2) 本件セミナーにおける情報提供について

「本件セミナーの開催案内の方法やセミナーの内容に照らすと，同セミナーにおいて，Yが，Xに対し，直接，フランチャイズ契約締結のため勧誘したりその交渉のため話し合う等して，両者間に密接な関係が生じていたというものではなく，未だ両者の関係は信義則によって規律される段階にはなかったというべきであるから，この点につき，YにXに対する信義則上の保護義務を認めることはできない。」

(3) 本件報告書の提出について

「売上高予測のために用いた商圏人口，マーケットサイズ，シェアに関する各数値は，いずれも十分な調査，検討を経ておらず，合理性を有しないといわ

ざるを得ないから，本件報告書における本件店の予測売上高」の「判断は，その断定的な表現とは裏腹に，合理性を欠いた誤った推論であったものと評価すべきである。」

「また，本件報告書中の上記予測売上高を前提とする償却前営業利益の予測も，同様に合理性を有しないことになる。」

「なお，」「XはD物件が賃借できないこととなったため，当該物件の真向かいのE物件に出店することにしたことが認められるが，E物件とD物件とは道路をはさんで真向かいであり，その道路も自転車や歩行者が自由に横断している二車線の生活道路であるから，E物件についても本件報告書による調査の内容に大幅な影響はなく，両物件間の立地条件に有意な差があると認めるに足りる証拠はないから，上記」「において検討したところは，E物件にもそのまま当てはまると解される。」

「したがって，Yは，Xが出店を希望するE物件における神戸サンド屋事業の予測売上高等についての情報を提供するにあたり，Yが神戸サンド屋事業の経営について有する知識及び経験に基づいて合理性のある情報を提供すべき信義則上の義務を怠ったものというべきであり，Yにはこれについて過失があったと認められる。」

2 争点2について

本件店舗開業による損害は2136万円余りであるとした。

また，本件店舗の営業による損害については，次の通り判示した。

「平成10年」「2月の段階で，開店後の累積損失額は，1801万3114円に達していた。」

「Xは，フランチャイザーであるYの指導，援助を受け容れる形で営業改善の努力を行っており，他方，Yは，フランチャイザーとして，Xの求めに応じ，」「本件店舗の現状分析に基づいて，店舗運営の改善と売上拡大策の実施を提案し，これを実施することで，半年以上に亘り積極的に指導援助を続けてきたが，成果がほとんど上がらないまま，本件店舗は損失を計上し続けたことが認められるから，本件店舗の出店のための初期投資費用のみならず，本件店舗の営業損失についても，Yの本件報告書に合理性があると誤信して開業した場合に起こりうる損害として，Yの上記義務違反行為との間に相当因果関係を認めるのが相当である。

もっとも，Xは，」「現状分析と改善策に関する上記書面により，来店数を現状の2倍以上に増加させることができたとしても」「300万円には及ばないとい

う厳しい現実を認識し，平成9年7月には，」「集客率のアップを図ったにもかかわらず，売上に反映しなかったのであるから，集客率アップの可能性の有無を見極めるのに必要な期間の経過後は，もはや，損失を覚悟のうえで営業を継続していたと見ざるをえない。したがって，」「Yの義務違反と相当因果関係のある損害は，」「上記書面の提示と説明及び集中的な指導から3か月以上が経過した平成9年10月末までに発生した損失1320万0786円を限度とするのが相当である。」

3 争点3について

「Xは，以前から電線等の販売業を営み，」「代表者であるAも，長年のメーカー勤務の後，昭和58年にXの取締役に就任し，平成4年からはその代表取締役を務めていたのであるから，食品販売や消費者相手の商売には無縁ではあったとしても，およそ事業や経営というものに関する一般的な知識や経験を有していたということができること，」「Xは，本件報告書の説明を受けた際，経営コンサルタントの立会を得，本件フランチャイズ契約締結の相談をする等，フランチャイズ方式によるサンドウィッチ販売の事業についての知識や経験を補う手段を有していたこと，」「Xは，本件報告書の内容について，」「説明を聞いただけでこれを軽信し，さらに裏付資料の提出を求めることもなく，また，D物件及びE物件は，いずれもXの本店から至近距離にある物件で，」「説明内容の検証が比較的容易であるにもかかわらず，これを行わなかったこと等の事情が認められ，これらの諸事情を考慮すると，本件フランチャイズ契約の締結及びその後の損害の発生については，Xにも落ち度があるというべきであるから，民法722条2項の規定を類推適用して，損害賠償額を定めるにあたって，これを斟酌するのが相当である。そして，これらの事情にXの義務違反の内容，程度等を勘案すれば，Xに生じた損害から8割を減ずるのが相当である。」

分 析

1 予想売上高等に関する情報の提供

　フランチャイズ契約を締結するに当たって，フランチャイザーは，フランチャイジーになろうとする者に対して，フランチャイズ・システムの内容についての情報を提供する。このような情報の中で，フランチャイジーになろうとする者がもっとも関心をもつもののひとつに，自分が営業を行った場合

の損益予想にかかる情報がある（『【改訂版】フランチャイズ契約の法律相談』63頁）。

一般的に，フランチャイザーのフランチャイジーに対する情報提供義務の内容については，①フランチャイザーが，フランチャイズ・システムに関する何らかの情報を提供すること自体を内容とする義務（積極的情報提供義務）と，②フランチャイザーが，フランチャイジーに対して，何らかの情報提供を行ったことを前提として，提供した情報が客観的，正確であることを内容とする義務（消極的情報提供義務）に分類することができる（「コンビニエンス・フランチャイズ・システムをめぐる法律問題に関する研究会報告書(1)」NBL948号9頁）。

そして，売上・収益予測に関する情報提供義務の範囲に関する裁判例も，上記の分類に沿う形で，①売上・収益予測は，フランチャイジーになろうとする者が契約を締結する際の重要な要素であることを理由に，フランチャイザーが売上・収益予測につき情報提供義務を負うとするものと，②フランチャイザーは，売上・収益予測を積極的に提供する義務を負うものではないが，売上・収益予測を提供する場合には，情報の内容が客観的，正確かつ適正でなければならないとするものに大きく分類することができる（前掲「研究会報告書(1)」9頁以下）。

本判決は，フランチャイザーは，「収益性等についての情報を提供する場合には，当該事業の経営について有する知識及び経験に基づいた合理性のある情報を提供すべき信義則上の保護義務を負っている」としており，後者に属するものである。

2 予想売上高に関する情報提供義務違反の判断基準

裁判例が売上・収益予測に関する情報提供義務違反の判断基準としているのは，①売上・収益予測手段に相当性・合理性が認められるか，及び②相当性・合理性が認められるとして，その適用過程に相当性・合理性が認められるか，である。また，近時の裁判例には，売上・収益予測と現実の売上げとの乖離をもって予測が適正ではなかったことを推定するものや，当該乖離をもって予測が不合理であることを事実上推認するものもある（前掲「研究会報告書(1)」12頁）。

上記の相当性・合理性を欠くため，義務違反が肯定される事情としては，不適正な人材・方法による市場調査の実行，予測の根拠となる数値の算出過

程における人為的な操作，競合店・商圏の認識の誤り，本来適用すべき数値と異なる恣意的な数値の設定などが挙げられる（『【改訂版】フランチャイズ契約の法律相談』63頁以下，前掲「研究会報告書(1)」13頁）。

　本判決は，YがXに提供した予測売上高の算定式自体の合理性を認めたうえで，商圏人口の把握，マーケットサイズ，周辺の競合見込店舗及び類似業績店舗の状況把握及びシェアなどの，算定の基礎となる個々の数値の合理性について検討し，いずれも十分な調査，検討を経ていなくて合理性を有さず，予測売上高を前提とする償却前営業利益の予測も同様に合理性を有しないとしている。

3　損害賠償の範囲

　フランチャイザーの情報提供義務違反の効果は，損害賠償であると解されており，裁判例は，賠償の対象となる損害としては，相当因果関係（民法416条）によって画すことを前提としつつ，開業に伴う支出を考える。具体的には，加盟金及び開業準備費用（店舗賃貸借費用，店舗改装費用など）等である。これに対して，開業後のロイヤルティ，店舗の賃料，仕入代金並びに開業後の赤字（営業損失）及び逸失利益等は，原則として損害賠償の範囲に含まないのが裁判例の傾向である（「コンビニエンス・フランチャイズ・システムをめぐる法律問題に関する研究会報告書(2)」NBL949号86頁以下）。

　もっとも，近時，開業後の営業損失ないし逸失利益について，賠償すべき損害に該当すると認めた裁判例も現れており，本判決も，XがYの指導，援助を受け入れる形で営業改善の努力を行っており，Yとして，Xの求めに応じ積極的に指導援助を続けてきたが，成果がほとんど上がらないまま店舗が損失を計上し続けたことを前提として，店舗の営業損失についても損害として認定している（金井高志『フランチャイズ契約裁判例の理論分析』268頁以下（判例タイムズ社，2005年））。ただし，Xが集客率アップの可能性の有無を見極めるのに必要な期間の経過後は，もはや，損失を覚悟のうえで営業を継続していたと見ざるを得ないため，義務違反と相当因果関係のある損害とはいえないとして，認定している損害の範囲が限定的であることに注意する必要があろう。

4 過失相殺

　過失相殺とは，債権者又は被害者が自身の過失によって生じた損害の責任を債務者又は加害者に転嫁することは認められるべきではないことから，損害賠償の責任と額を定める際に債権者又は被害者の過失を考慮する制度である（民法418条・722条2項。能見善久＝加藤新太郎編『論点体系 判例民法4 債権総論』76頁〔田髙寛貴（第一法規，2009年)〕）。

　フランチャイズ契約の裁判例においては，フランチャイザーが情報提供義務違反に基づく損害賠償責任を負う場合において，フランチャイジーに過失があるときは，広く過失相殺が認められている。この場合の過失相殺の割合はかなり高率となる傾向にあり，例えば，コンビニエンスストアに関する事例の多くにおいては3割ないし7割の範囲で認められている（前掲「研究会報告書(2)」87頁）。

　本判決はその中でも，8割という相当高率の過失相殺がなされたものである。その判断には，①自己責任の前提となる資質がフランチャイジーであるXに存すること，②Xが情報の収集・分析を十分に行わなかったこと，③Xにリスクの認識可能性があったこと，及び④Xが個人としてではなく，法人としてフランチャイズ契約を締結していること，などが影響しているようである（若松亮「企業間の訴訟における過失相殺規定の運用状況」判タ1344号42頁）。また，本判決は，民法722条2項の規定を類推適用しているが，これは，本判決が，信義則上の保護義務違反について，不法行為責任という構成に近いものとするが，不法行為責任とまではいえないものと捉えていることによるとの指摘がある（前掲『フランチャイズ契約裁判例の理論分析』271頁）。

　なお，同様に高率の過失相殺を行ったフランチャイズ契約に関する裁判例としては，①8割の過失相殺を行った東京地判平成19年1月24日（LLI登載，ID番号06230284），②7割の過失相殺を行った東京地判平成11年10月28日（判タ1023号203頁），及び③8割の過失相殺を行った名古屋地判平成10年3月18日（判タ976号182頁）などがある。

【カライスコス　アントニオス】

〔参考文献〕
西口元＝木村久也＝奈良輝久＝清水建成編『【改訂版】フランチャイズ契約の法律相談』
　46-58頁，63-65頁（青林書院，2009年）
神田孝『フランチャイズ契約の実務と書式』359-375頁（三協法規出版，2011年）
「コンビニエンス・フランチャイズ・システムをめぐる法律問題に関する研究会報告書(1)」
　NBL948号6頁
「コンビニエンス・フランチャイズ・システムをめぐる法律問題に関する研究会報告書(2)」
　NBL949号86頁
金井高志『フランチャイズ契約裁判例の理論分析』（判例タイムズ社，2005年）
若松亮「企業間の訴訟における過失相殺規定の運用状況」判タ1344号38頁

〔参照判例〕
東京地判平成19年1月24日（LLI登載，ID番号06230284）
東京地判平成11年10月28日判タ1023号203頁
名古屋地判平成10年3月18日判タ976号182頁

第7　サークルK事件

▶フランチャイザーに，売上予測に係る情報提供義務違反に基づく不法行為責任が認められた事例

名古屋高等裁判所平成14年4月18日判決　平成13年(ネ)第516号，第899号
LLI05720537

争点

1　フランチャイズ契約締結に際し，1審被告（フランチャイザー。Y）が，1審原告ら（フランチャイジー。Xら）に対し，売上予測についての情報及び売上予測に関する資料を提供しなかったとして不法行為責任を負うか。

2　1審被告（フランチャイザー。Y）が，1審原告ら（フランチャイジー。Xら）に対し，売上予測値を開示しなかったとして契約締結上の過失が認められるか。

結論

1　フランチャイザーは，フランチャイジーになろうとする者に対して，予定店舗についての的確な情報を収集するとともに，収集して保有するに至った情報を，特に秘すべき事情のない限り，フランチャイジーとなろうとする者に開示し，フランチャイズ契約を締結するか否かの判断の資料として提供すべき義務すなわち情報提供義務がある。Yは不正確な売上予測情報の収集しかしなかった上に，収集した情報をXらに提供しなかったものであって，Yにおいて特にこれを秘匿すべき事情は認められないから，情報提供義務違反が認められ，不法行為責任が成立する。

2　契約締結上の過失を理由とする債務不履行に基づく請求は，この責任を肯定できるとしても，上記不法行為に基づく損害を超える損害を認めるこ

とはできない。

> **事案の概要**

1 Yは，コンビニエンスストアの経営等を目的として設立され，設立以後，「サークルケイ」「サークルK」等の商標又はサービスマークを使用して，フランチャイズ方式によってコンビニエンスストアを加盟者に経営させ，若しくは自ら直営している株式会社である。

2 X_1とYは，平成9年6月26日，YがX_1に対し，商標やサービスマーク等サークルK店であることを表示する営業シンボルを使用し，経営ノウハウの継続的な提供を受ける権利を付与するとともに，Yが開発したシステムによりコンビニエンスストア経営を行うことを許諾し，他方，X_1はYに対し，その対価としてロイヤルティを支払うとの内容のサークルKフランチャイズ契約（本件契約）を締結した。X_2は，本件契約につき，X_1の共同フランチャイジーとしてX_1と連帯して本件契約を履行する旨約した。X_3は，本件契約につき，連帯保証人としてX_1の債務につき連帯保証する旨約した。

3 X_1は，平成9年10月24日，本件契約に基づいて，石川県加賀市においてサークルK加賀黒瀬店（本件店舗）の営業を開始したが，その後経営に行き詰まり，平成10年5月1日午後5時，本件店舗を閉店した。

4 X_1 X_2は，本件契約を締結するに当たって，YがXらに対し売上予測等に関し虚偽の事実を告げ，さらに経営の実態をXらに告げないようにYの加盟店である他店舗の経営者に口止めをしたなどと主張して，Yに対し，詐欺，錯誤，不法行為，Yの契約締結上の過失，あるいは独占禁止法違反の不法行為などに基づいて，Yとフランチャイズ契約の締結したことによって生じた損害の賠償を請求した。

5 他方，Yは，X_1が，本件店舗の経営を24時間以上放棄しており，これはフランチャイズ契約における解除事由に該当すると主張して，X_1，X_2，X_3に対し，本件店舗の閉店に伴う清算金及びこれに対する遅延損害金の支払を求めた。

6 原審（名古屋地判平成13年5月18日 平成10年(ワ)第2968号，第5005号 判時1774号108頁）は，①不正確な売上予測をして本件店舗を開発し，本件契約締

結に際し正確な判断の前提となる資料をX_1に十分提供しなかった点は社会通念上違法であり，Yはこの点について不法行為責任を免れないというべきである。②フランチャイザーは，フランチャイズ契約を締結する段階において，フランチャイジーになろうとする者に対し，できるだけ客観的かつ的確な情報を提供する信義則上の保護義務を負うものというべく，フランチャイジーになろうとする者が契約を締結するに当たって重要な情報を提供しなかった場合には，情報提供義務を怠ったというべきであるところ，本件契約締結に際し，Yが，X_1に対し，本件店舗に関するY内部の日商売上予測値（32万5000円）を開示しなかったことは情報提供義務違反になるというべきである旨を判示した。

7 かかる原審の判決に対して，XらとYの双方から控訴がなされた。

8 本稿では，Yに，売上予測に係る情報開示について，不法行為責任及び契約締結上の過失が認められるか否かの争点につき検討する。

判決要旨

1 不法行為について

「フランチャイズ契約は，自らの商標やノウハウ等を基にフランチャイズシステムを構築するフランチャイザーが，その指導と援助の下に資金を投下して同システム傘下の加盟店を経営しようとする者（フランチャイジーとなろうとする者）との間に，加盟店経営に関する継続的取引関係の合意をする契約である。フランチャイジーは，この契約により，フランチャイザーの商標やノウハウを利用して営業し，その指導や援助を受けられるメリットがあり，フランチャイザーはフランチャイジーの資金や人的資源を活用して，自己の事業を拡大し，収益を得ることを目的としているものである。そして，多くの場合，フランチャイザーが予め作成している統一的契約書により契約する一種の附合契約であって，フランチャイジーとなろうとする者は，通常，小規模の事業者かこれを志す者であり，資金力も小さく，同システムによる営業についての知識や情報がフランチャイザーに比べて極めて少ない。これらを考慮すれば，信義則上，予定店舗を指定して加盟を勧誘するフランチャイザーは，フランチャイジーとなろうとする者に対して，予定店舗についての的確な情報を収集するとと

もに，収集して保有するに至った情報を，特に秘匿すべき事情のない限り，フランチャイジーとなろうとする者に開示し，フランチャイズ契約を締結するか否かの判断の資料として提供すべき義務，すなわち情報提供義務があると解するのが相当である。」とした上で，Yは不正確な売上予測情報の収集しかしなかった上に，収集した情報を X_1 に提供しなかったものであって，Yにおいて特にこれを秘匿すべき事情は認められないから，情報提供義務違反が認められ，不法行為責任が成立する。

2 契約締結上の過失

「契約締結上の過失を理由とする債務不履行に基づく請求は，この責任を肯定できるとしても，上記不法行為に基づく損害を超える損害を認めることはできない。」

〈原審（名古屋地判平成13年5月18日　平成10年（ワ）第2968号，第5005号　判時1774号108頁）〉

1 不法行為

(1) 立地調査，日商売上予測の方法，(2) 調査項目のチェックの方法，(3) 本件店舗の月額賃料，(4) X_1 による経営時においても，直営店となった後においても，本件店舗の売上が売上予測に大きく及ばなかったことなどを総合的に考慮すれば，「Yは，本件店舗の売上予測に際してかなり楽観的ないし強気の見通しを立てていたことは否定できず，その結果，開店当初の売上予測が実際よりかなり高めのものとなったのであり，フランチャイザーとして店舗経営に関する蓄積したノウハウを豊富に有するYとしては杜撰であったとの誹りを免れない。しかも，Yは，このようにして予測した本件店舗の日商売上予測数値をフランチャイジーとなるべき X_1 に開示することすらしていないのであるから，不正確な売上予測をして本件店舗を開発し，本件契約締結に際し正確な判断の前提となる資料を X_1 に十分提供しなかった点は社会通念上違法であり，Yはこの点について不法行為責任を免れないというべきである。」

2 契約締結上の過失

「一般にフランチャイズ契約とは，フランチャイザーが，加盟者となるフランチャイジーに対し，一定の店舗ないし地域内で，自己の商標，サービスマークその他自己の営業の象徴となる標識及び経営のノウハウを用いて事業を行う権利を付与することを内容とする継続的契約であり，フランチャイザーにとっては，フランチャイジーの資金や人材を利用して事業を拡大することができる

点が，フランチャイジーにとっては，フランチャイザーの商標，サービスマークが使用できること及びフランチャイザーの指導，援助を期待できる点が重要な要素となっている。そしてフランチャイジーになろうとする者にとっての最大の関心事は，通常，加盟後にどの程度の収益を得ることができるかどうかの点であると解されるから，契約を締結する段階において，フランチャイザーがフランチャイジーになろうとする者に提供する出店後の売上予測等出店後の収益に関する情報は，フランチャイジーになろうとする者が契約を締結するにあたって重要な資料となる。しかも，フランチャイザーは，店舗経営に関する蓄積したノウハウ及び専門知識を前提に独自のフランチャイズシステムを構築しているのに対し，フランチャイジーになろうとする者は通常はそのようなノウハウや専門的知識を有していないことはもちろん，上記フランチャイズ・システム自体に対する知識も乏しいことが多く，専門家であるフランチャイザーの提供する資料や説明内容に大きな影響を受けるのが通常であると解される。したがって，フランチャイザーは，フランチャイズ契約を締結する段階において，フランチャイジーとなろうとする者に対し，できるだけ客観的かつ的確な情報を提供する信義則上の保護義務を負うものというべく，フランチャイジーになろうとする者が契約を締結するか否かを決断するに当たって重要な資料を提供しなかった場合には，情報提供義務を怠ったというべきである。」

「Z（※Y従業員・筆者注）は，本件契約を締結するようX₁を勧誘するに際し，日商売上については，単に石川県内の既存店舗の平均日商が50万円であると説明したにとどまり，本件店舗に関するY内部の日商売上予測値（32万5000円）を開示しなかったことは前記認定のとおりであるところ，YのフランチャイジーになろうとしていたX₁にとっては，石川県内の既存店舗の平均日商の額がどのくらいであるかということよりも，当該立地条件を前提とした場合本件店舗では加盟後にどの程度の収益を得ることができるかどうかということが最大の関心事であると考えられるから，本件店舗についてのY内部の売上予測に関する情報は，X₁がYと契約を締結するか否かを決断するにあたり重要な資料となるというべきである。そして，（略）X₁が本件店舗に関する個別的な売上予測値を告げられず，単に石川県内の既存店舗の平均日商が50万円であるという説明を受けた場合には，Yのフランチャイズに加盟し本件店舗を経営すれば，開業後近い将来には自らも50万円に近い売上を達成できるものと期待するのが自然であると考えられる。」

「本件契約締結に際し，Yが，X₁に対し，本件店舗に関するY内部の日商売

上予測値（32万5000円）を開示しなかったことは情報提供義務違反になるというべきである。」

分析

1　フランチャイザーの情報開示義務

　契約関係に立つ当事者間においては，本来の契約上の給付義務とは別に，債権者・債務者間において相互に相手方の生命，身体，財産を侵害しないように配慮すべき注意義務としての信義則上の保護義務が認められる。そして，このような保護義務は，契約成立の前段階の準備交渉段階においても認められる（奥田昌道『債権総論〔増補版〕』18-19頁（悠々社，1992年））。

　フランチャイズ契約の契約締結段階においては，かかる保護義務の一つとして，フランチャイザーからフランチャイジーになろうとする者に対して，契約締結に当たっての客観的な判断材料になる正確な情報を提供する信義則上の義務，すなわち情報提供義務があるとする裁判例が多い（マーティナイジングドライクリーニング事件＝東京高判平成11年10月28日判タ1023号203頁〈第5事件〉，進々堂事件＝京都地判平成3年10月1日判時1413号102頁，ポプラ事件＝福岡高判平成18年1月31日判タ1235号217頁〈第14事件〉）。

　これは，フランチャイザーとフランチャイジーになろうとする者との間に，経営能力，情報量の著しい格差があることが類型的に多く，フランチャイジーになろうとする者に契約締結に当たっての適切な判断材料を与える必要があることから，主観的には相手方（フランチャイジーになろうとする者）の意思決定に重要な事実，また，客観的には目的たる行為との内部的関連に立つ重要な事実を開示する積極的情報開示義務（金井高志『フランチャイズ契約裁判例の理論分析』26頁）をフランチャイザーに負わせたものと考えられる。

2　売上・収益予測についての積極的情報開示義務

　もっとも，かかる積極的情報開示義務が，売上・収益予測にも認められるかについて，通説的見解はこれを否定的に捉えている。これは，売上・収益予測は，フランチャイズ契約締結時の事実だけでなく，将来の事実を予測して行うものであり，その予測方法も十分に確立されているとは言い難いこと

によると考えられる（前掲金井58頁）。

　裁判例においては，売上・収益予測を開示する義務を当然には認めず，売上・収益予測を開示した場合には適正な情報の開示を求めるものや，個別具体的な状況によって売上・収益予測を開示する義務の有無を判断すべきとするものが多い（上記進々堂事件判決，ファンタスティックサム事件＝東京地判平成5年11月30日判時1521号91頁〈第2事件〉など）。

　高裁レベルの判決では，「フランチャイザーが，フランチャイズ契約の締結を勧誘し，交渉する中で，成約を目的として，フランチャイジーとなろうとする者に対し，当該立地条件における事業の収益性等についての情報を提供する場合には，当該事業の経営について有する知識及び経験に基づいた合理性のある情報を提供すべき信義則上の義務がある。」とするもの（神戸サンド屋事件＝福岡高判平成13年4月10日判タ1129号157頁〈第6事件〉）や，「一般的に，フランチャイザーが，フランチャイジー希望者に対して，売上・収益予測についての情報を提供する場合には，客観的かつ的確な情報を提供すべき信義則上の保護義務を負っていると解される」とするもの（サークルK事件＝名古屋高判平成14年5月23日判タ1121号170頁〈本事件〉）などがある。いずれも，売上・収益予測に関する情報を提供する場合には，合理的，客観的，的確な情報を提供すべきとしており，売上・収益予測自体を開示すべきとする積極的情報開示義務を認めていない。

3　本判決の位置づけ

　本判決は，Y（フランチャイザー）が，「信義則上，予定店舗を指定して加盟を勧誘するフランチャイザーは，フランチャイジーになろうとする者に対して，予定店舗についての的確な情報を収集するとともに，収集して保有するに至った情報を，特に秘すべき事情のない限り，フランチャイジーとなろうとする者に開示し，フランチャイズ契約を締結するか否かの判断の資料として提供すべき義務，すなわち情報提供義務があると解するのが相当である。」と判示しており，フランチャイザーに対し，売上・収益予測についての積極的情報開示務を認めたものと読み取れる。

　なお，本判決の原審も，「本件契約締結に際し正確な判断の前提となる資料を X_1 に十分提供しなかった点は社会通念上違法」であるとして不法行為

責任の成立を認め,さらに,フランチャイザーが,「フランチャイジーになろうとする者が契約を締結するに当たって重要な情報を提供しなかった場合には,情報提供義務を怠ったというべき」とした上で,「本件店舗についてのY内部の売上予測に関する情報は,X_1がYと契約を締結するか否かを決断するにあたり重要な資料となるというべき」であり,Yが本件店舗に関する日商売上予測値を開示しなかったことが情報提供義務違反に当たるとし,本判決よりは明確でないものの,売上・収益予測について,積極的情報開示義務を認めたものとも読み取れるものであった。

このように,本判決は,フランチャイザーに売上・収益予測に関する情報についての積極的情報開示義務を認めた点で,従来の通説,裁判例からは一歩踏み込んだものとなっている。

売上・収益予測の手法が十分に確立されていないことを考えれば,フランチャイザーに売上・収益予測に関する情報についての積極的情報開示義務を課するのは行き過ぎと考えられ,その点で本判決には疑問がある。基本的にはフランチャイザーがこれらの情報を開示する際に,その内容の客観性,合理性を求める消極的な開示義務を認めるにとどめるのが妥当であると考える。

【石井　亮】

〔参考文献〕
西口元＝木村久也＝奈良輝久＝清水建成編『【改訂版】フランチャイズ契約の法律相談』46-50頁（青林書院,2009年）
金井高志『フランチャイズ契約裁判例の理論分析』(判例タイムズ社,2005年)
小塚荘一郎「説明義務・情報提供義務をめぐる判例と理論／各論④フランチャイズ契約／フランチャイズ契約と説明義務」判例タイムズ1178号171-175頁
奈良輝久「説明義務・情報提供義務をめぐる判例と理論／各論④フランチャイズ契約／判例分析39」判例タイムズ1178号176-178頁

第8 ローソン千葉事件

▶コンビニエンスストア加盟店の経営破綻につき、フランチャイザーの説明義務違反があるとして、加盟店の損害賠償請求が認められた事例（過失相殺5割ないし8割）

千葉地方裁判所平成13年7月5日判決　平成7年(ワ)第425号損害賠償請求事件（甲事件）、平成8年(ワ)第1875号清算金等請求事件（乙事件）　一部認容、一部棄却（控訴）
判例時報1778号98頁

争　点

1　フランチャイザーの説明義務違反の有無。
2　説明義務違反に基づく損害賠償の範囲。

結　論

1　フランチャイズ契約を締結するに当たり、フランチャイザーは、フランチャイジーになろうとする者に対してできるだけ正確な知識や情報を提供する信義則上の義務、少なくとも不正確な知識や情報を与えること等により契約締結に関する判断を誤らせないよう注意する信義則上の義務を負担しているところ、Y（フランチャイザー）には予測可能であった収入の減少の危険や赤字になる危険をXら（フランチャイジー）に説明する義務があったにもかかわらず、Yの担当者はかかる説明をしておらず説明義務違反がある。

2　フランチャイズ契約締結に際して、Xらが出金した保証金、契約金、名義使用料、開店準備金、改装工事費は損害として認めるのが相当であるが、フランチャイジーも独立の事業者として自らの責任で経営を行う以上、フランチャイザーから提供された情報を検討し、最終的には自己の判断と責任において契約を締結すべきであり、損害の公平な分担という見地から、Xらに

生じた損害について過失相殺をするのが相当である。

事案の概要

1　X₁, X₂及びX₃は，平成4年から平成6年にかけて，Yとの間で，コンビニエンスストア「ローソン」のフランチャイズ契約を締結し，保証金，契約金及び名義使用料等を支払って，それぞれ店舗を経営していたが，平成7年2月から3月にかけて，詐欺を理由としてフランチャイズ契約を取り消して店舗を閉鎖したうえ，Yに対し，①正確な情報及び資料の開示義務違反，②危険の告知義務違反，③契約内容の説明義務違反，④指導義務違反があった等と主張し，不法行為ないし債務不履行を理由にして，総額3400万円の損害賠償を求めた（甲事件）。

2　これに対し，Yは，①収益，経費等の予想数値を開示し，会計処理方法，違約金条項等の契約内容等についても十分説明している，②店舗経営にはリスクが伴うことを説明している，③契約内容については，出店に関する交渉から契約締結に至るまでの間に十分説明している，④開店前には，講義や実地研修を行い，開店後はスーパーバイザーが店舗の監督指導を行っている，などと反論し，Xらの債務不履行を理由にフランチャイズ契約を解除したとして，Xらに対し，違約金等の支払を求めた（乙事件）。

判決要旨

　本判決の争点は多岐にわたるが，説明義務（情報開示提供義務）違反の点に絞って，裁判所の判示を見れば，以下の通りである。
　「フランチャイズ契約を締結するに当たり，フランチャイザーはフランチャイジーになろうとする者に対してできるだけ正確な知識や情報を提供する信義則上の義務，少なくとも不正確な知識や情報を与えること等により契約締結に関する判断を誤らせないよう注意する信義則上の義務を負担している。」
　「Yの担当者が見積損益計算書で示した数値のうち，人件費については，オーナーがある程度長時間店舗に入ることにより右計算書のとおり実現可能であったものの，売上，棚卸しロス，見切・処分についての数値は，実績に基いて算出された予測というよりもむしろ目標値として提示されたものであることや，

……当時，本件店舗では，周囲の環境の変化に伴う売上の減少傾向が続いていたこと等からすれば，棚卸しロスや見切・処分等の経費が増加し，X_1の収入が減少するおそれが十分にあり，それが容易に予想できたのであるから，Yの担当者は，X_1に対して収入が減少する危険が高かったことについて説明する義務があった。」

　それにも関わらず，Yの担当者は，X_1に対して，かかる説明を怠り，「X_1は売上げの減少に伴って収入が減少する危険があったことを知らされずに」コンビニ店を「始めたものの，X_1による店舗運営の仕方という問題もあったが，減少傾向にある売上を回復できず，……見切・処分及び棚卸しロスを見積に示された数値に納めることができずに収支が悪化し，採算がとれなくなって右店舗を閉店せざるを得なかったのであるから，Yの説明義務違反と経営破綻との間に相当因果関係があるというべきであり，Yに対し被った損害の賠償を請求することができるものと認められる。」

　本判決は，X_2及びX_3に対しても，ほぼ同旨の判示をし，原告らの社会経験等に基づいて，5割ないし8割の過失相殺をしたうえ，Yに対し，総額約2300万円の支払を命じた。

分　析

1　問題の所在

　フランチャイズ契約の締結に関連して問題となる紛争には，フランチャイズ契約が締結されてフランチャイジーが営業を開始したにもかかわらず，フランチャイザーがフランチャイジーに対して提示していた予測通りの売上・収益をフランチャイジーがあげることができなかった結果，フランチャイジーが，フランチャイザーの情報提供が不十分で，フランチャイザーの行った説明と実際の結果が異なり損害を被ったとして，フランチャイザーに法的責任を求めるというものが多い。

　フランチャイジーとなろうとする者は，開店予定の店舗の売上げ及び利益等を予測して，フランチャイズ契約を締結するのであるから，事前にその予測の根拠となる資料ないし情報を入手しておかなければならないが，フランチャイジーはその判断の根拠となる資料や情報を有しておらず，フランチャ

イズ・システムによる事業についての知識・経験も十分でないことが多いため，フランチャイザーがフランチャイジーに対して売上予測等に関する適切な情報を提供していなければ，フランチャイジーは大きな損害を被る危険性がある。

しかし，フランチャイズ関係において，フランチャイジーは独立した事業者であるため，予測に反して損害を被ったからといって，その全ての責任をフランチャイザーに転嫁できるわけではなく，フランチャイザーに責任を追及できるのは，フランチャイザーの説明が法令に違反する場合に限られる。そこで，フランチャイザーの説明がいかなる場合に法令に違反することになるのか，それによりいかなる損害を賠償する責任を負うのか，フランチャイザーの説明義務の根拠とその範囲及び損害賠償の範囲が問題となる。

2　フランチャイザーの説明義務の根拠・範囲

フランチャイザーの説明義務は，フランチャイズ契約の締結過程において問題とされるものであるため，フランチャイジーは，「契約締結上の過失」の理論（あるいは本件のような不法行為責任）を根拠としてフランチャイザーの信義則上の説明義務（情報提供義務）違反を追及することが多い。

この点，フランチャイズ契約を締結するに当たり，フランチャイザーはフランチャイジーとなろうとする者に対し，フランチャイズ契約に関する意思決定のための判断材料になる客観的かつ的確な情報を提供し，損益予想，事業リスク等を説明すべき信義則上の注意義務を負うとするのが通説・裁判例上の立場である（進々堂事件＝京都地判平成3年10月1日判時1413号102頁，マーティナイジングドライクリーニング事件＝東京高判平成11年10月28日判時1704号65頁〈第5事件〉，ポプラ事件＝福岡高判平成18年1月31日判タ1235号217頁〈第14事件〉，コンビニ・フランチャイズ事件＝福岡高判平成18年1月31日判タ1216号172頁〈第13事件〉等）。

もっとも，フランチャイジーは，基本的にフランチャイザーとは独立した事業体であり，フランチャイジー自らの判断と責任において収集された情報を検討し，フランチャイズ契約を締結すべき立場にある以上，フランチャイザーは，契約締結に参考となるあらゆる情報を収集してフランチャイジーに説明しなければならないわけではない。フランチャイズ・システムには様々な業種・業態があり，また，フランチャイジーの属性も異なるため，フラン

チャイザーがいかなる情報を積極的に開示提供する義務を負うか，いかなる説明をする義務を負うか（情報提供義務・説明義務の範囲）は，必ずしも一義的に決まるものではなく，事案ごとに，事業の性質，フランチャイジーの属性（個人なのか，企業なのか），勧誘交渉の経緯，情報の種類，情報収集や分析の難易度等を総合的に判断したうえで決定される（ファンタスティック・サム事件＝東京地判平成5年11月30日判時1521号91頁〈第2事件〉）。

　本件は，多くの裁判例で争われてきた損益予測に関する説明の是非が問われた事案であるが，本判決では，Yの担当者が見積損益計算書で示した数値に合理性がなく，売上げが減少する危険性を容易に予測できたにもかかわらず説明を怠った点などの事情が考慮されYの責任が認められている。

3　フランチャイザーの説明義務違反に基づく損害賠償の範囲

　フランチャイザーの説明義務違反に基づく損害賠償の範囲については，フランチャイザーの説明義務（情報提供義務）違反行為と相当因果関係の範囲内にある損害に限られるという点で裁判例は一致している。しかし，いかなる損害が相当因果関係の範囲内にあるかという具体的判断については，①フランチャイザーによる保護義務（情報提供開示義務）違反によりフランチャイジーがフランチャイズ契約の締結及び店舗の開業により被った損害を賠償する責任を負うとして，開業しなかった場合との対比により損害を認定しているもの（前掲マーティナイジングドライクリーニング事件判決）と，②フランチャイジーの損害はフランチャイジーが経営を継続することが困難になったことにあるとして，店舗を開業したこと自体に係る損害について賠償責任から除外しているもの（飯蔵事件＝名古屋地判平成10年3月18日判タ976号182頁）の，2つの考え方があり（『フランチャイズ契約裁判例の理論分析』145頁以下，『【改訂版】フランチャイズ契約の法律相談』52頁以下参照），裁判例上必ずしも一致しているわけではない。これら2つの考え方で損害賠償の範囲についてどのような差異が生じるかについては，フランチャイジーが店舗の開業から破綻までに行っていた営業から得た利益が，フランチャイジーの損害から控除されるか否かという点にあり，①の考え方からは，情報開示提供義務違反による店舗開業自体のための費用を全額損害と認定される傾向にあるのに対し，②の考え方によれば，フランチャイジーが店舗の開業から破綻までに行っていた営業から得た

利益が損害から控除される傾向にある。

　本判決は①の考え方に基づいて，Xらが出捐した保証金，契約金，名義使用料及び開店準備金等を損害として認定しており，他の裁判例でも①の考え方に基づくものが多い（前掲進々堂事件判決，前掲福岡高判平成18年1月31日等）。

4　過失相殺

　ところで，フランチャイズ契約では，フランチャイザーの説明義務（情報提供義務）違反が認められた場合でも，公平の原則や民法722条2項の類推適用等を根拠として，過失相殺が認められる裁判例が多い（前掲進々堂事件判決，クレープ・ハウス・ユニ事件＝東京地判平成5年11月29日判時1516号92頁，前掲マーティナイジングドライクリーニング事件判決，前掲飯蔵事件判決等）。これはフランチャイジーが，フランチャイザーとは独立した事業体であり，フランチャイザーから提供された情報を慎重に検討し，最終的には自己の判断と責任においてフランチャイズ・システムに加入するか否かを決定すべきであるにもかかわらず，フランチャイザーから提供される情報を安易に信頼したことによって損害が発生することが多いからである。

　過失相殺の基礎となる事情には，事案ごとに様々なものがあるが，フランチャイジーに一定の過失行為（作為・不作為を含む。）があると考えられるもの（例えば，フランチャイジー独自の経営による事業の失敗，営業方法を工夫すること等によって経営の改善が図ることが可能であったこと，資金状況をフランチャイザーに説明しなかったこと等）以外にも，フランチャイジーの属性や経験といった事情も過失相殺の基礎事情として考慮され得る。

　本判決では，（その他の諸般の事情が考慮されているものの）簿記3級の資格があり，会計事務所で5年間就労した後，喫茶店を経営した経験のあるX_1について7割，大学を卒業し，実家の電気店の手伝いをしていた程度の社会経験が乏しいX_2について5割，他のフランチャイズ・システムで複数のコンビニエンスストアを経営した経験のある法人X_3について8割と，その属性・経験によって過失割合に差を設けている点は注目される。

5　本判決の意義

　本判決は従来の裁判例が示した枠組みを踏襲するものであるが，ローソンという大手フランチャイザーの説明義務違反を認めたものであり，損害賠償

の範囲の認定や過失相殺についての判断等，重要な事例的意義を有する裁判例といえる。

【石田晃士】

〔参考文献〕
西口元＝木村久也＝奈良輝久＝清水建成編『［改訂版］フランチャイズ契約の法律相談』46-58頁（青林書院，2009年）
神田孝『フランチャイズ契約の実務と書式』365-375頁（三協法規出版，2011年）
金井高志『フランチャイズ契約裁判例の理論分析』（判例タイムズ社，2005年）
西口元・臨増判例タイムズ（説明義務・情報提供義務をめぐる判例と理論）1178号179頁

〔参照判例〕
京都地判平成3年10月1日判時1413号102頁〔進々堂事件〕
東京地判平成5年11月29日判時1516号92頁〔クレープ・ハウス・ユニ事件〕
東京地判平成5年11月30日判時1521号91頁〔ファンタスティック・サム事件〕
名古屋地判平成10年3月18日判タ976号182頁〔飯蔵事件〕
東京高判平成11年10月28日判時1704号65頁〔マーティナイジングドライクリーニング事件〕
福岡高判平成18年1月31日判タ1235号217頁〔ポプラ事件〕
福岡高判平成18年1月31日判タ1216号172頁〔コンビニ・フランチャイズ事件〕

第9 フードデザイン事件

▶フランチャイズ契約締結の際にフランチャイザーが行った売上予測及び総事業費予測に合理性があったとして，フランチャイザーの損害賠償責任が否定され，かつ，フランチャイズ・システムの構築及びノウハウの提供に関する情報提供義務違反も否定された事例

東京地方裁判所平成14年1月25日判決　平成11年(ワ)第9166号
判例時報1794号70頁

争　点

1　被告ら（フランチャイザーほか。Yら）の原告（フランチャイジー。X）に対する契約締結段階における収支予測義務違反の有無。

2　フランチャイズ・システムの構築及びノウハウの提供に関する情報提供義務違反の有無。

結　論

1　一般に，フランチャイザーは，フランチャイジーの勧誘に当たり，客観的かつ的確な売上予測及び総事業費予測を提供すべき注意義務を負うが，被告が示した売上予測は予測の手法が明白に相当性を欠いたものであるとはいえず，かつこれに用いた基礎数値も，客観的根拠を有するものであったから，合理的な手法による予測であったと認めるのが相当であり，総事業費の予測にも問題がなかったというべきであるから，説明義務違反は認められない。

2　フランチャイザーは，フランチャイズ・システムを構築すべき義務と，店舗運営のノウハウを提供する義務を負うが，フランチャイズとしての統一的なイメージが確定し，ある程度実践に耐え得るノウハウの提供がなされていたことから，Y（フランチャイザー）らにこれらの義務違反は認められない。

事案の概要

1 Xは、スポーツ用品の輸入・販売や飲食店の経営業等を営む有限会社である。

2 Y_1 は、ホテルや酒造会社等の7つの企業が共同出資して作り上げた株式会社であり、Y_2 はその中心的な出資会社、Y_3 ないし Y_5 は出資会社の取締役や担当者、Y_6 ないし Y_{13} は Y_1 の取締役である。

3 平成9年3月12日付けで、Y_2 と訴外A社との間で、A社が、飲食店事業のフランチャイズ・チェーン第1号店を東京都港区六本木所在のビルにおいて経営するフランチャイズ契約が締結され、その後、フランチャイザー及びフランチャイジーの契約上の地位が、Y_1 及びXにそれぞれ承継された。

4 平成9年10月1日、Xはフランチャイズ・チェーン第1号店を開業したが、経営に行き詰まり、平成10年11月10日、同店舗は閉店した。

5 Xは、Y_1 ないし Y_5 に対して、収支予測義務違反及び統一的なフランチャイズ・システムを提供すべき義務に関する情報提供義務違反を根拠として、不法行為に基づく損害賠償を、Y_6 ないし Y_{13} に対して商法266条の3に基づく損害賠償を求める訴えを提起した。

6 本稿では、Y_1 ないし Y_5 における収支予測義務違反、及びフランチャイズ・システムの構築及びノウハウの提供に関する情報提供義務違反についてのみ扱う。

判決要旨

1 収支予測義務違反について

「フランチャイザーとフランチャイジーとの間では、その立場及び経験上、知識、情報量及び資金力において圧倒的な格差があることが多い。そして、フランチャイズに加盟しようとする者にとって、専門的知識を有し、豊富な情報量と資金力を有するフランチャイザーの売上げ予測及び総事業費予測は、加盟するか否かを決定づける重要な要素となり得るものである。したがって、一般に、フランチャイザー及びその従業員は、フランチャイジーの勧誘に当たり、客観的かつ的確な売上げ予測及び総事業費予測を提供すべき注意義務を負うも

のというべきである。もっとも，売上げ予測及び総事業費予測は，将来の事業活動の結果を事前に予想するものであるところ，事業活動の成果は，その時々の経済情勢やその他の諸要因により容易に変化する性質のものであるから，当然のことながら，これを正確かつ確実に予測することは極めて困難というべきであり，また，そのような性質を有するために，予測の手法も確立した一定の方式が存するものとは認められない。したがって，フランチャイザーがフランチャイズ契約を締結するに際して提供した売上げ予測及び総事業費予測が，事業活動の結果として現れた実際の売上げ及び総事業費の実績と異なるものとなったとしても，このことから直ちに客観的かつ的確な売上げ予測及び総事業費予測を提供すべき注意義務に違反するものではなく，予測の手法自体が明白に相当性を欠いた不合理なものであったり，これに用いられた基礎数値が客観的根拠を欠いている場合など，売上げ予測及び総事業費予測が全く合理性を欠き，フランチャイジーに契約締結に関する判断を誤らせるおそれが著しく大きいものである場合に限って，前記注意義務の違反となり，フランチャイジーがこれによって被った損害を賠償する責任を負うものと解するのが相当である。」

　本件では，売上げにつき1日当たり139万円と予測されていたにもかかわらず，実際には開店直後の平成9年10月で1日当たり59万3988円，同年11月で1日当たり54万5844円と，予測を大幅に下回る売上げしか得られなかった。

　しかし，Yらの従業員からなるワーキンググループは，①本件店舗が所在するビルは六本木駅の真上に新築される予定で，話題性に富んでいたこと，②本件店舗は道路から多少奥まってはいるが，道路から視認すること自体は可能であったこと，③六本木駅の就業人口は4万人を超えていたこと，④六本木駅の乗降客数のうち約7万6000人が，本件店舗側の出口を通行すると推計されること，⑤本件店舗の隣の店の店前通行量は，終日で約5万7000人であったこと，⑥来店者比率は，本件店舗の近くの飲食店で5.48％であったことなどの事実を確認した上で，本件店舗通行量を4万人と推計し，来店比率については，本件店舗の視認性の悪さに鑑みて3％に抑えて評価したことが認められる。また，上記ワーキンググループは，上記①～⑥までの事実に加え，六本木の立地条件や大規模な営業活動，出資各社のネームバリューによる店舗の話題性を勘案して，売上げを予測したことが認められる。

　そうとすれば，Y₃が示した売上予測は，「客観的な根拠事実に基づき，本件店舗の有利な部分も不利な部分もともに評価して行われたと認められるから，予測の手法が明白に相当性を欠いたものであるとはいえず，かつこれに用いた

基礎数値も，客観的根拠を有するものであったから，合理的な手法による予測であったと認めるのが相当である。」

Y₃は，総事業費として，2億6734万7000円が必要になるとの予測を示したのが最終の予測と認められるところ，実際にXが支出したのは2億2812万円であり，予測の範囲内に収まっていることから，総事業費予測についての説明義務違反は認められない。

2 フランチャイズシステムの構築及びノウハウの提供に関する情報提供義務違反の有無

「フランチャイズ契約においては，フランチャイザーが，あらかじめ特定の商標，サービスマークその他の標識を設定し，同一のイメージのもとに統一的な経営ノウハウを用いて事業を運営できる程度のシステムを構築した上で，このシステムを一定の対価のもとにフランチャイジーに利用させることとされている。したがって，フランチャイザーは，フランチャイジーを勧誘するに当たって，フランチャイズシステムを構築すべき義務と，フランチャイジーがフランチャイズ店舗を運営するために必要なノウハウを確立して，これをフランチャイジーに提供する義務を負うのは当然である。」

「しかしながら，フランチャイズ事業は，必ずしもある事業者が直営店によって複数の店舗を展開し，事業自体が一定の規模に至ってからでないと開始できないものではなく，場合によっては第1号店からフランチャイズ契約によって開店することもあり得る。かかる場合には，フランチャイザーが完成した形でのフランチャイズシステムを有することはなく，ノウハウについても修正の余地が多分に存在するのであって，確立したフランチャイズシステムやノウハウがなくとも，第1号店の開店までに，統一的なシステムのイメージが確定し，ある程度実践に耐えうるノウハウが提供されれば，フランチャイザーの義務は果たされたものと解するべきである。」

「フランチャイズ・システムの構築について，「Y₁は，本件店舗の開店までに，本件フランチャイズ事業についてJスポットという名称を考案し，ロゴを作成し，事業コンセプト，メニュー，内装及び外装のデザインを確定した上で，出資各社の協力により，飲食材の仕入先を確立していたことが認められる。」

「かかる事実からすれば，Y₁は，本件店舗の開店以前に，フランチャイズシステムの重要部分については確立しており，統一的なシステムのイメージは確定していたものと解される。」

したがって，フランチャイズ・システムの構築に関する義務違反は認められ

ない。
　ノウハウの確立及び提供について，Y₁が，本件店舗の開店までに，①メニューの構成・価格について綿密な検討を行い，人気の高いものを選択していたこと，②出資各社からベーカリーカフェ及びパブレストランの運営についてのノウハウを得たこと，③支配人，店長ないし料理長として，フランチャイズ事業において十分な経験を有する者を本件店舗に派遣したこと，④②のノウハウをもとに，詳細なマニュアルを作成させ，一応実践に耐え得る形まで発展させたこと，⑤店員の教育を行ったことが認められる。
　「してみると，Y₁は，ノウハウについても，本件店舗の開店の段階では，実践に耐えうるものを確立し，これをXに提供していたものと認めるのが相当である。」
　したがって，ノウハウの確立及び提供に関する義務違反は認められない。

分　析

1　収支予測義務違反
(1) 積極的な収支予測義務
　裁判例においては，売上げ及び営業収益予測を開示する義務を当然には認めず，売上・収益予測を開示した場合には適正な情報の開示を求めるとするもの（進々堂事件＝京都地判平成3年10月1日判時1413号102頁）や，個別具体的な状況によって売上げ及び営業収益予測を開示する義務の有無を判断すべきとするもの（ファンタスティックサム事件＝東京地判平成5年11月30日判時1521号91頁〈第2事件〉など）が多い。
　これに対して，本判決は，「一般に，フランチャイザー及びその従業員は，フランチャイジーの勧誘に当たり，客観的かつ的確な売上げ予測及び総事業費予測を提供すべき義務を負うものというべきである。」と判示し，フランチャイザーに積極的な収支予測義務を負わせているように読める。しかし，売上げ及び営業収益予測は，フランチャイズ契約締結時の事実だけでなく，将来の事実を予測して行うものであり，その予測方法も十分に確立されているとは言い難いことからすれば，当然にフランチャイザーに売上げ及び営業収益予測を開示する義務を認めるべきではなく（『フランチャイズ契約裁判

例の理論分析』58頁），この点において本判決の判断の妥当性には疑問がある。

なお，裁判例では，フランチャイザーからフランチャイジーになろうとする者に対する情報提供義務について，契約締結上の過失の一内容である信義則上の保護義務として位置付けられることが多いのに対し（上記進々堂事件，マーティナイジングドライクリーニング事件＝東京高判平成11年10月28日判タ1023号203頁〈第5事件〉，ポプラ事件＝福岡高判平成18年1月31日判タ1235号217頁〈第14事件〉など），本判決では，不法行為における客観的注意義務として，フランチャイザーからフランチャイジーになろうとする者への情報提供義務が検討されている。信義則上の保護義務と位置付けるか，不法行為における客観的注意義務と位置付けるかによって，フランチャイザーの提供すべき情報の内容，程度に差異は生じないと考えられ，この点は特に結論に影響を与えるものではないと思われる。

(2) 収支予測義務違反が認められる場合

本判決のように積極的な収支予測義務を認めるにせよ，あるいは，売上・収益予測を開示した場合に適正な情報の開示義務を認めるにせよ，実際にフランチャイジーが上げた売上・収益が，フランチャイザーの売上・収益予測を下回る事態は往々にしてある。本件でも，1日当たりの売上げは139万円と予測されていたにもかかわらず，実際の売上げは開店直後の平成9年10月は1日当たり59万3988円，同年11月は1日当たり54万5844円と予測の半分以下しか達成されていない。

フランチャイザーが，売上げや収益を予測する際には，既存店の実績，出店候補物件の商圏，出店候補物件が所在する地域の人口（夜間・昼間），出店候補物件前の通行量，競合店の有無などをもとに総合的に判断する手法が一般的に取られるようだが，理論的に十分に確立された方法はまだないとされている（『フランチャイズ契約裁判例の理論分析』86頁）。したがって，フランチャイザーに売上げの結果についての確実な予測義務を負わせるべきではなく，フランチャイザーの予測方法に相当性・合理性が認められない場合に，信義則上の保護義務あるいは不法行為における客観的注意義務違反を認めるべきである。

本判決も「予測の手法自体が明白に相当性を欠いた不合理なものであった

り，これに用いられた基礎数値が客観的根拠を欠いている場合など，売上げ予測及び総事業費予測が全く合理性を欠き，フランチャイジーに契約締結に関する判断を誤らせるおそれが著しく大きいものである場合に限って」，売上予測及び総事業費予測を提供すべき注意義務違反が認められるとして，収支予測義務違反が認められる場合を①予測手法が不相当・不合理な場合及び②予測に用いた基礎数値が客観的な根拠を欠いている場合に限定しており，基本的には妥当な判断といえよう。

さらに，本判決は，フランチャイザーが，本件店舗が所在するビルの属性，本件店舗の視認性，本件店舗が所在する地域の就業人口，最寄り駅の出口の通行人数，本件店舗の隣の店前通行量，来店比率などを総合して判断したと指摘して，予測方法の合理性を肯定しており，予測方法の相当性・合理性を判断する際の具体的な指標を示すという点で，今後の実務の参考となると思われる。

2　フランチャイズ・システムの構築及びノウハウの提供に関する情報提供義務違反の有無

フランチャイズ・システムの本質的な要素は，商標等の統一的なイメージと経営ノウハウと言われており（『【改訂版】フランチャイズ契約の法律相談』117-118頁），統一的なフランチャイズ・システムの構築とノウハウの提供は，フランチャイザーの最も重要な義務と考えられる。ここで提供すべきノウハウの内容は，経営方法，立地選定，店舗内装・レイアウト，従業員の教育，商品構成，広告方法，資金調達方法，売上げ等管理方法など広範な範囲にわたる（『【改訂版】フランチャイズ契約の法律相談』118頁）。

一般的には，既存の直営店が展開され，事業のシステム・ノウハウが出来上がってから，フランチャイズ第1号店が出店されるケースが多いと思われる。しかし，本件のように，既存の直営店が存在しない中，フランチャイズ第1号店が出店される場合には，直営店によるシステム・ノウハウの蓄積がなされておらず，当該フランチャイズ第1号店の出店に向けてシステム・ノウハウを作り上げる必要がある。

本判決は，このような直営店がない中でのフランチャイズ第1号店の出店について，「確立したフランチャイズシステムやノウハウがなくとも，第1

号店の開店までに,統一的なシステムのイメージが確定し,ある程度実践に耐えうるノウハウが提供されれば,フランチャイザーの義務は果たされたものと解するべきである。」として,①統一的なフランチャイズ・システムのイメージの確定と②ある程度実践に耐え得るノウハウの提供がなされていれば,フランチャイズ・システムの構築及びノウハウの提供に関する情報提供義務を果たしたことになると判断している。かかる基準は,直営店がない中でのフランチャイズ第1号店の出店において,どの程度のシステム・ノウハウを作り上げるべきかの指針となり得る。

　さらに本判決は,本件において①統一的なシステムが確定していたことを認める理由として,事業の名称の考案,ロゴの作成,事業コンセプト,メニュー,内装,外装のデザインの確定,仕入先の確立を挙げ,②実践に耐え得るノウハウの提供がなされたことを認める理由として,メニューの構成・価格についての綿密な検討,フランチャイザーへの出資各社からの店舗運営のノウハウの取得及びそれをもとにしたマニュアルの作成,支配人・料理長として十分な経験を有する者の派遣,店員の指導を理由に挙げており,実務においてフランチャイズのシステム・ノウハウを作り上げる際の参考となる。

【石井　亮】

〔参考文献〕
西口元＝木村久也＝奈良輝久＝清水建成編『【改訂版】フランチャイズ契約の法律相談』
　37-50頁,117-122頁（青林書院,2009年）
金井高志『フランチャイズ契約裁判例の理論分析』58頁（判例タイムズ社,2005年）

第10 デイリーヤマザキ事件Ⅰ

▶フランチャイザーに契約締結段階における信義則上の情報提供義務違反が認められた事例―売上予測（過失相殺3割）―

> 大阪地方裁判所平成14年3月28日判決　大阪地裁平成12年(ワ)第4903号損害賠償請求事件（第1事件），大阪地裁平成13年(ワ)第9527号請負代金等請求事件（第2事件）　一部認容，控訴（後和解）
> 判例タイムズ1126号167頁

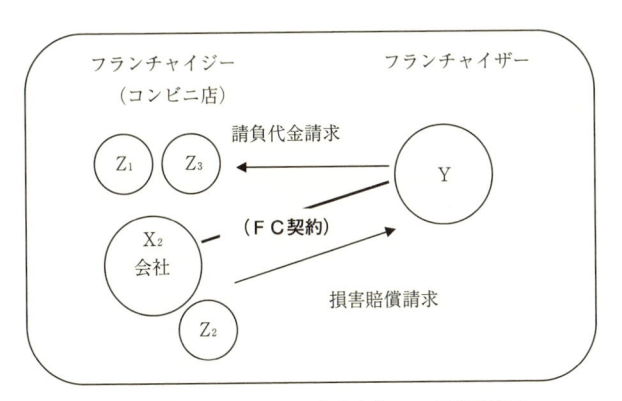

```
  フランチャイジー        フランチャイザー
   （コンビニ店）
    Z₁   Z₃    請負代金請求
              ←────────
    X₂           （ＦＣ契約）      Y
    会社       ────────→
              損害賠償請求
        Z₂
```

X₂は有限会社，Z₁はX₁の代表者兼X₁の連帯保証人，
Z₂はY₁の妻，Z₃はフランチャイズ契約の連帯保証人。

争　点

1　フランチャイザーは，フランチャイジーになろうとする者に対し，適正かつ正確な情報を提供すべき信義則上の情報提供義務を負うか。
2　本件において，フランチャイザーに情報提供義務違反が認められるか。
3　情報提供義務違反による損害の範囲はどこまでか。
4　過失相殺の割合。

結　論

1　フランチャイザー（Y）は，フランチャイジーになろうとする者に対し，出店予定地に出店した場合の売上高や営業利益に関する情報について，できる限り客観的かつ正確な情報を提供すべき信義則上の義務を負っている。店舗立地調査に関する覚書を締結し金員を受領している場合には，提供すべき情報の客観性，正確性については一層高度なものが要求される。

2　(1)　Yが設定した店舗（以下「本件店舗」という。）の商圏には含まれない2店のコンビニエンスストアであっても，商圏内の町からそれらの店の距離は本件店舗への距離とはさほど違わないことを考えれば，それらの町の住民が本件店舗に赴く場合，徒歩よりも専ら自動車，バイク，自転車を利用すると推認されるから，これらのコンビニエンスストアは十分に競合店たり得るものとも考えられ，これらを競合店から除外したYの判断には疑問が残る。

(2)　市場調査によって本件店舗の得点は400.5点とされ，Aランク（400点～500点）の売上予測（月商1200万円～1500万円）の中では高い売上げともいえる月商1400万円を売上予測として最終決定したが，この売上予測は裁量の範囲を逸脱し，正確性を欠いている。

3　本件店舗の経営破綻がZ_1らの営業活動が不適切であったことによると認められず，むしろ，Yによる不正確な売上予測の情報提供とX_1による同店舗の開業及び経営破綻との間に因果関係があると認められるから，Yは，信義則上の義務違反により，X_1が本件フランチャイズ契約の締結及び本件店舗の開業により被った損害を賠償する責任を負う。

4　Z_1には，約15年間の寿司店経営の経験があること，フランチャイジーも独立の事業者として最終的には自己の判断と責任において契約を締結すべきことなどを考慮した上で，Z_1がYから提供された諸情報を十分吟味することなく信用し，本件フランチャイズ契約を締結したことに過失を認め，過失相殺の割合を3分の1とした。

事案の概要

1　Z_1は，寿司店を約15年経営していたが，コンビニエンスストアの経

営に転身することを考え，平成6年9月にYのフランチャイズ・チェーンの加盟資格を取得し，YがZ₁のために店舗物件の立地調査，市場調査を行うことを目的とした覚書を締結した。

2　Yの担当者Aは，本件店舗の商圏を記載した本件地図を示し，商圏外ではあるが甲大学が近く開校する予定であり，それに伴って売上げの伸びが期待できること，売上予測として開店1年後に月商1350万円，2年後に同1500万円と記載した出店計画書を交付して説明した。

3　本件地図によれば，本件店舗の商圏内にはスーパーマーケットであるニチモショップが存在し，商圏外の周辺地域には5店舗のコンビニエンスストアが存在していた。

4　Z₁は，コンビニエンスストアにおいては，酒類販売も手がけた方が，より一層の売上高，利益の向上が望めるとのAの勧めに従い，酒類販売業の免許を有するBから営業を譲り受けることとし，許認可の関係からフランチャイズ契約はひとまずYとBの間で締結されたが，当初から実質的経営者はZ₁であった。Z₁は4000万円以上の投資をほぼ金融機関からの借入金で捻出し，月額約26万円の返還義務を負い，従来からの住宅ローンも含めると月額約40万円の返還義務を負った。このことはYも認識していた。

5　Yは，既に出店しているデイリーヤマザキ数十店舗を抽出した実地検証を経て，平成5年ころ本件店舗の売上予測を算出していた。その算出方法は，出店予定地の立地，通行，機能の項目ごとの評価点の総和に営業時間，免許品の評価割合を乗じ，競合の評価点を控除した総得点を算出し，その総得点に与えられた評価点ランクが示すランク別売上予測を出店予定地の売上予測とするものであった。

6　この算出式によって本件店舗の総得点は400.5点となり，評価点ランクはAに位置づけられ，これに対応するランク別売上予測（1200万円〜1500万円）のうちから，Yは開業1年後の売上高を月額1400万円（酒類売上げを除く。）と予測した。

7　Yは平成6年11月15日，本件店舗の酒類販売を含めた予測売上高を1650万円，損益分岐点売上高を1200万円とする稟議の決済をし，それに先立つ同年10月末に同内容の稟議書の交付を受けたZ₁は，BとYの間の本件フ

ランチャイズ契約の連帯保証人とした。

8　Z_1及びその妻であるZ_2は，平成6年12月から同12年3月まで本件店舗においてコンビニエンスストアを経営し営業努力を尽くしたが，月商は最高でも1250万円に満たなかった。

9　平成8年，Z_1は有限会社Xを設立し，同9年，X_1はBから酒類販売の営業及びフランチャイズ契約上の地位を譲り受け，Z_1が代表取締役となった。Z_1及びZ_3はYに対するXの債務を連帯保証した。

10　Xは，本件フランチャイズ契約はAが客観的根拠を欠く虚偽の売上予測を説明してXに締結させた（詐欺，不法行為）もので，YがAの使用者としての責任を負うべきこと，Yがフランチャイザーとして適正かつ正確な情報を提供すべき信義則上の義務に違反したこと（債務不履行），その他にも錯誤，公序良俗違反などに基づき損害賠償約7100万円を求めて提訴し，Z_2も赤字体質の本件フランチャイズ契約に引き込まれ心労が重なって脳梗塞の症状で入院を余儀なくされたとして，慰謝料500万円の支払をYに求めた（第1事件）。

11　YはX，Z_1，Z_3を相手取って本件フランチャイズ契約に基づく債権（請負代金等）及び店舗の未払賃料など約5400万円の支払を求めて提訴した（第2事件）。

12　裁判所は，本件第1事件について，Z_2の請求を相当因果関係がないとし，Xの請求のうち詐欺，錯誤無効，公序良俗違反の主張も退けたが，情報提供義務違反の主張を認め，過失相殺の割合を3分の1とした上で，加盟料，保証金，営業期間中の損金など合計約2400万円の請求をXに認めた。第2事件については，約4600万円の請求をYに認めた。

判決要旨

1　フランチャイザーの情報提供義務

「出店予定地に出店した場合の売上高や営業利益に関する情報は，フランチャイズへの加盟を検討している者にとって，フランチャイズ契約を締結するか否かの意思決定に重要な影響を与え得るものであるから，フランチャイザーは，同契約を締結しようとする者に対し，それらの点について，できる限り客観的

かつ正確な情報を提供すべき信義則上の義務を負っていると解すべきである。特に本件では，前記1(1)記載のとおり，Yは，Z_1との間で，同人のために店舗立地調査（なお，店舗立地の適否を判断する上で，候補店舗における売上予測は重要な考慮要素であり，店舗立地調査の中には当然市場調査等の売上予測に係る調査も含まれるものと解される。）を行うことを目的とする覚書を締結し，同人から覚書締結金50万円を受領していることに鑑みると，そのような覚書締結や金員の受領がない場合に比し，提供すべき情報の客観性，正確性についてはより一層高度なものが要求されるというべきである。

そして，フランチャイザーの市場調査の内容等が客観性，正確性を欠いていたり，十分な資料に基づくものではなかったりして，フランチャイザーが提供した情報が，フランチャイズへの加盟を検討している者に，同契約締結に関する判断を誤らせるおそれがある場合には，フランチャイザーは，上記信義則上の義務違反により，フランチャイジーが被った損害を賠償する責任を負うと解すべきである。」

2　本件における具体的な義務違反

「本件市場調査書に現われた売上予測においては，競合店として，ニチモショップのみが挙げられている。確かに，Yが本件地図上で設定した商圏内には，ニチモショップしか存在しない。しかしながら，……その商圏内に含まれる松尾寺町や春木町から○○店（本件店舗）までは2，3キロメートルの距離があり，両町の住民が○○店に赴く場合には，徒歩よりも，専ら自動車，バイク，自転車を利用するものと推認されるところ，上記商圏外に位置する甲大学前のファミリーマートや開店予定のローソンから松尾寺町や春木町までの距離は，両町から○○店までの距離とさほど違わず，自動車，バイク，自転車利用の住民を想定すれば，上記両コンビニエンス・ストアは，十分に競合店たり得るものとも考えられ，両店が除外されていることに，合理性，客観性があるのかには，疑問が残る。そして，両コンビニエンス・ストアを競合店として考慮に入れれば，売上予測は下方修正されるものと推認される。

また，そもそも，前記1認定のとおり，○○店の市場調査による総得点はAランク（400点から500点）の中では最低得点とも言い得る400.5点であった。市場調査方式における評価点ランクとランク別売上予測との対応関係に照らせば，総得点1点当たりの売上高は3万円に相当すると解され，それを前提に○○店の市場調査方式における上記総得点が示す売上高を算定すれば月商1201万5000円となる。ところが，Yは，本件市場調査において，Aランクの売上予測

（月商1200万円から1500万円）の中では高い売上ともいえる月商1400万円（日商では約46万円）を売上予測として最終決定し、それに近い額である日商45万円の売上予測をY_1らに告知しているほか、開店1年後の予測売上高を月商1350万円とする出店計画書や1年後の予測売上高を月商1650万円とする稟議書の写しを交付している。

　売上予測の最終決定にある程度の裁量が認められるにしても、前記1認定のとおり、○○店を開業するには多額の資金が必要であり、Y_1は国民金融公庫等から金員を借り入れて月額26万8000円（住宅ローン返済も含めると月額約40万円）を返済する地位に立たなければならなかったこと、Yは、○○店の損益分岐点を月商1200万円と予測し、Z_1に交付した稟議書の写しにも同旨の記載があり、損益分岐点売上が前記総得点に対応する計算上の売上予測額である月商1201万5000円と近似していること等を考慮すると、これからフランチャイジーになろうとするZ_1にとって、売上予測が月商1350万円を超え、月商1400万円さらには1650万円に達するかあるいは月商1200万円程度にとどまるかといったことは、フランチャイズ契約締結の上で極めて重要な要素であったというべきであり、Yが十分な根拠、資料に基づいて売上予測を最終決定していることを認めるに足りる証拠のない本件においては、Yが決定し、また、Z_1に示した売上予測は裁量の範囲内を逸脱し、正確性を欠いているものと言わねばならない。

　……前示のとおり、店舗立地調査に関する覚書の締結及び覚書締結金の授受といった各事実が存し、YがZ_1に提供すべき売上高等に関する情報について、より一層高度の正確性が要求される本件においては、Yの予測売上高に関する情報提供においては、信義則上の義務違反があったものといわなければならない。」

3　損害の範囲

　「……Z_1やZ_2は、○○店の営業に尽力したが、一向に営業状態は好転せず、平成12年3月頃、同店舗を廃業せざるを得なくなったことが認められる。この点、○○店の経営破綻がZらの営業活動が不適切であったことによるとは認められず、むしろ、Yによる不正確な売上予測の情報提供とXによる同店舗の開業及びその経営破綻との間に因果関係があると認められるから、Yは前記信義則上の義務違反により、Xが本件フランチャイズ契約の締結及び○○店開業により被った損害を賠償する責任を負うというべきである。」

4　過失相殺

> 「Z₁は，約15年間にわたる寿司店経営の経験を有していたこと，フランチャイジーも独立の事業者として自らの責任で経営を行う以上，フランチャイザーから提供された情報を検討し，最終的には自己の判断と責任において契約を締結すべきであり，売上げ等に関する予測が，実績と乖離する場合も十分あり得ることをその経験から知り得たにもかかわらず，Yから提供された諸情報を十分吟味することなく信用し，本件フランチャイズ契約を締結したこと，その他，本件に現われた諸事情を総合考慮すると，Yの信義則上の義務違反による損害賠償額を定めるに当たっては，過失相殺により，その3分の1を減ずるのが相当である。」

分析

1 フランチャイザーの情報提供義務について

本件第1事件は，フランチャイジーが，フランチャイズ契約締結前に売上予測等に関する情報の提供を受け，その情報を信じて契約関係に入ったが，その情報が間違っていたため，損害を被ったとしてフランチャイザーに損害賠償を求めた事案である。

類似の事案の裁判例は，公刊されたものだけでも参考裁判例に挙げたものを含めて多数存在し，フランチャイザーの責任を認めた肯定裁判例と，責任を認めなかった否定裁判例に分かれるが，本件は，肯定裁判例の一つである。

そして，責任を認める法的構成としては，不法行為による構成なども考えられるが，契約締結上の過失責任の一種である信義則上の保護義務という法的構成が多く，本件でも原告が不法行為（詐欺），錯誤無効，公序良俗違反など多岐にわたる主張をした中から，裁判所は信義則上の保護義務違反という構成を採用している。

フランチャイズ契約における紛争でこの理論自体はすでに一般的になったといえるから，現在においては争点は，いかなる事実を情報提供義務違反と構成するか，損害の範囲及び過失相殺の割合に移ったと見てよいだろう。

2 本件において，被告フランチャイザーに情報提供義務違反が認められるか

具体的に問題とされたのは，①フランチャイザーが作成した市場調査書において，近隣のコンビニが競合店とされていないこと，②売上予測として示された1400万円は，十分な根拠，資料に基づいているか，裁量の範囲を逸脱していないかという点であった。

そして，①については，近隣のコンビニはYが設定した商圏からは外れているが，利用客としては自動車，バイク，自転車利用の住民を想定すべきであり，そうすると十分に競合店たり得ると判断された。

②については，Yの定めた店舗評価ランクで，本件店舗はAランクに属するとされ，その売上予測（月商1200万円から1500万円）の中から1400万円と判断されたが，本件店舗はYの使った得点方式によれば，400.5点であり，市場調査方式における評価点ランクとランク別売上予測との対応関係に照らせば，総得点1点当たりの売上高は3万円に相当すると解され，売上高を算定すれば月商1201万5000円となる。しかも，その額が損益分岐点であることも考慮すれば，売上予測がどちらになるかは極めて重要であり，1400万円という決定に十分な根拠・資料はないから，売上予測はフランチャイザーとしての裁量の範囲を逸脱しているとした。

売上予測においては，将来変動する可能性のある種々のファクターを考慮して総合判断する必要があるから，確実な予測は実際上難しい。特に初期の裁判例では，フランチャイザーの予測方法についてそれほど立ち入った検討をせず，結論としても責任を否定するものが多かった。しかし，近時，売上予測のプロセスに立ち入った検討を加え，そのプロセスに合理性がないとして責任を肯定する裁判例が増加しつつある。本件もその一つで，顧客の来店方法まで想定すれば，商圏の外にある競合店を除外する判断を合理的でないとするとともに，総得点から評価ランクを算出するプロセスは合理的であっても，評価ランクから売上予測を算定するプロセスは総得点との対応関係を欠いており1400万円という決定は裁量の範囲を逸脱していると判断した。

判決文を見るかぎり，Xが詳細に主張を尽くしたというよりも，裁判所が提出された資料を綿密に検討して判断をしたようにも思われ，裁判所の積極的な判断が目を引く。

3 情報提供義務違反による損害の範囲はどこまでか

　営業開始のための費用として，加盟料，店舗賃貸借契約の敷金預金，酒類販売業免許譲渡代，店舗内装工事代などを損害と認めたが，営業によって生じた損害は認めなかった。後者については，オーナー人件費及びロイヤルティを差し引いた額が損害となるという考えであり，本件ではこれらを差し引けば損金は出ていないというのである。そして，オーナー人件費が損害に当たらないのは，それは逸失利益であって信義則上の義務違反から生じたものとは認めがたいという理由を挙げ，ロイヤルティが損害に当たらないのは，ロイヤルティはサービス・マークやフランチャイズ・システムの継続使用の対価であり，継続使用という利益は受けているという理由を挙げた。

4 過失相殺

　3分の1の過失相殺を認めているが，この種の事案としては比較的少ない割合であると思われる。考慮要素としては，Z_1 が15年の寿司店経営の事業経験を持つことが特に挙げられている。この経験は，「売上げ等に関する予測が，実績と乖離する場合も十分あり得ることをその経験から知り得た」という評価につながるという趣旨であろう。

　ただ，本件においては，Yは商圏の設定において，近隣のコンビニが競合店とされないような設定をしたり，評価ランクという方式を介在させることで，総得点と売上予測の連動性をつかみづらくさせたような評価方法を採用している。これは複雑かつテクニカルな方式を採ることによって，かえって正確な評価を隠したり恣意的な評価を可能にする方式でもあり，Yに目くらましの意図があったかどうかはともかくとして，Z_1 としては長年の寿司店の事業経験があってもそれが有効に生かせないものであったとの評価は可能であろう。その意味で，Xの過失相殺を比較的少なく認めた判断は正当であったと思われる。

【土居伸一郎】

〔参考文献〕
西口元＝木村久也＝奈良輝久＝清水建成編『【改訂版】フランチャイズ契約の法律相談』46-58頁（青林書院，2009年）

金井高志「フランチャイズ契約締結過程における紛争の判例分析」判例タイムズ1071号96頁

〔参考判例〕
京都地判平成3年10月1日判時1413号102頁〔進々堂事件〕
福岡高判平成18年1月31日判タ1235号217頁〔ポプラ事件〕
大阪地判平成8年2月19日判タ915号131頁〔ローソン事件〕

第11 デイリーヤマザキ事件Ⅱ

▶フランチャイザーの情報提供義務違反（売上・損益予測）による損害の算定方法が示された事例

金沢地方裁判所平成14年5月7日判決　平成12年(ワ)第242号，平成12年(ワ)第666号

争　点

1　フランチャイズ契約締結過程におけるフランチャイザーの行為につき，情報提供義務違反があったといえるか。

2　フランチャイザーがフランチャイジーに対して行った契約締結に向けた勧誘行為につき，詐欺による不法行為が成立するか。

3　情報提供義務違反による損害の算定方法。

4　フランチャイズ契約について更新がなされた場合において，更新前のフランチャイズ契約締結時に提供された情報が誤っていたことに基づく錯誤無効をもって更新後のフランチャイズ契約の効力を否定し得るか。

結　論

1　フランチャイザーの行為につき，情報提供義務違反があったといえる。

2　フランチャイザーがフランチャイジーに対して行った契約締結に向けた勧誘行為につき，詐欺による不法行為が成立するとはいえない。

3　情報提供義務違反と相当因果関係がある期間は，フランチャイズ契約更新までの5年間と認めることが相当であり，当該5年間までに生じた差引損益の合計は黒字となっているから，損失が発生したとは認められない。

4　更新前のフランチャイズ契約締結時に売上予測を信じたことについて錯誤があったとしても，当初の契約を更新する際に同売上予測が重要な要素でなかったことは明白であり，錯誤無効の主張は認められない。

事案の概要

1　Yは，コンビニエンスストアのフランチャイザーであり，昭和61年3月10日，Xをフランチャイジーとしてフランチャイズ契約を締結した。

2　同フランチャイズ契約に基づき，Xは，昭和61年4月1日にコンビニエンスストアの営業を開始し，平成3年4月6日にフランチャイズ契約を更新した。

3　その後，平成12年4月18日付けの内容証明郵便にて，Xは，Yに対し，更新されたフランチャイズ契約の解約を申し入れ，同月30日をもって営業を廃止し，コンビニエンスストアを閉店した。

4　Xは，Yに対し，Yの信義則上の情報提供義務違反及び詐欺による不法行為を根拠に，自己が被った損害（YがXに示した売上予測との差額等）を求め，Yはこれを争うと共に反訴を提起し，未払いの契約金及び解約に伴う違約金等を請求した。

5　本判決は，Xの請求につき，Yに情報提供義務違反があることは認定しつつも（詐欺による不法行為は成立しないとした。），当該義務違反と相当因果関係にある損害はフランチャイズ契約締結から更新までの間の5年間に限られるとした上で，当該期間におけるXの差引損益がプラスであることから，損害がないとしてXの請求を棄却した。また，Yの反訴については，Xが錯誤無効などを抗弁として提出したがそれを排斥し，認容した。

判決要旨

1　Xの本訴請求（情報提供義務違反及び不法行為に基づく損害賠償請求）について

本判決は，「フランチャイザーがフランチャイズ契約を締結する段階において，フランチャイジーになろうとする者に対して立地条件や売上げ予測等に関する情報を提供する場合，フランチャイザーは当該フランチャイジーになろうとする者に対し可能な限り客観的かつ的確な情報を提供する信義則上の義務を負っていると解すべきである。そして，同情報の内容が客観性，的確性を欠き，フランチャイジーになろうとする者に同契約締結に関する判断を誤らせるおそ

れの大きいものである場合には，フランチャイザーは同フランチャイジーが被った損害を賠償する責任を負う。」とし，Ｙの情報提供の態様について詳細に事実認定を行った上で，「Ｅ（Ｙの従業員）が，甲店（Ｘの営業する店舗）の立地条件及び売上・損益予測に関し，Ａ（Ｘの代表者）に対し調査・計画書及び口頭の説明によって提供した情報は，客観性，的確性を欠き，Ａに本件フランチャイズ契約締結に関する判断を誤らせるおそれの大きいものであったと認めるのが相当である。」として，Ｙの情報提供義務違反を認定した。

　しかしながら，これに基づく損害については，「フランチャイズ契約の期間満了後，フランチャイザーとフランチャイジーが同契約を更新した場合には，フランチャイジーは，自己の経営する店舗の売上・損益等について十分な情報を有するに至っており，同店舗経営の実績及び経験に基づき更新するかどうかの判断を行うものであるから，更新後の営業損失と当初の契約段階での情報提供義務違反との間には相当因果関係がないことは明らか」，「本件において情報提供義務違反と相当因果関係がある期間は，後述のとおり，本件フランチャイズ契約更新までの５年間と認めることが相当である。」とした上で，「開店から平成３年８月の本件フランチャイズ契約更新までに生じた差引損益の合計は黒字となっていることが認められる。従って，この間には，甲店に経理上の損失が発生したとは認めることができない。」などとして，「Ｙに情報提供義務違反は認められるも，同違反と損害との間の因果関係ないしは同違反による損害の発生は認められないから，甲事件についてＡの請求には理由がない」とした。

　また，詐欺による不法行為の点については「Ｙが，調査・計画書記載の売上予測が客観的根拠のない不正確なものであることを認識し，またＡを欺罔する意思を有していたと認めるに足る証拠はない。」として棄却した。

2　Ｙの反訴請求（契約金等の支払請求）について

　「ＹがＡに求める立替金や解約に基づく清算金は，いずれも平成３年４月に更新された契約に基づくものであるところ，昭和61年３月10日に本件フランチャイズ契約を締結するにあたって売上予測を客観的な根拠に基づく正確なものと信じたことについてＡに錯誤があったとしても，当初の契約を更新する際に同売上予測が重要な要素でなかったことは明白であり，契約更新時の合意について錯誤無効をいう抗弁には理由がない」として，Ｙの反訴請求を認容した。

分　析

1　情報提供義務違反による損害の算定方法

(1)　本件の特徴

　本判決は，情報提供義務違反に基づく損害の相当因果関係にある範囲を5年と区切った上で，その間の会計上の損益の合計がプラスとなっていることを主な理由として，損害が発生していないとしている。このように，本判決は，会計上の損益をもって損害の有無を判断している点において特徴的である。

(2)　情報提供義務違反による損害の範囲に関する一般論

　　ア　裁判例の状況

　情報提供義務違反が認められる場合の損害賠償の範囲についての考え方としては，

　①　フランチャイザーによる不正確な情報の提供とフランチャイジーの店舗開業及び経営破綻との間に相当因果関係が認められる損害について賠償責任を負うべきであるとするもの（東京高判平成11年10月28日判時1704号65頁，判タ1023号203頁〔マーティナイジングドライクリーニング事件〕〈第5事件〉等）

　②　情報提供義務違反と経営継続が困難になったこととの相当因果関係を論じ開業したこと自体に係る損害については賠償責任はないとするもの（名古屋地判平成10年3月18日判タ976号182頁〔飯蔵事件〕等）

とがあるとされているが（『【改訂版】フランチャイズ契約の法律相談』52頁），個別の損害項目に関する考え方は裁判例によってまちまちである。

　例えば，上記②に分類されるように思われる裁判例として飯蔵事件判決（フランチャイジーの損害はフランチャイジーが経営を継続することが困難になったことがあると判断している。）と進々堂事件判決（京都地判平成3年10月1日判時1413号102頁「店舗の経営が破綻したことによってフランチャイジーに生じた損害を賠償する責任がある」と判示している。）が挙げられるが，個別の損害項目についての判断としては，店舗営業が中止されるまでの期間のための支出・費用（店舗賃料等）について，前者は損害として認めていないのに対し，後者は損害として認定している等，同じ考え方であるように見えてもその帰結に差が見られる

といった状況である。

　イ　損害の範囲についての考え方
　まず，情報提供義務違反による損害は，経営が破綻するに至ったときに初めて発生するというものではなく，開業，営業，営業中止（経営破綻）の全体を通じて発生しているとみるべきであるから，基本的には上記①の考え方によるべきであると思われる。上記②の考え方は，経営の破綻が損害とはいうものの，そもそも何をもって経営の破綻というかが不明であり，損害発生のメルクマールとするには疑問となる点が多い。
　次に，①の考え方を前提としても，各損害の費目（加盟料，店舗賃借関係費，什器備品購入費，仕入代金，店舗賃料，人件費，リース料，営業中止に係る費用，等）につき，損害としてみるべきかにつき各裁判例において個別に検討されているが，先述のとおり，情報提供義務違反による損害は，開業，営業，営業中止の全体の段階を通じて発生しているとみるべきであるから，特段の事情のない限り，フランチャイジーの事業に関連して生じたすべての費用からすべての収入を控除した額を損害とすべきである（事業に関連するすべての費用を損害とした上で，すべての収入を損益相殺すべきとの言い方もできるが，ここでは収入を控除したものを「損害」と呼ぶこととする。）。そうだとすれば，ここでの損害は，会計上の損失と概ね等しいものとなろう。
　裁判例によっては，発生したすべての費用を損害とはせず，個別の損害項目につき損害から除外しているものが多くみられるが，いずれもその理由につき疑問が残る。
　例えば，進々堂事件判決においては，フランチャイザーがフランチャイジーに対して支払った加盟金につき，加盟金がフランチャイザーによる労務の対価であること，及びフランチャイジーがフランチャイザーによる労務の提供を受けていることを理由にこれを損害とはならないとしているが，フランチャイズのビジネスモデル自体に関する情報提供義務違反が問題となっているのであるから，労務の提供という個別の契約上の義務が履行されたことにより損害性が失われるということにはならないはずである。また，マーティナイジング事件高裁判決においては，店舗賃料につき，賃料を支払って店舗運営をすることにより賃料以上の利益を得ていることを理由に損害とはなら

ないとしているが，賃料以上の利益（ここでの利益は店舗売上げのことを指していると思われる。）を生み出すために，店舗賃料以外の費用（人件費，光熱費，ロイヤルティ，仕入代金等，およそすべての費用は店舗の売上げに向けられている。）が支出されているのであるから，店舗の利益と賃料とを比較しても意味がない。

したがって，結局のところ，先述のとおり，費用全体から売上全体を控除した額を損害とみることが合理的であると思われる。

　　ウ　本判決

以上の観点からすれば，本判決は，会計上の損失の有無によって損害の有無を判断しており，上記のとおり合理的なものであると考えられる。

2　契約の更新と相当因果関係

本判決は，フランチャイズ契約の期間満了後，フランチャイザーとフランチャイジーが同契約を更新した場合には，フランチャイジーは，自己の経営する店舗の売上・損益等について十分な情報を有するに至っており，同店舗経営の実績及び経験に基づき更新するかどうかの判断を行うものであるということを根拠に，更新後の営業損失と当初の契約段階での情報提供義務違反との間には相当因果関係がないとしている。

ある程度の期間が経過した後に契約を更新する段階においては，確かにフランチャイジーにおいては十分な情報を有しているといえるであろうから，その意味では更新するかどうかの判断については，情報提供義務違反による影響はあまりないといえよう。

もっとも，契約締結するか否かの判断と，契約を更新するか否かの判断とは状況がだいぶ異なるのであり，契約締結段階においては，少しでも不安要素があれば契約をしないという決断を容易にし得るが（特段の事情のない限り，契約を「しない」ことによって損害やコストが発生することは考えにくい。），契約更新段階においては，契約を更新しないという決断にも非常に大きなコストが発生するものであるから（仮に利益がでていないとしても，営業を開始している店舗を閉鎖することにはそれ自体が大きな損失を伴うものである。），単純に契約の更新が行われたことのみをもって，相当因果関係が断絶されたとする理由にはならないと思われる。

本判決の事案は，フランチャイジーがフランチャイズ契約締結後14年間に

もわたり営業を継続してきたというものであって，情報提供義務違反を前提としてもなお，フランチャイジーが営業を継続することにつき十分に前向きであったと思われるため，そのあたりも配慮しての裁判所の判断であろうと思われる。

3　まとめ

　以上のとおり，本判決は，損害の範囲の考え方について，ひとつは会計上の損益によって損害の有無を画するものであり，かつ，契約更新の時期によって相当因果関係の範囲を画するものであり，損害の範囲について特徴的な判断をしたもので，今後の参考になると思われる。

【秋元大樹】

〔評釈・参考文献〕
西口元＝木村久也＝奈良輝久＝清水建成編『【改訂版】フランチャイズ契約の法律相談』
　51-58頁，63-65頁（青林書院，2009年）
神田孝『フランチャイズ契約の実務と書式』54-59頁（三協法規出版，2011年）
金井高志「フランチャイズ契約裁判例の理論分析5　フランチャイズ契約締結過程における紛争の判例分析(5)」判例タイムズ1071号（2001年）

〔参照判例〕
東京高判平成11年10月28日判時1704号65頁，判タ1023号203頁〔マーティナイジングドライクリーニング事件〕〈第5事件〉
名古屋地判平成10年3月18日判タ976号182頁〔飯蔵事件〕
京都地判平成3年10月1日判時1413号102頁〔進々堂事件〕

第12 ホットスパー事件

▶フランチャイザーの情報提供義務違反，閉店指導義務違反等が否定された事例

那覇地方裁判所平成17年3月24日判決　認容・控訴（後和解）
判例タイムズ1195号143頁

争　点

1　X（フランチャイザー）は，店舗の収支予測等について，客観的かつ合理的な資料に基づく正確な情報を提供すべき信義則上の義務に違反したか（Yら（フランチャイジー）に加盟契約に要素の錯誤があったか）。

2　Xに閉店指導義務違反があったか。

3　XのYらに対する各加盟契約に基づく商品代金等の請求が信義則に違反するか。

4　Xとの間で加盟契約を締結したYらの加盟契約に基づく預託金返還請求の当否。

結　論

1　XとYらの加盟契約締結について，Xの情報提供義務違反は認められない（Yらの錯誤の主張は理由がない。）。

2　Yらが（想定した）利益を上げることができなかったとしても，XがYらに対し閉店を指導すべき義務まではない。

3　Xは，Yらに対して，加盟契約上の指導義務の履行を尽くしたというべきであり，YらがXとの間で合意したロイヤルティの算定方法やその額等が社会通念に照らして著しく不合理，不適切とは認められず，XのYらに対する商品代金等の請求が社会通念上是認し得ないと認めることはできない。

4　Yらは，Xが総売上金から商品代金等を控除した残額についてのみ，

Xに対し返還を請求することができるにすぎないと解すべきであるところ，Yらの主張は，総売上金の全額について返還請求することができるとすることを前提とする点において失当であり，またXがYらに返還すべき金員はないと認められるから，この点からもYらの主張は理由がない。

事案の概要

　1　本件は，フランチャイザーからの商品代金等請求の本訴及びフランチャイジーからの損害賠償等請求の反訴など合計6件の弁論が併合された事案である。

　2　Xはフランチャイズ事業によるコンビニエンスストアの経営を目的とするフランチャイザーであるところ，平成7年2月，平成5年2月，平成7年2月及び平成7年8月，それぞれY_1，Y_3，Y_5，第5事件Y（いずれもフランチャイジー）との間で，コンビニエンスストアの経営に関する加盟契約を締結し，前各同日，それぞれY_2（Y_1の連帯保証人），Y_4（Y_3の連帯保証人），Y_6及びY_7（Y_5の連帯保証人）との間で上記各加盟契約に基づくY_3，Y_3及びY_5の債務について連帯保証契約を締結した。

　3　上記各加盟契約締結後，Y_1，Y_3，Y_5及び第5事件Yは，それぞれ店舗の経営を行っていたが，XとY₁は平成11年6月25日付けで，Xと第5事件Xは，平成10年9月30日限り，各上記加盟契約を合意解除し，また，Xは，Y_3及びY_5がそれぞれ所定の期日に売上金の送金を行わなかったため，平成12年2月19日及び平成12年4月14日，Y_3，Y_5に対し，それぞれ上記加盟契約を解除する旨の意思表示を行った。

　4　その後，Xは，Y_1，Y_3及びY_5に対しては各加盟契約に基づき，連帯保証人であるY_2，Y_4，Y_6及びY_7に対しては各連帯保証契約に基づき，未払いの商品代金等の支払を求めた（第1事件，第3事件，第4事件）。

　5　これに対し，Yらは，①加盟契約は要素に錯誤があるため，無効であり，②仮に加盟契約が有効であるとしても，Xの商品代金請求は信義則に反する，③Xは客観的かつ合理的な資料に基づく正確な情報を提供すべき義務や，Yらに対し，閉店を指導すべき義務に違反したから，Xの商品代金等請求権と，債務不履行に基づく損害賠償請求権や不当利得に基づく返還請求権

を対等額で相殺する旨主張して、その支払を争った。

　6　また、Y₁、Y₃、Y₅及び第5事件Yは、①Xは、加盟契約締結に当たり、客観的かつ合理的な資料に基づく正確な情報を提供すべき義務等に違反し、Yらは錯誤により加盟契約を締結したから、上記各加盟契約は無効である旨主張して、不当利得に基づき、ロイヤルティ相当額等の返還を求めるとともに、②XのYら（第5事件Yを除く。）、に対する商品代金請求は信義則に反するから、Yらが閉店後Xに支払った金員は不当利得になる旨主張して、当該金員の支払を求め、③Xは、上記の情報提供義務のほか閉店指導義務も怠った旨主張して、債務不履行に基づきロイヤルティ相当額の損害賠償を請求し、④YらがXに送金した売上金等は加盟契約上預託に相当する旨主張して、加盟契約に基づき、YらがXに預託した売上金等の支払を求める反訴（第5事件Yについては本訴）を提起した（第2事件、第5事件、第6事件）。

　7　本判決は、Xには情報提供義務違反（加盟契約の要素の錯誤）及び閉店指導義務違反は認められず、また、Xの商品代金請求は信義則に反せず、さらにY₁らの加盟契約に基づく預託金の支払請求は理由がないとして、Xの請求を全て認容し、Yら（第5事件Yを含む。）の請求を全て棄却した。

【当事者関係図】 紙面の都合上、第1事件から第6事件までをまとめて記載している。

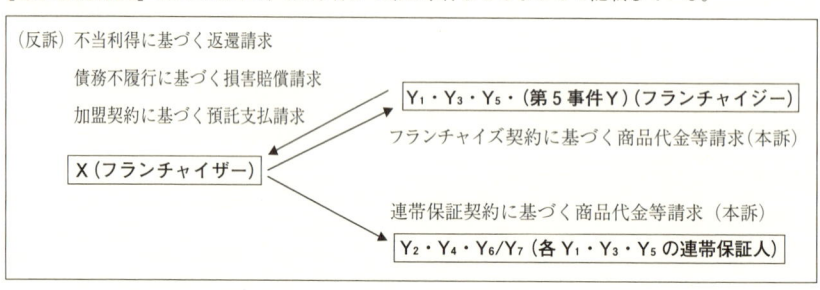

```
（反訴）不当利得に基づく返還請求
　　　債務不履行に基づく損害賠償請求
　　　　加盟契約に基づく預託支払請求　　　　　Y₁・Y₃・Y₅・（第5事件Y）（フランチャイジー）
　　　　　　┌─────────────┐　　　　　　　　　　　　　　　　　　　　　　
　　　　　　│ X（フランチャイザー）│　　　　　フランチャイズ契約に基づく商品代金等請求（本訴）
　　　　　　└─────────────┘　　　　　　　　　　　　　　　　　　　　　　
　　　　　　　　　　　　　　　　　　　　　　連帯保証契約に基づく商品代金等請求（本訴）
　　　　　　　　　　　　　　　　　　　　　Y₂・Y₄・Y₆/Y₇（各Y₁・Y₃・Y₅の連帯保証人）
```

判決要旨

1　争点1（情報提供義務違反の有無）について

「フランチャイザーは、フランチャイズ契約を締結する段階において、フラ

ンチャイジーになろうとする者に対し，売上予測に関する情報，契約期間中にフランチャイザーに対し支払う金銭の額などその収益に関する重要な情報について，できる限り客観的かつ正確な情報を提供すべき信義則上の義務を負っていると解すべきである。」

「もっとも，一般的にフランチャイジーが実際に加盟契約締結後に得ることのできる収益は，商圏内における人口の増減，消費動向，経済情勢等の多種多様で不確定な諸要素に左右されることは否定でき」ず，「フランチャイジーは，本来，自己の責任により経営を行うものであって，フランチャイズ契約を締結するに当たりフランチャイザーとしてのＸが提供する上記の情報も，フランチャイジーとして加盟しようとするＹらが自らの判断と責任においてフランチャイズ契約を締結することを前提としているものと解すべきである」から「フランチャイザー側の情報提供が情報提供義務違反を構成するためには，当該情報提供によって，フランチャイジーになろうとする者に加盟契約締結に関する判断を誤らせるおそれが大きい不適切な情報提供があった場合に限り，信義則上の情報提供義務違反を構成し，また，加盟契約は錯誤により無効と解すべきである。」

(1) Y₁関係

Ｘが同店の売上実績等に関し作成，交付した文書には経費に関する具体的な記載がなかったこと，Ｘの担当者はＹ₁に対して同店の経費について具体的な説明をしなかったことが認められる。しかしながら，Ｘの担当者は，店舗の売上が採算ベースに乗っていないのは前フランチャイジーの商品管理が悪かったこと，どんなに売上げが悪くても最低100万円の保障を受けることができる旨を説明し，Ｙ₁はＸから交付を受けた店舗の売上実績表を踏まえ，共同売店経営の経験に照らして，最低保障の適用を受けることになっても，平均的な売上げがあり，経費をその範囲内に抑えることができれば自らの手元にも一定の利益が残る旨判断し加盟契約を締結したことが認められる。そうすると，Ｙ₁が主張する経費の点についても，最低保障の範囲内に収めれば一定の利益を上げることができる旨自ら判断して加盟契約を締結したのであるから，Ｘ担当者が経費を具体的に説明しなかったとしても，Ｙ₁の加盟契約に関する判断を誤らせるおそれが大きい適切な情報を提供しなかったとは認められない。そして，Ｙ₁が店舗の経営を引き継いでからの売上高は，Ｘが当初予測していた数値をも上回る結果となり，Ｙ₁も一定の利益を上げてきたと認められるのであるから，Ｙ₁は加盟契約締結の主要な目的を達成したというべきであり，この点か

らしてもXの担当者がY₁に対して加盟契約締結に向けた判断を誤らせるおそれが大きい不適切な説明をしたとは認められない。

(2) Y₃関係

Y₃の店舗における実際の売上高が，Xの内部的な予測額に対して平均69.7パーセントに留まっており，また，Xの担当者が示した事業計画書における予想売上高と比較しても64.8パーセントであったことは認められる。

しかし，①Y₃は，コンビニエンスストアの開店及び経営にとって好ましいとされる周囲の立地条件や，予想される売上高，コンビニエンスストア経営に一般的に必要とされる経費等の事項について十分知識と経験を有していたこと，②Y₃は，自らの店舗について，将来的には店舗の近隣にバイパスが開通すれば有望であるが，バイパスが開通するまでは厳しい経営になるがやむを得ないと考え，自ら希望して加盟契約を締結したこと，が認められ，③Xの担当者が示した事業計画書に記載された売上高等の金額は，Xの内部的に作成した損益計算書における金額よりも低い金額となっているものの，金額の乖離が著しいとまでは認められず，事業計画書及び損益計算書の各算定根拠について合理性を疑わせるに足りる証拠もない。

Y₃はコンビニエンスストア経営の知識・経験を踏まえ，当面の経営が厳しいものの，将来性は十分ある旨自ら判断して加盟契約を締結したというべきであるから，仮に開店後9か月の段階における売上高の実績が予測値を下回る結果となったとしても，それはY₃の判断の結果であって，X担当者の説明によってY₃が加盟契約締結の判断を誤った結果ではない。

(3) Y₅及び第5事件Y関係

ア Y₅について

Xの担当者は，Y₅に対し，開店時から売上実績が損益分岐点を超えることは難しく，店舗の売上が損益分岐点を超えるのは酒類販売免許を取得した後と考えられること，Y₅の同免許取得までには最低2年を要し，それまでは売上げが損益分岐点に達しないため，最低保障制度が適用となる可能性があるが，その範囲で生活が可能かを考えるよう説明し，人件費をできるだけ圧縮する等の方法を教示し，Y₅はこれを了知し，検討したうえで加盟契約を締結したと認められるから，X担当者の説明にY₅の加盟契約締結に関する判断を誤らせるような不適切な点はなかったと認められる。また，Xの担当者が加盟契約締結に向けた交渉中に示した資料には，平均売上高として月1101万円と記載されていることが認められるが，X担当者がした上記予想が，その算定方法，算定

資料収集の方法等において著しく不合理，不適切であると認めるに足りる証拠はない。のみならず，X担当者は将来の売上高に関する試算はあくまで予測にすぎない旨を説明したと認められる。
　　イ　第5事件Yについて
　第5事件Yが，実際に要した経費の額が，加盟契約締結に当たりX担当者が第5事件Yに示した経費に関する予測値を超えていたこと，X担当者が交付した事業計画には，一般管理費の費目として「廃棄高」，「不明ロス」に関する具体的な記載がなく，減価償却に関する記載も初年度以降0円として試算されていたことが認められるが，そもそも第5事件Yは，実際に要した経費を前提としても，閉店するまでに一定の利益を上げており，加盟契約を締結した主要な目的をある程度達成したと認められ，良好な売上げにもかかわらず，第5事件Xが手にした利益が事業計画記載の経常利益と比較して低額になったのは，在庫管理，経費削減など第一次的には経営者である第5事件Yの諸般が不適切であったことが原因であるといわざるを得ない。
　そうすると，経費の問題によって第5事件Yが自ら予想していた程度の利益を上げることができなかったとしても，それは加盟契約締結後に自ら招いた結果であり，X担当者が経費に関する説明をしなかったことにより生じた結果ではない。
2　争点2（閉店指導義務違反）について
　(1)　Y_3 について
　「Y_3 は，コンビニエンスストア経営の知識，経験を踏まえ，スパー▲店について，当面の経営が厳しいものの，将来性は十分ある旨自ら判断して加盟契約を締結したというべきである。このことに，Y_3 がXと締結した加盟契約には，両者がそれぞれ独立の事業者であり，Y_3 はスパー店の経営を自己の責任と負担において行う旨が定められていることを併せ考慮すれば，仮に，Y_3 が主張する開店6か月後の時点において，Y_3 がスパー▲店の経営によって利益を上げることができない状況にあったとしても，Xが Y_3 に対し閉店を指導すべき義務まではないというべきである。」
　(2)　Y_5 について
　「Y_5 は，酒類販売免許を取得する約2年後までの間には売上が損益分岐点に達しない可能性があることや，その場合，最低保障制度による補填額の範囲内で店舗を運営することを余儀なくされる等の事情を自ら検討し，これを前提とした上で，Xと加盟契約を締結したことが認められる」「このことに，Y_5 がXと

締結した加盟契約には，両者がそれぞれ独立の事業者であり，Y_5はスパー店の経営を自己の責任と負担において行う旨が定められていることを併せ考慮すれば，仮に，Y_5が主張する開店6か月後の時点において，売上額がXが示した目標売上額に達しておらず，Y_5が利益を上げることができなかったとしても，XがY_5に対し閉店を指導すべき義務まではないというべきである。」

(3) 第5事件Yについて

第5事件Yの店舗は，開店以降の期間について，Xが予測した売上高をおおむね達成するという良好な売上げを継続して上げていたのであるから，そもそも開店6か月後の時点で閉店する理由などない。これに加え，第5事件YがXと締結した加盟契約には，両者がそれぞれ独立の事業者であり，店の経営を自己の責任と負担において行う旨が定められていること，良好な売上げにもかかわらず，第5事件Yが手にした利益が事業計画記載の経常利益と比較して低額になったのは，第一次的には経営者である第5事件Yの経営判断と責任に基づく結果であるというべきであるところ，Xの担当者は人件費の削減や，在庫ロス等を減少させるための指導を行っており，Xは加盟契約に基づき第5事件Yに対し販売協力義務を尽くしたと認められるから，この義務の範囲を超えて，Xには第5事件Yに対し閉店を指導すべき義務まではないというべきである。

3　争点3（商品代金等請求と信義則）について

Xは，担当者がYらの店舗をおおむね週1回程度訪問した上，当該店舗ごとに販売データ等を調査・分析し，商品等の発注を確認したり，在庫や廃棄ロスにおける問題点を指摘するなど，販売力，収益力の向上に向けた具体的な指摘，指導を行っていることが認められ，Xは，Yらに対して加盟契約上の指導義務の履行を尽くしたというべきである。このことに，ロイヤルティの支払は加盟契約に定められたYらの義務であり，Yらはその具体的内容を了解したうえで加盟契約を締結したと認められること，YらがXとの間で合意したロイヤルティの算定方法やその額等が社会通念に照らして著しく不合理，不適切とは認められないことを併せ考慮すれば，XのYらに対する商品代金等の請求が社会通念上是認し得ないと認めることはできない。

4　争点4（Xに対する預託金請求の当否）について

Yらは，加盟契約によって，まず，その総売上金の全額についてXに送金する旨を義務付けられているのであり，Xは，Yらから送金を受けた上記総売上金からYらに対する商品代金等を控除した額のみをYらに返還すれば足りるのであるから，Yらは，Xが上記控除した残額についてのみ，Xらに対し返還請

求できるにすぎないと解すべきである。したがって，Yらの上記主張は，総売上金の全額について返還請求することができるとすることを前提とする点において，そもそも，失当であるといわざるを得ない。のみならず，Xは，Yらから送金を受けた総売上金からXがYらに対して有する商品代金等債権で清算処理した結果，Yらに対しては未清算金がそれぞれ生じていると認められるから，Xが上記のYらに返還すべき金員はないと認められる。

分　析

1　信義則上の情報提供義務違反について

(1)　情報提供義務に関する学説・判例の状況

　フランチャイズ契約に関する紛争においては，契約締結時にフランチャイザーから提供された売上予測等の情報を信頼して契約を締結したフランチャイジーが，提供された情報より低水準の営業成績しか達成できず経営不振に陥ったことを契機として，フランチャイザーに対して，営業開始のために負担した費用や営業開始によって自己に発生した損失について，信義則上の保護義務や情報提供義務違反（あるいは不法行為責任）に基づき，損害賠償を求めるという形態をとるものが多い。

　この点，フランチャイザーとフランチャイジーになろうとする者との間では，一般的に経営の知識や情報量が著しく異なっていることを根拠として，フランチャイザーは，フランチャイズ契約を締結するに当たり，フランチャイジーとなろうとする者に対し，フランチャイズ契約に関する意思決定のための判断材料になる客観的かつ的確な情報を提供すべき信義則上の義務を負う，とするのが裁判例の基本的な立場である（『【改訂版】フランチャイズ契約の法律相談』47頁参照。東京高判平成11年10月28日判タ1023号203頁〈第5事件〉，京都地判平成3年10月1日判時1413号102頁等多数）。

　しかして，具体的に売上収益予測についての積極的情報提供義務が契約締結段階でフランチャイザーに課されるか否かについては，売上収益予測に関する情報がその性質上不確定なものであることから議論が分かれている。これを肯定する学説も存在するが，通説的理解は，売上収益予測についての情

報をフランチャイザーが契約締結段階でフランチャイジーになろうとする者に対して提供する義務はないが，当該情報をフランチャイジーになろうとする者に対して提供する場合には，その内容が虚偽のものであってはならず，合理性・相当性を有するものでないなければならないと解している（東京地判平成14年1月25日判時1794号70頁参照〈第9事件〉）。

　売上収益予測についての情報提供義務違反の有無が問題となった裁判例では，情報提供義務違反の有無の判断に際して，情報の提供の仕方や情報の収集方法，さらに提供された情報と実際の結果との乖離等の事情が考慮されており，情報提供義務違反を肯定したものもある（福岡高判平成18年1月31日判タ1216号172頁〈第14事件〉，京都地判平成3年10月1日判時1413号102頁，名古屋地判平成10年3月18日判タ976号182頁，大阪地判平成14年3月28日判タ1126号167頁〈第10事件〉）が，情報提供義務違反を否定するものも多い（大阪地判平成7年8月25日判タ902号123頁，千葉地判平成6年12月12日判タ877号229頁，東京地判平成5年11月30日判時1521号91頁〈第2事件〉）。

(2)　本判決の検討

　本判決は，一般論において，フランチャイジーになろうとする者の契約締結についての判断を誤らせるような不適切な情報の提供があった場合に限り，信義則上の情報提供義務違反を構成するとして判示しており，これは従来の裁判例の一般的傾向と同様のものといえる。

　そして，情報提供義務違反の判断については，Ｙらが，情報提供義務違反の根拠としてそれぞれ，経費についての説明がなかったこと（Y_1），売上予測と実際の売上に乖離があったこと（Y_2, Y_3），廃棄高不明ロス等の情報がなかったこと（Y_4）等を主張したのに対し，本判決は，共同売店の実質的経営者として経理等を担当してきたこと（Y_1），自らのコンビニ経営経験から店舗の開店を判断した結果であること（Y_2），損益分岐点に達しないとの予測やその場合の対策方法を説明していたこと（Y_3），売上予測よりも売上げがあったことやフランチャイジーの経営判断のまずさ（Y_4）等の事情を対置させ，フランチャイザーの情報提供義務違反を否定している。

　この点，従来の裁判例では，情報提供義務違反の有無の判断に際し，情報の提供の仕方や情報の収集方法，さらに提供された情報と実際の結果との乖

離といった，いわばフランチャイザー側の事情が考慮されることが多く，フランチャイジー側の事情は，義務違反と損害との因果関係が認められたときに過失相殺といった方法で損害額の調整の場面において考慮されてきたものも少なくなかったように思われる。本判決はこれらとは異なり，加盟契約締結に向けた交渉の中でフランチャイザー側が示した資料や説明内容によってうかがわれる収益性に関する数値だけではなく，加盟契約締結に至ったフランチャイジー側の動機や目的，フランチャイジーの知識や経験，収益性に関するフランチャイジー側の認識等の諸事情を併せ考慮して，総合的に情報提供義務違反の有無を判断しており，このようなアプローチは同種事案の参考になると思われる。

2 閉店指導義務について

　本件ではフランチャイジーに対してフランチャイザーが閉店を指導すべき義務があるのかが問題とされたが，フランチャイズ契約における紛争についてこの種の問題が争われた裁判例は見当たらないようである。

　フランチャイズ契約においては，フランチャイザーはフランチャイジーの事業活動について援助・指導・助言するなどの義務を負うが，このような義務は，基本的にはフランチャイジーの利益を上げることを目的とするものであり，フランチャイジーが営業を継続することが前提となるように思われる。この点，閉店指導義務は，利益が減少し，フランチャイズ・チェーンからの脱退を考えるフランチャイジーと，フランチャイジーの脱退によるマイナスを回避したいフランチャイザーという対立的状況が顕在化しつつある段階で問題となる性質のものであり，かかる対立状況下でフランチャイザーに閉店指導義務を課すのは，自らの利益に相反する行為を行う義務を課すものであり，フランチャイザーに酷と思われる（本件判批・大山盛義「FCコンビニ加盟契約におけるフランチャイザーの情報提供義務違反および閉店指導義務違反等が否定された例」沖縄法学36号219頁）。

　本判決は，XとYらとの間の加盟契約に，両者が独立の事業者であり，自己の責任と負担において経営を行う旨が定められていること等を理由として，フランチャイザーの閉店指導義務の存在を否定したが，結論として妥当と思われる。

【石田晃士】

〔参考文献〕
西口元＝木村久也＝奈良輝久＝清水建成編『【改訂版】フランチャイズ契約の法律相談』43-50頁（青林書院，2009年）
神田孝『フランチャイズ契約の実務と書式』37-39頁，315-369頁（三協法規出版，2011年）
金井高志『フランチャイズ契約裁判例の理論分析』（判例タイムズ社，2005年）

第13 コンビニ・フランチャイズ事件

▶フランチャイザーに契約締結段階における情報提供義務違反を認め，契約締結上の過失による損害賠償責任を負わした事例（過失相殺2割5分）

福岡高等裁判所平成18年1月31日判決　平成17年(ネ)第334号損害賠償請求控訴事件　原判決変更，一部認容，確定　原審：福岡地判平成14年(ワ)第1244号
判例タイムズ1216号172頁

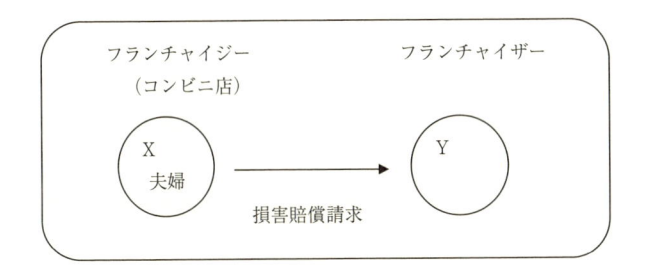

```
  フランチャイジー         フランチャイザー
   (コンビニ店)

      X          ───▶      Y
     夫婦
            損害賠償請求
```

争　点

1　フランチャイザーは，フランチャイジーになろうとする者に対し，信義則上の保護義務としての情報提供義務を負うか。
2　本件において，フランチャイザーに情報提供義務違反が認められるか。
3　情報提供義務違反による損害の範囲はどこまでか。
4　フランチャイズ契約における契約当事者の判断基準。
5　過失相殺の有無及び割合について。

結　論

1　契約締結に向けた準備段階においても，フランチャイザーには，フランチャイジーになろうとする者に対する信義則上の保護義務としての情報提

供義務がある。フランチャイザー側は，組織的に情報を収集・分析することができ，実際にもそうしているのに対し，出店予定者は，フランチャイズ契約締結に踏み切るかどうかの判断材料として，フランチャイザーから提供される情報以外には持ち合わせないのが実情だからである。

2 フランチャイズ契約を締結して，当該店舗の経営に踏み切るかどうかの決断を迫られる出店予定者にとって，肝心なのは，実際にどの程度の売上げが見込まれるかどうかであり，それが損益分岐点を上回るかどうかなのであるから，売上予測こそが最重要の情報であり，これを開示せず，本件店舗も損益分岐点をクリアーできるかのような説明に終始したＹには情報提供義務違反があることは明らかである。

3 開業したこと自体が損害に当たる。具体的には，開業費，営業中に生じた赤字について損害と認め，逸失利益としては他の職に就いていれば得られた収入として50歳賃金センサスの５割の限度で認めた。慰謝料については，夫については否定したが，妻については，慰謝料請求のみがなされていることを理由として認めた。

4 契約書上では，夫が契約当事者であって妻は連帯保証人とされているが，妻はオーナー研修も修了し，店舗運営責任者にもなっていること，実際にも本件店舗の運営を主として担当してきたことから，実質的には，本件店舗はＸら夫婦の共同経営であり，本件フランチャイズ契約上のフランチャイジーはＸら夫婦である。

5 本件店舗を経営するかどうかを判断するに際しての，フランチャイジーにとって最大の関心事は，損益分岐点を上回る売上げが実際に見込まれるかどうかであって，その場合立地調査に基づく売上予測が最も手っ取り早く，かつ確実な判断材料であるのに，フランチャイジーはフランチャイザー側に質問したり，立地評価書の開示を求めたりせず，担当者らの説明を漫然と受け容れていたことは過失として考慮すべきである。もっとも，フランチャイジーが商売の経験のないいわば素人であり，フランチャイズ契約に関する知識・経験，情報量，組織的力量など，どれをとっても決定的な差があることなどを総合的に考慮すれば，過失相殺は，２割５分とするのが相当である。

事案の概要

1 X₁（夫）とX₂（妻）は，それまで行ってきた学習塾の経営に見切りをつけて，コンビニエンスストアを経営することを思い立ち，コンビニエンスストアのフランチャイザーであるYとフランチャイズ契約を締結して，コンビニ店を開店した。

しかし，売上げは損益分岐点を大きく下回り続けたため，X夫妻は，Yと再建策を協議し，フランチャイズ契約から，店舗の運営委託契約や，さらにはX₁を店長とする雇用契約に契約形態を変更し，酒類販売も開始したりしたが，売上げは上がらず2年あまりで閉店した。

2 契約締結に至る過程で，Yの担当者は，X夫妻に事業計画書を示し，そこには損益分岐点も記載されていた。一方，Yは本件店舗の立地調査を行い，売上予測の結果（大幅に損益分岐点を下回るものであった。）を得ていたが，X夫妻にはこの事実を伝えず，X夫妻もこの点について質問したり，立地評価書の開示を求めることがなかった。

3 X₁は，Yに対して，本件フランチャイズ契約によって被った損害の賠償を求めて，X₂も自らの慰謝料を求めて提訴した。その理由は，フランチャイズ契約締結の際，Yには客観的かつ的確な情報を提供すべき信義則上の保護義務があり，特に重要なのは，売上予測や損益分岐点に関する情報であるのに，Yが提供したこれらの情報は不十分なもの若しくは虚偽のものであるから，Yには情報提供義務違反があるというものである。

Yは，売上予測は困難であるし，誤解を招きかねないから，開示義務はなく，フランチャイジーになろうとする者が自らの責任において判断すべきであるとし，また，情報開示義務違反を問われるのは，故意又は重大な過失により誤った情報を伝えた場合だけであるとして責任を争った。

4 原審（福岡地判平成17年2月24日平成14年（ワ）第1244号）は，Yには，情報提供義務及びその違反があることを認めてX₁の請求を一部認容したが，X₂については契約当事者ではないという理由で請求を棄却した。

判決要旨

1 フランチャイザーの情報提供義務

「フランチャイザー……には，フランチャイジーになろうとする者（以下「出店予定者」という。）に対する信義則上の保護義務としての情報提供義務がある」

「契約締結に向けた準備段階においても，フランチャイザーは，出店予定者に対し，フランチャイズ契約を締結してフランチャイジーになるかどうかの判断材料たる情報（その核心部分は，対象店の売上や収益の予測に関するものである。）を提供すべき義務があり，また，当然のことながら，その情報はできる限り正確なものでなければならない」

「損益分岐点を上回る売上が見込まれるかどうかは……出店予定者が自ら調査し，判断すべきである」との「出店予定者の自己責任を強調する主張は，フランチャイズチェーンシステムの実状を踏まえない，いかにも形式的な立論であって，到底採用することができない。

すなわち，フランチャイザー側はその方面の豊富な知識経験やノウハウ，人的・物的資源などを駆使して，組織的に情報を収集・分析することができ……るのに対し，出店予定者側は原則として何らの情報も持たず，かつ，自ら情報を収集する能力もないのであ」る。「それ故，出店予定者は，フランチャイズ契約締結に踏み切るかどうかの判断材料……として，フランチャイザーから提供される情報以外には持ち合わせないのが実状だからである。」

「フランチャイザー」が「単に不十分な情報しか提供しなかったとか，或いは提供にかかる情報の内容が不正確であったにすぎない場合においても，その不十分さ或いは不正確さと出店予定者の損害との間に相当因果関係が認められるのであれば，Ｙはやはり損害賠償責任を免れないものというべきである。」

2 Ｙの情報提供義務違反

「Ｙが，……本件立地評価書の内容等を具体的に開示したかといえば多分に曖昧であって，結局のところは，本件店舗は損益分岐点を上回る売上が見込まれる旨を一般的・抽象的に説明したという域を出ない」

「フランチャイズ契約を締結して，当該店舗の経営に踏み切るかどうかの決断を迫られる出店予定者にとって，肝心なのは，実際にどの程度の売上が見込まれるかどうかであり，それが損益分岐点を上回るかどうかなのであるから，

立地調査に基づく売上予測こそがこの場合の決め手ともいうべき最重要の情報である。そうであれば，フランチャイザー側がこの情報を出店予定者に開示しないでよいとする理由は見出せない。

　以上によれば，Yは，損益分岐点をはるかに下回る売上予測の数値をXらに開示しておらず……，近隣店舗の売上実績に依拠して，本件店舗も損益分岐点をクリアーできるかのような説明に終始したのであるから」，「Yには情報提供義務違反があることは明らかである」ものといわなければならない。そして，Yの提供したこのような情報により，Xらが本件FC契約の締結に踏み切ったこともまた明白である。

3　情報提供義務違反による損害の範囲

(1) 開業費関係の損害については，概ね一審と同様にこれを認め，約213万円とした。

(2) 営業中に生じた赤字については，売上金額に粗利率を掛けて粗利を算出し，これに店舗設備使用料等の減額分を加えた合計額を利益の総額と推認した上で，その額から，返金分と経費を控除した残額約729万円を赤字分と認定した。

(3) 逸失利益については，X夫妻が前職として学習塾を経営していたが転身を図ったことから，本件店舗の経営に従事していなければ，他の然るべき職業についていた蓋然性が高いとした上で，X_1が当時50歳で，転職が容易とは限らないなどの事情も考慮して，賃金センサス男子50歳～54歳の平均賃金の5割を逸失利益とした。

(4) 慰謝料については，X_1については別途慰謝料を認めなければならないとするまでの事情はないとして否定したが，X_2については慰謝料請求のみがなされていることを考慮して，200万円の慰謝料を認めた。

4　フランチャイズ契約における契約当事者の判断基準

「本件FC契約上の契約当事者（フランチャイジー）はX_1であって，X_2はその連帯保証人とされている」

「X_2が，X_1とともに，夫婦一体となって本件店舗の出店予定者として振る舞い，一審被告からもそのように遇されていた……本件FC契約の締結及び本件店舗の経営に終始積極的な姿勢で臨んでいたのは……X_2であり，X_2が，オーナー研修（トレーニング）にも出席し，これを修了していること，店舗運営責任者にもなっていること，実際にも本件店舗の運営を主として担当してきたことが認められる。

そうであれば，実質的には，本件店舗はまさにＸら夫婦の共同経営であり，本件ＦＣ（フランチャイズ。以下略する。）契約上のフランチャイジーもＸら夫婦であるものと見るべきであって，単に契約上の便宜として，X_1が契約当事者，X_2はその連帯保証人とされたにすぎないものと解するのが相当である。」

　「そして，X_2については，X_1とは異なり，慰謝料請求のみがなされているのであるから，これを排斥する理由はない。」

5　過失相殺の有無および割合

　「Ｘらにとっての最大の関心事は，損益分岐点を上回る売上が実際に見込まれるかどうかであって，……立地調査に基づく売上予測が上記損益分岐点を上回っているかどうかを確認することが最も手っ取り早く，かつ確実な判断材料である」

　「然るに，ＸらがこのＹの点についてＹ側に質問したり，本件立地評価書の開示を求めたりした形跡はなく，ただ漫然と一審被告の担当者らの説明を受け容れていたものであって，およそ本件店舗の経営を意欲する事業者としてはいかにも軽卒で安易な態度であるというほかない。」

　「もっとも，Ｙとしても，Ｘらが商売の経験のないいわば素人であること，フランチャイザーとしての一審被告をひたすら信頼してかかっていることは容易に見て取ることができた筈である。また，そもそも，ＹとＸらとでは，フランチャイズ契約に関する知識・経験，情報量，組織的力量など，どれをとっても決定的な差があるのであり，しかも，既に見たとおり，Ｙの情報提供義務違反の内容及び程度は甚だ遺憾なものである。」

　「これらの諸事情を総合的に考慮すれば，もとよりＹの責任の方が格段に大きいものというべきであるから，結局，Ｘらの過失と一審被告との過失割合は，Ｘら１に対してＹ３とするのが相当である。」

6　遅延損害金の利率

　「Ｘらの損害賠償請求権はいわゆる契約締結上の過失法理に基づくものであって，契約責任そのものではない。これは，ある意味では不法行為に基づく損害賠償請求に類似するともいうべきものであるから，遅延損害金については民法所定の年５分の割合によるべきが相当である。」

分　析

1　フランチャイザーの情報提供義務

　フランチャイズ契約を締結するに当たり，フランチャイザーがフランチャイジーになろうとする者に対して，フランチャイズ契約に関する意思決定のための判断材料になる客観的かつ的確な情報を提供すべき義務を一般的に負っている点については，多くの裁判例がある。そしてその義務の内容として，①虚偽の情報を提供すべきでないこと，②相手方に誤解が生じている場合には誤解をなくすようにすること（金井・理論分析〈注(1)〉は，これらを「消極的情報開示提供義務」と整理している。）には，異論は少ないと思われる。問題は，③相手方の意思決定に重要な事実を開示する「積極的情報開示提供義務」が認められるか，そして④その範囲はどこまでかという点にある。

　本件で問題となったのは，事業を行った場合に想定される損益予想に関する情報（『【改訂版】フランチャイズ契約の法律相談』46頁の③の類型）であり，この点についての正確な情報は，フランチャイジーとなろうとする者が，フランチャイズ契約を締結するかどうかを判断する上できわめて重要な情報であることはもちろんであるが，一方，フランチャイザーにとっても，収集した情報に基づく予測という要素を含むために，かならずしも正確な情報を提供できるわけではない。一般的には，売上・収益予測については，フランチャイザーには当然には個別的な積極的情報開示提供義務がないと解するべきであると理解されているようである（前掲金井58-59頁）。

　しかし，本判決では，前提としてフランチャイザーとフランチャイジーの情報収集能力及び経験の格差があるという実状に注目し，自己責任論を形式的であると退けている。そして，提供すべき情報の程度としては，不十分な情報提供や不正確な情報提供も，情報提供義務違反に当たると判示している。そして，提供すべき情報の種類としては，事業を開始したときに実際にどの程度の売上・利益が見込めるかがフランチャイジーになろうとする者にとって肝心なのであるから，売上予測及び損益分岐点が必須の情報であり，売上予測については，近隣店の売上実績による判断では到底相当なものとはいえないとし，立地調査に基づく売上予測こそがこの場合の決め手ともいうべき

最重要の情報であって、フランチャイザー側がこの情報を出店予定者に開示しないでよいとする理由は見出せないとした。

　従来の見解よりも一歩進んだ判断をしたものと評価されるが、本件では、売上予測の結果が大幅に損益分岐点を下回るものであったという事実からすれば、これを開示すればフランチャイズ契約締結に至らない可能性が十分にあったと考えられるから、フランチャイザー側が既に入手していた情報を隠蔽しようとしたという評価も可能である。このような事情が判決の一般論に影響を与えた可能性がないともいえず、個別的な積極的情報開示提供義務の存否と範囲については、今後の裁判例の動向を見守る必要があろう。

2　情報提供義務違反の場合の損害

　情報提供義務違反が認められた場合の損害としては、契約締結に至った場合と契約締結に至らなかった場合を分けて論じることが有用である。損害が大きくなり裁判例が多いのは前者の場合が多く、本件もこの類型に属する（『［改訂版］フランチャイズ契約の法律相談』52頁の［2］の類型）。

　従来の裁判例では、開業費関係の損害については認めてきたが、営業中に生じた赤字及び逸失利益については認めてこなかった（進々堂事件＝京都地判平成3年10月1日判時1413号102頁、飯蔵事件＝名古屋地判平成10年3月18日判タ976号182頁等）。

　これに対し、本判決は、同日に福岡高裁の同じ部から出された判決（ポプラ事件（判タ1235号217頁〈第14事件〉））とともに、これを肯定している。

　損害賠償の範囲は情報提供義務違反と相当因果関係が認められる損害全般に及ぶべきだという原則論からは、肯定説が導かれやすいが、否定説の論理としては、フランチャイジーは自己のリスクを持って開業するのであるから、赤字部分は当然フランチャイジーが負担すべきであるというものがある。もっとも、独立の事業体である以上リスクを負担すべきという命題が、本件のようにリスク判断の前提となる情報が適正に与えられていない場合にも妥当するかは検討の余地がある。

　本件及び前述のポプラ事件においても、赤字額・逸失利益が全額認められたわけではなく、一定の制限はされている。一方で、本件において、「一審被告の情報提供義務違反は故意とも評価されかねない重大なものといわなけ

ればならない」と義務違反の重大性・悪質性を認めていることとの関連で，特に本件のような類型では赤字額・逸失利益を認めるべきだとの判断があったとの評価も可能である。

【土居伸一郎】

〔参考文献〕
西口元＝木村久也＝奈良輝久＝清水建成編『【改訂版】フランチャイズ契約の法律相談』
　43-58頁（青林書院，2009年）

〔参考判例〕
京都地判平成3年10月1日判時1413号102頁〔進々堂事件〕
名古屋地判平成10年3月18日判タ976号182頁〔飯蔵事件〕
東京高判平成11年10月28日判時1704号65頁〔マーティナイジングドライクリーニング事
　件〕〈第5事件〉

第14 ポプラ事件

▶フランチャイザーに情報提供義務違反があるとして，契約締結上の過失による損害賠償が認められた事例（過失相殺3割）

福岡高等裁判所平成18年1月31日判決　一部確定，一部上告，一部上告受理申立て
判例タイムズ1235号217頁

争　点

1　フランチャイザーの情報提供義務違反の有無。
2　情報提供義務違反に基づく損害賠償の範囲。

結　論

1　契約締結に向けた準備段階において，フランチャイザーは，出店予定者に対し，フランチャイズ契約を締結してフランチャイジーになるかどうかの判断材料たる情報を，適時に適切に提供すべき義務があるところ，Y（フランチャイザー）の売上・収益の予測には相当でない点があったものというべきであり，信義則上の保護義務違反がある。

2　開店のために費やした準備資金，累積赤字分及び自殺したBの逸失利益（ただし，3割の限度，相続分のみ）についても，Yの保護義務違反と相当因果関係のある損害と認められるが，その損害を全てYに負わせるのは相当ではなく，その損害の7割の限度にとどめるとするのが相当である。

事案の概要

1　Aは夫Bを連帯保証人として平成6年に，Yとの間でフランチャイズ契約を締結し，店舗を経営していたが，Bは，平成10年，経営不振を苦にして自殺した。その後，AはABの子X_1と共に経営を続けたが，経営は軌道

にのらず，平成13年，フランチャイズ契約を合意解約し，店舗を閉鎖した。

2　X_2は，平成10年，Yとの間でフランチャイズ契約を締結し，店舗を経営していたが，経営は軌道にのらず，平成13年，フランチャイズ契約を合意解約し，店舗を閉鎖した。

3　A，X_1及びX_2（以下，X_1及びX_2を総称して「Xら」という。）は，Yに対し，契約締結に先立って客観的かつ的確な情報を開示するなどの信義則上の保護義務を怠ったと主張し，債務不履行ないし不法行為を理由にして損害賠償を求めた（第1事件，第2事件本訴）。

4　これに対し，Yは，保護義務違反はないと主張し，X_2に対し，フランチャイズ契約に基づく未払いの仕入れ代金，保証委託契約に基づく求償金，消費貸借契約に基づく貸金の支払を求めた（第2事件反訴）。

5　原審（福岡地裁平成16年1月27日判決）は，保護義務の存在は認めたものの，フランチャイジーとフランチャイザーとは，基本的に独立した事業者であって，自己の責任において経営を行うものである，との基本姿勢に立って，保護義務の範囲を狭く解し，Yに保護義務違反はないとして，第1事件及び第2事件の本訴についてはXらの請求を棄却し，第2事件反訴については請求を認容した。

6　これに対してXらが控訴したのが本件である。

判決要旨

1　争点1（情報提供義務違反の有無）について

「契約締結に向けた準備段階において，フランチャイザーは，出店予定者に対し，フランチャイズ契約を締結してフランチャイジーになるかどうかの判断材料たる情報（その核心部分は，対象店の売上や収益の予測に関するものである。）を，適時に適切に提供すべき義務があり，また，当然のことながら，その情報は出来る限り正確なものでなければならないというべきである。それは，フランチャイザー側は予めこの関係の情報を収集し，分析等もしているのに対し，出店予定者側は原則として何らの情報も持たないばかりか，多くの場合はフランチャイズチェーンシステムそのものについても知識・経験を有しないのであり，出店予定者が契約締結に踏み切るかどうかの判断材料としては，フラ

ンチャイザーから提供される情報以外にはないというのが実情だからである。」

「結果として，Ｙの売上及び収益の予測は大きく外れたことが認められるから，同予測の正確性には大いに疑問があるといわざるを得ないところ，Ｙが故意に虚偽の情報をＡらに提供したという場合はもちろん，そうでないとしても，①Ｙの店舗立地調査マニュアル自体に明らかな不合理があったり，②マニュアル自体は合理的であっても，実際の調査・予測においてその適用判断を誤り，或いはそもそも調査が不十分であるなどしたために，結果として正確な予測ができなかったということになれば，Ｙは保護義務違反の責を免れないものというべきである。」

「Ｙの店舗立地調査マニュアルに基づく現地への当てはめについては，立地調査を担当する社員は，特別の資格は不要であるが，直接の営業担当者ではない。むしろ，動線通行量（人，車）の計測，店舗や看板の視認性，店舗への接近性については，偶然や主観の偏りが生じないように，マニュアルの基準に準拠することが求められているし，その評価に当たっては悲観的・最低・最悪・不利・切り捨てのマイナス発想で臨むべきであるとされている。

しかしながら，１店舗出店すればそれに対する成功報酬が営業担当者に与えられるというのであれば，出店できるかどうかの判断に当たって，偏りが生じない保証はなく，現に，商圏の把握については，地勢分析に当たっての物理的バリアーの評価に関して，……相当に甘いところがある。……客観的であるべき立地評価が営業担当者の影響を排除しきれないことを物語っているし，また，マイナス発想で臨むべきであるとする上記マニュアルの基本姿勢と根本的に矛盾するといわなければならない。」

以上によれば，Ｙの立地評価及びそれに基づく店舗の売上・収益の予測にはＹの評価マニュアルに照らしても相当でない点があったものというべきであり，この点においてＹには信義則上の保護義務違反があると評価されてもやむを得ないものがある。

２　争点２（損害賠償の範囲）

(1)　開店準備資金及び累積赤字について

「Ｂらは，Ｙから正しい情報が提供されていれば，Ｙのフランチャイジーとなって飯倉店を開店することはなかったと考えられるので」，Ｂが自ら調達したそのために費やした準備資金のうち，フランチャイズチェーン加盟金，開店準備費用，保険書申請費用，備品・消耗品購入費用，開店広告宣伝費用の合計273万円については，そのまま同額が損害となる。

「飯倉店経営時における平成7年からの累積赤字は，合計1622万6697円であるから，このうち1025万7130円を請求するというX₁の請求はその限度で理由がある。」
　(2)　Bの逸失利益
「Bは，飯倉店の経営が失敗したことにより，長年世話になった銀行への返済が滞り，保証人になってくれた旧知の人などに迷惑がかかることになるとして，心を痛め，自分の生命保険で返済したいとまで思い詰めていたこと，Bは，上記のとおりの遺書まで残していることからすれば，自殺の原因には，飯倉店の経営の失敗がもたらした経済的破綻があったことは確実である。そうであれば，飯倉店の経営の失敗ひいてはYの保護義務違反とBの自殺との間には，相当因果関係があると認めるのが相当である。しかしながら，その自殺にはBの心因的要素が相応の寄与をしていることから，その因果関係のある損害の範囲は，その損害の3割とするのが相当である。」
　(3)　過失相殺
　Bらも，Yから事業計画書や店舗立地評価の説明を受けた際，その根拠を細かく確認することをせず，ある程度信用したまま，自らが自分の事業の成否について十分に検討するという態度に欠ける点があったことは否定できず，また，Yも飯倉店の経営立直しのため一定の援助をしていることをも考慮すると，その損害を全てYに負わせるのは相当ではなく，その損害の7割の限度にとどめるとするのが相当である。

分　析

1　情報提供義務の根拠・範囲

　フランチャイズ契約が締結されてフランチャイジーが営業を開始したにもかかわらず，フランチャイザーがフランチャイジーに対して提示していた予測通りの売上・収益をフランチャイジーがあげることができなかった場合，フランチャイジーは，「契約締結上の過失」の理論を主な法律構成・根拠としてフランチャイザーの信義則上の保護義務や情報提供義務違反を追及することが多く，その事案の大半は，本件と同様，店舗の開業場所についての立地調査に基づく売上・収益予測に関するものである。
　この点，情報提供義務には，①虚偽の情報を相手方当事者に対して提供す

るべきではなく、また、情報を提供した場合には、その内容は虚偽ではないとしても、その内容について相手方当事者に誤解が生じている場合にはその誤解をなくすようにする「消極的情報開示提供義務」と、②主観的には相手方の意思決定に重要な事実、また、客観的には目的たる行為との内部的関連に立つ重要な事実の開示を内容とする「積極的情報開示提供義務」に分類することが可能である（金井高志『フランチャイズ契約裁判例の理論分析』26頁）が、フランチャイザーは、契約締結段階でいかなる情報をフランチャイジーになろうとする者に提供する義務を負うかが問題となる。

　この点、フランチャイザーはフランチャイジーとなろうとする者に対し、フランチャイズ契約に関する意思決定のための判断材料になる客観的かつ的確な情報を提供し、事業リスク等を説明すべき信義則上の注意義務を負うことが裁判例上、認められている（福岡高判平成18年1月31日判タ1216号172頁〈第13事件〉、マーティナイジングドライクリーニング事件＝東京高判平成11年10月28日判タ1023号203頁〈第5事件〉、進々堂事件＝京都地判平成3年10月1日判タ774号208頁等多数）。

　しかし、情報提供義務の対象となる情報にも様々なものがあり、本件のような、売上・収益予測についても、フランチャイザーが積極的情報提供義務を負うか否かについては議論が分かれるところである。この点についての通説的理解は、消極説に立っており、売上・収益予測についての情報をフランチャイザーが契約締結段階でフランチャイジー希望者に対して開示・提供する義務はないが、フランチャイザーが任意に提供する売上・収益予測については、その内容が虚偽のものであってはならず、合理性・相当性を有するものでなければならないと解するものが多く（東京地判平成14年1月25日判タ1138号141頁〈第9事件〉等）、売上・収益予測の手法自体については、フランチャイザーに広範な裁量が認められている。これは、売上・収益予測が将来の不確定な事実に関するものであること、売上予測についての手法が確立していないこと、売上・収益予測の算定には相当の時間と費用がかかるにも関わらず、フランチャイザーはフランチャイジーになろうとする者から金銭を受領していないことが多いこと等が理由と考えられる（前掲『フランチャイズ契約裁判例の理論分析』58頁）。

　本判決では、①店舗立地調査マニュアル自体に明らかな不合理があった場

合，②マニュアル自体は合理的であっても，実際の調査・予測においてその適用判断を誤り，あるいはそもそも調査が不十分であることから，結果として正確な予測ができなかった場合に，フランチャイザーは保護義務違反の責任を免れないと判示しており，Yの調査マニュアルの合理性とそれに基づく実際の予測の正確性とを分けて基準立てをしている点が注目される。本判決が，Yのマニュアルそのものが明らかに客観性及び合理性を欠いていると断ずることはできないとしたうえで，上記②の基準，すなわち，対象店の売上げや収益の予測に関する情報の正確性に照らしてフランチャイザーの信義則上の保護義務違反であると判示している点を捉えて，売上・収益予測の合理性を問題とする従前の裁判例との違いに着目する指摘もある（千葉恵美子「フランチャイズ契約締結段階におけるフランチャイザーの情報提供義務——福岡高判平成18・1・31を契機として」NBL835号18頁）。

　しかし，本判決が上記①の基準でその合理性を検討したのは，あくまで予測の前提となるYの店舗立地調査予測マニュアルであり，それに基づいて行われた実際の調査・予測を対象にしているわけではない。本判決が，上記②の基準，つまり実際の調査・予測の正確性の判断で考慮している事情（マニュアルの適用判断の誤り，調査不十分）はいずれも，従来売上・収益予測の合理性や相当性の判断において考慮されてきた事情であり，その意味において，本判決は売上・収益予測に関する情報の提供義務について新たな判断基準を示したものというわけではなく，従前の裁判例の示した判断枠組みの枠内にあると思われる。

2　情報提供義務違反に基づく損害賠償の範囲

　契約締結上の過失に基づく損害賠償の範囲については，信頼利益の他に履行利益を含むかをめぐって争いがあるが，フランチャイザーの情報提供義務違反に基づく損害賠償の範囲については，フランチャイザーの情報提供義務違反行為と相当因果関係の範囲内にある損害に限られるという点で裁判例は一致している。

　ただし，いかなる損害が相当因果関係の範囲内にあるかという具体的判断においては，具体的事案ごとに異なっている。

　多くの事例では，加盟金，営業保証金，店舗賃貸保証金等が損害として認

容されている（神戸サンド屋事件＝福岡高判平成13年4月10日判タ1129号157頁〈第6事件〉等）が，本判決では，開業のために費やした準備資金（加盟金，開店準備費用，保健所申請費用，備品・消耗品購入費用，開店広告宣伝費用等）のほかに，店舗経営時における累積赤字分についても認容した他，〈第1事件〉については，B死亡による逸失利益についても，Yの保護義務違反とBの自殺との間に相当因果関係があると認めるのが相当と判断している点は注目される。

　逸失利益については，フランチャイジーは自己の責任において経営を行うことが予定されていることを理由に，フランチャイザーが一定の収益を保証しているような場合を除き，認められないとした裁判例（前掲進々堂事件判決）があり，店舗開業後の赤字については，フランチャイジーがフランチャイザーとは独立の事業体であることを理由に，フランチャイザーがフランチャイジーに対して利益を保証する等の特段の事情がない限り，フランチャイジーは自己の店舗の利益損失を損害として主張できないとした裁判例（飯蔵事件＝名古屋地判平成10年3月18日判タ976号182頁）もある。

　本判決が，累積赤字分や逸失利益もフランチャイザーの保護義務違反との間に因果関係があることを容易に認定しているのは，フランチャイザーが不正確な情報を提供したことに損害発生の原因がある（正確な情報が提供されれば，出店することはなかった。）と解しているからである（千葉恵美子・前掲20頁）。本件事案では，現実の売上げが売上予測を一度も上回ることはなかったことから，累積赤字が増大していったのは，フランチャイジーの経営努力や経験に問題があるとはいいにくく，フランチャイジーが誤った情報によって契約を締結し営業を開始したことに原因があると認められやすかったものと思われる（千葉恵美子・前掲20頁）。

【石田晃士】

〔参考文献〕
西口元＝木村久也＝奈良輝久＝清水建成編『【改訂版】フランチャイズ契約の法律相談』46-65頁（青林書院，2009年）
金井高志『フランチャイズ契約裁判例の理論分析』（判例タイムズ社，2005年）
千葉恵美子「フランチャイズ契約締結段階におけるフランチャイザーの情報提供義務──福岡高判平成18・1・31を契機として」NBL835号12頁

〔参考判例〕
京都地判平成3年10月1日判時1413号102頁〔進々堂事件〕
名古屋地判平成10年3月18日判タ976号182頁〔飯蔵事件〕
東京高判平成11年10月28日判時1704号65頁〔マーティナイジングドライクリーニング事件〕〈第5事件〉
福岡高判平成13年4月10日判タ1129号157頁〈第6事件〉
東京地判平成14年1月25日判タ1138号141頁〈第9事件〉
福岡高判平成18年1月31日判タ1216号172頁〈第13事件〉

第15 アイディーエス事件

▶フランチャイザーに信義則上の保護義務違反に基づく加盟金相当額の損害賠償請求が定められた事例（過失相殺4割）

さいたま地方裁判所平成18年12月8日判決　平成16年（ワ）第827号
判例時報1987号69頁

争　点

1　被告（フランチャイザー。Y）の原告ら（フランチャイジー。Xら）に対する契約締結段階における費用，売上げ，収益の額，営業支援に関する説明が十分でない，あるいは虚偽又は不正確であるとして，保護義務違反（説明義務違反）が認められるか。

2　上記説明義務違反が認められた場合の損害額。

3　過失相殺。

結　論

1　フランチャイザーは，フランチャイジーになろうとする者に対して，フランチャイズ事業に関する正確な情報を提供し，当該情報の内容を十分説明しなければならない信義則上の保護義務を負うものと解すべきであるところ，Y（フランチャイザー）には費用及び営業支援に関する説明違反は認められないものの，売上げ及び営業収益に関する説明については説明（保護）義務違反が認められる。

2　Xら（フランチャイジー）が，フランチャイズ契約締結に当たって，Y（フランチャイザー）に対して支払った加盟金各200万円が損害額となる。

3　損害のうち4割を減じた限度で賠償を認めるべきである。

事案の概要

1　Yは，自動車運転代行業のフランチャイズを展開するフランチャイザーであり，Xらは，平成15年3月から9月までの間に，それぞれ加盟金200万円を支払ってYとフランチャイズ契約を締結した（以下「本件フランチャイズ契約」という。）。Xらは，加盟金のほか，フランチャイズ仕様の車両購入代金，自動車保険料等も負担するなど，開業時におよそ352万円を支出した。

2　Xらは，それぞれ平成15年11月4日，Yに対し，本件フランチャイズ契約を解除するとの意思表示をした。

3　Xらは，フランチャイズ契約締結段階において，Y従業員がXらに対して，フランチャイズ加盟店における費用，売上・収益の予想，営業支援について，不正確あるいは虚偽の説明を行っており，Yが契約締結段階における信義則上の保護義務に違反したものとして債務不履行責任あるいは不法行為責任（使用者責任）を負うとして，損害賠償を求め，訴えを提起した。

判決要旨

1　説明義務違反について

「フランチャイズ事業においては，一般に，フランチャイザーは，当該事業について十分な知識と経験を有し，当該事業の現状や今後の展開及び既存のフランチャイジーの経営内容，収支状況などの情報を豊富に有しているのに対し，フランチャイジーになろうとする者は，当該事業についての経験や情報に乏しいのが通常であり，フランチャイジーになろうとする者が，フランチャイザーとの間でフランチャイズ契約を締結するか否かを判断するに当たっては，フランチャイザーから提供される情報に頼らざるを得ないのが実情である。確かに，フランチャイズ契約においては，フランチャイジーは，独立した事業者として，自己の判断と責任において業を営んでいくものであるから，フランチャイジーとなろうとする者についても，フランチャイザーから提供される情報にのみ全面的に依拠することなく，自ら，その情報の正確性や合理性，その情報が自己の営業に適合するか否かを吟味すべきではあるが，その前提として，まず，フランチャイザーがフランチャイジーになろうとする者に対し，自らの持つ情報

を正確に提供すべきことは当然である。また，フランチャイザーは，フランチャイズ事業を展開することで，自ら店舗を経営することのリスクを回避しつつ，他方で，フランチャイジーから加盟金やロイヤルティなどとして金員を収受して，収益を上げることができるのに対し，フランチャイジーは，フランチャイズ契約を通して，必ずしも豊富でない資金を投じて，自ら店舗を開設し，その経営リスクをも負担することになる。このようなフランチャイザーとフランチャイジーとの関係にかんがみれば，フランチャイザーは，フランチャイジーとなろうとする者と契約を締結するに当たって，フランチャイジーとなろうとする者がフランチャイズ契約を締結するか否かについて的確な判断ができるよう，フランチャイジーとなろうとする者に対し，フランチャイザーが有する当該フランチャイズ事業に関する正確な情報を提供し，当該情報の内容を十分に説明しなければならない信義則上の保護義務を負うものと解すべきである。そして，フランチャイザーがかかる説明義務に違反した結果，フランチャイジーとなろうとする者が的確な判断ができないまま，フランチャイズ契約を締結して，フランチャイジーとなり，それによって損害を被った場合には，フランチャイザーは，上記説明義務違反に基づき，当該フランチャイジーに対し，損害を賠償する責任を負う。」

　本件において，Y従業員は，Xらに対し，パネルを用いて，売上げ及び営業収支に関するモデルを説明したが，同モデルは平成8年当時の直営店の売上げを基にしたものであり，契約締結時である平成15年当時のフランチャイズ加盟店の売上げと同一視できない。また，同モデルの売上実績は大宮が営業地域であることを前提とするものであるのに対し，Xらの拠点はいずれも埼玉県外であり，前提とする営業地域が異なる。さらに，同モデルは加盟店が1か月に30日稼働することを前提としているが，そもそもフランチャイズ契約上営業日は週6日とされており，実際にも個人契約の加盟店が30日間稼働することはほとんどなく，1月に30日稼働するとの前提は加盟店の営業実態にそぐわない。

　以上によれば，「Y従業員は，本件フランチャイズ契約の締結に至る段階において，Xらに対し，フランチャイズ加盟店の売上及び営業収益に関し，合理的でない数字を示して，不正確な説明をしたものと認められるから，かかるY従業員の行為は，契約締結に至る段階において，フランチャイザーがフランチャイジーとなろうとする者に対して負う説明義務に違反するものであったというべきである。そして，フランチャイザーとなろうとする者にとって，加盟後の月々の売上や営業収益に関する情報は，当該フランチャイズ契約を締結する

か否かの判断において，最も基本的かつ重要なものであるから，かかるY従業員の説明義務違反は，Xらの契約締結に至る判断に対して，決定的な影響を与えたものと認めることができ」，Yは，Xらに対し，契約締結段階における信義則上の保護義務違反に基づき，Xらが本件フランチャイズ契約を締結したことにより被った損害を賠償する責任を負う。

開業費用，営業支援については，説明義務違反は認められない。

2 損害について

(1) 加盟金

Xらが，契約締結時に，Yに対して支払った加盟金200万円は，「Yの説明義務違反によって，Xらが契約締結の是非についての判断を誤り，本件フランチャイズ契約を締結したことに基づいて発生した損害というべきである。」

(2) 車両購入費

購入した車両については，通常の自動車としての財産的価値が認められるから，車両購入費は損害とは認められない。

(3) 諸経費（保険料）

諸経費（保険料）については，Xらが本件フランチャイズ契約を締結したこと自体によって生じた費用というよりは，むしろXらが売上げを上げていくために必要となった経費であり，Xらが相応の売上げを上げている以上，諸経費（保険料）は損害とは認められない。

(4) 慰謝料

「仮に本件フランチャイズ契約を通じてXらが何らかの精神的苦痛を被ったことがあるとしても，その苦痛は，Xらの財産的損害に対する賠償によって相当程度慰謝されるものと考えられるから，別途慰謝料を認めるのは相当ではない。」

3 過失相殺

「フランチャイジーとなろうとする者についても，フランチャイズ契約の締結を通じて，独立した事業者として，利潤を追求すべく事業を営み，かつその事業に伴うリスクを自ら負担していくべき地位に立とうとするのである以上，(略)フランチャイザーが提供した情報の正確性や合理性を吟味し，必要であれば，フランチャイザーに対し，さらなる説明や情報の提供を求め，あるいは自ら調査し，情報を収集するなどして，自己が営もうとする事業の採算性，収益性，将来性などを慎重に検討すべき責任がある。」

本件においては，①Xらは社会人経験がある上，契約締結に至るまでに少な

くとも2回にわたって，1時間ないし数時間の説明を受けていたのであるから，Y従業員に対して，加盟店の売上げや経費，営業収益についての具体的な数字について，それらの根拠についての説明，裏付けとなるべき資料の提供を求めるなどして，その数字の正確性や合理性を慎重に吟味することが可能だった，②Xらは，Yの営業拠点である埼玉県内ではなく，東京都内，神奈川県内又は千葉県内にそれぞれ拠点を置いて，事業を行おうとしていたのであるから，Yが提供した数字の妥当性について，疑問をもってしかるべきであった，③「新たにフランチャイジーが開業をする場合には，開業初期の売上高や利益額が，安定的な経営状態に達する時点の売上高や利益額に及ばないことも当然予想されるのであるから，フランチャイズ契約の締結に当たっては，そのような事態も想定した上で，十分な備えをしておくことが必要である」が，XらはYとフランチャイズ契約を締結して事業を始めてから，わずか2ないし8か月の後に，本件フランチャイズ契約を終了しており，Xらの事前の準備や覚悟が十分でなかった面も否定し難いなどの事情がある。

これらの事情を総合すれば，損害額の算定に当たっては，公平の見地から，各Xの損害のうちそれぞれ4割を減じた限度で賠償を認めるのが相当である。

分析

1 情報提供義務

裁判例においては，フランチャイズ契約を締結するに当たって，フランチャイザーはフランチャイジーになろうとする者に対して，フランチャイズ契約を締結するか否かの意思決定に必要な客観的かつ的確な情報を提供する義務を負うとするものが多い（マーティナイジングドライクリーニング事件＝東京高判平成11年10月28日判タ1023号203頁〈第5事件〉，進々堂事件＝京都地判平成3年10月1日判時1413号102頁，ポプラ事件＝福岡高判平成18年1月31日判タ1235号217頁〈第14事件〉）。

フランチャイズ契約締結における，フランチャイザーからフランチャイジーになろうとする者に対する情報提供義務は，多くの裁判例において「信義則上の保護義務」（上記マーティナイジングドライクリーニング事件判決など）として構成される。信義則上の保護義務とは，本来の契約上の給付義務とは別に，債権者・債務者間において相互に相手方の生命，身体，財産を侵害しな

いように配慮すべき注意義務であり，契約成立の前段階の準備交渉段階においても認められるものである（奥田昌道『債権総論〔増補版〕』18頁～19頁（悠々社，1992年））。

本判決も「フランチャイザーは，フランチャイジーとなろうとする者がフランチャイズ契約を締結するか否かについて的確な判断ができるよう，フランチャイザーが有する当該フランチャイズ事業に関する正確な情報を提供し，当該情報の内容を十分に説明しなければならない信義則上の保護義務を負うものと解すべきである。」と判示しており，従来の裁判例の流れを汲んでいる。本判決においては，「説明義務」と「保護義務」という二つの用語が用いられているが，信義則上の「保護義務」は，上記のとおり本来の契約上の給付義務とは別に，債権者・債務者間において相互に相手方の生命，身体，財産を侵害しないように配慮すべき注意義務であり，契約成立前，成立後履行過程，契約終了後の各段階において認められ，さらには当事者と一定の身分的・社会的関係に立つ第三者に対する関係においても成立する広範な義務である（前掲奥田19頁）。契約成立前の「説明義務」は，かかる保護義務のうち，契約締結過程での情報提供義務と考えられる（内田貴『民法Ⅱ・債権各論〔第2版〕』27-28頁参照（東京大学出版会，2007年））。本判決も，「フランチャイザーが有する当該フランチャイズ事業に関する正確な情報を提供し，当該情報の内容を十分に説明しなければならない信義則上の保護義務」との表現を用いており，「保護義務」の一形態として，フランチャイザーの「説明義務」を位置付けていると思われる。

フランチャイザーとフランチャイジーになろうとする者との間には，経営能力，情報量の著しい格差があることが類型的に多く，フランチャイジーになろうとする者に契約締結に当たっての適切な判断材料を与える必要があることからすれば，本判決を含め，フランチャイザーにフランチャイズ事業に関する情報提供義務を認める裁判所の考え方は，基本的に妥当であり，学説上もほぼ異論がないところである（前掲内田28頁，加藤雅信『新民法大系Ⅳ・契約法』106-107頁（有斐閣，2007年）など）。

2　売上げ及び営業収益に関する情報開示

フランチャイザーに情報開示義務があるとしても，具体的に開示すべき情

報の内容については一義的に決まるわけではなく，フランチャイジーの属性や情報の種類，交渉・勧誘の経緯などにより，開示すべき情報の内容は異なってくる（『【改訂版】フランチャイズ契約の法律相談』48頁）。

　本件は，売上げ及び営業収益に関する情報開示が主要な争点となっているところ，裁判例においては，売上げ及び営業収益予測を開示する義務を当然には認めず，売上・収益予測を開示した場合には適正な情報の開示を求めるものや，個別具体的な状況によって売上げ及び営業収益予測を開示する義務の有無を判断すべきとするものが多い（上記進々堂事件判決，ファンタスティックサム事件＝東京地判平成5年11月30日判時1521号91頁〈第2事件〉など）。例えば，進々堂事件判決は「フランチャイザーが，加盟店の募集に際して市場調査を実施し，これを加盟店となろうとする個人等に開示する場合には，フランチャイザーは，加盟店となろうとする個人等に対して適正な情報を提供する信義則上の義務を負っていると解すべき」と判示し，ファンタスティックサム事件判決は「加盟店となろうとする者を勧誘する際，本部において，店舗候補地の立地条件及び収益予測を科学的方法により積極的に調査しその結果を開示すべき信義則上の義務を負担し，これをしなかったことが契約締結上の過失となるか否かは，勧誘交渉の経緯，営業種目の性質や科学的調査の難易度，その正確性等を総合して判断すべきである。」と判示する。

　本判決も，売上げ及び営業収益予測に関する情報開示義務を当然に認めたものではないが，Yがパネルを用いて，売上げ及び営業収益に関するモデルを示したことを前提として，そのモデルが，契約締結の7年前の直営店の売上げを基にしたもので，前提となる営業地域もXらの営業地域とは異なり，基礎となる稼働日数も月30日と現実的でないことから，Yの説明が「合理的でない数字を示して，不正確な説明をしたもの」であり，説明義務に違反するとした。

　売上げ及び営業収益予測は，フランチャイズ契約締結時の事実だけでなく，将来の事実を予測して行うものであり，その予測方法も十分に確立されているとは言い難いことからすれば，当然にフランチャイザーに売上げ及び営業収益予測を開示する義務を認めるべきではない（金井高志『フランチャイズ契約裁判例の理論分析』58頁）。他方，売上げ及び営業収益の予測が開示された場合，

フランチャイジーとなろうとする者にとって，その予測は契約締結の判断をするに当たっての重要な情報となることから，正確なものである必要がある。その点，Y従業員がパネルによって売上げ及び営業収益に関するモデルを示して，売上げ及び営業収益の予測を開示したことを前提に，その合理性を判断した本判決の判断枠組は妥当といえる。

また，本判決は，モデルケースが直営店を基にしたものであることや，営業日数が非現実的であることなどを理由として説明の不合理性を認定しており，いかなる場合に売上げ及び営業収益の予測が不合理であると認定されるかの指標となり得る点で，今後の実務の参考になると思われる。

3 損　害

フランチャイザーによる情報提供義務違反が認められた場合，かかる義務違反と相当因果関係のある損害を賠償すべきことになるが，その際に考える損害の捉え方としては①店舗開業により生じた損害とする考え方（上記マーティナイジングドライクリーニング事件判決など）と②経営継続が困難になったことにより生じた損害とする考え方（飯蔵事件＝名古屋地判平成10年3月18日判タ976号182頁）がある。開業から営業中止までに生じた支出・費用につき，前者がこれを控除すべきでないと判断する傾向にあるのに対し，後者は控除すべきと判断する傾向にある（『[改訂版] フランチャイズ契約の法律相談』52-53頁）。

本判決は，加盟金について「被告の説明義務違反によって，原告らが契約締結の是非についての判断を誤り，本件フランチャイズ契約を締結したことに基づいて発生した損害」としており，①の考え方に近い表現を用いる一方，諸経費（保険料）について，原告らが売上げを上げていくために必要となった経費として，これを損害と認めていないことから②の考え方に近いようにも読むことができ，いずれの立場に立つものかは一義的には決し難い。

なお，加盟金について，情報提供義務違反がある場合にも，既に労務の提供があるとしてこれを損害と認めない裁判例がある中で（進々堂判決），本判決はこれを損害と認めている。加盟金の対価である労務の提供自体が無意味であったことを考えると，本判決の判断は妥当であったといえる。

ただし，本件は加盟金の不返還特約がない事案のように見受けられるところ，不返還特約がある場合に結論が異なり得たかが問題となる。不返還特約

の趣旨は，加盟金はフランチャイザーが契約締結時に提供されるフランチャイズ・パッケージ（イニシャル・フランチャイズ・パッケージ）に対する対価であるところ，イニシャル・フランチャイズ・パッケージの提供がなされた以上，その対価たる加盟金を返還する義務がないことを確認したところにあると考えられる（『【改訂版】フランチャイズ契約の法律相談』73頁）。本判決は，加盟金につき「原告らが契約締結の是非についての判断を誤り，本件フランチャイズ契約を締結したことに基づいて発生した損害」として，そもそもイニシャル・フランチャイズ・パッケージの提供自体を無意味と捉えており，不返還特約があったとしても，同じ結論に至ったのではないかと思われる。

4 過失相殺

　フランチャイザーに情報提供義務違反がある場合においても，フランチャイジーが独立した事業者として，自己の判断においてフランチャイズ・システムに加入する者であることを理由に，大幅な過失相殺を認める裁判例が多い（上記進々堂事件判決，上記マーティナイジングドライクリーニング事件判決など）。具体的に考慮される事情としては，フランチャイジーの属性や意思決定の経緯，開業後のフランチャイジーの経営努力などがある（『【改訂版】フランチャイズ契約の法律相談』57-58頁，前掲『フランチャイズ契約裁判例の理論分析』167-169頁）。

　本判決も，フランチャイジーは，「フランチャイザーが提供した情報の正確性や合理性を吟味し，さらなる説明や情報の提供を求め，あるいは自ら調査し，情報を収集するなどして，自己が営もうとする事業の採算性，収益性，将来性などを慎重に検討すべき責任がある。」とした上で，Xに社会人経験があること，契約締結に至るまでの説明においてYから売上げや営業収益の根拠についての説明などを聞く機会があったこと，Xらが事業開始後短期間で撤退していることなどを理由として4割の過失相殺を認めている。

　フランチャイザーに適切な情報開示を求めつつ，独立した事業者であるフランチャイジーに対しても，提供された情報の吟味，自らの営業努力を求めるものであり，妥当な判断といえる。

【石井　亮】

〔参考文献〕
西口元＝木村久也＝奈良輝久＝清水建成編『【改訂版】フランチャイズ契約の法律相談』
　46-58頁（青林書院，2009年）
金井高志『フランチャイズ契約裁判例の理論分析』（判例タイムズ社，2005年）

第16 オクトパス事件

▶フランチャイザーにフランチャイズ契約締結段階における信義則上の情報提供義務等が認められた事例

千葉地方裁判所平成19年8月30日判決（確定）
判例タイムズ1283号141頁

争点

1 フランチャイザーは，フランチャイズ契約締結以前において，フランチャイジー候補者に対し，信義則上，適時かつ正確に情報を開示・提供すべき義務があるか。

2 フランチャイズ契約において，フランチャイジーが店舗を開設する際の施工業者はフランチャイザーが指定する旨定められている場合，フランチャイザーは適切な業者を指名する義務を負うか。

結論

1 フランチャイザーは，フランチャイズ契約締結に向けた段階においても，既に，フランチャイジー候補者に対し，契約を締結してフランチャイジーになるか否かを判断するに足りる必要かつ十分な情報を適時かつ正確に提供・開示し，同候補者に不測の損害を与えないように配慮すべき義務を信義則上負っており，上記の義務は，フランチャイジー候補者の判断過程に何ら不当又は不適切な影響を与えるなどしていない状況のもとで履行されることが求められる。

2 フランチャイザーは，フランチャイジーに対し，適切な施工業者を指名する義務を負う。

事案の概要

1 会社員として約14年間稼働してきたXは、フランチャイズ方式によるたこ焼き店を展開しているY₁（取締役A社長及び同B専務）に興味を抱き、自らY₁に連絡をとり、面接を受けた。その際、Xは、自己資金は400万円から500万円である旨告げた。これに対して、A及びBは、Xに対し、開業資金315万円には、店舗物件の取得費及びその改装費（以下、「改装費等」という。）は含まれていないことは告げたものの、Xの自己資金だけでは店舗を開業することが困難であることについては説明しなかった。なお、その際、AらがXに提示した書面には、大きい文字で開業費が合計315万円かかることと、その下に小さい文字で改装費等は別である旨記載されていたが、Aらは、同書面をXに交付しなかったほか、Y₁が開設したホームページにも、開業費が合計300万円（税別）である旨記載したものの、改装費等が別途必要であることは記載しなかった。

2 その後、Xは、Y₁社員Cから開業費のほかに、改装費等が別途必要となる旨を聞かされたが、他方で、Cから、加入金を入金するよう促されたことから、Y₁に対し、加入金の一部を入金した。その後、Y₁からXに対し、送付されてきた「共栄店加入申込書」には、加入金の不返還条項が記載されてあったが、Xは、既にこれを入金していたため、当該申込書に署名押印してY₁に返送した。

3 Xは、改装費等を低額に抑えるべく、Y₁に対し、自ら指定した業者に改装を依頼したい旨を伝えたが、Cから、Y₁指定の業者にするよう説得されたため、これを断念した。

4 Y₁社員Dは、Xに対し、開業に向けた研修を受けるに際し、加入金等の残額を先に支払うよう要求し、Xはこれを支払った。

5 Xは、Y₁が実施した研修に参加したが、同研修の内容は、毎日午前9時ころから翌午前2時ころまでで、休日はなく、空き時間に原価表の暗記をしつつ店舗で実地研修を行うなどというものであった。研修が始まった翌日、Xは、加入金等の不返還が定められた共栄店加盟基本契約等（以下、「本件契約」という。）の契約書に署名押印した。

6　Xは，本件契約に基づきY₁が指定した建設会社Y₂の作成した改装費の見積りが過大であると考え，Bに抗議したが，Bが「承諾しないのであれば店舗は出せない。」などと主張したため，やむなくこれを了承し，Y₂に改装費を支払った。しかし，改装工事を完成させたY₂は，この事実をXに直接告げず，Xの引渡点検も受けなかった。

7　本件店舗では，建物の瑕疵に起因する複数のトラブルがあり，その都度，Xは，Y₁に連絡して対処を求めたが，Y₂は何ら修補を行わなかった。

8　本件店舗のオープン日，BとDが本件店舗を訪れ割引券を配るなどしたが，配付枚数，割引内容等は全てY₁において決定し，これによる売上げへの影響が事前に予測・検討された形跡はなく，Xに説明されることもなかった。

9　本件店舗の業績は，開業後程なくして低迷し，経営が軌道に乗らず負債が増大したことから，Xは，Y₁に対し本件契約の解除通知をし，これと同時に，本件店舗を閉店した。

10　その後，Xは，Y₁に対するロイヤルティ料等の支払について拒絶し続けた。

11　【甲事件】Xが，①Y₁に対し，(ア)Y₁の勧誘方法，営業指導及び店舗改装業者の指定にそれぞれ違法があった，(イ)Y₂の店舗改装工事に瑕疵があった，などと主張して，契約締結上の保護義務違反等に基づきXが店舗の開店に当たりYらに支払った金員の支払を，②Y₂に対し，請負契約の瑕疵担保責任を理由とする修補費用相当損害金等の支払を求め，【乙事件】Y₁が，Xに対しロイヤルティ料の未払金等の支払を求めた。

　　　　判決要旨

【甲事件】一部認容，【乙事件】棄却
　1　勧誘方法の違法の有無について
　　一般に，フランチャイズ契約は，店舗経営の知識や経験に乏しく資金力も十分ではない個人が，フランチャイザーのブランド名及びその指導や援助を期待して契約を締結するものであり，フランチャイジーは，契約締結後，フランチ

ャイザーに対し，ロイヤルティ料を支払ってその営業ノウハウの指導・援助を受けるとともに，フランチャイザーから継続的に仕材や商材の供給を受けていくなど，多大にフランチャイザーに依存していくことが予定された契約形態であることに鑑みれば，フランチャイザーとしては，契約締結に向けた段階においても，既に，フランチャイジー候補者に対し，契約を締結してフランチャイジーになるか否かを判断するに足りる必要かつ十分な情報を適時かつ正確に提供・開示し，同候補者に不測の損害を与えないように配慮すべき義務を信義則上負っているものというべきであり，さらに，上記の義務は，フランチャイジー候補者の判断過程に何ら不当又は不適切な影響を与えるなどしていない状況のもとで履行されることが求められる。

そこで，Y_1 は，Xに対し，Xの自己資金だけでは開業することが困難となるであろうことについては何ら告げず，かつ，初期投資総額の見込額などを記載した文書を交付することも一切せず，その後も，担当者において，改装費等が別途必要であることを口頭で告げるにとどまっていたところ，そのような状況のもとで，一介の主婦であり，自己資金も500万円程度と申告していたXに対し，加入準備金の一部を支払うよう誘引し，現に入金させた後に，上記金員について不返還の条項を定めた本件申込書を送付し，その内容については何ら説明することもなく，さらに，その後，加入金の残額等を入金させた後に，上記金員についても不返還条項を定めた本件契約書に署名押印させたという経緯を概観するならば，Xは，上記のとおり加入金の一部を入金した時点において，若しくは，遅くとも，その残額を入金した時点においては，上記 Y_1 の勧誘方法により，本件契約の締結を断念する意思を自由に形成することが必ずしも容易にはできない状態になっていた。

そうすると，Y_1 は，本件契約の締結以前の時点において，自らの勧誘方法により，Xに対して不適切な影響を与えていたものと解せられるから，信義則上フランチャイザーとして求められていた適時かつ正確に情報を開示・提供すべき義務を尽くしていない。

2 営業指導義務違反の有無について

Xが受けた Y_1 による研修は，Xの精神的かつ肉体的な緊張や負担に配慮していた事情は十分には窺えず，適切さを欠いていたものである上，その内容についてみても，実技と同程度に重視されるべき経営や営業に関する事項については，原価率以外に営業に際して不可避的に発生するロス（たこ焼きの廃棄等）について，それをどのように収益に考慮し以後の経営に反映させていくのかな

どについて指導した形跡も全くないことなどに鑑みると，研修は，フランチャイザーが行うものとしては不十分なものであった。

また，本件店舗については，開店前後からトラブルが頻発し，その都度，XはY₁に連絡して対処を求めたのであるから，Y₁は，自ら，Y₂による修補状況について追跡して調査し対処すべきであったところ，この責務を果たさなかった。

さらに，Y₁は，割引券の使用対象も個数も制限がない割引券を1万枚用意し，何ら事前に客観的な調査・予測などをすることなく，かつ，Xに事前に説明しその了承を得ることもなく，Xに割引券の配布を指導しているのであって，フランチャイザーとして適切にXの経営を指導したものとは到底評価することはできない。

以上のことから，Y₁は，本件契約により課せられた営業指導義務を果たしていない。

3　業者選定義務違反の有無について

本件契約では，Xは，Y₁の指定する第三者をして本件店舗の改装等を行わせる旨を定めていることから，Y₁は，本件契約上，本件店舗の改装業者として適切な業者を指定する義務を負っていた。

そこで，Y₂は，改装工事の当事者はXであるにもかかわらず，工事内容・請負代金額について，事前にXに対して了承を得ることも，領収書を添付することも，改装工事終了後にその旨をXに告げてその了解を得ることもせず，本件店舗でトラブルが頻発したにもかかわらず，これに誠実に対処することもなく，請負業者の責務を果たしていない。

そして，Y₁は，Y₂が，改装工事の内容及び金額について，Xに直接説明をしたか否かなどについて何ら関知せず，また，Xから，上記トラブルが発生した都度，その旨の連絡を受けているものの，Y₂が指定業者として適切な業者であるか否かについて検証していないから，Y₁の対応は，本件店舗の改装業者として適切な業者を指定する義務を誠実に果たしていない。

4　損害又は損失について

Xは，本件契約に関連し，㈎加入金，㈁開業準備金，㈂販売促進費，㈃設備費用，㈄店舗改装費用を支払っており，その全額がXの損害であると認められる。

5　損益相殺について

Xは，Y₁から不適切な影響を受けていた状況のもとに本件契約を締結したのであるから，本件契約を前提とするXの利益を損益相殺の対象とすること自

体が相当ではない。

6 過失相殺について

Xにおいても，開業費用として改装費等が別途必要になることは比較的早い段階で聞かされており，その総額については，自らY₁に照会することにより容易に知ることが可能であったことなどの事情を総合考慮すると，Xの過失は7割である。

7 ロイヤルティ料の請求について

本件契約の解除は有効であり，解除後において，Xにロイヤルティ料の支払義務はない。

また，そもそもY₁は，営業指導義務等を果たしておらず，Xは本件契約から本来享受し得た利益を十分に享受できていないから，信義則上，上記解除前であっても，Xに対し，ロイヤルティ料の請求をすることはできない。

分 析

1 フランチャイザーの情報提供義務について

フランチャイズ契約を締結するに際し，フランチャイザーがフランチャイジー候補者に提供すべき情報は，大別すると，①フランチャイズ契約を締結し，フランチャイジーになった者に生じる権利義務に関する情報，②現に存在する事実に関する情報，③フランチャイジーとして事業を行った場合に想定される損益予想に関する情報に大別される。

そうした各情報について，本判決は，「フランチャイザーは，フランチャイジー候補者に対し，契約を締結してフランチャイジーになるか否かを判断するに足りる必要かつ十分な情報を適時かつ正確に提供・開示し，同候補者に不測の損害を与えないように配慮すべき義務を信義則上負って」おり，かつ，同義務は，「フランチャイジー候補者の判断過程に何ら不当または不適切な影響を与えるなどしていない状況のもとで履行されることが求められる」と判示している。その上で，本事例において，Y₁は，契約締結以前から，Xの申告した資金だけでは開業資金として不十分であることを知っていたにもかかわらず，これをXに告げることなく加入金等を支払わせ，かつ，既にXが前記金員を支払ってしまったことなどから，本件契約を締結するのか否

かに関する意思を自由に形成できない状況下で，加入金等の不返還を定めた契約書等に署名させていることを重視して，Y_1 には信義則上フランチャイザーに求められていた適時かつ正確に情報を開示・提供すべき義務に違反したと認定している。

本判決は，フランチャイザーがフランチャイジーに提供すべき情報の内容のみならず，情報を提供する時期（情報を提供する際にフランチャイジーが置かれている状況）にも配慮すべきことを判示した点に意義がある。

2　フランチャイザーの営業指導義務について

また，本判決は，本件契約により定められた Y_1 の X に対する営業指導義務違反も認定されている。すなわち，① Y_1 により，X が開業する前に実施された研修が，その日程等において，X の肉体的・精神的負担に配慮したものとなっておらず，また，その内容においても，たこ焼き店という性質上，ある程度実技に研修の重点が置かれることはやむを得ないとしても，営業に際して不可避的に発生するたこ焼きの廃棄等について，これをどのように収益に反映させるか全く指導していなかったこと，② Y_1 が指定した業者である Y_2 が改装した本件店舗において，建物の瑕疵による各種トラブルが発生した際，Y_1 が適切に調査対応しなかったこと，③ Y_1 が，X の収益に対してどのような影響を与えるか調査検討することなく，X に無断で割引券を配布したことの各事実を，Y_1 の営業義務違反として認定している。

フランチャイジーは，フランチャイザーとは独立した事業者として自己の責任において事業に伴うリスクを負担し，リターンを享受するのであるから，前記①で指摘するとおり，実技のみならず，業態に応じた経営や営業に関する事項についても体得することが必要不可欠であり（そのため，フランチャイズ契約では，通常，フランチャイザーは，フランチャイジーに対して，経営ノウハウの付与や適切な経営指導・援助を行うとともに，研修等の教育・訓練を行う債務を負担している。），また，前記③で指摘するとおり，フランチャイザーが独立事業者であるフランチャイジーの損益に直接影響を与えるような行為を，何らの事前調査も実施することなく，かつ，フランチャイジーに無断で行うことが許されないことは当然である。

3 フランチャイザーの業者選定義務について

　さらに，本判決では，本件契約上，店舗の改装業者は Y_1 が指定することになっていたところ，X が Y_1 に対して他の業者に依頼したい旨述べた際も，Y_1 の指定する Y_2 にするよう説得し諦めさせていたことなどから，Y_1 には単に改装業者を指定するだけでなく，「適切な業者」を選定する義務を負っていたと判示した上で，Y_1 はこれに違反したと認定した。

　フランチャイズ・システムの中でも，ことにコンビニエンスストアやファーストフード店等では，その店舗設計に関して，当該フランチャイズ・システムのイメージを徴表・体現し，他社と識別するものとして，画一的なデザインの店舗を展開することで，集客力を高めるなどの効果を目的としており，店舗設計自体が，フランチャイザーの重要なノウハウの一部となっている。そのため，本件のように，フランチャイズ契約において，店舗の設計・施工は，フランチャイザーが指名する業者が行うこととされている場合がある。このような場合，店舗の設計・施工に関する請負契約の当事者は，フランチャイジーと請負業者なのであるから，本来，フランチャイジーが誰と，どのような内容で契約するかは，当該フランチャイジーの自由であるにもかかわらず（契約自由の原則），フランチャイジーはフランチャイザーの意向に拘束される。こうしたことからすれば，フランチャイズ契約において，店舗の設計・施工を行う業者はフランチャイザーが指名するとされている場合，フランチャイザーは，フランチャイジーに対し，単に店舗を設計・施工する請負業者を選定する義務を負うだけではなく，客観的に考えて，もしフランチャイジー自らが業者を選定したとすれば，選ばなかったであろうと合理的に推測されるような不適切な業者を選定することは許されず，適切な業者を選定する義務まで負担していると解するのが当事者の合理的意思であると解される。

　フランチャイザーが指名した業者が「適切な業者」であったか否かの判断は個別具体的な事例によるが，少なくとも，本件においては，Y_2 は店舗の瑕疵によるトラブルが頻発したにもかかわらず，これに誠実に対処せず，かつ，Y_1 もトラブルが発生する都度，X から連絡を受けていたのに，Y_2 が指定業者として適切な業者であるか否かについて全く検証しなかったというの

であるから、Y_1が適切な業者を選定する義務を怠ったと認定した本判決は妥当である。

4 損益相殺について

なお、本判決では、XはY_1の違法な勧誘により本件契約を締結したのであるから、当該契約に基づく営業によりXが得た利益を損益相殺として控除すべきでないとしてこれを否定している。

これまでの裁判例によれば、フランチャイザーに情報提供義務違反が認められる場合、フランチャイザーは、当該義務違反と相当因果関係の範囲内にある損害を賠償すべきであるとされ、その具体的な判断には、①フランチャイザーによる不正確な情報の提供とフランチャイジーの店舗開業及び経営破綻との間に相当因果関係が認められる損害について賠償責任を負うべきであるとするものと、②情報提供義務違反と経営継続が困難になったこととの相当因果関係を論じ開業したこと自体による損害については賠償責任がないとするものがある。そして、フランチャイジーが営業を行うことにより取得した利益について、前記①の立場からは、これを賠償額から控除すべきではないとの判断となる傾向があり、前記②の立場からは逆の結論を導きやすくなると考えられている。

しかし、本来、損益相殺とは、公平の見地から、不法行為の被害者が、損害を被ったのと同一の原因によって得た利益を損害から控除する法理であり、加害者の帰責の割合を問題とする過失相殺とは異なるのであるから、Xが本件契約に基づく営業により得た利益について、これをY_1が賠償すべき金額から控除すべきであったと思われる。

【毛塚重行】

〔参考文献〕

西口元＝吉野正三郎＝木村久也＝奈良輝久編『フランチャイズ契約の実務』（新日本法規、2000年）

西口元＝木村久也＝奈良輝久＝清水建成編『【改訂版】フランチャイズ契約の法律相談』46-50頁、109-114頁、118-119頁、168-170頁（青林書院、2009年）

神田孝『フランチャイズ契約の実務と書式』54-60頁、91-95頁（三協法規出版、2011年）

第17 創庫生活館事件

▶フランチャイザーにフランチャイズ契約上の商品提供義務及び同義務違反によるロイヤリティの減額，フランチャイズ契約の解除の制限が認められた事例

静岡地方裁判所浜松支部平成20年10月27日判決　平成17年(ワ)第459号，平成17年(ワ)第464号，平成18年(ワ)第244号　一部請求認容（控訴後和解）　公刊物未登載

争　点

1　フランチャイザーがフランチャイジーに対し，商品供給義務を負うか。

2　フランチャイザーがフランチャイジーに対する商品供給義務に違反した場合，ロイヤリティの請求やフランチャイズ契約の解除が制限されるか。

3　フランチャイザーのフランチャイジーに対する詐欺又は情報提供義務違反による不法行為責任の成否。

結　論

1　フランチャイズ加盟店契約書やフランチャイザーがフランチャイジーに対して交付していたパンフレットの記載等に基づいて，フランチャイザーにフランチャイジーに対する商品供給義務を認めた。

2　フランチャイザーの商品供給義務違反を認定し，フランチャイザーはフランチャイジーに対してロイヤリティの5％を請求し得るに過ぎないとした上，このロイヤリティの未払いを理由とする解除や解除に基づく競業避止義務の主張は認められないとした。

3　フランチャイザーがフランチャイジーに対し，故意に虚偽の説明を行って加盟店契約を締結させたと認めることは出来ず，情報提供義務違反も認められないとして，不法行為責任の成立を否定した。

事案の概要

1　本件の本案事件は、リサイクルショップのフランチャイズ・チェーンを運営するX（フランチャイザー）が、フランチャイジーA及びBとその連帯保証人（Aの連帯保証人aとBの連帯保証人b）に対し、①未払ロイヤリティ及び損害賠償額の予定の合意に基づく損害賠償金並びにこれらに対する遅延損害金の支払と②加盟店契約にもとづく競業避止を請求した事件である。

2　反訴事件は、A及びBが、Xに対し、Xから安定して商品の供給が受けられるなどと虚偽の説明をされたことにより、加盟店契約を締結したなどと主張して、詐欺又は情報提供義務違反による不法行為責任に基づく損害賠償金を請求した事件である。

3　静岡地方裁判所浜松支部は、本案事件におけるXの請求のうち、ロイヤリティの5％相当額の支払のみを認めてその余の請求を棄却し、反訴事件については全部棄却した。

判決要旨

1　フランチャイザーの商品供給義務について

「本件加盟店契約……において、『ロイヤリティーの対価は第3条に記載している内容とXの所有している商品の供給及びこの契約でB（又A）が得る全ての利益である。』と規定されており、商品の供給が本件加盟店契約におけるロイヤリティーの対価の一部を構成していると解されること、Xは、本件パンフレットにおいて、リサイクルショップを経営する上で、最も難しいのは商品を確保することであるが、Xに加盟すれば、本格的な集荷システムを利用することができ、安定した商品の供給を受けられることを強調していること、Xは、本件加盟店契約締結時、B及びAに対し、Xには十分に商品を供給できる本格的な集荷システムがある旨説明したことをそれぞれ認めることができるから、Xは、本件加盟店契約に基づき、ロイヤリティーの対価として、安定的に迅速に十分な量の商品を供給する義務を負うというべきであり、また、上記認定事実によれば、XがB及びAに対して開業後に行った経営指導としては、『FC通信』を発行したり、○○○店を数回訪問した程度であって、十分な経営指導

を行っていたものとはいえないことから，上記商品供給義務が，本件加盟店契約におけるロイヤリティーの中心的対価であると解することができる。」

「なお，Xは，本件加盟店契約において，B及びAが，Xから商品を仕入れる義務を負わず，むしろ，自ら積極的に商品の仕入れを行うものとされていることなどから，Xは商品供給義務を負わない旨を主張するようであるが，Xが指摘する事実は何らXの商品供給義務を否定するものではなく，上記認定を左右するものではない。」

2 XのAらに対するロイヤリティの支払いや損害賠償金，競業禁止義務の履行等の請求について

(1) 商品供給義務の不履行について

「B及びAは，本件加盟店契約締結に際し，Xとの間で，卸販売における割引率（Bにつき，店頭販売価格の40パーセント引き，Aにつき，店頭販売価格の50パーセン引き）を合意したと認めることができるから，Xが商品供給義務を履行する際には，上記割引率の合意に従う必要があるところ，Xが，九州物流センターにおいて，各加盟店との間の契約に従って，店頭販売価格から50％程度を割り引いた優遇価格で商品を販売するのを止めて，X本部が商品の値段を決定する扱いに変更したことは，上記合意に反するものである。」

「さらに，……平成15年ころから九州物流センターにおける商品量が減少し，B及びAは，商品の仕入れに苦労していたこと，Xは，平成16年10月8日以降，九州物流センターという名称の使用を止め，和白店として経営するようになったこと，九州地区の加盟店は，同年12月18日及び平成17年1月20日，Xに対し，九州物流センターにおける加盟店向け卸販売の再開を要請したものの，Xは，加盟店に対し，卸販売の再開時期は追って連絡するとしながら，現在まで卸販売を再開するという通知を行っていないことをそれぞれ認めることができるから，九州物流センターは，遅くとも，平成16年10月8日以降，加盟店に対して安定的に商品を供給するという機能を十分に果たしていなかったというべきである。」

「また，……，X本部から仕入れを行うと，毎回7万円ないし15万円の配送料を負担することになる上，そのままでは商品とならない物が配送されるなど，加盟店がX本部から直接仕入れを行うのは困難であったこと，平成15年ころから九州地区オークションにおいて十分な商品が供給されていなかったことは上記認定のとおりであるから，X本部で加盟店の注文に応じていたことや，九州地区オークションが開催されていたことをもって，Xが商品供給義務を十分に

履行していたということもできない。」

「したがって，Xは，遅くとも，平成16年10月8日以降，B及びAに対し，商品供給義務を履行していなかったと認めることができる。」

(2) その他のロイヤリティーの対価の供給について

「B及びAが『生活創庫』及び『創庫生活館』というXの屋号及び商標を使用し続けていたこと」，Aらの代表者らは，「本件加盟店契約①及び②をそれぞれ締結した後，X本部において，1か月間にわたって開業前研修を受けたことを認めることができる。」

「X代表者は，しばしば『生活創庫』及び『創庫生活館』という屋号のリサイクルショップの経営者として，テレビに出演したり，雑誌の取材を受けたりしていたことを認めることができ，Xの屋号及び商標には一定の価値があるというべきである。」

「ところで，本件加盟店契約における加盟料の対価とロイヤリティーの対価との区別は，必ずしも明らかではないが，」「本件加盟店契約には，加盟料の対価として，加盟に当たり技術，営業，運営，屋号のノウハウと商品をXから供給してもらうことを挙げており，他方で，ロイヤリティーの対価とは，本件加盟店契約第3条に記載してある内容とXの所有している商品の供給及びこの契約でBないしAが得る全ての利益であるとして，加盟料の対価の全てがロイヤリティーの対価の一部ともなっていること，また，証拠（X代表者）によれば，本件加盟店契約は，X代表者が独自に作成したものであること，そのX代表者は，加盟料の対価とロイヤリティーの対価との区別につき，加盟料の対価とは，開業前研修，立地条件の検査，開店準備等の開店に至るまでの指導協力であり，ロイヤリティーの対価とは，開店以降の看板料，商品の供給，商品を集める方法及び値段を決める方法等のノウハウの提供であると供述していることを認めることができ，これらの事実により，本件加盟店契約を合理的に解釈すると，本件加盟店契約における加盟料の対価とロイヤリティーの対価との区別は，原則として，開業前研修等の開店に至るまでの指導協力が加盟料の対価であり，それ以後の看板料や商品の供給，その他の事業経営に必要なノウハウの提供がロイヤリティーの対価であると言わざるを得ない。

そうだとすると，X本部における開業前研修は加盟料の対価であり，ロイヤリティーの対価ではないと認めることができる……」「Xが開業後に行った経営指導としては，『FC通信』を発行したり，○○○店を数回訪問した程度であって，その他特に経営指導は行われなかったと認めることができるから，開

業後にロイヤリティーの対価と評価できるような十分な経営指導があったということはできない。他方，加盟店における開業後の屋号等の看板の使用は，ロイヤリティーの対価ということになる。」

(3) Xが請求することができるロイヤリティーの額

「本件加盟店契約におけるロイヤリティーの中心的対価が商品供給義務であり，Xが同義務を履行していないこと，他方で，B及びAが一定の価値を有するXの屋号を使用し続けていたことからすると，信義則上，B及びAは，Xに対し，Xの屋号の使用に相当する対価を除き，ロイヤリティーの支払義務を負わないというべきである。そして，上記事情や本件に顕れた一切の事情を考慮すると，Xの屋号の使用に相当する対価としては，本件加盟店契約のロイヤリティーの5パーセントと認めるのが相当である。」

(4) 賠償額の予定の合意に基づく損害賠償義務及び競業禁止義務について

「Xがロイヤリティーの未払を理由として解除の意思表示をするまで，ロイヤリティーとして，Bは，平成17年2月分から同年10月分の合計63万円を，Aは，同年2月分から同年8月分の合計115万6400円を支払わなかったものの，他方で，その中心的な対価である商品供給義務の履行を受けておらず，Xは，上記未払ロイヤリティーのうち5パーセントの支払を求めることができるにすぎなかったことを認めることができる。このような事実関係の下では，XがB及びAのロイヤリティー未払を理由として本件加盟店契約を解除して，その賠償額の予定の合意に基づき損害賠償の支払を求めたり，競業禁止義務条項に基づきその営業の禁止を求めることは，信義則上，許されないものというべきである。」

3　XのA及びBに対する詐欺又は情報提供義務違反による不法行為責任の成否

(1) 詐欺の主張について

「XがA及びBに対し，故意に虚偽の説明を行い，本件加盟店契約を締結させたと認めることはできない。」

(2) 情報提供義務違反の主張について

本判決は，「フランチャイズシステムは，本部が加盟店に対して，特定の商標，商号等を使用する権利を与えるとともに，加盟店の物品販売，サービス提供その他の事業・経営について，統一的な方法で統制，指導，援助を行い，これらの対価として加盟店が本部に金銭を支払う事業形態であり，一般に，本部は，加盟店に比して，知識，経験，情報，資金力等あらゆる面で優越した立場

にあるから，本部は，加盟店を勧誘するに当たり，加盟店が加盟店契約を締結するか否かの判断をする上で，判断を誤らせるような不適切な情報を提供してはならないという信義則上の義務を負うというべきである」とフランチャイザーにフランチャイジーに対する一般的な情報提供義務がある旨を述べながら，本件のXについては情報提供義務違反は認められないと判示した。

分　析

1　フランチャイザーの商品供給義務について

　フランチャイジーは，フランチャイズを付与され店舗を開設するに当たって，また，店舗を営業してゆく過程で，様々な商品，原料，包装用品，事務用品，備品，機械，器具その他の物品を調達しなければならない。

　これらの物品の供給については，フランチャイザーが直接フランチャイジーに供給する場合，フランチャイジーがフランチャイザーの指定する業者から仕入れる場合，フランチャイザーが商品のみを指定し，どこから仕入れるかはフランチャイジーの選択に委ねる場合，フランチャイザーが商品及び仕入業者を推薦し，仕入れはフランチャイジーの選択に委ねる場合など，さまざまな場合が考えられるが，実際にはフランチャイザーが直接供給するか，指定業者に供給させる場合が多いと思われる。フランチャイザーが直接供給する場合，一般論として，フランチャイジーに対し品切れを起こさないように商品の安定した供給を確保・実施しなければならないと思われるが，フランチャイザーが具体的なフランチャイズ契約上の商品供給義務を負うか否かは，フランチャイズ契約の内容や，契約締結に至る事情，フランチャイザーとフランチャイジーとの取引態様（商品の供給についてのフランチャイジーのフランチャイザーに対する依存度の強弱等）などにより判断されることになると考える。

　本判決は，フランチャイザーに商品供給義務を認めたが，本件のフランチャイズ・チェーンの営業業種がリサイクルショップという商品の確保が事業の成否を左右すると業者であること，加盟店契約上，商品を割引販売する旨の条項が存在すること，加盟店契約に際してフランチャイザーが交付したパンフレットにも商品の安定供給の重要性とこの点についての当該フランチャ

イズ・チェーンの強みを強調する記載がなされていること等の本件における事情を踏まえれば，本判決の判断は妥当であると考える。

2　商品供給義務の不履行とロイヤリティの支払

　フランチャイズ契約において，フランチャイジーがフランチャイザーに対して支払う金銭的対価には，契約締結時に一時金として支払うイニシャル・フランチャイズ・フィー（本件の加盟金）と，契約が継続する限り定期金として支払うロイヤリティがある。

　イニシャル・フランチャイズ・フィーとロイヤリティが，フランチャイザーからフランチャイズ契約によって供給される商標や営業指導，場所的便益，商品供給等のフランチャイズ・パッケージのいずれの対価であるかを明確に区別することは必ずしも容易ではないが，本判決は，本件加盟店契約における加盟料の対価とロイヤリティの対価との区別は，原則として，開業研修等の開店に至るまでの指導協力が加盟料の対価であり，それ以後の看板料や商品の供給，その他の事業経営に必要なノウハウの提供がロイヤリティの対価であるとし，さらにロイヤリティの中心的対価は商品供給義務にあるとして，それ以外の対価の割合を5％であると判示する。

　本判決のロイヤリティの対価についての判断は，XとAらとの加盟店契約の内容や取引実態に即したものであり妥当であると考える。

　そして，本判決は，Xの請求し得るロイヤリティを5％に制限する根拠として，対価たる商品供給義務が履行されなかったことを理由とする信義則に求めるが，この点の法的構成については厳密に考えれば，ロイヤリティと商品供給義務の債務不履行に基づく損害賠償金との相殺等も考え得るが，権利関係を簡明にするという観点から，本件判決の処理も是認し得ると考える。

　また，賠償額の予定の合意に基づく損害賠償請求や競業禁止義務の前提となる加盟店契約の解除を信義則を根拠に認めなかった点についても，Aらロイヤリティの未払いがロイヤリティ全体の5％に過ぎないと評価されること，Xの中心的債務である商品供給義務が履行されていないこと等の事情を前提とすれば，妥当であると考える。

3　詐欺又は情報提供義務違反による不法行為責任について

　本判決は，加盟店契約締結後のフランチャイザーの商品供給義務の不履行

を認めたが，このことが直ちに，加盟店契約締結時のフランチャイザーのフランチャイジーに対する詐欺や情報提供義務違反につながるものではない。本判決は，XのA及びBに対する加盟店契約締結時の説明は，一定の根拠に基づくものであり，Xに詐欺又は情報提供義務違反はない旨判示したが，本件の事実関係を踏まえれば，本判決のこの点の判断も基本的に妥当であると考える。

【若松　亮】

〔参考文献〕
西口元＝木村久也＝奈良輝久＝清水建成編『【改訂版】フランチャイズ契約の法律相談』
　136頁，175-176頁，345-351頁（青林書院，2009年）

第18 シャトレーゼ事件

▶フランチャイザーがフランチャイズ契約に違反し，契約時に店舗の売上予測に関して不正確，不合理な情報を提供したとして債務不履行に基づく損害賠償請求が認められた事例（過失相殺5割）

大津地方裁判所平成21年2月5日判決　平成18年(ワ)第115号
損害賠償請求事件　一部認容，一部棄却（控訴）
判例時報2071号76頁

争　点

1　フランチャイザーの売上収益予測に関する情報提供義務違反の有無。
2　フランチャイザーの経営指導義務違反の有無。
3　フランチャイジーに生じた損害額。
4　過失相殺の可否及び割合。

結　論

1　フランチャイザーは，フランチャイジー候補者に対し，売上予測等を提供する場合には，信義則上，十分な調査をし，的確な分析を行って，できる限り正確な売上予測等を提供する義務があることを前提に，本件フランチャイザー（以下「Y」という。）は，シェア率を過大に設定したことに誤りがあり，誤った売上予測，営業予測を提供したとして，Yの情報提供義務違反を認めた。

2　フランチャイジー（以下「X」という。）が，閉店を望んだにもかかわらず，Yは強引に本件店舗の営業を継続するようXに迫り，それ以後，Xに対し一切の経営指導を行わなかったなどのXの主張につき，Yの経営指導義務違反が否定された。

3　成約預託金，本件店舗の賃貸借関係費用，店舗工事代金等，原状回復

費用，営業損失，それぞれについて，Ｙの情報提供義務違反との相当因果関係ある損害と認めた。営業損失は，Ｘが独自の責任で営業を継続した期間を除く，開業から平成17年2月までの6か月間について，Ｙの情報提供義務違反との相当因果関係を肯定した。

4　Ｘの27年間の銀行員の経験，売上予測を安易に信じ，フランチャイザーの言動に寄りかかりすぎ軽率であったことなどを理由に，Ｘの過失を認定し，50％の過失相殺を認めた。

事案の概要

1　Ｘは，洋菓子等の販売を業とする会社であり，平成16年8月3日，フランチャイズ方式による菓子店を展開しているＹとの間で，フランチャイズ契約（以下「本件契約」という。）を締結し，同年10月1日，宇治東店（以下「本件店舗」という。）を開店したが，営業に行き詰まり，平成17年10月20日閉店した。そこで，Ｘは，Ｙに対し，Ｙが店舗の売上収支予測に関して不正確・不合理な情報を提供し，また適切な経営指導を怠ったとして，情報提供義務違反及び経営指導義務違反の債務不履行に基づき，営業損失を含む7523万円余の損害賠償を請求した。裁判所は一定期間の営業損失等を相当因果関係のある損害とし，5割の過失相殺をしたうえでＸの請求を一部認容した。

①　Ｘ代表者乙山（以下「乙山」という。）は，昭和50年4月，甲本銀行に入社し，融資業務に10年以上携わるなど27年間勤務し，従前からフランチャイズ店を経営したいと考えていたことから，平成14年3月，甲本銀行を退職した。

②　Ｙの担当者（以下，単に「Ｙ」という。）は，平成15年3月，乙山に対し，Ｙフランチャイズ・システムにつき，ロイヤルティが発生しないこと，営業時間が12時間程度で経費が安いこと，Ｙのフランチャイズ店の平均年間売上高が2億円程度であると説明した。乙山は，Ｙに，草津市周辺への出店の意向を伝えた。Ｙは，乙山が遅くとも平成16年9月ころには出店したいと希望していたことから，店舗候補地の範囲を拡大し，同年7月中旬，京都府宇治市に本件店舗を見つけ出し，乙山も，本件店舗での出店を希望した。

2　Ｙは，乙山が同年9月ころの出店を希望していたことから，出店までのスケジュールを逆算し，直ちに本件店舗の売上・収益予測を算出するため

に必要な調査を開始した。調査の概要は以下のとおりである。Yは，同年7月14日，地域別人口集計表を入手し，同年7月21日及び22日，本件店舗が面する府道7号線の通行量を調査した。Yは，本件店舗の周囲の競合店となり得る店舗を調査し，評価を下した。Yは，商圏範囲について，車及び徒歩で回り，地域一番店として安定的な集客力につながる範囲を一次商圏，地域一番店として認識され得る範囲を二次商圏，動線的に来店可能性のある範囲を三次商圏と設定し，地域別人口集計表に基づいて各商圏範囲内の人口を把握した。

3　Yは，ランチェスター戦略と呼ばれるマーケティング理論を参考に，本件店舗のシェア率を，一次商圏につき35％，二次商圏につき26％，三次商圏につき5％と設定した。以上の調査から，Yは，本件店舗の年間売上高として1億5100万円，営業利益として1077万6000円と予測した報告書をまとめ，同年7月26日，Y内部において出店許可の決裁が下りた。

4　Yは，平成16年7月29日，乙山に対し，本件店舗の年間売上高として1億5100万円，営業利益として1077万6000円と記載された立地調査報告書（以下「本件報告書」という。）を交付し，本件店舗は1億5100万円の年間売上高が見込める旨述べたが，個々の内容については，「後で読んでおいてください。」と述べるにとどまり，具体的な説明をしなかった。乙山は，本件店舗で開業すれば1億5100万円の年間売上高が見込めると信じ，Yに対し，本件店舗の売上げや収益予測を算出した根拠について何らの質問をしなかった。Xは，同年8月3日，Yとの間で，本件契約を締結した。

5　本件店舗は，同年10月1日，正式開店した。乙山は，乙山の義父である乙野夏夫（以下「乙野マネージャー」という。），その娘（乙山の義妹，以下「乙野店長」という。）を店長に配置した。

6　Yのフランチャイズ店で販売する商品の発注はXが行うことが原則で，Yは，定番商品については，廃棄ロスが生じることを覚悟して多めに発注すべきであるとの方針を取っており，これに基づき，店舗開店時の発注やXに対する発注指導が行われた。乙山は，Yの指示に従うと，廃棄ロスがかさんで本件店舗の経営に悪い影響が出ると判断し，同年11月上旬以降，Yの発注指示にあまり従わなくなった。乙野店長は，クリスマスキャンペーンのこ

ろ、経営方針が異なるYと乙山との間で板挟みになり、Yに対し、退職の意向を表明した。Yは、乙野店長を慰留し、翻意を得た。

　7　Yは、平成17年2月8日以降、本件店舗を数回訪れ、乙野マネージャーと面談するなどし、本件店舗の経営改善策を検討した。乙野マネージャーは、本件店舗を閉店したほうがよいと考えるようになり、乙山とともに、同月24日、Yに対し、本件店舗を閉店したいとの意向を伝えた。しかし、Yは、乙山に対し、本件店舗の経営を続けるよう求め、乙山も、退職金等の資金を投じて本件店舗を開店した以上、経営を続けたいとの思いがあったことから、同月28日、同年3月から、乙山が店舗の運営に復帰し3か月間経営を続けた上で閉店するか否かを見極めることとした。Yは、本件店舗の改善を図るため、同年3月1日以降、毎日のように本件店舗を訪れ、乙山や乙野マネージャーと面談したり、発注数やシフトの組み方等について提案した。しかし、乙山は必ずしも提案された発注数に従って発注したわけではなかった。乙野店長は、同月9日ころから、本件店舗に出なくなり、乙野マネージャーは、同月15日、退職した。

　8　乙山は、Yに対し、経営に関する指導は不要であり、自らの考えに基づいて本件店舗の経営を行いたい旨述べるようになったことから、Yは同年4月以降、本件店舗を訪れる頻度を減らし、経営に関する指導をほとんど行わなくなった。乙山は、本件店舗の売上高が、伸びなかったことから、同年10月20日、本件店舗を閉店した。

判決要旨

1　争点1について

「フランチャイザーが、フランチャイズ契約の締結に向けた準備段階において、フランチャイジー候補者に対し、売上予測等を提供する場合には、信義則上、十分な調査をし、的確な分析を行って、できる限り正確な売上予測等を提供する義務がある。」

「商圏範囲の設定、商圏人口の調査、マーケットサイズの把握においては、Yの検討過程に特段問題があるとはいえないが、シェア率の設定においては、その過程で競合店となり得る店舗の調査を十分せず、合理的な根拠を欠いた

分析を行って，本件店舗のシェア率として，一次商圏内ではほぼ独占に近い地位を確保でき，二次商圏内でも地域一番店といえる地位を確保できるという過大な設定をしていたものである。そして，本件算出方法では，シェア率を高く設定すれば当然に売上高も大きくなるのであり，本件店舗の実際の売上高がYの売上予測に遠く及ばない結果に終わったことについては，Yが本件店舗のシェア率を過大に設定していたことが，その一因であったと推認される。そうすると，Yは，過大なシェア率を設定して本件店舗の売上予測を誤り，Xに対しても，この誤った売上予測，さらには営業予測を提供していたものであるから，情報提供義務違反の責任を免れない。」

2 争点2について

Xは，「Yが①過剰に商品を発注させたこと，②経営改善策を示さなかったこと，③Xが平成17年2月に本件店舗の閉店を望んだにもかかわらず，強引に本件店舗の営業を継続するよう迫り，同年5月以降は一切の経営指導を行わなかったこと」につき，Yが経営指導義務に違反したと主張する。

①の主張については，「廃棄ロスを……覚悟で多めに仕入れるということは……，結果として店舗全体の売上増大にもつながるという，いわゆるチャンスロスを防止するという経営戦略に基づくものであり，それ自体不合理であるとはいえない。」

②の主張については，「……担当者を本件店舗に派遣し，Xに対し，商品の発注に関する指導をしたり，人件費を削減するためにシフトの組み方について提案したりしている。」

③の主張については，乙山は「自らの意思により本件店舗の営業を継続することを決めたこと，……Xは，Yによる経営指導を受けることを自ら放棄したといえる。」として，裁判所は，①，②，③いずれも経営指導義務違反に当たらないと判断した。

3 争点3について

(1) 成約預託金 409万911円が，本件店舗を開業したことに伴って生じた費用であり，Yの情報提供義務違反と相当因果関係のある損害と認められた。
(2) 本件店舗の賃貸借関係費用 497万2500円が損害と認められた。
(3) 店舗工事代金等 1811万9230円が損害と認められた。
(4) 原状回復費用 1534万5415円が損害と認められた。
(5) 営業損失 1681万1417円が損害と認められた。

「Xは，本件店舗の営業により，平成16年9月から平成17年10月までの間

に，2621万5314円（平成16年9月：516万9154円，……，平成17年10月：121万3374円）の営業損失を計上したことが認められる。上記営業損失は，本件店舗の開業及びその営業継続に伴って生じた損害であるが，……Xは，開店直後から，Yの経営指導に疑問を抱き，本件店舗の売上が向上せず営業損失を計上し続けたことから，平成17年2月ころには，いったん本件店舗を閉店させようと考えていたこと，その時点では結局，営業を継続することになったが，これには乙野マネージャーが反対しており，Xは自らの責任で，同年3月以降の営業を継続していたと見ざるを得ないことを考慮すると，平成16年9月から平成17年2月までの営業損失（1681万1417円）については，Yの情報提供義務違反と相当因果関係のある損害と認めることはできるが，同年3月以降の営業損失については，Yの情報提供義務違反と相当因果関係のある損害と認めることはできない。」

4 争点4について

「フランチャイジーは，単なる末端消費者とは異なり，自己の経営責任の下に事業による利潤の追求を企図するものである以上，フランチャイザーから開示・提示された情報を検討・吟味した上，最終的には自己の判断と責任においてフランチャイズ契約を締結するか否かを決すべきである。」

「Xの代表取締役である乙山は，大学を卒業後，融資業務に10年以上携わるなど計27年間銀行員として勤務していたことから，商売を営む経営上の危険性について十分理解し，判断する能力を有していたにもかかわらず，Yから交付された本件報告書に記載された売上予測について，」Yに対して，「説明を求めず，また，損益計算書を読解する能力を有しながら，本件報告書に記載された本件店舗の損益計算書を検討することもなく，本件店舗を経営することにより，1年間に約1億5100万円の売上が上がり，約1077万6000円の営業利益が計上されると安易に信じて，本件契約を締結することを決意したものである。これは，多額の開業資金を投下して商売を始めようとする者としては，フランチャイザーの言動に寄りかかりすぎた軽率なものであった……。」「もっとも，XとYとでは，フランチャイズ契約に関する知識・経験，情報量，組織的力量など，どれをとっても決定的な差があり，……Yの情報提供義務違反の態様からすると，Yの責任も大きいというべきであるから，本件における損害賠償額の算定に当たっては，Xの上記過失を斟酌し，50パーセントの過失相殺をするのが相当である。」

分　析

1　情報提供義務について

　フランチャイザーに情報提供義務があることは，多数の裁判例において認められている（京都地判平成3年10月1日判時1413号102頁（以下「進々堂事件」という。），東京高判平成11年10月28日判時1704号65頁（以下「マーティナイジング事件」〈第5事件〉という。）など）。

　そして，情報提供義務の内容は，議論はあるものの，一般的には，売上・収益予測についての情報をフランチャイザーが契約締結段階でフランチャイジー希望者に対して開示・提供する義務はないが，売上・収益予測についての情報をフランチャイジー希望者に対して提供する場合には，フランチャイザーが任意に提供する売上・収益予測については，その内容が虚偽のものであってはならず，合理性・相当性を有するものでなければならないとされる（消極的情報提供義務）（金井高志『フランチャイズ契約裁判例の理論分析』59頁）。本判決も，フランチャイザーが，フランチャイズ契約の締結に向けた準備段階において，フランチャイジー候補者に対し，売上予測等を提供する場合には，信義則上，十分な調査をし，的確な分析を行って，できる限り正確な売上予測等を提供する義務があると述べ，同枠組内にあると考える。

　本判決で，情報提供義務違反が認定された根拠として，商圏範囲の設定，商圏人口の調査，マーケットサイズの把握においては，Yの検討過程に特段問題があるとはいえないが，シェア率の設定においては，その過程で競合店となり得る店舗の調査を十分せず，合理的な根拠を欠いた分析をした結果，過大なシェア率を設定したとし，競合店について十分調査をし，それをシェア率設定においても反映させるべきこと，Yはこれを怠ったことが認定されている。

　シェア率については，三者以上の市場において圧倒的に優位な地位を確保でき，安定した事業を展開できる状態が，シェア率41.7％であり，競争から一歩抜け出した強者と認知され，業界トップないし市場に影響力を有する地位を確立できる状態が，シェア率26.1％とされている。そして，Yは，本件店舗につき，一次商圏につき35％，二次商圏につき26％，三次商圏につき5

％とシェア率を設定した。これは，Ｙは，本件店舗につき，一次商圏内ではほぼ独占に近い地位を確保でき，二次商圏でも地域一番店といえる地位を確保できると評価したことになる。しかし，裁判所は，競合店との対比において，本件店舗の明らかな優位性を基礎づける特段の事情がない限り，本件店舗が一次商圏内ではほぼ独占に近い地位を確保でき，二次商圏内でも地域一番店といえる地位を確保できるということは，容易には想定し難いとした。

他方，上記進々堂事件では，学生の入店率を類似店舗より高く見積もったことに合理的根拠がないこと，さらに，競合店の存在の売上高への影響が考慮されていないことが指摘されている。

また，上記マーティナイジング事件でも，近隣の競合店についての評価の誤りが問題となった。すなわち，Ｙ（フランチャイザー）が，競合店について，Ｙの納期が短いなど特徴が異なることを理由に実質的に競合店ではないと判断したことは，納期に特段の差はないことなどから判断の誤りであり，ＹがＸ（フランチャイジー）に提供した売上予測は，客観的かつ的確な情報ではなかったとされた。

本判決は，前述のとおり，仮に3つの商圏の設定が適切であったとしても，さらに，それぞれの商圏のシェア率の設定が過大なものとなっていないかまで踏み込んで，Ｙの調査内容の合理性を検討した点に特徴がある。しかし，シェア率や売上予測の前提となる競合店の適切な評価がなされているかを検討している点で，上記各裁判例は共通する。したがって，情報提供義務違反，売上予測の合理性の検討において，競合店の適切な評価がなされているかどうかは，今後も重要な考慮要素になることが予想される。

2 損害額について

情報提供義務違反が認められたときの，損害額の範囲に係る相当因果関係について裁判例の判断は，⑦フランチャイザーによる不正確な情報の提供とフランチャイジーの店舗開業及び経営破綻との間に相当因果関係が認められる損害について賠償責任を負うべきであるとするもの（マーティナイジング事件）と，④情報提供義務違反と経営継続が困難になったこととの相当因果関係を論じ開業したこと自体に係る損害については賠償責任はないとするもの名古屋地判平成10年3月18日判タ976号182頁（飯蔵事件）の二つに分かれて

いる（『【改訂版】フランチャイズ契約の法律相談』52頁以下）。

　本判決は，上記㋐考え方（マーティナイジング事件参照）を採るものである。各損害について，「本件店舗を開業したことに伴って生じた費用であるから，Yの情報提供義務違反と相当因果関係」があると認定しているからである。

　そのうえで，本判決は，営業損失を損害額と認定したこと，開店から閉店までの営業損失のうち，Xが独自の責任で営業を継続した期間を除く，開店から6か月間のみを相当因果関係のある損害と認定したことに特徴がある（平成17年3月から同年10月までの営業損失については，過失相殺（民法418条）ではなく，そもそも相当因果関係がないとされている。）。営業損失を損害と認定する裁判例は他にも近年出ている（福岡高判平成18年1月31日判タ1235号217頁〔ポプラ事件〕〈第14事件〉）。

3　過失相殺について

　フランチャイズ契約においては，フランチャイジーも独立の事業者としてリスクを認識し，負担する能力があると認められ，高率の過失相殺が認められることが一般的である（若松亮「企業間の訴訟における過失相殺規定の運用状況」判タ1344号38頁参照）。そのため，本判決も，Xの知識，銀行員としての経験，Yに十分な説明を求めなかったことなどを考慮して，5割という高率の過失相殺を認めたものと考える。

4　本判決の意義

　以上のとおり，本判決は，Yの売上予測につきシェア率の設定において，過大な設定があったと認定している。これは，売上予測と実際の売上高（予測の約46％）の乖離の大きさ，Xが開店から約1年という短期間で閉店せざるを得なくなった結果の重大性を重視し，Yの予測手法の合理性について，詳細に踏み込んだ判断をしている可能性がある。そうすると，予測と実際の売上げの乖離が大きく，フランチャイジーに生じた結果が重大であると判断されたときは，フランチャイザーの売上予測手法の合理性が厳しく審査される可能性があるといえる。

　開業後の営業損失については，情報提供義務違反との相当因果関係が認められて損害と認定され得ること，しかし，フランチャイジー独自の判断による営業継続により，営業損失と損害との相当因果関係が否定され得ることは，

実務の参考になると思われる。

【林　紘司】

〔評釈・参考文献〕
西口元＝木村久也＝奈良輝久＝清水建成編『【改訂版】フランチャイズ契約の法律相談』43頁ないし65頁（青林書院, 2009年）
フランチャイズ情報提供サイト（ホームページ）　判例37
金井高志『フランチャイズ契約裁判例の理論分析』24頁ないし93頁（判例タイムズ社, 2005年）
神田孝『フランチャイズ契約の実務と書式』359-374頁（三協法規出版, 2011年）

〔参考判例〕
京都地判平成3年10月1日判時1413号102頁〔進々堂事件〕
名古屋地判平成10年3月18日判タ976号182頁〔飯蔵事件〕
東京高判平成11年10月28日判時1704号65頁〔マーティナイジングドライクリーニング事件〕
福岡高判平成18年1月31日判タ1235号218頁〔ポプラ事件〕

第19 コンビニ・リロケイト物件事件

▶フランチャイザーがリロケイト物件に関して勧誘を行う場合における情報提供義務を認めた事例（過失相殺5割）

仙台地方裁判所平成21年11月26日判決　平成18年（ワ）第1243号，
損害賠償請求事件
判例タイムズ1339号113頁

争　点

1　Y（フランチャイザー）はX（フランチャイジー）に対し，本件契約を締結する際，(イ)本件店舗（リロケイト[1]物件）の売上予測，(ロ)Y社員である訴外CのXに対する説明内容及び方法並びに(ハ)旧店舗の売上実績等の重要情報の開示の各項目に関して，信義則上求められる説明義務を尽くしたといえるか。

2　1の説明義務違反と相当因果関係にある損害及びその額。

3　(イ)売上げの低迷及び日販の拡大についての対策，(ロ)本件店舗の開店から1か月後に発生した15万円の商品の欠落，(ハ)店内監視用カメラのリース契約及び警備請負契約並びに(ニ)月次引出金及びオープンアカウント債務に関する説明の各項目に関して，Yに，本件契約43条2項2号に定める「重大な不信行為」が認められるか。

結　論

Y（フランチャイザー）が本件店舗に関して勧誘を行う際に，X（フランチャイジー）らに対し，旧店舗の売上実績や，旧店舗と比較して新店舗の売上げ

---

[1] コンビニ業界の用語で，オーナーと店舗両方が移転すること。元ある店舗を閉店し，近隣で，さらに良い立地をさがして新規出店する。フランチャイジーの売上げが好ましくないときの最終的な選択肢は閉店ということになるが，フランチャイザーとのそれまでの関係に問題がなければ，より売上げの見込める他の店で営業を継続するという選択肢が用意される。

が改善すると判断した理由等，新店舗の売上予測が旧店舗の売上実績を踏まえてもなお合理的なものであるか否かを判断するための情報を提供すべきであるとした上で，Yは，Xに対して，旧店舗の売上実績を開示しなかったことから，信義則上の保護義務違反としての説明義務違反が認められると判断し，Xの請求を一部認容した。

事案の概要

1 X（原告，フランチャイジー）及びXの妻である訴外Aは，長年にわたって酒屋を営んでいた者である。Xは，コンビニエンスストアの開業を検討していたことから，Aが，Y（被告，フランチャイザー）加盟店候補者説明会に参加した。Yは，コンビニエンスストアのフランチャイザーとして，フランチャイジーであるコンビニエンスストア加盟店とともに，コンビニエンスストア事業を全国的に展開する企業である。

2 Xは，平成16年7月29日，Yとの間でXを契約当事者，訴外Bを共同契約履行者，Aを保証人として「K・フランチャイズ・チェーン加盟店契約書」により，フランチャイズ契約（以下「本件契約」という。）を締結した。

3 本件契約の44条(1)には，Xが同契約の43条（Yの重大な違背又は不信行為を理由とするXの契約解除）により契約を解除した場合には，Yは，Xに対し，同契約41条(2)①に定める月次のロイヤルティの平均月額の12か月分相当額を支払わなければならない旨が定められている。

記

第43条(2)①，②（Xの契約解除）
　本件契約に定められた以下の条項に関し，Yが重大な違背をした場合において，Xから10日間以上の期間をおいて，文書による催告を受けたにも関わらず，その期間経過後もなお，その違反を改めず，または義務を履行しないときは，本件契約を解除することができる。
(ア) 第11条，第16条(2)，第23条，第30条，第32条(1)，第34条(1)（但し正当な事由がある場合を除く。），第36条の定めのうち一つでも違反したとき。
(イ) その他，Xに対する重大な不信行為があったとき。

第44条(1)（解除による損害賠償）
　第42条，第43条により，YまたはXから契約の解除がなされた場合には，その責を

負うべき者は，相手方の蒙った損害に対する賠償として相手方に対し，第41条(2)①に定める月次のロイヤリティの平均月額の12か月分相当額を支払わなければならない。

 4 Xは，仙台市所在の本件店舗（リロケイト物件）を開店した。本件店舗は，同エリアにおけるYのチェーンの旧店舗から直線距離で約30メートルの位置にある。

 5 なお，Yは，上記リロケイト物件に関して勧誘を行った際には，X，A及びBに対し，旧店舗と比較して新店舗の売上げが改善する旨の判断及び新店舗の売上予測を提供した。

 6 Y担当者は，平成16年12月ころ，Xに対し，本件店舗の売上げが上がらない理由は，Yの支援にも関わらず，それに応えようとせず，利益を出すような努力をしていないことにあるのであって，きちんとした店舗経営を行う意思がないのであれば，文書で解約申入れをすべきであるといった趣旨の発言をした。

 7 X，A及びBは，平成17年2月12日，Y本部に対し，売上げが伸びないにも関わらずY本部からのアドバイスがないこと，今後も売上げが改善する見通しが立たないことなどを理由にして，本件契約の解約を申し入れるとともに，1000万円の損害賠償を請求した。

 8 Aは，上記解約の申入れから約10日後，Y本部に赴いたところ，XがYに対して月次のロイヤルティの平均月額の4か月相当額を支払うこと等の内容が記載されていたフランチャイズ契約覚書を手渡された。

 9 X，A及びBは，平成17年2月26日，Y本部に対し，上記解約の申入れの白紙撤回を申し入れたが，Y本部は上記白紙撤回の申入れを受領しなかった。

 10 Xは，平成17年2月28日，Yに対して本件店舗を明け渡し，本件契約は終了した。

 11 Xは，Yに対し，Yとの間で締結した本件契約締結時における説明義務違反を理由とした債務不履行に基づく損害賠償及び同契約に関する契約書中の条項44条1項に基づく損害賠償を請求するとともに，上記各損害賠償請求に対する遅延損害金を請求した。

判決要旨

1　争点1(イ)について

「フランチャイザーが作成・提示した売上予測は，売上予測の手法それ自体が虚偽ないし人為的操作が加わった不合理なものであったり，売上予測の手法それ自体は合理的であったとしても，売上予測の前提とされた情報が虚偽ないし著しく不合理であるといえる場合に，客観的に見て合理性を有する情報でないと判断されるべきである。」

特定の「方式で算出された売上予測を前提に，Y担当者の確認・裏付調査により適宜修正を行うという手法それ自体は，合理的な手法であると認められる。」

「Yが作成・提示した売上予測は，客観的に見て合理性を有する情報であると評価できるのであるから，売上予測に関する保護義務違反は認められない。」

2　争点1(ロ)について

「フランチャイジーになろうとする者の中には，過去に全く事業経験がない者も多数含まれていることに照らせば，事業経験のない者を対象としたフランチャイズ契約の締結においては，一般の事業経験者間では許容されるセールストークであったとしても，虚偽の情報ないし誤認を生じさせるような情報を与え，もって信義則上の保護義務に違反したと評価される余地があるというべきである。」

「訴外Cの説明が，虚偽の情報ないし誤認を生じさせるような情報を与えるものであったと評価することはできない。」

3　争点1(ハ)について

「フランチャイザーが，リロケイト物件に関してフランチャイズ契約の締結を勧誘する際には，新店舗からわずかな距離しか離れていない旧店舗の売上実績は，新店舗が開店した後の売上げと強い関連性を有すると考えるのが通常であることに照らせば，フランチャイジーになろうとする者に対し，リロケイトの理由，新店舗の売上予測と旧店舗の売上実績の関係等の重要情報を説明すべきである。」

「Yが，Xに対し，旧店舗の売上実績等の重要情報を開示しなかったことについて，Yの保護義務違反が認められる。」

4　争点2について

(1) 損害及び損害額について

「信義則上の保護義務違反は契約法的責任であることに照らせば，上記義務違反と相当因果関係のある損害が賠償の対象となると解される（民法416条）ところ，Yの」「保護義務違反がなければ，Xは，本件契約を締結し，本件店舗を開店することはなかったと考えられるのであるから，本件契約を締結し，本件店舗を開業したこと自体を損害と評価すべきである。したがって，本件店舗を開業するために要した費用が損害賠償の対象となる。」

「Yの保護義務違反と相当因果関係のある損害額は，」「887万円となる。」

(2) 過失相殺について

「Xらは，コンビニエンス・ストアの経営について，一般的なフランチャイジーと比較して多くの知識や経験を有していたものと認められる。」

「また，」「X及び訴外Aは，」「他の複数のコンビニエンス・ストアに対しても，開店予定の店舗についての問い合わせをしているのであるから，コンビニエンス・ストアの経営について強い関心を抱いていたことが推認できる。」

「さらに，」「訴外Bは，」「訴外Cが説明した商圏の顧客を容易に全て取り込めるものではないこと及び上記の各競合店等の影響により本件店舗の売り上げが伸びない可能性があることを十分に予想することができたと考えられる。」

「そもそも，フランチャイジーは，単なる消費者とは異なり，自己の経営責任の下に事業による利潤の追求を企図するものであることに照らせば，最終的には自己の判断と責任において契約の締結を決断すべき立場にあるといえる。」

「以上の検討に加え，」「一切の事情を併せ考慮すれば，過失相殺により，」「損害額の5割を減額するのが相当である。」

(3) 損益相殺

「Xは，本件店舗開店時における商品代金を支払ったものの，その対価として367万4858円分の商品を取得したことが認められるから，商品相当額を損害と評価することは相当でない。

したがって，商品相当額367万4858円を損害額から控除するのが相当である。」

(4) 結論

「以上によれば，本件における損害額は76万0142円であると認められる。」

3　争点3について

(1) 総論

「『重大な不信行為』の具体的な意義が問題になるところ，フランチャイズ

契約が，当事者の信頼関係を基礎とした継続的法律関係であることに照らせば，契約当事者間の信頼関係が破壊され，契約を今後継続していくことが困難である場合に，『重大な不信行為』があったと評価すべきである。」
　(2)　争点3(イ)について
「本件契約43条(2)①に定められている解除事由は，いずれもフランチャイズ契約締結後に生じた事情であることに鑑みれば，同一条文に定められている『重大な不信行為』も，同契約締結後に生じた事情を指しているものと解すべきである。」「Xの」「主張は，いずれも同契約締結前の事情を理由とするものであるから，主張自体失当と言わざるを得ない。」
　(3)　争点3(ロ)，争点3(ハ)，争点3(ニ)について
裁判所は，Xの主張をいずれも認めていない。
　(4)　結論
「Yに，」「『重大な不信行為』があったとは認められない。したがって，本件契約43条(2)②に基づく解除は認められないことから，本件契約44条(1)に基づく損害賠償請求には理由がない。」

分析

1　フランチャイズ契約の締結段階における情報提供義務について

　フランチャイズ契約を締結するに当たり，フランチャイザーは，フランチャイジーになろうとする者に対して，当該フランチャイズ契約の内容についての情報を提供するのが通常である。フランチャイザーが提供する説明はフランチャイジーにとって極めて重要なものであるため，法令等による規制が行われており，そのひとつとして，信義則上の情報提供義務（説明義務又は保護義務とも言われる。）に違反するという形の取扱いがある。このような情報には様々なものがあるが，本判決は，フランチャイザーがリロケイト物件に関してフランチャイズ契約の締結を勧誘する際には，フランチャイジーになろうとする者に対し，リロケイトの理由，新店舗の売上予測と旧店舗の売上実績の関係等の重要情報を説明すべきであるとしている。
　もっとも，フランチャイザーがフランチャイジーになろうとする者に対して勧誘をする場合には，フランチャイズ契約についてのメリットをある程度

強調して勧誘することは当然であり、いわゆるセールストーク自体が直ちに情報提供義務違反になるわけではない（『【改訂版】フランチャイズ契約の法律相談』40頁、45頁）。

本判決も、一般の事業経験者間では原則としてセールストークが許容されることを述べた上で、事業経験のない者を対象としたフランチャイズ契約の締結においては、虚偽の情報ないし誤認を生じさせるような情報を与え、もって信義則上の保護義務に違反したと評価される余地があるとしている。

2　予想売上高等に関する情報の提供

上記のような情報の中で、フランチャイジーになろうとする者がもっとも関心をもつもののひとつに、自分が営業を行った場合の損益予想に係る情報がある（『【改訂版】フランチャイズ契約の法律相談』63頁）。

一般的に、フランチャイザーのフランチャイジーに対する情報提供義務の内容については、①フランチャイザーが、フランチャイズ・システムに関する何らかの情報を提供すること自体を内容とする義務（積極的情報提供義務）と、②フランチャイザーが、フランチャイジーに対して、何らかの情報提供を行ったことを前提として、提供した情報が客観的、正確であることを内容とする義務（消極的情報提供義務）に分類することができる（「コンビニエンス・フランチャイズ・システムをめぐる法律問題に関する研究会報告書(1)」NBL948号9頁）。

そして、売上・収益予測に関する情報提供義務の範囲に関する裁判例も、上記の分類に沿う形で、①売上・収益予測は、フランチャイジーになろうとする者が契約を締結する際の重要な要素であることを理由に、フランチャイザーが売上・収益予測につき情報提供義務を負うとするものと、②フランチャイザーは、売上・収益予測を積極的に提供する義務を負うものではないが、売上・収益予測を提供する場合には、情報の内容が客観的、正確かつ適正でなければならないとするものに大きく分類することができる（前掲「研究会報告書(1)」9頁以下）。

3　予想売上高に関する情報提供義務違反の判断基準

裁判例が売上・収益予測に関する情報提供義務違反の判断基準としているのは、①売上・収益予測手段に相当性・合理性が認められるか、及び②相当性・合理性が認められるとして、その適用過程に相当性・合理性が認められ

るか，である。また，近時の裁判例には，売上・収益予測と現実の売上げとの乖離をもって予測が適正ではなかったことを推定するものや，当該乖離をもって予測が不合理であることを事実上推認するものもある（前掲「研究会報告書(1)」12頁）。

上記の相当性・合理性を欠くため，義務違反が肯定される事情としては，不適正な人材・方法による市場調査の実行，予測の根拠となる数値の算出過程における人為的な操作，競合店・商圏の認識の誤り，本来適用すべき数値と異なる恣意的な数値の設定などが挙げられる（『【改訂版】フランチャイズ契約の法律相談』63頁以下，前掲「研究会報告書(1)」13頁）。

本判決は，①売上予測の手法それ自体が虚偽ないし人為的操作が加わった不合理なものであるか否か，及び②売上予測の前提とされた情報が虚偽ないし著しく不合理であるといえるか否かを基準として，フランチャイザーが作成・提示した売上予測が客観的に見て合理性を有する情報であるか否かを検討している。そして，手法それ自体の合理性を認めた上で，前提とされた情報が虚偽ないし著しく不合理であったとはいえないとして，本件売上予測は，客観的に見て合理性を有する情報であると評価している。

なお，本件の特徴としては，リロケイト物件に関する事案であることが挙げられ，リロケイト物件に関するフランチャイザーの責任が認められた事例としては先例となるようである（判タ1339号113頁のコメント）。リロケイトとは，コンビニ業界の用語で，オーナーと店舗の両方が移転することを意味する。本件では，閉店された旧店舗の売上実績が減少したまま回復しなかったのは少なからず別の店舗の開店の影響によるものであり，新店舗は旧店舗からわずか30メートル程度しか離れていないというのであるから，旧店舗の売上実績が新店舗の開店後の売上げと強い関連性を有することは否定できず，旧店舗の売上実績等の重要情報を開示しなかったことについてYの保護義務違反が認められたのは，妥当な判断であると思われる。

4 情報提供義務違反の場合における損害の範囲

情報提供義務違反があった場合には，フランチャイザーは，当該違反行為と相当因果関係の範囲内にある損害について賠償責任を負う（民法416条）という点については，裁判例は一致している。

しかし，具体的な因果関係の判断については，①フランチャイザーによる不正確な情報の提供とフランチャイジーの店舗開業及び経営破綻との間に相当因果関係が認められる損害について賠償責任を負うべきであるとするもの（東京高判平成11年10月28日判時1704号65頁）と，②情報提供義務違反と経営継続が困難になったこととの相当因果関係を論じ開業したこと自体に係る損害については賠償責任がないとするもの（名古屋地判平成10年3月18日判タ976号182頁）とがある（『【改訂版】フランチャイズ契約の法律相談』52頁以下）。
　本判決は，Yの保護義務違反がなければ，Xは，本件契約を締結し，本件店舗を開店することはなかったと考えられるのであるから，本件契約を締結し，本件店舗を開業したこと自体を損害と評価すべきであるとして，本件店舗を開業するために要した費用も損害賠償の対象に含めており，上記①の考え方を採用している。

5　過失相殺について

　フランチャイジーは，単なる末端消費者とは異なり，自己の経営責任において利潤を追求するものである以上，フランチャイザーから提供された情報を慎重に検討した上で，最終的には自己の判断と責任においてフランチャイズ・システムに加入するか否かを決定すべきであるにもかかわらず，フランチャイザーからの情報を安易に信頼してフランチャイズ・システムへの加入を決定したことにより問題が発生することが多い。そこで，フランチャイジーに上記のような過失がある場合には，その損害賠償の額を定めるに際してこれを斟酌して，過失相殺（民法418条・722条2項）が認められる。
　過失相殺が認められる事情は事例ごとに様々であるが，フランチャイジーの属性や経験が過失相殺の割合に影響を与えることがあるということには特に注意すべきである（『【改訂版】フランチャイズ契約の法律相談』57頁以下）。
　本判決も，Xらの知識，経験，予想可能性など考慮して，5割という相当高率の過失相殺を認めている。

6　解約と継続的契約論

　フランチャイズ契約における約定解約権の行使については，学説は，契約期間の満了前である以上は，一定の程度を超える事由があって初めて，当事者はフランチャイズ契約を終了できるという限度でほぼ一致している（小塚

荘一郎『フランチャイズ契約論』160頁（有斐閣，2006年））。

　本判決も，本件契約の条項に定める『重大な不信行為』の具体的な意義については，フランチャイズ契約が当事者の信頼関係を基礎とした継続的法律関係であることに照らして，契約当事者間の信頼関係が破壊され，契約を今後継続していくことが困難である場合を指すとしている。なお，本判決は，Ｘの主張はいずれも契約締結前の事情を理由とするものであるため，失当であるとしているが，本判決の判断及びその基礎となった「重大な不信行為」の時的範囲の解釈については，異論もあろう。

【カライスコス　アントニオス】

〔参考文献〕
西口元＝木村久也＝奈良輝久＝清水建成編『【改訂版】フランチャイズ契約の法律相談』51-58頁，62-64頁（青林書院，2009年）
小塚荘一郎『フランチャイズ契約論』（有斐閣，2006年）
川越憲治『フランチャイズシステムの法理論』（商事法務研究会，2001年）
金井高志『フランチャイズ契約裁判例の理論分析』（判例タイムズ社，2005年）
神田孝『フランチャイズ契約の実務と書式』（三協法規出版，2011年）

〔参照判例〕
東京高判平成11年10月28日判時1704号65頁
名古屋地判平成10年3月18日判タ976号182頁

第20 フジオフードシステム事件

▶フランチャイザーの詐欺的勧誘行為により締結されたフランチャイズ契約の加盟金条項等が公序良俗に反するとして無効とされ，フランチャイザーの経営指導義務違反による損害賠償額の算定につき民事訴訟法248条が適用された事例

東京高等裁判所平成21年12月25日判決　平成21年（ネ）第1043号

争　点

1　フランチャイズ契約締結過程においてフランチャイザー及びその履行補助者の勧誘行為に違法があるといえるか。違法があるとした場合のその法的効果はいかなるものか。

2　フランチャイズ契約履行過程においてフランチャイザーの経営指導義務違反があったといえるか。違反があるとした場合の法的責任及び損害額はいかなるものか。

3　フランチャイズ契約におけるフランチャイザーからの競業避止義務違反の主張の有効性。

結　論

1　フランチャイザー及びフランチャイザーの履行補助者の行為の勧誘行為は詐欺に該当する違法行為である。詐欺的な勧誘の下で締結されたフランチャイズ契約のうち，加盟金及び加盟保証金の支払義務を定めた部分は，公序良俗に反するものとして無効である。

2　フランチャイザーによる債務不履行（経営指導義務違反）が成立するが，その損害額の立証は極めて困難であるため，民事訴訟法248条により，相当な損害額を認定すべきである。

3　詐欺的行為による勧誘及び経営指導義務違反があったフランチャイ

ザーが，フランチャイズ契約に基づきフランチャイジーの競業避止義務違反を主張することは信義誠実の原則に違反し，権利の濫用であって許されない。

事案の概要

1 本訴事件は，食堂のフランチャイズ・チェーンを展開するY_1と，Y_1から加盟店募集業務及びスーパーバイジング業務の委託を受けたY_2を被告として，Y_1のフランチャイズ・チェーンに加盟し，その後脱退したXらが，Y_1及びY_2が行った上記フランチャイズ・チェーンへの加盟への勧誘行為が債務不履行ないし不法行為（欺瞞的，詐欺的な契約勧誘及び経営指導義務違反）にあたり，かつ，フランチャイズ契約に基づくY_1及びY_2のXらに対する経営指導について債務不履行ないし不法行為があったとして，加盟金等の返還及び損害賠償を求めた事案である。

2 反訴事件は，Y_1が，Xらに対して，Xらが上記フランチャイズ・チェーン脱退後に行った食堂経営がフランチャイズ契約に定める競業避止義務に違反するとして，営業差止め及び違約金の支払を求めた事案である。

3 一審判決は，本訴事件のXらの請求を全部棄却し，反訴事件のY_1の請求を一部認容した。これに対してXらが控訴したのが本件である。

4 本判決は，Xらの請求を全部棄却した一審判決を実質的に全部変更し，Y_1及びY_2について詐欺的な勧誘行為や経営指導義務違反があったものとして本訴事件のXらの請求を一部認容し，反訴事件のY_1の請求については信義則違反及び権利の濫用であるとして全部棄却した。

判決要旨

1 Xらの本訴請求について
(1) 勧誘行為
本判決は，フランチャイザーであるY_1，及びY_1から業務の委託を受けたY_2が，「外食産業用店舗物件の確保が困難であることを知りながら」，その「事実を告げず，逆に，Y_2の支援があるので容易であるとの説明を行い，その旨誤信した」Xらとの間でフランチャイズ契約を締結したとして，Y_1及びY_2の「勧誘行為は，詐欺に該当する違法行為である」，「Xらの犠牲の下に，不当な

利益を得ようとするもの」などとして、「形式的には意思の合致が存することを理由として、このような契約についてその効力を全面的に容認することは、わが国の公の秩序、善良の風俗に照らし、許されない」とした上で、フランチャイズ契約のうち、「加盟金及び加盟保証金の支払義務を定めた部分は、公序良俗に反するものとして無効」とした。

(2) 経営指導義務違反

本判決は、フランチャイズ契約の内容として、Y_1 が「経営指導について専門性を有する SV（筆者注：スーパーバイザー）を臨店させて加盟店の経営指導を行う債務を負っていた」ことを認定し、これを前提として、Y_1 及び Y_1 の履行補助者である Y_2 が「経営指導について専門性のある SV を必要な人数だけ揃える努力をすることを契約の準備段階から完全に怠」り、「加盟店の多くが専門性の乏しい若手社員の SV の臨店しか受けることができない状態を続け」たとして、Y_1 につき「経営指導義務の債務不履行」が成立するとした。ただし、Y_1 の履行補助者の地位にある Y_2 については、「加盟店勧誘時とは異なり、虚偽の事実を告げる等の行為をしていない」として、「不法行為に該当するとみるのは困難」として Y_2 の責任を否定した。

経営指導義務違反に係る損害額については、「損害の性質上、その額を立証することは極めて困難」であるとして、「民事訴訟法248条により、口頭弁論の全趣旨及び本件全証拠」「に基づき相当な損害額を認定することとなるが、本件においては、Y_1 の経営指導義務の不履行により1箇月につき1店舗当たり2万円相当の損害（損益の悪化）が生じたものと認めるのが相当である。」とした。

(3) 競業避止義務違反

本判決は、「Y_1 が、X らに対して、本件 FC 契約の終了後も競業避止条項を適用して、競業避止義務の履行を求めて差止請求をしたり、競業避止義務の不履行による違約金を請求したりすることは、Y らが前記認定のとおり詐欺的行為によって本件 FC 契約の締結を控訴人らに勧誘し、かつ、フランチャイズとしての経営指導を行わず、X らがノウハウをほとんど受けていないという経緯に照らすと、信義誠実の原則に違反し、権利の濫用であって、許されないものというべきである。」として、反訴請求を棄却した。

分　析

1　勧誘行為の違法とその法律効果

(1)　理論的枠組み

フランチャイズ契約が締結されるに至ったものの，フランチャイザーがフランチャイジーとなろうとする者に対して行った説明が虚偽であったり十分でなかったりした場合の，フランチャイジーからフランチャイザーに対する責任追及の形態としては，

　イ　不法行為（民法709条・715条）や信義則（民法1条2項）上の情報提供義務違反などを根拠として，損害賠償請求を行う形態と，

　ロ　詐欺取消し（民法96条1項），錯誤無効（民法95条）等により，契約の効力を否定し，加盟金等の契約金の返還請求（又は支払義務の不存在確認）を行う形態

が裁判例において多く見られるところである（『【改訂版】フランチャイズ契約の法律相談』41頁）。

(2)　本判決

本判決は，フランチャイザーらの行為を詐欺による不法行為であるとしながらも，それに基づく損害額について特段検討することなく，フランチャイズ契約のうち，「加盟金及び加盟保証金の支払義務を定めた部分」のみを「公序良俗に反するものとして無効」としており，前記の理論的枠組みにあてはまらない特徴的なものである。

(3)　検討

上記本判決の理論構成には疑問が残る。

すなわち，まず，フランチャイザーらの勧誘行為を「詐欺による不法行為」であると認定しているが，そうであれば，詐欺取消し（民法96条1項）により契約の効力を否定するか，これに代えて，又はこれに加えて，不法行為（民法709条・715条）に基づく損害賠償の問題として処理するのが通常であろうかと思われる。

ところが本判決は，詐欺取消しの主張についても，また不法行為に基づく損害賠償請求の主張についても判断しないまま，公序良俗違反としてフラン

チャイズ契約の一部（加盟金及び加盟保証金の支払部分）のみを否定するに留まっている。本件において，なぜ詐欺取消し等の点について何らの判断をも加えていないのか，公序良俗違反という一般条項を適用する必然性があったのか，及び適用するとしても，なぜ契約の一部分のみが無効とされたのかが判然としない。

2　経営指導義務違反

(1) 経営指導義務違反についての裁判例の状況

　ア　フランチャイジーが営業を行う際に，自ら原材料の仕入れ，商品の製造・販売・宣伝，帳簿記載，会計管理・営業施設の管理，その他様々な側面についての方法を開発しなければならないとすれば，膨大な時間と労力を消費することとなる。こうした営業の方法についてフランチャイザーから指導・援助を受けることができることが，フランチャイジーにとってのフランチャイズ方式により営業を行うことのメリットであり，加盟料その他の支払がその対価となっていると考えられる。したがって，フランチャイザーがフランチャイジーに対し，そのノウハウについて一定の指導を行うことはフランチャイズ契約の本質的要素であり，フランチャイザーにそのような義務（以下「経営指導義務」という。）があることについては論を待たない。

　問題は，具体的にフランチャイザーがどのような経営指導義務を負うのかであるが，これは裁判所にとって非常に困難な判断事項となる（金井高志「フランチャイズ契約裁判例の理論分析13　フランチャイズ・システムにおけるノウハウおよび指導・援助に関する紛争の判例分析(3)」判例タイムズ1131号（2003年））。

　すなわち，そもそもフランチャイズ契約においてその内容が抽象的にしか規定されていないことが多く，また，経営指導というものが，特定の結果の実現を約束するものではなく，当該結果の実現に向けて合理的に努力する，いわゆる「手段債務」であると考えられることから，どのような場合に債務不履行となるか，その見極めが非常にしにくいのである。

　イ　裁判例は，経営指導義務違反の認定については消極的な傾向にある。すなわち，「一応の合理的な経営指導」をなせば指導・援助義務違反とはならず，また，「信頼関係を破壊するとみられる程度」ないし「契約上または条理上著しく不十分ないし不相当と認め」られる程度の義務違反がない限

り，指導・援助義務違反にはならないという判断傾向があり（大阪地判平成2年11月28日判時1389号105頁，大阪地判平成8年2月19日判タ915号131頁等），経営指導義務違反が争点となった裁判例は多数あるが，筆者の知る限り，違反を認定した裁判例は，本判決を除き見当たらない。

(2) 本判決

本判決は，他の裁判例とは異なり積極的に経営指導義務違反を認定している点が特徴的である。

まず本判決は，フランチャイザーに「専門性を有するSVを臨店させて加盟店の経営指導を行う」債務があるものとして，経営指導義務の具体的内容を認定している。

ここでの「専門性」とは具体的にどのようなものをいうかについては，本判決において直接判示されてはいないものの，本件のSVの行動について，

1　SVの臨店回数が少ないこと
2　SVが頻繁に交替すること
3　知識，経験のない若手のSVが多いこと
4　SVが，チェックリストによるチェックをする能力しか有しておらず，店舗の個別的な状況に応じて創意工夫をする能力に欠け，応用力がないこと
5　加盟店からの意見，苦情の理解，吸収能力，本部への伝達能力がないこと
6　加盟店の直面した問題（損益の悪化等）について適切な指導をすることができないこと
7　経営指導の具体的内容として稚拙なものが多いこと
8　臨店記録が整備されていないこと

などの事実が認定されていることから考えると，SVの専門性として，SV業務について一定の知識，経験を有し，定型的な指導のみならず，加盟店の個別の事情に応じて柔軟かつ適切な経営指導を行う能力を有していることが要求されているように思われる。

(3) 検討

SVによる経営指導義務の履行状況が思わしくない場合，本判決のように債務不履行責任を問われる場合があることがあるという点で，本判決は実務

上参考になると思われるが，経営指導義務の内容については，若干レベルが高すぎるものを要求しているようにも思われる。

一般用語として「経営指導」というと，店舗の経営上の問題点を分析し，その店舗の実情に応じてその問題についての合理的な解決策を提示し，経営成績向上に寄与するというような，いわば経営者のブレーンとしての役割が期待されるような用語である。

しかし，フランチャイズ契約において要求される「経営指導」は，原則として，上記のような意味での経営指導とは性質を異にするものであると思われる。

すなわち，フランチャイズ・システムは，フランチャイザーのビジネスに係るノウハウを，当該業種の経験が少ないものでも運営可能となるよう定型化，類型化した上でフランチャイジーに提供し，フランチャイジーはその定型化，類型化されたノウハウを実践することによって利益を上げ，その一部をフランチャイザーに対してロイヤルティ等の名目で還元するという点に本質がある。

そして，上記の本質から考えると，フランチャイザーがフランチャイジーに対して行うべき経営指導というのは，フランチャイジーが定型化，類型化されたノウハウを実践できるような情報提供をすることであり，前記のような，いわゆる経営者のブレーンとしての柔軟かつ高度な経営指導とは性質を異にする。

経営指導義務の内容について，いくつかの裁判例はその内容を具体化して判示しているが，「客観的かつ正確な情報を提供」すべき（千葉地判平成6年12月12日判タ877号229頁），「フランチャイザーは，フランチャイジーの経営の指導，援助にあたり，客観的かつ的確な情報を提供すべき信義則上の義務を負っているというべき」（東京高判平成11年12月15日金判1085号3頁〈第35事件〉）などと，いずれも正確な情報提供という側面に重点をおいており，上記見解と整合性を有するものと思われる。

本判決の事実認定をみると，確かに，SVが加盟店の要求に柔軟かつ的確に対応できていなかったという側面は見受けられるものの，上記のように，フランチャイズ・システムのノウハウを伝達するという点においての債務不

履行というのは判決文を見る限りではみあたらず，認定もされていない。

本判決は，フランチャイザーの経営指導義務の内容を，かなり高度なものとして考えていると思われるが，上記の観点から，このような判断の合理性には疑問が残るところであり，多数の他の裁判例の傾向とも大きく異なることから，先例的価値には乏しいように思われる。

3 まとめ

本判決は，理論構成や事実認定に疑問が残るところはあるものの，フランチャイザーの行為について極めて積極的な認定をしているものであり，フランチャイザーの責任について厳しい判断の一例として参考になる。

【秋元大樹】

〔評釈・参考文献〕
西口元＝木村久也＝奈良輝久＝清水建成編『フランチャイズ契約の法律相談〔改訂版〕』
　102-108頁（青林書院，2009年）
金井高志「フランチャイズ契約裁判例の理論分析13　フランチャイズ・システムにおける
　ノウハウおよび指導・援助に関する紛争の判例分析(3)」判例タイムズ1131号（2003年）

〔参照判例〕
大阪地判平成2年11月28日判時1389号105頁
大阪地判平成8年2月19日判タ915号131頁

第21 ニコニコキッチン事件

▶フランチャイズ契約においてフランチャイザーの情報提供義務違反が認められず，フランチャイジーの競業避止義務違反が認められた事例

大阪地方裁判所平成22年5月27日判決　平成20年(ワ)第661号，平成20年(ワ)第4973号，ロイヤルティ等請求，損害賠償請求事件
判例時報2088号103頁

争　点

〔第1事件〕

（X（フランチャイザー）が，Y（フランチャイジー）との間のフランチャイズ契約に基づき，Yに対し，未払のロイヤルティ等の支払を求めるとともに，競業禁止特約に基づき，Yの営業の差止めを求めた事案）

1　Xのロイヤルティ等の請求は権利濫用か。
2　Yの競業避止義務違反の有無。

〔第2事件〕

（Yが，Xが誤った売上予測を提供し，あるいは，同契約締結後に適切な経営指導等をしなかったために，損害を被ったとして，債務不履行に基づき損害賠償の支払を求めた事案）

3　Xの情報提供義務違反の有無。
4　Xの適正なエリア設定義務違反の有無。
5　Xの経営指導義務違反の有無。
6　Yの損害。

結　論

〔第2事件〕（判決の構成に従い第2事件からみていく）

争点3については，フランチャイザーは，フランチャイジーに対し，客観

的かつ正確な情報を提供すべき信義則上の保護義務を負っているとした上で，Y（フランチャイジー）が本件フランチャイズ契約を締結するに当たって，X（フランチャイザー）に情報提供義務違反があったと認めることはできないとした。また，争点4については，Yが主張するXの適正なエリア設定義務違反については，そもそも前提を欠くものであって，もとより理由がないと判示した。さらに，争点5については，本件フランチャイズ契約においては，Xは，Yに対し，所定の指導援助を行う旨定められているところ，Yが主張する本件フランチャイズ契約におけるXの債務不履行は認められず，YのXに対する債務不履行に基づく損害賠償請求は理由がないとした。

〔第1事件〕

　争点1については，YのXに対するロイヤルティ等の未払債務があるところ，Xの債務不履行の事実が認められず，XのYに対するロイヤルティ等の請求が信義則に反するとか権利濫用に当たるということはできないとした。さらに，争点2については，本件フランチャイズ契約における競業禁止特約は，公序良俗に反するものではなく，Yは，同特約に違反したということができるとした。

事案の概要

　1　X（フランチャイザー）は，「ニコニコキッチン」の商標で，フランチャイズ・システムによって高齢者向けの弁当宅配事業を中心とする生活支援サービスを展開する株式会社である。

　2　Y（フランチャイジー）は，Xとの間で，本件フランチャイズ契約を締結し，ニコニコキッチンA店の営業を開始した。また，Yは，本件店舗で使用する商品等の発注を行うため，Xとの間で，ニコニコキッチン店舗システム使用許諾契約を締結した。

　3　本件フランチャイズ契約には，要旨以下の約定があった。

第7条（加盟金，ロイヤルティの支払）
　①Yは，本件FC契約締結時に，Xに対し，ニコニコキッチンチェーンへの加盟金として190万円及び保証金として40万円を支払う。

> ②Yは，Xに対し，ロイヤルティとして毎月総売上高の3パーセントに当たる金額（税別）を，翌月15日までにXの指定する銀行口座に振り込んで支払う。
> **第8条（競業の禁止）**
> 　Y又はYの関係者は，Xの承諾なく，本件FC契約の有効期間及び同契約終了後5年間は，当チェーンの事業の経営，出資，従事等をしてはならない。

　4　Yは，平成16年5月末日に支払うべきロイヤルティ及び商品等代金の支払を怠り，その後未払金額が増加したことから，平成18年4月22日，Xとの間で，Yの未払金額が518万円余りであることを確認するとともに，Xに対し，平成18年5月から同年9月15日まで，毎月15日限り5万円を支払う旨の合意をし，平成18年9月14日には改めてほぼ同一の内容の合意をした。

　5　しかしながら，Yは，平成19年6月20日に支払うべき5万円の返済金のほか，毎月のロイヤルティ，商品等代金及びシステム使用料の支払を怠り，その後も，全部又は一部の支払を怠ったため，Xは，平成19年9月16日，Yに対し，Yの債務不履行を理由として本件フランチャイズ契約を解除するとの意思表示をした。

　6　平成19年9月30日までのYのロイヤルティ等の未払債務は，545万円余りであった。

　7　Xは，平成19年9月30日，上記未払債務に係る債権をもって，YのXに対する保証金40万円の返還請求権と対等額で相殺するとの意思表示をした。

　8　Yは，本件フランチャイズ契約終了後，Bの名称で弁当屋の営業を継続し，本件店舗と同一の場所で，弁当の店舗販売と宅配を行っている。

　9　〔第1事件〕は，Xが，Yとの間で締結した本件フランチャイズ契約に基づき，Yに対し，未払のロイヤルティ等合計512万円余りの支払を求めるとともに，Yが本件フランチャイズ契約を解除された後において高齢者向け弁当宅配事業を継続しているとして，本件フランチャイズ契約の競業禁止特約に基づき，営業の差止めを求めた事案である。

　10　〔第2事件〕は，Yが，本件フランチャイズ契約締結に当たり，Xが誤った売上予測を提供し，あるいは，同契約締結後に適切な経営指導等をしなかったために，Yにおいて損害を被ったとして，債務不履行に基づき，加盟金，ロイヤルティ等合計3861万円余りの損害賠償の支払を求めた事案である。

判決要旨

〔以下，争点3，5及び2についてみていく〕
〔第2事件について〕
1　争点3について

「フランチャイズ・システムにおいては，一般にフランチャイジーは，店舗経営の知識や経験に乏しく，フランチャイザーから提供される情報に大きな影響を受けるのが通常であり，また，フランチャイズに加盟しようとする者にとって，フランチャイザーから提供される売上予測は，加盟するか否かを決定する際の重要な要素となるから，フランチャイズ契約締結に向けた交渉の過程において売上予測を提供する場合には，フランチャイザーは，フランチャイジーに対し，客観的かつ正確な情報を提供すべき信義則上の保護義務を負っているものというべきである。」

「Yは，本件FC契約締結前に，X代表者に対し，現在の収入と同程度の収入を得られるかどうかを確認したところ，X代表者は，それは可能であると答え，その程度の利益を上げるには，1日あたり60食から65食を売ることが必要であるなどと説明していたと認めるのが相当である。」

「しかしながら，X代表者が上記のような説明をしたとしても，その内容は，」「当時のYの収入と同程度の収入を得ることが可能である旨述べただけであって，明確な売上予測として示されたものではない上，Yが営業努力によって顧客を獲得することを前提とした説明であったことがうかがわれるのであって，その説明において必ず35,6万円の収入が得られると誤認させるものであったとは認められないし，」「Yは，実際にも1か月に2000食以上の売上げを上げているのであるから，Xの説明が不正確なものであったとも認められない。」

「Yは，Xが，本件市場調査結果報告書において，奈良市エリアの出店可能ランクを『A』，すなわち，『将来的な委託業者参入の可能性有り or 行政サービスが不十分なため，顧客の獲得がスムーズである』としていることには合理性がない上，現実ともかけ離れた評価である旨主張する。」

「しかしながら，」「将来的に委託業者参入の可能性があり，顧客獲得も容易であると評価したことには一定の合理性があるというべきである。また，」「Xの顧客獲得が容易であるとの上記判断に誤りがあったともいえない。」

「Yは，Yが奈良市の委託事業に参入できる可能性はなかったのに，参入可

能であるかのような評価をしていることは事実と異なる旨主張するところ，」「社会福祉法人でなければ参入できないとの事実は証拠上認められないから，上記評価が誤りであるとまではいえない。」

「本件パンフレットの『開業予定地の市場調査』の項目には『開業する店舗予定地をデータベースにより市場性・営業規模などを調査，さらに現地での競合調査や収支予想など細部の調査も行うこともできます。開業前の事業策定が営業収支を考える上でも大切と考え，商圏エリアをご提案しております。』との記載があり，」「Xは，売上予測を行っていなかったことが認められるところ，収支予想をするという場合には，その前提として売上予測が行われていると考えるのが通常であるから，上記記載は，実際は行ってもいない売上予測が可能であるかのように認識される可能性を否定できないものというべきである。」

「しかしながら，」「Yは，Xに対し，収支予測の調査を依頼したことはないのであるから，本件パンフレットの上記記載がYが本件FC契約を締結する意思決定に何らかの影響を与えたものということはできず，本件において，この記載の存在がXのYに対する情報提供義務違反に当たるということはできない。」

「また，」「本件パンフレットの」「記載によって，Xが，Yに対し，Xの供給する役務の内容について，実際のものよりも著しく優良とYに誤認させたものとは認められない。」

「Yが本件FC契約を締結するに当たって，Xに情報提供義務違反があったと認めることはできない。」

2 争点5について

「本件FC契約においては，」「Xは，Yに対し，所定の指導援助を行う旨定められているところ，」「Xは，Yに対し，弁当のメニューやレシピを提供し，業務効率を向上させるコンピュータシステムを開発，提供し，インターネットサイト上に加盟店同士が情報交換できる場を設け，業務全般に関するマニュアルを交付するなどしていること，また，Yの店舗の経営を改善するため，Yに対し，積極的に営業に行くように指導し，」「自らY店舗エリア内の福祉関連施設を回って営業活動を行うなどしたことが認められる。」

「したがって，Yが主張するXの経営指導義務違反があったものとは認められない」。

3 結論

「第2事件におけるYのXに対する損害賠償請求は，」「理由がない。」

〔第1事件について〕
　4　争点2について
　「本件FC契約における競業禁止特約は，」「地域的限定がない上，本件FC契約終了後5年間Xと同一の事業を営むことを禁止し，さらに，本件FC契約が，その終了後においても加盟店に機密保持義務（15条）を課していること」「からすると，Xの経営ノウハウの保護を目的としているものと解される。このような目的に照らすと，期間を5年として，対象者を加盟者及びその関係者とし，区域を定めず，経営だけでなく出資や従事を禁止することも直ちに合理性がないとまではいえず，」「同特約には，期間，業種の限定があり，条項上は地域的限定がないものの，Xの本件請求においては，旧ニコニコキッチン奈良A店と同一店舗及び奈良県内と区域が限定されており，違反した場合における違約金の定めもないことを併せ考慮すると，同特約は」「公序良俗に反するものではない」。

　「Yは，本件FC契約終了後，本件店舗と同一の場所において，『B』という屋号で弁当屋を営み，弁当の宅配を行っていること，Yの『B』におけるメニューは，」Xのメニューと同じく2種類しかなくて「酷似しており，その価額もほぼ同一であることなどが認められ，これらの事実によれば，Yは，Xと同一の事業を行っているものと認められる。」

　「したがって，Yは，『B』を経営することにより，本件FC契約における競業禁止特約に違反したということができる。」

　5　結論
　「Yに対し，」「約定遅延損害金の支払と営業の差止めを求めるXの請求は理由がある。」

**　分　析　**

1　フランチャイズ契約における情報提供義務及び経営指導義務について
　(1)　情報提供義務について
　フランチャイズ契約を締結する際には，フランチャイザーは，フランチャイジーに対し，適正かつ正確な情報を提供すべき信義則上の義務を負うとされている。フランチャイザーのこの義務に関連して生じる紛争はフランチャ

イズ契約に関する紛争の相当割合を占めており，その大半は売上・収益等の予測を対象とするものである（小塚荘一郎『フランチャイズ契約論』145頁以下（有斐閣，2006年））。

　売上・収益予測に関する情報提供義務の範囲に関する日本の裁判例は，①売上・収益予測は，フランチャイジーになろうとする者が契約を締結する際の重要な要素であることを理由に，フランチャイザーが売上・収益予測につき情報提供義務を負うとするものと，②フランチャイザーは，売上・収益予測を積極的に提供する義務を負うものではないが，売上・収益予測を提供する場合には，情報の内容が客観的，正確かつ適正でなければならないとするものに大きく分類することができ（「コンビニエンス・フランチャイズ・システムをめぐる法律問題に関する研究会報告書(1)」NBL948号9頁以下），本判決は，後者に属するものであると思われる。

　フランチャイザーが上記の情報提供義務に違反した場合の効果は損害賠償であると解されているが，フランチャイジー側にも過失がある場合には，公平の原則や民法722条2項の類推適用を根拠として，過失相殺が認められる（『【改訂版】フランチャイズ契約の法律相談』51頁以下）。また，本件のように，フランチャイザーに情報提供義務違反等の債務不履行があることを理由に，フランチャイジーが，フランチャイザーによるロイヤルティ等の請求が権利の濫用（民法1条3項）であり，又は信義則（民法1条2項）に反するものであると主張することも可能である。

(2)　経営指導義務について

　フランチャイズ契約における経営指導及び技術的援助は，フランチャイザーの負う重要な給付義務の一つであり（セブン・イレブン・オープンアカウント事件＝最判平成20年7月4日判時2028号32頁〈第36事件〉），この給付義務を履行しなかった場合には，フランチャイザーは債務不履行責任を負うことになる。提供される指導及び援助の内容を余りにも厳密に特定すると柔軟な運用が阻害される場合もあるが，紛争防止のためには，提供されるべき指導及び援助を明確にすることが望ましく，フランチャイズ・システムそのものの価値を高めることにも繋がる（『【改訂版】フランチャイズ契約の法律相談』119頁）。

2 フランチャイズ契約における競業避止義務について

　フランチャイズ契約においては，フランチャイザーは，フランチャイジーに対し，営業秘密，ノウハウ及び内部情報等を提供する。そして，フランチャイジーがフランチャイザーと同一又は類似の営業をしたり，提供を受けた営業秘密等を不正に利用したりすることは，フランチャイザーのみならず当該フランチャイズ・システム全体を脅かすものになり得る。そのため，フランチャイズ契約においては，一般的に，フランチャイジーによる競業や秘密開示を防止するため，競業避止義務に関する規定が設けられる（『〔改訂版〕フランチャイズ契約の法律相談』246頁）。

　もっとも，フランチャイズ契約に競業避止義務に関する定めがある場合でも，競業制限が合理的であるか否かを検討する必要がある。そして，一般的に，競業をしないという特約は，場所・期間・営業種類のいずれかに相当の制限がないと，営業の自由（憲法22条1項）に過度の拘束を加えるものとして無効になると解されている（川島武宜＝平井宜雄編『新版 注釈民法(3)総則(3)』170頁以下〔森田修〕（有斐閣，2003年））。裁判例は，具体的なケースごとに合意の対象となった期間・地域・営業の種類などについて，その程度を見極め，制限の合理性の有無を検討して，民法90条の公序良俗違反の存否を通して議論してきている（川越憲治『フランチャイズシステムの法理論』498頁以下（商事法務研究会，2001年））。

　本判決は，本件フランチャイズ契約における競業禁止特約について，①その制限目的に照らした場合の，期間，業種及び地域の限定などの制限範囲の合理性及び②違反した場合における違約金の定めがないという，同特約の実効性を確保するための手段の有無を検討して，その効力を肯定している。本件競業禁止特約は期間を5年とするものであり，一般的に期間を2年前後とするものが多いようであることを考慮すると比較的長い期間設定であるが，弁当宅配事業であることやYが同一の場所において営業を行っていることなどの本件の特殊性が上記判断に影響したものと思われる。また，本件の競業禁止特約には地域限定がないが，そのような場合でも，特約に基づく差止請求において区域を限定する（すなわち，実際の請求を限定的なものとする。）ことにより，場所に関する制限の合理性を確保する可能性が肯定されていること

にはとりわけ留意する必要があるものと思われる。なお，本件では主張されていないが，本件の事実関係の下では，XがYに対し，不正競争防止法2条1項1号及び4条に基づいて損害賠償請求をすることも可能であろう。

　フランチャイズ契約における競業禁止特約の効力について判断した近時の裁判例としては，①競業禁止条項自体は公序良俗に反しないとしながらも，フランチャイジーの競業を禁止することによってフランライザーが得る利益とフランチャイジーが被る不利益の程度を具体的に検討し，フランチャイジーに競業避止義務を負わせることは信義則に反し許されないとした大阪地判平成22年5月12日判タ1331号139頁，②契約終了後の競業避止義務規定について，その趣旨目的の合理性と当該規定によってフランチャイジーが被る不利益の程度を比較的詳細に検討した上，同規定は公序良俗に違反するとはいえないとした大阪地判平成22年1月25日判タ1320号136頁及び③競業避止規定については，㈶競業避止規定による制限の範囲が制限目的との関係で合理的といえるか，㈻競業避止規定の実効性を担保するための手段の有無・態様，㈼競業に至った背景等を総合的に考慮すべきであるとした上で，契約終了後の競業避止義務が公序良俗に違反し無効であるとした東京地判平成21年3月9日判時2037号35頁などがある。

【カライスコス　アントニオス】

〔参考文献〕
西口元＝木村久也＝奈良輝久＝清水建成編『【改訂版】フランチャイズ契約の法律相談』
　245-250頁（青林書院，2009年）
川越憲治『フランチャイズシステムの法理論』（商事法務研究会，2001年）
小塚荘一郎『フランチャイズ契約論』（有斐閣，2006年）
神田孝『フランチャイズ契約の実務と書式』（三協法規出版，2011年）
「コンビニエンス・フランチャイズ・システムをめぐる法律問題に関する研究会報告書(1)」
　NBL948号6頁

〔参照判例〕
大阪地判平成22年5月12日判タ1331号139頁
大阪地判平成22年1月25日判タ1320号136頁
東京地判平成21年3月9日判時2037号35頁
最判平成20年7月4日判時2028号32頁

第 3 章

加盟契約締結時の留意事項

1　イニシャル・フランチャイズ・フィー

第22　天商事件

▶フランチャイザーの倒産に伴う返還約束のない権利金の一部返還が認められた事例

浦和地方裁判所平成5年11月30日判決（確定）
判例タイムズ873号183頁

争　点

　フランチャイズ契約において，契約締結時に，フランチャイジーからフランチャイザーに対して返還約束のない多額の権利金が支払われた場合に，契約期間の中途でフランチャイザーの倒産により事業が中止されたとき，フランチャイザーは権利金の一部を返還する義務を負うか。

結　論

　1　フランチャイズ契約において，契約締結時に加盟店（ジー）から本部（ザー）の側に返還約束のない多額の権利金が支払われた場合，契約の中途で正当な理由がないのに本部の側で一方的に事業中止をし，加盟店の営業継続が困難になったというときには，少なくとも，契約の残存期間に見合う分の権利金は不当利得として，加盟店は本部に対して，その不当利得に相当する金員を返還請求することができる。

　2　契約に「権利金はいかなる場合も返還しない。」旨が記載されていても，フランチャイズの本部側の一方的な事情による事業中止の場合は含まれないとみるのが衡平上相当である。

> **事案の概要**

 1　平成2年8月、フランチャイズ・システムによる浄水器の販売等を業とするYは、Xに対し、Yが製造する浄水器「水丸」の販売について、Yが「販社」と呼ぶ「水丸」の販売会社を設立して、Yとの間で販売業務委託契約を締結するよう勧めた。

 2　平成2年9月、Xは、Yとの間で、「水丸」の販売、リース契約代行及びメインテナンス業務につき、概ね、次の内容で業務委託契約（以下、「本件契約」という。）を締結した。
　① 　Xは、資本金1500万円で株式会社を設立する。
　② 　Xは、保証金200万円をYに預託する。
　③ 　Xの商圏は京滋地区とし、Xは、権利金としてYに3000万円を支払う。
　④ 　契約期間は、平成2年10月から3年間とする。

　そして、そのころ、Xは、Yに上記権利金と保証金を支払い、同年11月、販社たる株式会社を設立して「水丸」の販売事業に乗り出した。

 3　ところが、Xの目論見に反し、Xの設立した販社は毎月90万円以上の欠損を出し続けて、営業が成り立たず、結局Xは平成3年5月末ころ上記株式会社の事業を中止した。

 4　さらに、その後、Yも経営が悪化したことから、Yは、平成4年9月以降、一切の事業を中止した。

 5　そこで、Xは、Yに対し、権利金は、Yのフランチャイザーとしての安定した商品の供給、業務経営指導、統一的宣伝広告等の活動に対する対価又はその先払いとしての意味を持つものであるところ、Yは契約期間内に一方的に事業を中止し、以後フランチャイザーとしての活動を何らしていないのであるから、Yは、少なくとも権利金のうち契約期間の残余期間に見合う分は不当利得として返還すべきであるなどと主張して、上記権利金を含む合計6235万円の支払等を求めて提訴した。なお、Xは、YがXに対し本件契約の締結を勧誘する際に高い利益の獲得を保証したことなどが不法行為（詐欺）に該当する、あるいはYが適切な宣伝広告義務や経営指導義務を怠ったことなどが債務不履行に該当するとも主張していたが、判決ではいずれも当

該主張に理由はないものと認定されているため，ここでは省略する。

判決要旨

【一部認容】
　フランチャイズ契約において，契約締結時に加盟店（ジー）から本部（ザー）の側に返還約束のない多額の権利金が支払われるという場合，その権利金の性格は，特段の事情がない限り，取り扱う商品又はサービスの一定地域における独占的営業権の付与，サービスマーク・商号・商標等の使用許諾，統一的方法での経営指導・援助・宣伝・広告等に対する対価又はこれらサービスに対するロイヤルティの先払いというところにあると認められる。そこで，フランチャイズ契約で一定の契約期間が定められ，加盟店から本部へ支払われた権利金については，その回収はその期間内における営業利益によることが予定されているというべきであるから，契約の中途で正当な理由がないのに本部の側で一方的に事業中止をし，加盟店の営業継続が困難になったという場合には，少なくとも，契約の残存期間に見合う分の権利金は不当利得として，加盟店は本部に対して，その不当利得に相当する金員を返還請求することができると解するのが相当である。そして，契約に「権利金はいかなる場合も返還しない。」旨が記載されていても，それは本件で問題としているようなフランチャイズの本部側の一方的な事情による事業中止の場合は含まれないとみるのが衡平上相当である。
　これを本件についてみるに，XはYとの間で，平成2年9月，契約期間を同年10月1日から3年として本件契約を締結し，そのころ権利金3000万円を支払ったことが認められる。しかし，Yは，主として「水丸」のリース契約に関し提携してきた（リース債権買取りを行ってもらっていた）クレジット会社が提携を断ってきたことを原因として事業が行き詰まり，平成4年9月以降は一切の事業を中止していることが認められる。そうであるとすれば，右事業中止の原因は，もっぱらYの側に責任があると認めざるを得ないから，Xとしては，既に支払済の権利金3000万円のうち，遅くともYが事業を中止した後である平成4年10月1日以降の契約残存期間約1年に見合う1000万円を，不当利得としてYに返還請求できるものというべきである。

分析

1 イニシャル・フランチャイズ・フィー

　社団法人日本フランチャイズチェーン協会によれば,「フランチャイズ」とは,事業者(フランチャイザー)が他の事業者(フランチャイジー)との間に契約を結び,自己の商標,サービス・マーク,トレード・ネームその他の営業の象徴となる標章及び経営のノウハウを用いて,同一のイメージのもとに商品の販売その他の事業を行う権利を与え,一方,フランチャイジーはその見返りとして一定の対価を支払い,事業に必要な資金を投下してフランチャイザーの指導及び支援のもとに事業を行う両者間の継続的関係をいうものとされている。またある裁判例では,一定の地域内で,フランチャイザーの商標,サービス・マーク,トレード・マークその他の営業の象徴となる標識,及び経営ノウハウを用いて事業を付与することを内容とする契約をいうものとされている(京都地判平成3年10月1日判時1413号102頁)。上記に挙げられたフランチャイザーからフランチャイジーに提供される各種の給付全体をフランチャイズ・パッケージといい,その対価をフランチャイズ・フィーという。そして,特に,フランチャイズ契約の締結前後に提供される給付(フランチャイザー自身に関する情報や,その有する商標の使用許諾,各種ノウハウ・マニュアルの供与,開店前後の指導,店舗・設備の設計等)は,イニシャル・フランチャイズ・パッケージと呼ばれ,これに対する対価はイニシャル・フランチャイズ・フィーと呼ばれている。

　イニシャル・フランチャイズ・フィーは,通常,加盟金と呼ばれているが,これに代えて権利金,入会金,分担金あるいはフランチャイズ付与料という用語を使っている場合もあり,その内容についても,加盟金の中にロイヤルティ(契約締結時ではなく,契約締結後から契約終了までに継続的に提供されるフランチャイズ・パッケージに対する対価として,契約期間中継続して徴収される金銭)の一部先払いが含まれている場合もあるし,逆に,加盟金にはイニシャル・フランチャイズ・フィーの一部しか含まれず,加盟金とは別に教育費,開業前研修費,開設パック費,立地研究調査費等といった名目で,残りのイニシャル・フランチャイズ・フィーを徴収する場合もある。

2 契約の中途解約とイニシャル・フランチャイズ・フィーの返還

　契約期間途中の解約とイニシャル・フランチャイズ・フィーの返還について，東京地判昭和47年5月30日判夕283号274頁は，契約締結時に分担金及び権利金名目で金銭が徴収され，ロイヤルティ名目での継続的な金銭の徴収が行われていなかった事案において，徴収された分担金及び権利金はその全額がロイヤルティの先払いであると認定した上で，「途中において契約関係が解消した場合は，すでに消化した分はともかく，将来の期間に対応する部分の対価は原状回復として対価提供者に返還しなければならない」と判示し，徴収した金銭の全額について，これを契約期間で按分し，解除後の期間に対応する金銭の返還義務を認めている。

　しかし，同判決については，フランチャイザーが契約締結時に徴収した分担金及び権利金には，ロイヤルティの先払いだけではなく，イニシャル・フランチャイズ・パッケージの対価（イニシャル・フランチャイズ・フィー）も含まれており，契約が途中解約されたとしても，フランチャイザーは既に上記パッケージの提供を履行済みであるから，徴収した分担金及び権利金のうち，イニシャル・フランチャイズ・フィーに相当する部分については，不当利得（民法703条）に基づく返還義務を負わないとの考えから，上記判決は当該事実を看過して，分担金及び権利金の全額を按分した上で，解除後の期間に相応する金額の返還を認めてしまっているとの批判もある。

3 本判決

　(1) 本判決は，権利金の性格を，原則として，イニシャル・フランチャイズ・パッケージに対する対価又はロイヤルティの先払いであると認定した上で，フランチャイジーはこれを契約期間内に得る営業利益によって回収することを予定しているのであるから，契約に「権利金はいかなる場合も返還しない。」旨が記載されていたとしても，契約期間中に，フランチャイザー側の一方的な事情で事業を停止した場合，契約の残存期間に見合う分の金額は不当利得として返還義務を負うものと判示した。

　(2) しかし，本判決の判断の背景には，権利金のうち，イニシャル・フランチャイズ・パッケージの対価がいくらで，ロイヤルティの先払いに該当する金額がいくらなのかを，裁判所が合理的根拠をもって明確に区別すること

が困難であるという実際上の問題があることに加え、営利事業としてフランチャイズ契約を締結し営業を開始するフランチャイジーとしては、イニシャル・フランチャイズ・フィーについて、契約期間全体を通じて回収することを予定して投資していることは言うまでもなく、他方、フランチャイザーとしても、当事者間で合意した契約期間の満了まで事業が継続されることを前提として、フランチャイジーが、当該契約の当初に投資したイニシャル・フランチャイズ・フィーを回収できることを予定・期待してフィーの金額や契約期間等各種の契約条件を設定していると考えられるのであるから（本件でも、契約締結過程において、YはXに対し、経費を控除して月150万円の利益が期待できる旨述べており、3年の契約期間で十分に権利金3000万円を回収できる試算になっている。）、フランチャイザーの一方的事由により契約の継続が不可能となり、フランチャイジーがイニシャル・フランチャイズ・フィーを回収することができなくなった場合に、イニシャル・フランチャイズ・フィーについて不返還特約があり、イニシャル・フランチャイズ・パッケージについては既に提供済みであるとの理由から、一切返還義務がないとすることは不当であるとの考えがあると思われる。そうすると、イニシャル・フランチャイズ・フィーについては、単に、これをイニシャル・フランチャイズ・パッケージの対価として捉えるのではなく、これに加えて、フランチャイザーにおいて、フランチャイジーが契約の全期間にわたって当該パッケージを利用可能な状態にする（イニシャル・フランチャイズ・パッケージから得られた利益を契約期間中継続して享受できる。）ことへの対価も含まれると解し、フランチャイズ契約が契約期間の途中で解約された場合には、既に支払済みであるイニシャル・フランチャイズ・フィーについて、原則として、残存期間に見合う金額を返還すべきと考えることもできるのではないか。ただし、このように解する場合、継続的フランチャイズ・パッケージの対価であるロイヤルティとイニシャル・フランチャイズ・フィーとの区別が問題となり得るが、対価の趣旨が一部重複したとしても、そのこと自体に特段支障はないものと思われる。

(3) また、本判決に対しては、イニシャル・フランチャイズ・フィーとロイヤルティに関する正確な理解を欠いており、権利金の性格をロイヤルティの先払いと解するなら、契約が中途解約された場合には、解約事由の如何を

問わず，解約後の契約期間に対応する部分は返還義務が生じるはずで，フランチャイザー側の一方的な事業中止の場合に限られないとの批判がある。

確かに，上記のとおり，イニシャル・フランチャイズ・フィーの趣旨を，フランチャイジーがイニシャル・フランチャイズ・パッケージから得た利益を契約期間中継続して享受できることに対する対価も含むと解するのであれば，契約が中途解約された場合には，その理由の如何を問わず，原則として，残存期間に見合う金額については返還すべきであるが，本件では，当事者間において，権利金の不返還特約が合意されていたことから，本判決もこれを意識して「返還約束のない多額の権利金が支払われた場合」と限定を付した上で，フランチャイザー側の一方的な事業中止の場合には，不返還特約の効力は及ばないものとして残存期間に見合う金額の返還義務を認めていると思われる。つまり，本判決は，ロイヤルティの先払い的性質も含む権利金について不返還特約の合意がある場合に，当該不返還特約が適用される範囲を限定するために，フランチャイザー側の一方的な事業中止の場合には当該特約の効果が及ばないとしているに過ぎず，当該特約が存しない場合に，一般的に，中途解約の際に残存期間に対応する権利金の返還義務が生じるためには，フランチャイザー側の一方的な事業中止であることが必要であると判示したものではない。

以上のことから，不返還特約がある場合であっても，契約期間中に，フランチャイザー側の一方的な事情で事業を停止し，契約が解約された場合には，権利金のうち，契約の残存期間に見合う部分については，返還義務があるとした本判決は妥当であると考える。なお，多くのフランチャイズ契約では，イニシャル・フランチャイズ・フィーについて不返還特約が設けられているところ，それ自体は，当事者間の合意として原則有効であると考えられているが，その金額が著しく高額で対価性に欠ける場合には，公序良俗（民法90条）に反するものとして無効と解され，一部について返還が認められる場合もある（神戸地判平成15年7月24日　平成13年(ワ)第2419号）。

【毛塚重行】

〔参考文献〕
西口元＝木村久也＝奈良輝久＝清水建成編『【改訂版】フランチャイズ契約の法律相談』69-74頁（青林書院，2009年）
西口元＝吉野正三郎＝木村久也＝奈良輝久編『フランチャイズ契約の実務』（新日本法規，2000年）
川越憲治『〔新版〕フランチャイズ・システムの判例分析（別冊 NBL—No.56』224頁（商事法務，2000年）
神田孝『フランチャイズ契約の実務と書式』83-85頁，346-354頁（三協法規出版，2011年）

第23 ステーキワン事件

▶加盟金不返還特約が暴利行為として公序良俗に違反するとされた事例

神戸地方裁判所平成15年7月24日判決　平成13年(ワ)第2419号加盟金返還請求事件
裁判所HP，WLJPCA07249003
その後，大阪高裁で和解成立。

争　点

1　本件加盟金不返還特約の有効性。
2　本件加盟金の性質。
3　本件加盟金の金額の相当性。

結　論

　本件加盟金は，営業許諾料，Y（フランチャイザー）の商号・商標の使用許諾料及び開業準備費用としての性質を有するものであるところ，本件においては，商号・商標の使用許諾料及び営業許諾料を合わせても本件加盟金の金額に相当する価値があるとは到底認められない上に，Yは開業準備費用も支出していないのであるから，本件加盟金は著しく対価性を欠き，高額に過ぎ，その返還を一切認めないという本件加盟金不返還特約は，暴利行為であって公序良俗に違反し無効というべきであるとして，本件加盟金の一部の返還を認めた。

事案の概要

　1　X（原告，フランチャイジー）は，飲食店の経営，不動産管理業などを目的とする有限会社であり，Y（被告，フランチャイザー）は，飲食店の経営及び賃貸並びにその加盟店募集事業などを目的とする株式会社である。Yは，平

成9年9月12日に「ステーキワン」を商標登録している。

2　Xは，訴外株式会社Aの紹介により，Yとの間で，平成9年5月26日，ステーキハウス「ステーキワン」の営業を行うことを目的とするフランチャイズ基本契約を締結した。契約期間は契約締結日から5年間である。

3　本件契約には，その目的，Yの行う業務，XのYに対する権利及び義務，契約加盟金の支払，オープン前後の研修及び教育訓練費用並びにロイヤルティの支払に関する定めが置かれていた。なお，本件で問題となった，契約加盟金の支払に関する第6条は，XはYに対し，契約加盟金800万円を支払い，契約加盟金はいかなる事由によっても返還しない旨を定めていた。

4　Xは，本件契約締結後，「ステーキワン」の営業を開始しないまま，本件契約を継続する意思を失い，平成13年2月5日，Yに対し，加盟金の返還を求める調停の申立てをしたが，第3回期日の同年5月16日，上記調停は不調となった。

5　そこで，Xは，Yに対して，フランチャイズ契約に基づいて支払った加盟金につき，不当利得を理由に返還を求めて訴えを提起した。

判決要旨

1　本件加盟金不返還特約の有効性

「XがYとの関係で格別不平等な関係にあったとは認められないし，X代表者が，平成9年5月ころ，AからYのフランチャイズチェーンについて紹介を受けてから同月26日に本件契約を締結するまでの間に，本件契約の内容について十分検討する機会はあったと認められる。また，Xは飲食店の営業を主な目的とする有限会社であって，本件契約の利害得失について検討する能力も十分備えていたと推認される。さらに，Xが当時，本件契約を締結しなければならない差し迫った状況にあったとも認められない。そうすると，本件加盟金不返還特約をもって，YがXに対する優越的に地位を利用しての締結を強いたものとは認められないから，そのような理由で同特約が無効であると解することはできない。

　もっとも，本件加盟金不返還特約は『加盟金は如何なる事由によっても返還しません』という一切留保のない規定であるところ，本件加盟金が800万円に

も及ぶことを考えると，本件加盟金800万円が対価性を著しく欠く場合にまで，事由の一切を問わずおよそ返還を求めることができないというのは，暴利行為であって公序良俗に反し，無効と解すべきである（民法90条）。そして，そのような場合，Xは，本件加盟金800万円のうち対価性を欠く部分について不当利得として返還を求めることができると解する。」

2 本件加盟金の性質

「Xは，」「本件加盟金には，店舗の内外装資金及びロイヤリティの先払いの性質も含まれていると主張し，X代表者本人は，本件契約締結前に，Yの取締役であるBから同旨の説明を受けた旨述べる。しかしながら，Yのフランチャイズ加盟店募集案内」「に，加盟店の投下資金として，本件加盟金と区別して，『建物主体工事費4500万円，装飾工事・厨房設備工事費2550万円（5年リース），POSレジハンディターミナル費260万円（5年リース），オープン費・雑費490万円』と明確に記載されていること，証人Cが，Xが主張するような説明をしたことはない旨証言することに照らすと，X代表者本人の上記供述を信用することはできず，その他に，本件加盟金に内外装資金及びロイヤリティの先払いも含まれていることを認めるに足りる証拠はない。

以上の次第で，本件加盟金は，営業許諾料，Yの商号・商標の使用許諾料及び開業準備費用（従業員に対する開店前後2週間の研修教育訓練費を含む）としての性質を有するものであると認めることができる。」

3 本件加盟金の金額の相当性

「本件においては，商号・商標の使用許諾料及び営業許諾料を合わせても800万円に相当する価値があるとは到底認められない上に，Yは開業準備費用も支出していないのであるから，本件加盟金800万円は著しく対価性を欠き，高額に過ぎると認められる。そうすると，その返還を一切認めないという本件加盟金不返還特約は，暴利行為であって公序良俗に違反し無効というべきである。」

4 Xが不当利得として返還を求めることができる金額

「Yの商号・商標に周知性・集客力が認められないこと，純然たる営業許諾料以外に，年間数百万円のロイヤリティが支払われることを考慮すると，商号・商標の使用許諾料及び営業許諾料の対価としては，いかに高く見積もっても，本件加盟金800万円の4分の1，すなわち200万円を上回ることはないと推認される。従って，これを超える600万円の部分についてはYの不当利得に該当すると認められるから，YはXに対し600万円及びこれに対する訴状送達日の翌日から支払済みまで民法所定の年5分の割合による遅延損害金の支払義務

を負う。」

分　析

1　加盟金について

　加盟金（イニシャル・フランチャイズ・フィー）はフランチャイズ契約の締結の前後に提供されるイニシャル・フランチャイズ・パッケージの対価である。このイニシャル・フランチャイズ・パッケージには通常，フランチャイザーによる①契約締結時に開示するノウハウ，②商標等使用，③開店前の研修・指導，④開店前，開店時の指導員派遣，及び⑤開店宣伝の企画手配等が含まれている（『【改訂版】フランチャイズ契約の法律相談』387頁）。そして，フランチャイズ契約によっては，ロイヤルティ，すなわち契約締結後にフランチャイザーからフランチャイジーに対して提供されるフランチャイズ・パッケージの部分についての対価が加盟金に含まれている場合もある。本件でも，Xは，「本件加盟金は，独占的営業権の付与や商号・商標などの使用許諾の対価にとどまらず，実際の営業に関する指導・援助や宣伝・広告など，フランチャイザーがフランチャイジーに対して行う全ての業務の対価又はこれらのサービスに対するロイヤルティの先払いである」として，本件加盟金に，イニシャル・フランチャイズ・フィーよりも広い範囲の金銭が包含されている旨を主張している。

　加盟金の意義は，実務上，フランチャイズ契約の中途解約があった場合に，フランチャイザーが加盟金を返還する義務を負うのかという問題との関連で重要になる。というのも，イニシャル・フランチャイズ・パッケージが提供されて以降の時期にフランチャイズ契約が解約された場合には，フランチャイジーは，イニシャル・フランチャイズ・パッケージの対価である加盟金の部分については，返還を請求する権利がないはずだからである（『【改訂版】フランチャイズ契約の法律相談』243頁）。そして，本件でもそうであるが，多くのフランチャイズ契約には，加盟金はいかなる事由によっても返還しない旨の規定が設けられている。

2 加盟金不返還の効力

　加盟金の不返還特約は，原則として，当然のことを定めた有効な規定と解されている（『【改訂版】フランチャイズ契約の法律相談』73頁）。もっとも，上述したように，加盟金がロイヤルティの先払いとしての性質を有している場合には，中途解約による終了後の期間については，フランチャイジーはフランチャイズ契約に基づく役務の提供を受けていないのであるから，加盟金のうちその期間のロイヤルティに相当する額については，返還を請求することができると思われ，現にこれを認めた裁判例も存在する（東京地判昭和47年5月30日判タ283号274頁〔ピロビタン事件〕，浦和地判平成5年11月30日判タ873号183頁〔天商事件〕〈第22事件〉，川越憲治『フランチャイズシステムの法理論』168頁（商事法務研究会，2001年）参照）。本判決では，加盟金にロイヤルティが含まれている旨のフランチャイジーの主張は，十分に立証されていないものとして採用されていない。したがって，本件では，この観点からは，フランチャイザーは，加盟金を返還する義務を負わないはずである。

　もっとも，本判決は，民法90条の公序良俗違反の観点から本件加盟金不返還特約の効力を検討している。そして，本件加盟金は著しく対価性を欠き，高額に過ぎると認め，その返還を一切認めないという本件加盟金不返還特約は，暴利行為であって公序良俗に違反し無効であるとしている。

3 暴利行為と公序良俗

　暴利行為は一般的に，「他人の無思慮・窮迫・軽率・無経験に乗じて暴利をむさぼる契約」であるとされている（能見善久＝加藤新太郎編『論点体系 判例民法1 総則』143頁〔山田創一〕（第一法規，2009年））。民法の起草者は，民法90条を暴利行為に適用することは，起草当時には全く考えていなかったようである。もっとも，学説や判例によって，日本民法90条の解釈において，ドイツ民法典138条2項を模範とした暴利行為論が受け入れられてきた（大村敦志『公序良俗と契約正義』17頁，31頁（有斐閣，1995年））。具体的には，ドイツ法における公序良俗違反の一類型としての暴利（Wucher）にならって，①「相手方の窮迫・無経験・判断能力欠如又は著しい意志薄弱などに乗じる」という，契約当事者の主観的な行為態様の不当性と，②「対価の客観的かつ著しい不均衡」という契約内容の不当性との総合判断が要求されてきた（河上正二『民

法総則講義』270頁（日本評論社，2007年））。

　本判決は，民法90条の暴利行為の要件については，商号・商標の使用許諾料及び営業許諾料を合わせても加盟金の金額に相当する価値があるとは到底認められない上に，Yは開業準備費用も支出していないのであるから，本件加盟金は著しく対価性を欠き，高額に過ぎると認め，客観的事情の存在を確認しているが，主観的事情については，暴利行為の要件の充足との関係では考察がなされていない。

　もっとも，本判決は，本件加盟金不返還特約が，Yが本件契約上の優越的な地位を利用して加盟店であるXに対して一方的な不利益を強いるものであって，公序良俗に反し無効である旨のXの主張について検討する際に，XがYとの関係で格別不平等な関係にあったとは認められず，X代表者が本件契約の内容について十分検討する機会はあり，Xは飲食店の営業を主な目的とする有限会社であって，本件契約の利害得失について検討する能力も十分備えていたとしている。この認定の下では，暴利行為の主観的事情が満たされていると認めることは難しく，本判決は，結果として，暴利行為の要件たる客観的事情の充足のみに基づいて，本件加盟金不返還特約を無効としているようである。

　この点について，加盟金不返還特約が暴利行為であって公序良俗に反し無効であるとの主張について判断する際に過去の裁判例が考慮した事情をみると，①「原告も加盟金の不返還について十分に了解した上で本件加盟店契約を締結したと認められる」（主観的事情），「一応対価性も満たしていることがうかがわれる」（客観的事情）とした東京地判平成18年6月8日（LLI登載，ID番号06132285），②「5000万円という金額は，右の投資金額に比して特に多額とはいえない」（客観的事情），「また，前記認定のとおり，原告は，契約内容を十分検討した上で本件契約を締結しており，被告が原告の無知に乗じて契約を締結させたとは到底いえない」（主観的事情）「から，右契約が公序良俗に反するとは認められない」とした大阪地判平成7年8月25日判タ902号123頁，及び③「被告らの主張するとおり，契約違反行為の態様，内容や実害の発生の有無，その額などに関係なく，契約が解除に至った場合には，一律に60か月分のロイヤルティを損害賠償として支払わねばならないとの前記規定が高

額の損害額の予定額を定めたものと解しうる余地があるであろうことは否定しえないであろう。」(客観的事情),「しかしながら,」「被告らとしても,本契約を締結して原告の連盟店の地位を取得することによって,自己の経済的利益を確保,増大させるとの利害得失を考慮して,損害額の予定についての前記規定の存在も承知したうえで,原告に強制されるというようなこともなく,任意,自主的な判断によって本契約の締結に至ったものと考えられることを斟酌すると」(主観的事情)「前記規定をもってなお暴利行為で,公序良俗に違反するものとはいい難い」とした大阪地判昭和61年10月8日判タ646号150頁などがあり,主観的事情と客観的事情の双方を検討しているようである(ただし,本判決とは異なり,上記の判決はすべて特約の効力を肯定している。)。

本件でもそうであるが,フランチャイズ契約の原案を作成するのは通常はフランチャイザーであり,フランチャイジーは,原則として,交渉によって契約内容を変更することは認められず,契約案を全面的に受け入れるか,契約締結を拒否するしか選択肢がない。フランチャイズ契約において,加盟金の不返還特約等が公序良俗に反して無効となるのかを判断する際には,フランチャイズ契約のこのような約款的な性格(川越憲治・前掲書94頁)をも十分に考慮する必要性があるものと思われる。

【カライスコス　アントニオス】

〔参考文献〕
西口元＝木村久也＝奈良輝久＝清水建成編『【改訂版】フランチャイズ契約の法律相談』69-74頁(青林書院,2009年)
川越憲治『フランチャイズシステムの法理論』(商事法務研究会,2001年)
小塚荘一郎『フランチャイズ契約論』(有斐閣,2006年)
神田孝『フランチャイズ契約の実務と書式』235頁(三協法規出版,2011年)

〔参照判例〕
東京地判平成18年6月8日(LLI登載,ID番号06132285)
大阪地判平成7年8月25日判タ902号123頁
大阪地判昭和61年10月8日判タ646号150頁

第24 フジオシステム事件

▶店舗の出店予定区域についての認識が異なることを理由として，フランチャイズ加盟店契約について錯誤無効の主張が認められた事例

大阪地方裁判所平成19年3月23日判決　一部請求認容　平成17年（ワ）第2104号事件）公刊物未登載

争　点

フランチャイザーとフランチャイジーとの間のフランチャイズ・チェーン加盟契約の締結において，店舗の出店予定区域についての認識が異なる場合における契約の成否及び錯誤の有無。

結　論

3店舗の居酒屋のフランチャイズ・チェーンの加盟契約の締結について，フランチャイザーとフランチャイジーとの間に出店予定枠に関する認識の相違があった事案につき，判決は，3件の契約のうち1件については不成立であり，残り2件についてはフランチャイジーの錯誤により無効である旨判示した（フランチャイジーからのフランチャイザー及び加盟契約の仲介会社に対する情報提供義務違反を理由とする共同不法行為に基づく損害賠償請求については棄却した。）。

事案の概要

1　居酒屋のフランチャイズ・チェーンを運営するフランチャイザーであるYは，フランチャイズ・チェーン店の加盟店募集等の代行等を業とするZを仲介会社として，Xに対して，Yが運営するフランチャイズ・チェーンへの加盟を勧誘した。

2　Xは，Yが運営する居酒屋3店舗に加盟する旨の3通のフランチャイズ基本契約書（以下「本件契約書」という。）に署名押印したが，その時点では

Yの印は押されておらず，契約書末尾の出店予定枠表の出店予定区域欄は3通とも空白のままであった。XはYに対し，出店枠3つ分（本件契約書3通分）の加盟金として，2520万円を支払った。後にYの記名押印がされた本件契約書3通がXに送付されたが，3通の出店予定枠表の出店予定区域欄には，元町駅エリア1店舗，三ノ宮駅エリア2店舗が記載されていた。

3　XはYのオーナー研修に一旦参加したが，その後研修を中止し，三ノ宮駅エリア3枠を出店予定区域として加盟契約を締結するつもりであったとして，(1)Yに対し，加盟契約の不成立ないし錯誤無効を理由とする不当利得返還請求として加盟金相当額の支払を求め，(2)仮に同契約が有効に成立していたとしてもYに債務不履行があったためにこれを解除したと主張して，Yに対し，解除に基づく原状回復請求として加盟金の返還を求め，(3)Y及びZに情報提供義務違反があったと主張して，YとZ双方に対し，共同不法行為に基づく加盟金相当額の損害の賠償を求める本件訴訟を提起した。

4　本判決は，XのYに対する加盟契約の不成立ないし錯誤無効を理由とする不当利得返還請求を認めた（Y及びZの情報提供義務違反については否定）。

判決要旨

1　契約の成否について

Xは，「出店予定枠表が空欄のままで本件契約書にX名義で署名押印した際，出店枠については，三ノ宮駅3枠とする意思表示を行ったものであり，これにより，Xは，三ノ宮駅3枠を出店予定区域とする本件契約の申込みの意思表示をしたものと認められる。」「なお，Xは，『三ノ宮駅3枠を出店予定区域として本件契約を締結する』という一つの申込みの意思表示を行った旨主張しているが，本件契約書が各出店枠ごとに3通作成されており，契約成立後のフランチャイズチェーン加盟契約の権利義務関係も各出店枠（及び出店後の各店舗）ごとに発生するものと考えられることからすれば，Xは契約書ごとに，3つの申込みの意思表示を行い，これに対して，……Yの承諾も，契約書ごとに3つの承諾の意思表示を行ったものというべきであるから，この点のXの主張は採用できない。」

「Yは，……Xの申込みの意思表示に対して，上記契約書の返送によって出

店枠をそれぞれ『元町駅②』『三ノ宮駅②』及び『三ノ宮駅③』として承諾の意思表示を行ったものと認められる。」

「そうすると，Yが出店枠を『三ノ宮駅②』『三ノ宮駅③』とした契約書に係るものについては，Xの申込みに合致した承諾の意思表示がなされたものとして，……承諾の意思表示によって，契約が成立したものといえるが，出店枠を『元町駅②』とした契約書に係るものについては，Xの申込みに合致した承諾の意思表示がなされておらず，……契約は成立しなかったものと認められる。」

2　錯誤無効について

「Xが，三ノ宮駅3枠を出店枠として本件契約の申込みの意思表示を行ったのは，経営効率の点のほか，三ノ宮駅のエリアを独占しようと考えたからであると認められるところ，このような契約の動機は合理的なものということができ，Xとしては，三ノ宮駅3枠分の出店枠を一括して取得できないのであれば，上記の申込みの意思表示を行わなかったものと認められる。

そして，A（Zの従業員）が，三ノ宮駅での3枠を独占するメリットというものを説明して，B（Xの専務取締役）に勧誘を行ったこと……からすれば，上記の動機は，Yの代理人ないし使者であるA（弁論の全趣旨）に対して，表示されていたというべきであるから，Xが三ノ宮駅3枠を出店枠として行った本件契約の申込みの意思表示には，要素の錯誤が存在するものといえ，本件契約のうち『三ノ宮駅②』『三ノ宮駅③』を出店枠とする契約は，無効であるというべきである。

3　結　論

「以上のとおり，本件契約については，出店枠を『元町駅②』とした契約は，そもそも成立しておらず，『三ノ宮駅②』『三ノ宮駅③』を出店枠とする二つの契約については錯誤により無効である。」

分　析

コンビニエンスストアやファーストフード，居酒屋，レストランチェーンのフランチャイズ・チェーンの場合，フランチャイジーにとって，店舗を開設する場所（立地）が事業の成功にとって非常に重要な要素であることは言うまでもない。また，フランチャイジーからすれば，自らが店舗を開設する場所の商圏においては，当該フランチャイズ・チェーンのブランドによる集

客力を自社の店舗に集中させたいと考えるのが通常である。

　このような事情をフランチャイズ契約に反映させた制度がテリトリー制である。テリトリー制とは、フランチャイザーがフランチャイジーに対して営業地域等を指定する制度であり、テリトリー制を採用することでフランチャイジーに商圏の保護が与えられるとともに、フランチャイズ・システム全体としても流通の合理化が図られるなどといった利点が存在する。

　本件の加盟店契約においても、出店予定枠における優先出店権がフランチャイジーであるXに付与され、フランチャイザーであるYはXの出店枠内において自ら直営店を出店したり、若しくは第三者にチェーン店舗を出店させることができない旨定めるテリトリー条項が規定されていた。また、本判決の事実認定によれば、Zの従業員がXに対し、商圏としての価値が高い三ノ宮駅エリアの3店舗をXに独占させる旨を述べている。

　本判決は、Xの出店枠についての認識が三ノ宮駅エリアの3店舗であったと認定し、Yが本件契約書に記載した出店枠についての記載が元町駅エリア1店舗、三ノ宮駅エリア2店舗であったことから、本件の3件の加盟店契約はいずれも契約不成立ないし錯誤により無効であると判断し、Yに受領した加盟金をXに返還するよう命じたが、この本判決の事実認定の背景には、フランチャイズ契約における出店場所やテリトリー条項の重要性がある。

　本判決の中心的争点は、出店枠についてのXとYの認識についての事実認定であったが、本判決は、フランチャイズ契約において、出店場所の確定やテリトリー条項の内容や適用範囲について当事者間の認識に相違がある場合には、契約が不成立又は錯誤無効となる場合があることを示した裁判例であり、フランチャイザーは、フランチャイジーとフランチャイズ契約を締結するに当たっては、この点に疑義が生じないよう十分に注意する必要があると考える。

　なお、本判決は、同時に3通のフランチャイズ・チェーン加盟契約が締結された場合の、フランチャイジーによる申込み及びフランチャイザーによる承諾の意思表示の個数を契約書ごとの3つであると認定しており、契約の個数の捉え方の一基準を示すものとして注目される。

【若松　亮】

〔参考文献〕
西口元＝木村久也＝奈良輝久＝清水建成編『【改訂版】フランチャイズ契約の法律相談』80頁（青林書院，2009年）
神田孝『フランチャイズ契約の実務と書式』233頁以下（三協法規出版，2011年）

2 商号・商標

第25 メガネの愛眼チェーン事件

▶商標権侵害及び不正競争防止法2条1項1号の混同行為であるとする標章の使用差止め及び損害賠償請求が一部認容された事例

大阪地方裁判所平成17年5月26日判決　一部認容　控訴（後和解）
判例タイムズ1203号247頁

争　点

1　「天神愛眼」という文字を全て同じ大きさで横書きにした標章が、「愛眼」という文字を同じ大きさで縦書きにした商標に類似するか。
2　店舗の看板及び広告チラシに記載された標章が、当該店舗で販売されている商品についての使用といえるか。

結　論

1　「天神愛眼」という文字を全て同じ大きさで横書きにした標章は、「愛眼」という文字を同じ大きさで縦書きにした商標に類似しない。
2　店舗の看板及び広告チラシに記載された標章でも、その表示態様においては、当該店舗で販売されている商品についての使用ではなく、当該店舗が入居しているビルを示す表示として使用されている。

事案の概要

1　Xは、平成13年には東証・大証第1部に上場し、眼鏡専門店では売上額第2位の会社であり、指定商品を眼鏡等とした、「メガネの愛眼」（X登録

商標1），「AIGAN」（X登録商標2），「愛眼」（X登録商標3）に係る商標権を有し，同登録商標をその営業表示として使用している。

2　Y_1ないしY_4は，眼鏡販売業等をしているグループに属する会社であり，左側に「天神」を小さく縦書き，右側に「愛眼」を大きく横書きした標章（Y標章1），横一連に「天神愛眼」と書いた標章（Y標章2），左側に「天神」を小さく縦書き，右側に「愛眼ビル」を大きく横書きにした標章（Y標章3）を以前から本拠地の九州で使用しており，Y標章2及び3は，指定商品を眼鏡として商標登録を受けている。

3　なお，XとYらの関係については，Y_1は，昭和40年代に「メガネの愛眼チェーン」を運営するXと加盟契約を締結していたが，その後紛争が生じ，昭和55年に控訴審において訴訟上の和解が成立している（以下「前件和解」という。）。

4　Y_2は，平成15年，東京都内に眼鏡販売の店舗（Y店舗）を出店し，Y標章1ないし3を同店舗の看板に付して展示したり，チラシに付して頒布等して使用した。

5　これに対し，Xは，Y標章1ないし3は，X商標1ないし3と類似し，また，X商標1ないし3は，Xの商品等表示として周知，著名であるところ，Y店舗におけるY標章1ないし3の使用行為は，(1)Xの商標権を侵害し，また，(2)不正競争防止法2条1項1号又は2号の不正競争行為に該当すると主張し，Yらに対し，Y標章の使用の差止め及び損害賠償を求めたのが本訴である。

6　Yらは，①Y_1，Y_3及びY_4は，Y店舗において眼鏡の販売を行っていない，②X登録商標1ないし3は著名でも周知でもない，③Y標章1ないし3はX登録商標1ないし3とは類似しない，④Y店舗の内外装やチラシの色調等が異なるからX店舗とは混同しない，⑤Y標章1ないし3の使用は，Y登録商標2，3の通常使用権の行使である，⑥Xは，前件和解で，Yグループの「メガネの愛眼」や「愛眼」の語を含む標章の使用継続を容認し，Yらが永年使用してきたのであるから，Xらの請求は権利濫用ないし信義則違反である等と主張して争った。

7　本判決は，Xの請求のうち，Y_2によるY標章1及び3の使用がXの

商標権の侵害であり，不正競争防止法2条1項1号に該当するとして，Y₂に対するY標章の使用差止め及び損害賠償を認めた。

判決要旨

（本件においては，争点が多岐にわたるため，本稿では，Y標章2とX登録商標3の類否並びにY標章3の表示態様及び混同の有無に限定して取り上げることとする。）

1 争点1（「天神愛眼」（Y標章2）とX登録商標3の類否）について

Y標章2は，「天神愛眼」という文字を全て同じ大きさの文字により横書きにしたものである。Y標章2は，「天神」を切り離してその本来の意味に理解しても，「天神愛眼」の全体として特定の観念を想起することができないから，「天神愛眼」の全体で一まとまりとして，特定の観念を生じさせない造語として理解されるものと認められる。

Y標章2は，漢字4文字をすべて同じ大きさの文字より横書きにしたものであるから，その外観において，4文字の全体で一まとまりの標章として認識され，また，全体で「てんじんあいがん」という称呼を生じるが，発音数からして，格別冗長ではなく，一連の称呼を生ずるものと認められる。

上記認定事実によれば，特段の事情がなければY標章2は，その全体が要部であると認められ，そのうちの「愛眼」という部分だけが要部であるとは認められないというべきである。したがって，Y標章2は，その全体により「てんじんあいがん」という称呼を生ずるものと認められる。

Xは，Y標章2において，「天神」の部分は，福岡市の天神地区を意味するものと観念され，自他識別機能はなく，「愛眼」の部分が要部である旨主張するが，Y標章2の使用が問題となっている東京都及びその周辺地域において，「天神」の部分が遠く離れた福岡市天神地区を意味するものと観念されるものとは認められず，「愛眼」の東京都を中心とした関東地方における周知性の程度を前提としても，「天神」と「愛眼」の文字の大きさに大小等の区別をつけず，すべて同じ大きさの文字により「天神愛眼」と記載した場合は，東京都を中心とした関東地方においては，「愛眼」だけを切り離して理解されることはなく「天神愛眼」の一まとまりとして，特定の観念を生じさせない造語として理解されることから，Xの上記主張は採用することができない。

そうすると，Y標章2の要部は，その全体（「天神愛眼」）であり，X登録商

標3とは，外観，称呼が異なり類似しない。

2 争点2（Y標章3の表示態様及び混同の有無）について

(1) Y標章3の表示態様について

ア　Y_2は，Y店舗の看板にY標章3を展示しており，その態様は，看板の上方にY標章3を付し，その下方に「・コンタクト・眼科2F」，「・メガネ・補聴器1F」と各階の案内を表示し，その下方に「天神愛眼コンタクト」と表示し，更にその下方にコンタクトレンズの価格例を表示していることが認められる（以下，この表示態様を「Y標章3－表示態様①」という。）。

この表示態様においては，コンタクトレンズの広告に付されている標章は，「天神愛眼コンタクト」という標章であると認められ，Y標章3は，「天神愛眼コンタクト」という標章は別に記載されていること，Y標章3の下に上記各階の案内が記載されていることから，眼鏡又はコンタクトレンズの広告に付されているものではなく，建物としてのビルを指し示す表示として用いられているものと認められる。

イ　Y_2は平成15年11月に作成されたY店舗のちらしに，Y標章3を付して頒布していたこと（以下，この表示態様を「Y標章3―表示態様②」という。），そのうち，一つはちらし表面右上に，一つは裏面下部の地図の中に，一つは上記地図の隣に記載し，地図の隣のY標章3の下には，電話番号，更にその下に住所の記載をしていたことが認められる。

上記表示態様においては，Y標章3―表示態様②は，いずれも，建物としてのビルを指し示す表示として用いられているというべきである。

(2) 混同の有無について

Y標章3―表示態様①，②において，Y標章3は，眼鏡又はコンタクトレンズの広告に付されているものではなく，建物としてのビルを指し示す表示として用いられているものである。そして，その場合，Y標章3は，そのビルで事業を営んでいるY_2の営業表示として使用されているものと認められる。

Y標章3は，建物としてのビルを指し示す表示として用いられている場合は，X登録商標1及び3と類似するから，Y_2は，Y標章3をY標章3―表示態様①，②のように使用することにより，需要者をしてY店舗におけるY_2の営業をXの営業と誤信させ，又はXとY店舗との間に，親会社，子会社の関係や系列関係などの緊密な営業上の関係，又は同一の表示を使用して商品化事業を営むグループに属する関係が存在すると誤信させ，混同を生じさせているものと認められる。

分　析

1　商標の類否について

(1) 問題の所在

　フランチャイズ契約においては統一した商標や商品等表示を使用することにより，一定の質を有する事業者であることを示すという意味で商標や商品等表示が重要な機能を発揮する。そのため，フランチャイズ・ビジネスに関する紛争においては，第三者の商標権侵害行為や混同惹起行為等の不正競争行為に対し，商標法や不正競争防止法に基づき，侵害行為の差止めや損害賠償を求めるものが少なくない。

　この点，商標法は，「指定商品若しくは指定役務についての登録商標に類似する商標の使用又は指定商品若しくは指定役務に類似する商品若しくは役務についての登録商標若しくはこれに類似する商標の使用」を商標権の侵害行為とみなし（商標法37条1号），不正競争防止法は，「他人の商品等表示として需要者の間に広く認識されているものと同一若しくは類似の商品等表示を使用する行為」を不正競争とする（不正競争防止法2条1項1号）ため，商標権侵害行為又は不正競争行為の存否についての判断に際しては，商標又は商品等表示の類似性が争点となることが多い。

　本件では，地名を指し示すものとして理解される場合もある文字と，商標権者の営業表示として周知である文字との結合商標（Y標章3「天神愛眼」）と商標権者の商標（X登録商標「愛眼」）との類否が問題となった。

(2) 類否の判断基準

　商標又は商品等表示の類似性は，双方の外観，称呼又は観念に基づく印象，記憶，連想等をもとに取引の実情を定型的に考慮しつつ全体的観察によって行われるものとされる（商標に関するものとして，氷山事件＝最判昭和43年3月6日民集22巻2号399頁，大森事件＝最判平成4年9月22日判時1347号139頁，商品等表示に関するものとして，マンパワー事件＝最判昭和58年10月7日民集37巻8号1082頁，フットボールチーム・マーク事件＝最判昭和59年5月29日民集38巻7号920頁等）。

　ただし，取引の実際においては，商標の需要者・取引者は，商標の中で特に注意を引く部分（要部）とそうでない部分があるときは，その注意を引く

部分によって商品の識別をするのが普通であるから，そのような場合には，全体的観察と並行して，両商標の要部を抽出して類比を判断する要部観察を行うのが適当であり，結合商標の類否の判断においても，全体的観察を原則としながらも，これと並行して，要部観察ないし分離観察が一般的に用いられている（佐野昇・平成18年度主要民事判例解説・判タ1245号170頁）。

　地名を含む結合商標は，地名部分は自他識別力がなく，地名以外の部分が要部とされる場合が多く（東京高判平成3年11月18日判時1410号107頁，東京地判昭和57年6月16日無体集14巻2号418頁），また，一部が著名ないし周知な商標である結合商標の類否判断においては，その著名ないし周知な商標部分が重視される例が多い（SEIKO EYE事件＝最判平成5年9月10日民集47巻7号5009頁等）。

　本件でも，「天神」がYグループの本拠地の地名であること，「メガネの愛眼」や「愛眼」が周知となっていることからすれば，Y標章2を「天神」と「愛眼」に分離観察することもあり得た事案であると思われるが，本判決は，標章が使用されている場所と地名の「天神」がある場所との距離の遠さや，「愛眼」の周知性の程度を考慮してY標章2についての分離観察を否定したものであり，その判断に際して考慮された事情は実務の参考になるものといえる。

2　表示態様及び混同について

(1)　問題の所在

　商標は「商品について」又は「役務について」使用されるものであり（商標法2条1項1号・2号），看板やチラシなどの広告に標章がふされていても，それが商品ないし役務に関して付されていなければ，「商品ないし役務についての使用」ということはできない。

　この点，本件では，Y店舗の看板及びチラシに付されたY標章3が，具体的な表示態様からして，広告主体であるY$_2$が扱っている商品について使用されたといえるかが問題となった。

(2)　「商品ないし役務についての使用」の意義

　広告に付された標章が，その広告主体の扱っている商品（又は役務）について使用されたというためには，通常，広告に商品（又は役務）の名前を表示するなどして，商品（又は役務）と標章との結びつきが示されている必要

があるとされる（佐野昇・前掲170頁）。ただし，限定された分野の商品しか扱わない小売店の店舗に関しては，チラシ等の店舗名や店舗の看板に付した標章は，その小売店が扱う主力商品に関しても使用されていると評価され得る（田村善之『商標法概説（第2版）』154頁）。

　この点，店舗の看板等に付された標章が，当該店舗で販売されている商品についての商標として使用されているとされた裁判例として，アイコンタクト事件（浦和地判平成3年1月28日判時1394号144頁），回る元禄寿司事件（大阪地判平成元年10月9日無体集21巻3号776頁）があり，店舗の看板等に付された標章が，当該店舗で販売されている商品についての商標として使用されているものではないとされた裁判例として，東天紅事件（名古屋高判昭和61年5月14日判タ629号174頁），おもちゃの国事件（東京地判昭和48年1月17日判タ291号252頁）などがある。

　本判決は，Y標章3の構成（天神愛眼にビルが付いていること）や表示態様から，Y標章3が建物（ビル）を示す表示として用いられており，X登録商標の指定商品「眼鏡」とは指定商品が類似しないとして，Xの商標権を侵害しないと判示したものであり，店舗の看板等に付された標章が，商品について使用されているものではないとされた裁判例に一事例を加えるものとして実務上参考になると思われる。

(3) 混同について

　営業表示は特定の営業主体を他の営業主体から区別する機能を有する標章である。この点，建物の名称であっても，ビル内の店舗のセールを「○○ビル」の催しとして宣伝する場合など（名古屋地判平成2年3月16日判タ730号227頁参照），当該建物で営業している者との関連を強く有する場合も存在する。

　本判決は，「天神愛眼ビル」（Y標章3）が，建物で営業している主体の営業表示として使用されているものと判示したものであり，その理由は明らかではないが，結論として妥当であると考える。

【石田晃士】

〔参考文献〕
西口元＝木村久也＝奈良輝久＝清水建成編『〔改訂版〕フランチャイズ契約の法律相談』

123-130頁（青林書院，2009年）
金井高志『フランチャイズ契約裁判例の理論分析』（判例タイムズ社，2005年）
田村善之『商標法概説（第2版）』（弘文堂，2000年）
佐野昇・平成18年度主要民事判例解説・判タ1245号170頁

〔参照裁判例〕
浦和地判平成3年1月28日判時1394号144頁〔アイコンタクト事件〕
大阪地判平成元年10月9日無体集21巻3号776頁〔回る元禄寿司事件〕
名古屋高判昭和61年5月14日判タ629号174頁〔東天紅事件〕
東京地判昭和48年1月17日判タ291号252頁〔おもちゃの国事件〕

第26 PAPA JON'S事件

▶日本におけるピザのフランチャイズ展開を企図していたアメリカ企業が有する商標につき，商標法50条1項所定の不使用による商標登録取消しの事由があり，同条2項ただし書所定の正当な理由も認められないとされた事例

知的財産高等裁判所平成17年12月20日判決　平成17年(行ケ)第10095号事件
判例時報1922号130頁

争　点

商標法50条2項ただし書の正当な理由の意義。

結　論

日本におけるピザのフランチャイズ展開を企図していた被告（Y）が有する商標は，継続して3年以上日本国内において商標権者が指定商品第30類（ピザ）について使用していないと認められ，その不使用についても，商標法50条2項ただし書の正当な理由があるとは認められないから，商標登録を取り消すのが相当である。

事案の概要

1 Yは，世界第3位の規模を誇る大規模フランチャイズ・チェーンを展開するアメリカ企業であり，平成8年9月30日，設定登録された商標「PAPA JON'S」（商標登録第3199279号。以下「本件商標」という。）の商標権者である。Yは，米国で日本のフランチャイジー候補者に対しピザ・販売促進品等を提供し営業活動を行うとともに平成8年12月20日からウェブページによる広告を行っている。原告（X）は，昭和60年ころから，「PAPA Jon's」の

商標を使用して，チーズケーキを製造・販売するようになり，昭和61年2月25日には，京都市にカーメル社を設立して，喫茶，飲食業，洋菓子及びサンドイッチ類の製造販売業を営んでいる日本企業である。

2　Xは，平成15年5月8日付けで，Yが継続して3年以上日本国内において指定商品第30類（ピザ）について本件商標を使用していないとして，商標法50条1項に基づいて，商標登録取消審判を請求し，同年6月4日（以下「取消審判請求登録日」という。），その予告登録がされた。

3　特許庁は，平成18年8月10日，審判請求登録前3年以内に日本国内において，商標権者，専用使用権者又は通常使用権者のいずれによっても指定商品について本件商標が使用されていなかったものの，その不使用については，商標権者であるYは，日本におけるピザに係るフランチャイズ展開について具体的な準備を進めてきており，本件商標について，真摯なる使用の意思が認められるから，商標法50条2項ただし書にいう正当な理由があるとして，「本件審判の請求は，成り立たない。」との審決（以下「本件審決」という。）をした。

4　そこで，Xは，これを不服として，本件審決の取消しを求めた。

判決要旨

1　Yは，日本におけるフランチャイズ展開の協議のために関連業者がアメリカを訪れた際には，本件商標を表示した店舗に案内し，ピザ，販売促進品等を提供している旨主張するが，これらは，アメリカにおける使用であり，日本国内の使用とは認められない。

また，Yが，日本におけるフランチャイズ展開のための営業活動として，アメリカを訪れた相手方に対し，本件商標と社会通念上同一と認められる商標が付された指定商品のカタログ等を手渡したとしても，Yが日本において指定商品を生産・販売したことはなく，日本の需要者がYのピザの提供を受けることができない以上，その頒布は，指定商品に関するものとはいえない。したがって，本件商標は，指定商品について，審判請求の登録前3年以内に日本国内においてYによって使用されていたとは認めることができない。

2　商法法50条2項ただし書の「正当な理由」があるというためには，商標

> 権者において，登録商標を使用することができなかったことが真にやむを得ないと認められる特別の事情が具体的に主張立証される必要があるところ，商標権者が外国人であり，日本におけるマスター・フランチャイジーの発掘活動を熱心に行っているとしても，それは上記特別の事情とはいえない。

分析

1 商標法50条1項所定の「登録商標の使用」の有無

(1) 不使用による商標登録取消審判の現状

商標法における取消審判請求は，年間1380件である（特許庁編『特許行政年次報告書 2011年版（統計・資料編）』平成23年）。商標法における取消審判の多くは，不使用取消審判請求であり，そのうち約8割において請求が成立し，商標登録が取り消されている（前掲『特許行政年次報告書 2011年版（統計・資料編）』）。これは，不使用取消審判の請求人が審判請求前に商標権者の使用状態を調査した上で審判請求をしていることに起因するものである。

不使用取消審判を請求する目的としては，先行する登録商標に基づいた拒絶理由（例えば商標法4条1項11号等）の解消等が挙げられる。

(2) 不使用による商標登録取消審判の趣旨

商標法50条1項は，継続して3年以上日本国内において商標権者，専用使用権者又は通常使用権者のいずれもが各指定商品又は指定役務について登録商標の使用をしていないときは，何人も，その指定商品又は指定役務に係る商標登録を取り消すことについて審判を請求することができると規定する。そして，取消審判の請求があったときは，被請求人は，商標権者，専用使用権者又は通常使用権者のいずれかがその請求に係る指定商品又は指定役務のいずれかについての登録商標の使用をしていることを証明する責任を負っている（商標法50条2項本文）。商標登録を取り消すべき旨の審決が確定したときは，その商標権は，取消審判の請求の登録の日に消滅したものとみなされる（商標法54条2項）。

我が国は，登録主義を採用しているところ，登録主義の下では，商標の使用を権利の発生及び存続の要件とする使用主義とは異なり，必ずしも不使用

の商標を取り消す必要はない。しかし，商標は，使用されることによって初めて業務上の信用が化体するものである。商標法は，商標に化体した業務上の信用に基づく商標権者の取引上の利益を保護するとともに，取引秩序を維持しあわせて需要者の利益を図るものである。このような趣旨からすると，使用されていない登録商標は，権利として特定人に独占させておく必要はなく，かえって他人の取引を阻害する危険性がある（網野誠『商標』884頁〔有斐閣，第6版，2002年〕参照）。商標法50条1項は，上記趣旨から，継続して3年以上日本国内において商標権者等が登録商標を使用しないときには，何人も，その商標登録の取消審判を請求することができるとしたものである。

(3) 商標法50条1項の「不使用」の意義

登録商標の使用については，商標法2条3項が定義規定を設けている。商標法2条3項によれば，使用とは，商品又は商品の包装に登録商標を付する場合（商標法2条3項1号）に限られず，商品若しくは役務に関する広告や取引書類等に登録商標を付して頒布する場合（商標法2条3項8号）等も含まれる。

なお，不使用取消審判における登録商標の使用には，商標法50条1項括弧書があることに留意する必要がある。商標法50条1項括弧書には，社会通念上同一と認められる登録商標の使用が商標法50条1項に限って含まれることが明示されている。

また，商標法2条3項に該当する登録商標の使用であっても，名目的な使用（実際に売る気がなく日本国内で商品を販売することができない状況にもかかわらず，不使用取消審判の対策のために広告をしただけの場合等商標の識別力を発揮する態様での使用でない場合）に過ぎない場合には，商標法50条1項所定の登録商標の使用に該当しないことに留意すべきである。

さらに，商標法50条1項によれば，登録商標の取消審判請求をするためには，「継続して3年以上」登録商標を使用していないことが必要となる。したがって，商標が登録された時又はその後の一定の時から取消審判請求の登録の時まで，継続して3年以上登録商標を使用していないことが必要となる。取消審判請求時に登録商標を使用していれば，過去において3年以上継続して登録商標を使用していなかったとしても，取消審判請求の理由とはならない。

加えて，登録商標の取消審判を請求するためには，「日本国内」において登録商標を使用していないことが必要となる。したがって，登録商標が外国において使用されていたとしても，不使用による商標登録取消しの審判の請求を免れることはできない。

(4) 本件商標の不使用の有無

本件判決の認定事実によれば，Yは，日本におけるフランチャイズ展開の協議のために関連業者がアメリカを訪れた際，本件商標を表示した店舗に案内し，ピザ，販売促進品等を提供していたものにすぎず，Yの販売促進品等の頒布やウェブページによる広告等が日本国内においてピザを販売することができない現状ではピザの販売促進を目的としたものであるとはいえないから，Yが日本国内において登録商標を使用していたと認めることはできないであろう。本件商標の不使用を認めた本判決の結論は，異論がないものと思われる。

2 商標法50条2項ただし書の「正当な理由」の有無

(1) 商標法50条2項ただし書の「正当な理由」の意義

商標法50条2項ただし書は，その指定商品又は指定役務についてその登録商標の使用をしていないことについて「正当な理由」があることを被請求人が明らかにしたときは，商標登録の取消しを免れる旨規定する。正当な理由の意義については，判例・通説は，不使用取消しの規定が設けられた趣旨に照らし，地震，水害等の不可抗力，法令による禁止等の公権力の発動に関わる事由等の商標権者等の責めに帰すことができない事由に限ると厳格に解すべきであるとして，指定商品等に市場性がないので商標の使用を中止している場合等には，正当な理由がないとしている（豊崎光衛『工業所有権法』427頁〔有斐閣，新版，1975年〕参照）。

(2) 本件商標不使用の「正当な理由」の有無

本判決の認定事実によれば，Yは，フランチャイズ産業の他国進出においては，マスター・フランチャイジーを捜す必要があるところ，資格・資力のあるマスター・フランチャイジーを捜して契約を締結することは困難であるとして，正当な理由がある旨主張するが，どの企業をマスター・フランチャイジーとするかは，Yの経営判断に係るいわゆる内部事情にすぎず，日本に

おけるマスター・フランチャイジーの発掘活動を熱心に行っているとしても，日本国内で使用されていない登録商標の使用を欲する第三者に不使用の登録商標を開放してその使用を認めることで，商標選択の余地を広げて経済の活性化に寄与するという商標登録取消審判の趣旨に照らすと，商標法50条2項ただし書所定の正当な理由があると認めることはできないであろう。

3　まとめ

　商標は，特許権や意匠権と異なり，商標を指定商品に使用することで初めて法が保護すべき業務上の信用が化体するものである。本判決の判断は，使用により化体した業務上の信用を保護するという商標法の前提に立ちつつ，使用を欲する第三者に不使用商標を開放するという不使用取消制度の趣旨からして妥当な判断であると考える。

　また，この判決以降も，企業の個別事情は正当な理由に該当しないとして，正当な理由を厳格に判断している審決・判例（審決　平成19年5月15日（取消2005—30612）・知財高判平成22年12月8日（平成22年(行ケ)第10013号審決取消請求事件）等）が続いていることに，商標権者は留意する必要がある。

　フランチャイザーとしては，フランチャイジーを探す際は，登録商標が設定登録された日から3年以内にフランチャイザー又はフランチャイジーのいずれかが登録商標を使用をしていなければ契約の前提となる商標権が取り消されるおそれがあることに留意する必要がある。

　また，第三者に自己の登録商標を使用させる際は，自己の登録商標が取り消されないように日本国内において登録商標を使用していることを証明できる書類（取引書類，取引先の証明書，店舗内の写真，公的機関の証明書，一般紙・業界紙の記事等）を継続的に保管することが望ましく，証明書類の保管義務や提出義務を契約書に盛り込むことが必要である。契約締結後も商標権者は，商標権者の内部事情（市場の状況，経営状態）等は不使用の正当事由に当たらないことに十分留意した上で使用権者が適正に商標を使用しているかを管理する必要があろう。

【西口　克】

〔参考文献〕
網野誠ほか編『サービスマーク』(有斐閣, 1992年)
牧野利秋編『〔第四版〕特許・意匠・商標の基礎知識』(青林書院, 2003年)

〔参照判例〕
東京高判昭和52年8月24日判タ359号297頁
東京高判昭和60年7月30日判タ615号121頁
最判平成4年11月20日判タ805号48頁
東京高判平成19年10月31日判タ1266号309頁

第27 マクドナルド標章抹消請求事件

▶1 ロイヤルティ不払いを理由とする解除が解除権の濫用に当たらないとされた事例
　2 フランチャイズ契約解除後の標章の使用が不正競争防止法2条1項2号に該当するとされた事例

東京地方裁判所平成18年2月21日判決　本訴請求認容，反訴請求棄却・控訴
判例タイムズ1232号314頁

争　点

1　フランチャイザーによる解除権の行使は，解除権の濫用に当たるか。
2　フランチャイザーの営業政策は，フランチャイズ契約の債務不履行に当たるか。
3　営業権の対価の受領は，フランチャイズ契約の解除により不当利得に当たるか。

結　論

1　X（フランチャイザー）による解除権の行使は，解除権の濫用に当たらない。
2　X（フランチャイザー）が「100円マック政策」を採ったことは，フランチャイズ契約の債務不履行に当たらない。
3　無形固定資産の売買代金は，本件店舗における一定期間の営業を行う権利の対価ではないため，不当利得には当たらない。

事案の概要

1　Y_1は，平成8年6月1日，Xとの間で，マクドナルド方式による店

舗の営業を許諾すること等を内容とするフランチャイズ契約（以下，「本件契約」という。）を締結し，店舗の営業権として2億円余りを支払って，店舗を経営していたが，平成12年3月からロイヤルティ料及び広告宣伝費（以下，「ロイヤルティ料等」という。）の支払を遅滞するようになった。

2 そこで，Xは，Y_1がロイヤルティ料等の支払を遅滞したことを理由として，本件契約を解除する旨の意思表示をしたうえ，①本件契約及び連帯保証契約に基づき，Y_1並びにY_1の連帯保証人であるY_2及びY_3に対し，未払いロイヤルティ料等の支払を求め，②本件契約の解除に伴う原状回復請求権に基づき，Y_1に対し，リース物件の引渡しを求めるとともに，③本件契約の解除によりマクドナルド標章の使用が不正競争防止法2条1項2号に該当すると主張して，同法3条に基づき，Y_1に対して，マクドナルド標章の使用の差止め等を求めた（本訴）。

3 これに対し，Y_1は，Xによる解除権の行使が解除権の濫用に当たると主張して解除の有効性を争うとともに，Xに対し，①Xの営業政策（ハンバーガー無料券等の配布，チーズバーガー等の100円での販売等。以下「100円マック政策」という。）について，ロイヤルティ料等がY_1の営業利益にかかわらず売上高に応じて算出されるから，Y_1の犠牲の下においてXのみが利益を得るものであり，本件契約の債務不履行に当たると主張して，民法415条に基づき損害賠償を求めるとともに，②Y_1が本件店舗の営業を30年間継続していく権利の対価としてXに対し2億4500万円を支払ったにもかかわらず，契約が解除されたから，Xは，残存期間である約20年間分の営業権の対価である1億6333万円を，法律上の原因なく利得したことになると主張して，不当利得の返還を求めた（反訴）。

4 本判決は，Xによる解除権の行使は，解除権の濫用には当たらないとして，Xの本訴請求を全部認容し，Xが100円マック政策を採用したことは債務不履行には該当せず，営業権の対価として受領した金員は不当利得に該当しないとして，Yの反訴請求を棄却した。

254　第3章　加盟契約締結時の留意事項

【当事者関係図】

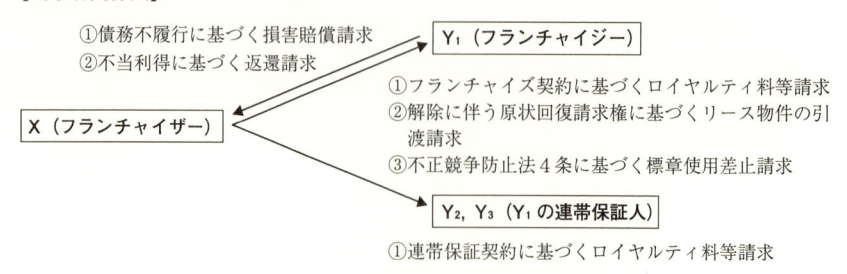

X（フランチャイザー）
①債務不履行に基づく損害賠償請求
②不当利得に基づく返還請求
→ Y₁（フランチャイジー）

Y₁（フランチャイジー）
①フランチャイズ契約に基づくロイヤルティ料等請求
②解除に伴う原状回復請求権に基づくリース物件の引渡請求
③不正競争防止法4条に基づく標章使用差止請求
→ X（フランチャイザー）

Y₂, Y₃（Y₁の連帯保証人）
①連帯保証契約に基づくロイヤルティ料等請求

判決要旨

1　争点1（解除権の濫用及び標章の差止請求）について

(1)　解除権の濫用の点について

①Y₁のロイヤルティ料等の不払等の債務不履行によって3回にわたり解除権が発生したが、Xは、Y₁に対して、再三にわたり業務の改善を促していたこと、②Xは、Y₁の業務の改善の見込みについて、3年度にもわたって慎重に審査を重ねた結果、その見込みがないと判断して、やむなく、本件契約を解除する旨の意思表示をしたこと、③Y₁は、業務の改善を促すXを無視して営業を継続し、営業停止による顧客への不便に配慮したXが申し立てた調停も不成立に終わったこと、④Y₁は、その後もロイヤルティ料等の支払を怠り続け、解除の意思表示された後に一部の未払金を支払ったものの、平成16年12月31日以降は、これに係る支払を一切しなくなるまでに至ったことが認められる。

「このような事情からすると、まさに、Y₁が本件解除通知書に記載しているとおり、Y₁の対応は、XがY₁に対して本件契約を継続する機会を与えたことに対する背信行為といわざるを得ないものであって、Xとの間における信頼関係を著しく破壊するものである。したがって、このような経緯を踏まえると、本件解除権の行使は、権利の濫用に当たるということはできず、その他これを認めるに足りる事情はない。」

(2)　標章の差止請求の点について

「本件契約が終了した以上、Y₁が著名なX標章を本件店舗の営業に使用する行為は、不正競争防止法2条1項2号所定の不正競争行為に当たり、これによりXの営業上の利益を侵害したものであるから、同法3条に基づき、Y₁は、

X標章の使用等の侵害の行為を停止するとともに，X標章を抹消し，その行為を組成した物を廃棄すべきである。」

2 争点2（100円マック政策が本件契約の債務不履行に当たるか）について

①本件契約において，YはXの営業政策を尊重してこれを遵守しなければならないとされ，他方，Xは，これにより収益の見込みについて何ら補償するものではないことを内容としていること，②100円マック政策によってTC（レジの作動回数をいい，来客店数の目安になるもの）を増加させることに成功していること，③Yは100円マック政策にもかかわらず，リピーターを増加させるどころか，既存の顧客すら確保できなかったこと，④Yに対する苦情件数が多いこと等の事実に照らせば，「仮に，100円マック政策によって，Y_1の利益が減少したとしても，これは，本件店舗の品質，サービス及び清潔さ等本件店舗に固有の問題であって，100円マック政策を採ったことがフランチャイズ契約の本質に反するものと認めるに足りず，本件契約の債務不履行に当たるということはできない。」

3 争点3（不当利得）について

XとY₁の売買契約の対象となった「本件店舗の無形固定資産は，得意先又は仕入先関係，営業上の秘訣，販売の機会，経営の内部的組織など多年の営業活動から生じる営業上の価値をいうものであって，もとより本件契約が契約期間の途中で解除された場合であってもその対価の返還を求められる性質のものではないことが認められる。したがって，……売買契約は，そもそも本件店舗における一定期間の営業を保証するものではないから，上記無形固定資産の売買代金が本件店舗における一定期間の営業を行う権利の対価であることを前提とするY_1の主張は，採用することができない。」

分析

1 フランチャイズ契約における解除の効力について

ロイヤルティの支払義務はフランチャイズ・システムの根幹をなす構成要素の一つであり，ロイヤルティ支払義務の履行遅滞は，フランチャイズ契約の解除事由を構成する。この点，フランチャイズ契約の解除にも，債務不履行を理由とする法定解除権に関する民法541条ないし543条の適用があると

考えられており（『【改訂版】フランチャイズ契約の法律相談』221頁），履行遅滞による解除の意思表示をなすに当たっては，相当の期間を定めて事前に催告することが必要である。他方，催告をしないで解除することができる旨の特約も一般的に有効であり，その場合には事前の催告なしにただちに解除することができる。

　しかし，フランチャイズ契約は，継続的契約関係であり，軽微な債務不履行による解除であっても効力を有するとすれば，経済的弱者であることの多いフランチャイジーにとって投下資本を回収できず経済的打撃も大きい。そこで，フランチャイズ契約に関する裁判例の多くは，当事者間の信頼関係が破壊されるような事情がない限り，解除権の行使は許されないと解している（名古屋高判平成14年5月23日判タ1121号170頁〈第42事件〉，東京地判平成17年1月25日判タ1217号283頁〈第43事件〉）。

　本判決は，Ｙの債務不履行が当事者間の信頼関係を著しく破壊するものであることを理由に，Ｘによる解除が権利の濫用に当たらないとしてＸによる解除の効力を認めているが，これは従来の裁判例と同様の枠組みを採用するものと思われる。本件は，契約中にフランチャイジーが債務を反復して履行しなかった場合には，フランチャイザーが無催告解除することができる旨の特約があり，Ｙによる継続的な債務不履行に対して，Ｘが民事調停を含む段階的手続を踏んで解除に至った事実を前提とすれば，Ｘによる解除の効力を認めた本判決の結論は妥当であると考える。

2　不正競争行為該当性について

　フランチャイズ契約においては統一した商標を使用することにより，一定の質を有する事業者であることを示すという意味で商標が重要な機能を発揮する。フランチャイジーにとっては，フランチャイザーがこれまで培ってきた商標についての信用を利用することを期待して，フランチャイザーから使用許諾を得て契約期間中これを使用するものであるが，契約が終了した場合にはこの使用権限を失う。

　フランチャイズ契約終了後に，フランチャイザーがフランチャイジーに商標の使用禁止措置を求めるときの法律構成としては，契約違反（契約終了後における商標等の使用停止・撤去義務を定める条項違反），商標法違反，不正

競争防止法違反が考えられるが，裁判例においてはこれらの請求原因が複数主張されることも多い（ピザ・カリフォルニア事件＝秋田地判平成9年1月22日 LEX/DB28060026，元禄寿司事件＝大阪地判平成元年10月9日無体集21巻3号776頁，ジェットスリムクリニック事件＝東京高判平成3年7月4日知的裁集23巻2号555頁）。

本件は，上記法律構成のうち，不正競争防止法違反に基づき，X標章の使用差止めを求めた事案であるが，X標章が著名なマクドナルド・McDonald's標章であり（最判昭和56年10月13日民集35巻7号1129頁），Xからの解除により契約が終了していると認められる以上，解除後のX標章の使用が不正競争行為に該当するとした本判決の判断は当然といえよう。

3　フランチャイザーの営業政策の債務不履行該当性

フランチャイズ・システムの運営は，フランチャイズ・システムの特質に従い，統一された基準に基づいて行われるものであり，全店舗が同じように共同歩調をとることとし，特別な例外を認めないのが原則とされる（川越憲治『フランチャイズシステムの法理論』124頁，125頁参照）。

本判決は，統一された基準に基づいて採用されたフランチャイザーの営業政策がフランチャイズ契約の債務不履行に該当するかという点について，フランチャイズ契約の内容，フランチャイザーが採用した100円マック政策（スケールメリットの利用）の成果，Y_1の損害の発生理由等を検討し，「100円マック政策を採ったことがフランチャイズ契約の本質に反するものではない」として債務不履行該当性を否定したものであり，妥当なものと思われる（神田孝『フランチャイズ契約の実務と書式』121頁，122頁）。

フランチャイザーの営業政策の債務不履行該当性について争われた裁判例は見当たらないようであり，本判決の判断は実務上参考になろう。

4　営業権対価の返還請求の可否

フランチャイズ契約は，フランチャイジーがフランチャイザーからフランチャイズ・パッケージを購入するという契約であり，多くのフランチャイズ契約では，契約締結前後にフランチャイザーから提供されるイニシャル・フランチャイズ・パッケージの対価としてフランチャイジーはイニシャル・フランチャイズ・フィー（通常は，加盟金と呼ばれるが，契約によっては権利金，入会金，分担金等の用語を使用するものもある。）を支払う。

この，イニシャル・フランチャイズ・フィーは，イニシャル・フランチャイズ・パッケージの対価である以上，イニシャル・フランチャイズ・パッケージが提供された後，フランチャイズ契約が中途解約されたとしてもフランチャイザーはイニシャル・フランチャイズ・フィーを返還する義務を負わないのが原則である（『【改訂版】フランチャイズ契約の法律相談』73頁）。

　この点，裁判例には，分担金や権利金という名目で契約締結時に徴収された金銭について，中途解約後の残存期間相当分についてフランチャイザーに返還義務を認めるものもある（ピロビタン事件Ⅰ＝東京地判昭和47年5月30日判タ283号274頁，天商事件＝浦和地判平成5年11月30日判時1522号126頁〈第22事件〉）。しかし，これらの判決は，分担金・権利金＝ロイヤルティの前払いという判断に基づくものとも考えられ，必ずしもイニシャル・フランチャイズ・フィーの返還を認めたものと解することはできないと思われる（『【改訂版】フランチャイズ契約の法律相談』74頁）。

　本判決は，売買契約の対象となった無形固定資産を，「得意先又は仕入れ先関係，営業上の秘訣，販売の機会，経営の内部的組織など多年の営業活動から生じる営業上の価値」として，「その対価の返還を求められる性質のものではない。」と判示するが，これは売買契約の対象とされた無形固定資産＝イニシャル・フランチャイズ・パッケージという判断に基づくものと解され，本件契約の期間が10年であり，その更新を保証する内容でないことを前提とすれば本判決の判断は妥当であると考える。

5　その他

　(1)　なお，本判決に対しては，その後Ｙらが不服として控訴し，控訴審において上記反訴請求に代えて，無形固定資産の売買はＸがＹに対して優越的な地位にあることを濫用して，売買契約を締結させたものであることから公序良俗に反し無効であるとして，不当利得に基づく無形固定資産の対価の返還請求等に，訴えの交換的変更を行った（なお，控訴審では，Ｘが一部訴えを取り下げ，Ｙらも一部控訴を取り下げたため，控訴審ではＹの変更後の請求のみが審理対象とされた。）。

　(2)　控訴裁判所（知財高判平成19年9月27日裁判所HP, 2007WLJPCA09279003）は，①本件契約がＸの直営店として実績のある店舗をフランチャイズ店に移換す

るものであり，フランチャイズ店の新規開店よりもはるかに効率的かつ早期に安定的な経営の実現が見込まれると推測されるから，Yが相当の対価で無形固定資産を取得するのは十分に経済的合理性があり，本件売買契約締結の時点においてXがYに対し，優越的地位にあったということはできない等として，Yの変更後の請求を全て棄却した。

【石田晃士】

〔参考文献〕
西口元＝木村久也＝奈良輝久＝清水建成編『【改訂版】フランチャイズ契約の法律相談』69-74頁，220-224頁（青林書院，2009年）
川越憲治『フランチャイズシステムの法理論』（商事法務研究会，2001年）
金井高志『フランチャイズ契約裁判例の理論分析』（判例タイムズ社，2005年）
神田孝『フランチャイズ契約の実務と書式』（三協法規出版，2011年）

〔参照裁判例〕
神戸地判平成4年7月20日判タ805号124頁〔本家かまどや事件〕
名古屋高判平成14年5月23日判タ1121号170頁
東京地判平成17年1月25日判タ1217号283頁
秋田地判平成9年1月22日 TKC法律情報データベース番号28060026〔ピザ・カリフォルニア事件〕
大阪地判平成元年10月9日無体集21巻3号776頁〔元禄寿司事件〕
東京高判平成3年7月4日知的裁集23巻2号555頁〔ジェットスリムクリニック事件〕
最判昭和56年10月13日民集35巻7号1129頁〔マクドナルド事件〕
東京地判昭和47年5月30日判タ283号274頁〔ピロビタン事件Ⅰ〕
浦和地判平成5年11月30日判時1522号126頁〔天商事件〕

第28 ごはんや まいどおおきに事件

▶店舗外観が営業主体識別機能を取得し得るとされ，その類似性の判断基準が示された事例

大阪地方裁判所平成19年7月3日判決　控訴審大阪高判平成19年(ネ)第2261号，同年12月4日判決（控訴棄却）
判例時報2003号130頁

争　点

1　店舗外観は，不正競争防止法（以下，「不競法」という。）2条1項1号（「他人の商品等表示として需要者の間に広く認識されているものと同一若しくは類似の商品等表示を使用し，(中略) 他人の商品又は営業と混同を生じさせる行為」）又は同項2号（「自己の商品等表示として他人の著名な商品等表示と同一若しくは類似のものを使用（中略）する行為」）を適用する前提として，営業主体を識別する機能を有するか。

2　上記1が肯定される場合に，その「類似性」の具体的な判断方法とはどのようなものか。

結　論

1　特徴的な店舗外観の長年にわたる使用等により，店舗外観全体が特定の営業主体を識別する営業表示性を取得する場合もあり得る。

2　店舗外観全体の類否を検討するに当たっては，単に，店舗外観を全体として見た場合の漠然とした印象，雰囲気や，当該店舗外観に関するコンセプトに似ている点があるというだけでは足りず，少なくとも需要者の目を惹く特徴的ないし主要な構成部分が同一であるか著しく類似しており，その結果，当該店舗の利用者たる需要者において，当該店舗の営業主体が同一であるとの誤認混同を生じさせる客観的なおそれがあることを要する。

事案の概要

本件は、飲食店の経営等を業とするXが、

(1) 主位的に、

Xの営業表示として著名であり又は周知性を取得している「ごはんや　まいどおおきに　〇〇食堂」（〇〇の部分には店舗の所在地名が入る。）の文字から成る表示（以下「X表示」という。）と類似する「めしや食堂」の文字から成る表示（以下「Y表示」という。）を使用するYの行為は、不競法2条1項2号又は1号の不正競争に当たると主張して、同法3条に基づき、Yに対し、Y表示中の「食堂」の表示及びY表示が記載された看板並びにこれらと類似する表示及び看板の使用の差止め及び廃棄等を求め、

(2) 予備的に、

X表示を使用したXが経営する店舗（以下「X店舗」という。）の外観（以下「X店舗外観」という。）は全体としてXの営業表示として著名であり又は周知性を取得しているところ、Y表示を使用したYが経営する店舗（以下「Y店舗」という。）の外観（以下「Y店舗外観」という。）にX店舗外観と類似する外観を使用するYの行為は、不競法2条1項2号又は1号の不正競争に当たり、仮にそうでないとしても、民法上の不法行為を構成すると主張して、主位的に不正競争防止法3条に基づき、予備的に民法709条による被害回復請求権に基づき、前記(1)同様の差止め等を求めた事案である。

判決要旨

【請求棄却】

(1) 本判決は、主位的請求について、以下のように判示して、X表示とY表示の類似性を否定した。

「X表示は『ごはんやまいどおおきに（しょくどう）〇〇しょくどう』又は『まいどおおきに（しょくどう）』との称呼を生じさせるのに対し、Y表示は『めしやしょくどう』又は『めしや』の称呼を生じさせるものであって、両者が類似しないことは明らかである。なお、両者は『食堂』の部分で共通するが、同部分のみから営業主体の識別標識としての称呼、観念を生じさせるものとは

いえないから，同部分が共通するからといって，両表示が類似するということはできない。以上によれば，YによるY表示の使用は，不正競争防止法2条1項2号又は1号の不正競争には当たらない。したがって，……Xの主位的請求は理由がない。」

　(2)　予備的請求については，

　　ア　先ず，X及びYの店舗の外観を構成する看板の表示を対比し，「『『ごはんや　まいどおおきに（食堂）　○○食堂』ないし『まいどおおきに（食堂）』と『めしや食堂』ないし『めしや』とは，外観，称呼が相違することが明らかであり，Y表示はX表示に類似しないというべきである。なお，X表示・Y表示とも，『ご飯等を提供する食堂・飲食店』との観念を生じさせるものであるが，X表示中の『食堂』はXの業種・業態を端的に表す普通名称であって，特定の営業主体を表示する識別標識とは認められないから，上記のとおり観念が類似することをもって，Y表示がX表示に類似するということはできない。」と判示した。

　　イ　次に，XとYの各店舗外観について，その他の構成要素（店舗看板，店舗外部の木目調メニュー看板及びボード状メニュー看板，ポール看板，外装の配色，店舗内部のメニュー看板，その他店舗の内装）を個別に対比し，その異同を認定した上で，XとYの各店舗外観全体を対比し，以下のように判示した。

　「店舗外観は，それ自体は営業主体を識別させるために選択されるものではないが，特徴的な店舗外観の長年にわたる使用等により，第二次的に店舗外観全体も特定の営業主体を識別する営業表示性を取得する場合もあり得ないではないとも解され，X店舗外観全体もかかる営業表示性を取得し得る余地があること自体は否定することができない。しかし，仮に店舗外観全体について周知営業表示性が認められたとしても，これを前提に店舗外観全体の類否を検討するに当たっては，単に，店舗外観を全体として見た場合の漠然とした印象，雰囲気や，当該店舗外観に関するコンセプトに似ている点があるというだけでは足りず，少なくとも需要者の目を惹く特徴的ないし主要な構成部分が同一であるか著しく類似しており，その結果，飲食店の利用者たる需要者において，当該店舗の営業主体が同一であるとの誤認混同を生じさせる客観的なおそれがあることを要すると解すべきである。」

　　ウ　その上で，「X店舗外観とY店舗外観において最も特徴があり，かつ主要な構成要素として需要者の目を惹くのは，まず，店舗看板とポール看板というべきである」が，どちらの看板も，「そこに記載されている内容（X表示

かY表示か）が類似しないことなどにより」、両者の看板はいずれも類似せず、「これらの店舗看板とポール看板の相違点が、X店舗外観及びY店舗外観の全体の印象、雰囲気等に及ぼす影響は大きい」。

　また、店舗外観のその他の構成要素についても、「軽視し得ない相違点があり、とりわけ、外装の配色については、X店舗が黒、白を基調とした古くからある町の食堂を彷彿とさせる素朴な印象を与えるのに対し、Y店舗がより近代的で華やかな印象を与える点で相当の相違が認められ、全体としての印象、雰囲気がかなり異なったものとなっている」ため、「Y店舗外観がX店舗外観に全体として類似するとは到底認められないというべきであり、したがって、需要者がY店舗とX店舗の営業主体を誤認混同する恐れがあるとは認められない」などと判示し、予備的請求についても棄却した。

分析

1　商標の意義

　本件は、Xが、Yに対し、Yの「営業表示」あるいは「営業表示性を有する店舗外観」が、Xの使用するそれと類似するものとして、その使用の差止め等を求めた事案である。ここでいう「営業表示」とは、広く商号、商標、標章等を包含する概念を指す。

　ところで、商標とは、事業者が商品や役務について事業上使用する標章（商標法2条1項「文字、図形、記号若しくは立体的形状若しくはこれらの結合又はこれらと色彩との結合」）をいう。そして、商標には、次のような様々な機能があると考えられている。①自他識別機能（事業者の商品等を他者の商品等と区別して識別させる機能）、②出所表示機能（商品等を表すものとして継続的に使用されることにより、当該商品等の出所である事業者自身を表す機能）、③品質保証機能（商品等を購入する需要者において、その商標には高い品質が伴うと認識されることにより、その商標自身がそうした高品質を保証する目印となる機能）、④広告機能（前記各機能が相乗することにより、需要者が当該商標の付された商品等を購入する強い誘引となる機能）。

　なお、商標も、商号も、同じく標章であるが、商標が事業者の商品等に付されるものであるのに対し、商号は、事業者自身の名称である点で、商標とは異なるものである。また、商標は一の事業者が複数用いることができるが、

商号は1つしか持ち得ない点でも異なっている。フランチャイズ契約においては，フランチャイザーとフランチャイジーは別個の事業者であることから，その商号は異なるものの，商標については，フランチャイザーが有する商標をフランチャイジーに対して使用許諾することにより，統一的な商標を用いているのが通常である。そうすることにより，新規参入したばかりで実績のないフランチャイジーでも，それまでフランチャイザーが培ってきた事業への信頼を利用し，自らの事業を参入当初から軌道に乗せることができるようになるが，商標はフランチャイザーの重要な財産であることから，フランチャイジーの商標の使用等については，フランチャイズ契約により様々な拘束・条件が付されるのが通常であり，フランチャイジーがこれに違反すれば，契約の解除や損害賠償を求められることになる。

2 商標法による保護

商標は，以上のように，商標自体の識別力と，品質を高めることにより自らの評価を向上させようとする事業者の弛まぬ努力の賜物として，様々な機能を持ち，それにより事業者の提供する商品等に対する需要者一般の信頼を高め，需要者を当該商品等に惹き付け，他の事業者に比べて取引を有利に行うことができるようになるため，商標それ自体が事業者の重要な資産となり，事業を大きく発展させる原動力となる。そのため，他者の使用する商標にフリー・ライドする行為は許容すべきではなく，商標自体を保護する必要がある。そこで，商標法は，自らの商標を特許庁に登録した商標権者に対し，類似する商標の使用差止請求権等を認めるなど，各種の保護を与えている。

他方，未登録商標であっても，現に使用されている商標で，その者の商品等を表示するものとして周知になっている場合には，それと同一ないし類似する商標を登録することはできない（商標法4条1項10号・11号・15号・19号）。さらに，未登録商標も，不競法に基づく一定の保護が与えられる場合がある。

3 不競法による保護

不競法2条1項1号及び同項2号は，登録商標のみならず，広く①人の業務に係る氏名，②商号，③商標（未登録含む。），④標章，⑤商品の容器・包装，⑥その他の商品表示又は営業表示を「商品等表示」として保護している。すなわち，同項1号では，他人の商品等表示として需要者の間に広く認識され

ているものと同一若しくは類似の商品等表示を使用する等して、他人の商品又は営業と混同することを生じさせる行為（周知表示混同惹起行為）を、同項2号では、他人の著名な商品等表示と同一若しくは類似のものを使用する等の行為（著名表示冒用行為）を、それぞれ禁止している。もっとも、不競法による保護の対象となる「商品等表示」と言い得るためには、前記の自他識別機能又は出所表示機能を備えていることが必要である。なお、同項1号では、「混同を生じさせる」という結果の発生が要件となっているのに対し、同項2号では「同一若しくは類似」の商品等表示を使用しただけで不正競争行為となる点で相違している。

不正競争とされる行為により営業上の権利を侵害された者（その虞のある者）は、不正競争行為の停止や予防を請求でき（同法3条）、損害を被った場合はその賠償を請求でき（同法4条）、その際、当該不正競争行為により不正競争者が取得した利益の額や被侵害者が受け取るべき通常のライセンスフィー（通常受けるべき損害の額）を、救済を求める側の損害と推定する規定により損害賠償額の立証の容易化が図られている（同法5条）。さらに、不正な目的をもって不正競争行為を行った者には、刑事罰も科されることとなる（同法21条）。

4 「周知性」について

本判決では争点とされていないが、不競法2条1項1号は、保護の対象となる商品等表示が「需要者の間に広く認識されている」（周知性）ことを要件としている。周知であるとは、特定の者の商品あるいは営業であることを示す表示であることが相当範囲の需要者の間に広く知られている客観的な状態をいうものとされている。ここでいう相当範囲の需用者とは、取引業者又は消費者の特定の階層（例えば、ファッションに敏感な若年者層等）でもよい。

周知性の地域的範囲は、必ずしも全国的に知られていることを要せず、一地方において広く認識されていれば足り、具体的には、当該営業の種類、態様、取引範囲等を考慮して判断すべきものとされている（東京高判平成8年9月12日知財速報259号19頁）。周知性は、現実に使用することのみではなく、広告等によってもその地域的範囲を拡大し得るが、商品等表示の使用差止めが認められるためには、自己の営業地域のみならず、差止めを求める相手方の

営業地域でも周知性を有していることを要する。

同一地域で周知性を有する商品等表示が競合している場合、「類似」に該当しない（大阪高判平成7年11月30日知財速報250号42頁）としたり、類似性は認めた上で「混同」の虞はない（大阪地判昭和48年9月21日判タ300号346頁）などと認定してその利害調整を図る裁判例が散見される。

周知性の認定方法について、裁判例では、①表示自体の奇抜性・独創性・特異性・特別顕著性の有無・程度、②商品等の内容・規模・取引形態・商品等の種類、③表示の使用期間・使用態様、④その他アンケート調査等を総合的に考慮して判断しているようである。

5　本判決の意義

本判決では、「店舗外観は、それ自体は営業主体を識別させるために選択されるものではないが、特徴的な店舗外観の長年にわたる使用等により、第二次的に店舗外観全体も特定の営業主体を識別する営業表示性を取得する場合もあり得ないではない」として、店舗外観が営業主体の自他識別機能あるいは出所表示機能を持ち得る場合があると判示した。思うに、こと、フランチャイズ・システムにおいては、フランチャイザーは、フランチャイジーが営業を行う上で、提供する商品ないし役務自体のみならず、実際に顧客に対して商品等を提供する従業員の制服や、提供する場所である店舗外観等も含めて、これらを総合的に一つのパッケージとして自らのコンセプトを体現したものをフランチャイジーに供与するものである。そして、そうしたフランチャイザー独自のコンセプトを反映した個性的な店舗外観等も、長期間使用を継続することにより、提供する商品等とともに、自他識別機能あるいは出所表示機能を持ち得る場合があると思われる。したがって、前記判示は妥当である。

次に、店舗外観の類似性を判断する基準について、本判決は、「単に、店舗外観を全体として見た場合の漠然とした印象、雰囲気や、当該店舗外観に関するコンセプトに似ている点があるというだけでは足りず、少なくとも需要者の目を惹く特徴的ないし主要な構成部分が同一であるか著しく類似しており、その結果、飲食店の利用者たる需要者において、当該店舗の営業主体が同一であるとの誤認混同を生じさせる客観的なおそれがあることを要す

る」と判示している。これまでの裁判例においては，営業の表示に関してではあるが，「取引の実情のもとにおいて，取引者又は需要者が，両者の外観，称呼，又は観念に基づく印象，記憶，連想等から両者を全体的に類似のものと受け取るおそれがあるか否かを基準として判断すべきもの」と判示したものがある（最判昭和58年10月7日民集37巻8号1082頁）。本判決は，店舗外観の全体的なイメージが類似するというだけでは足りず，少なくとも店舗外観の主要な構成部分も同一ないし酷似していることが必要と判示した点において，前記最高裁判決を一歩前進させるものであり，この点に本判決の意義がある。

本判決に対しては，Xが控訴したが，控訴審は本判決と同旨でこれを棄却している。

なお，「フランチャイズチェーンに属する店舗として密接な営業上の関係が存するものと誤信させる行為」（札幌地判昭和59年3月28日判タ536号284頁），「フランチャイズ加盟店の一つと誤認」させる行為（東京地判平成5年6月23日判タ825号247頁），「親会社・子会社の関係や系列会社等の密接な営業の関係」にあると誤信させる行為（大阪地判平成7年5月30日知財速報241号41頁），「業務上・組織上関連するものとの認識を一般消費者や需要者に生じさせ」る行為（大阪高判平成10年1月30日知的裁集30巻1号1頁）等についても広義の混同の虞があるものと認定されており，裁判例上，フランチャイズ・システムの一員ではないかと誤認されるものである場合も，不競法2条1項1号の「混同」の要件に該当するとの判断が定着している。

【毛塚重行】

〔参考文献〕
西口元＝木村久也＝奈良輝久＝清水建成編『【改訂版】フランチャイズ契約の法律相談』88-94頁（青林書院，2009年）
西口元＝吉野正三郎＝木村久也＝編『フランチャイズ契約の実務』（新日本法規，2000年）
小野昌延編『新・注解　不正競争防止法〔新版〕（上巻）』（青林書院，2007年）
青山紘一『不正競争防止法〔第6版〕』（法学書院，2010年）
山本庸幸『要説　不正競争防止法　第4版』（発明協会，2006年）
金井高志『フランチャイズ契約裁判例の理論分析』（判例タイムズ社，2005年）

第29 Aラーメン事件

▶フランチャイズ契約における損害賠償額の予定条項が適用される範囲の補充解釈を行った事例

福岡高等裁判所平成19年7月19日判決　平成19年(ネ)第59号損害賠償金支払請求控訴事件（本訴），損害賠償請求控訴事件（反訴）
裁判所HP，2007WLJPCA07199017

争　点

1　Y（フランチャイジー）のX（フランチャイザー）に対する債務不履行の有無（本訴）。
2　Yの債務不履行に基づく損害賠償額。
3　XのYに対する債務不履行又は不法行為の有無（反訴）。
4　Yが受けた損害の額。

結　論

Xがフランチャイザーとしての責務を果たしておらず，不適切な行為があったことは認められるものの，Yがのれん料の支払義務まで免れるものではなく，Yの債務不履行は認められるとして，Xがしたフランチャイズ契約の解除を有効なものと認め，Yの請求を棄却した。また，フランチャイズ契約における高額の損害賠償の予定条項が適用される範囲につき補充解釈を行い，それとは別に，Yが契約終了後「Aラーメン」の看板を撤去せず，これを放置したことによって，Xの信頼が一程度毀損されたとして，Xの損害賠償請求を一部認容した。

事案の概要

1　X（控訴人，フランチャイザー）は，「Aラーメン」の商標で，自らラー

メン店（Aラーメン本店）を経営すると共に，同商標の下でフランチャイズを運営している。Y（被控訴人，フランチャイジー）は，Xからラーメン店経営につき説明を受け，Aラーメンのフランチャイジーとして営業を始めることを決意した。

2　XとYは，平成13年9月25日，フランチャイズ契約を締結した。なお，本件契約締結の際に作成された「Aラーメングループ店加盟契約書」には，「Yは，本件契約の各条項に違反した場合には，損害賠償金として500万円又は相当額をXに支払わなければならない」という趣旨の約定が記載されている。

3　Yは，本件契約締結時に，Xから，Aラーメンでは，J県産の地粉で作られた麺を使用しているとの説明を受け，Xの指導により店舗内に大きなパネルでその旨を表示するとともに，客や雑誌の取材にもその旨答えていた。ところが，Yは，平成15年11月ころ，Xから，麺の原材料がJ県産のものではないと聞かされ，そのことが原因で，YはXと口論した。

4　Xは，平成16年2月にAラーメン本店を移転した。同本店では，新メニューを出し，ラーメンの価格を変更したほか，麺の地粉の生産地の上記掲示を修正したが，Xは，これらの事実をYに知らせなかったばかりか，本店の移転先の住所，電話番号，店舗のオープン時期等も連絡しなかった。Yは，上記事実を知り，Xとの間で口論となった。

5　Yは，その後，6か月分ののれん料30万円の支払をしなかった。そこで，Xは，上記未払いののれん料等を支払うように催告したところ，Yは，Xに対し，本件契約の遵守を求めるとともに，のれん料を取立てに来るように要請した。

6　Xは，Yからのれん料の支払がなされなかったことから，Yに対し，本件契約を解除する旨の意思表示をするとともに，商標等を表示する全ての資料の返還又は破棄や，2週間以内に本件約定に基づき損害賠償金500万円を支払うこと等を請求した。

7　Yは，Xに対し，未払ののれん料30万円を支払った。また，Yは，Xから契約解除の通知を受けた後ラーメン店の営業を停止し，Xに対し，本件契約を解除する旨の意思表示をした。

8　Yは，営業廃止後も，店舗建物上部，全面及び側面に設置していた「Aラーメン」の看板を取り外すことなく，そのままの状態にしていたが，Xが準備書面においてその旨を指摘し，その撤去を求めたことから，上記看板を撤去した。

9　XはYに対して，フランチャイズ契約に違反したとして約定違約金の支払を求めた（本訴）のに対し，Yにおいて，反訴として，Xに対し，同契約の債務不履行又は不法行為に基づく損害賠償を求めた。

判決要旨

1　争点1及び2について

(1) のれん料の不払いについて

「Xのフランチャイザーとしての一連の振る舞いは，YのXに対する信頼を著しく損なうものといってよいから，Yがこのことに対していたく憤激していたということも十分理解できるところである。

しかしながら，本件契約におけるのれん料は，商標及びAグループシステム継続使用の対価とされている」「ところ，Yは，平成16年2月以降も，AラーメンF店の名称で営業を継続し，かつ，Xが指定する麺，醬油等を利用するなどしていたのであるから，これに対する対価の支払義務を免れることができないことは明らかであって，上記のような事情があるからといって，Yののれん料不払いが正当化されることにはならない。」

(2) 看板撤去義務違反の有無について

「本件契約は，Yの債務不履行によって解除されたものであるが，本件契約では，契約が終了した場合には，Yは，Xの指示に従って，商標等を表示する全ての資材を返還又は破棄しなければならないとされており」「，かつ，Yは，平成16年8月11日に，Xから，商標等を表示する全ての資材の返還又は破棄を求められていたのに，直ちに看板を撤去することをせず，平成17年2月15日過ぎまでこれを放置していたのであるから，これも本件契約に違反するというべきである。」

(3) Yの債務不履行に基づく損害賠償額について

「本件約定は，その文言上は，本件契約の条項に違反した場合一般を対象としているものと解されるが，他方で，損害賠償額については，『500万円又は相

当額』と定めている。かかる本件約定の文言からすれば，本件約定は，本件契約違反のうち，一定の範囲のものについては損害賠償額（500万円）の予定を定めたものであるが，それ以外については，一般の債務不履行責任によることを確認的に規定したものに過ぎないと解するのが当事者の合理的意思に合致するものというべきである。」

「次に，損害賠償額の予定を定めた部分の適用範囲が問題となるが，本件契約の内容や損害賠償額が500万円と高額であることに照らせば，この部分が適用されるのは，本件契約に違反する行為のうち，契約終了後の商標の無断使用による営業継続など，契約違反の内容がXの行うフランチャイズ事業の根幹を揺るがすおそれがある場合に限られると解するのが相当であり，このような限定解釈を付することによって初めてこの部分の有効性を認めることができるというべきである。」

「このような観点からすると，上記Yの債務不履行のうち，のれん料の不払いについては，損害賠償額の予定を定めた部分が適用されないことは明らかである。また，看板撤去義務違反は，Aラーメングループ全体の信用を毀損するおそれのある行為ではあるが，これまた上記部分が適用されるまでの違法性は存しないものと解される。」

「そこで，Yの上記債務不履行につき，一般の債務不履行責任に基づく損害額を検討する。」

「本件契約がXから解除されるまでには，」「フランチャイザーとしてはあるまじきXの信義則違反の行為があり，Yがそのことに憤激し反発する余りに，のれん料不払いという短慮に出てしまったという経緯があることからすると，Xのした本件契約解除を有効なものと認める以上に，そのことによる得べかりし利益についての損害賠償請求権まで認めるというのは，信義則に照らして決して相当なこととはいえない。」

「Yは，本件契約終了後6か月以上もの間，看板を撤去せずにこれを放置したものであって，これによってAラーメングループ全体の信用が一程度毀損されたものと認められるが，他方で，Xにもこれ以前に信義則違反の行為があること，」「看板撤去のXの請求」「は，その内容がやや抽象的なものであるという面があること等の諸事情を総合的に考慮すると，上記損害額は30万円とするのが相当である。」

2　争点3について

「フランチャイザーとしてのXの振る舞いは責められるべきではあるが，X

の本件契約解除自体は有効であって，Yが営業を廃止せざるを得なくなったのは，直接的にはYののれん料不払いという債務不履行にその原因があるというべきであるから，Yは，Xに対して営業廃止に伴う損害賠償を請求することはできない。」

分析

1 損害賠償額の予定について

民法420条1項前段によると，契約の当事者は，債務の不履行について損害賠償の額を予定することができる。一般的に，債権者が債務不履行による損害賠償を請求するためには，損害の発生及びその金額を証明しなければならないが，この証明は，困難であることが多い。そこで，そのような証明の煩雑さを回避して，簡易迅速に損害賠償の請求ができるようにしようとするのが，賠償額の予定が用いられる理由である（我妻栄＝有泉亨ほか『我妻・有泉コンメンタール民法─総則・物権・債権─〔第2版〕』762頁（日本評論社，2008年））。

したがって，債務不履行があったにもかかわらず実際には損害が発生しなかったこと，又は損害額が予定賠償額よりも少ないことが立証されても，債務者は，賠償額の減額を請求することは許されないと解される（能見善久＝加藤新太郎編『論点体系 判例民法4 債権総論』87頁〔田髙寛貴〕（第一法規，2009年））。同様の理由により，債権者が，実際の損害額が予定額よりもさらに大きいことを立証しても，増額を請求することは原則としてできないと解される（前掲『我妻・有泉コンメンタール民法─総則・物権・債権─〔第2版〕』762頁）。

2 損害賠償額の予定の制限

民法420条1項後段によると，裁判所は，損害賠償の予定の額を増減することができない（損害賠償額の自由）。もっとも，これを無制限に認めると，同条1項が過大な損害賠償額の予定の根拠として濫用されるおそれがある（前掲『論点体系 判例民法4 債権総論』87頁）。

そこで，損害賠償額の予定については，2種類の制限が存在する（内田貴『民法Ⅲ 債権総論・担保物権〔第3版〕』173頁（東京大学出版会，2006年））。

第1に，特別法による制限がある。消費者契約法9条1号，利息制限法4

条，特定商取引法49条2項などがその主な例である（前掲『論点体系　判例民法4　債権総論』91頁以下）。

　第2に，公序良俗（民法90条）による制限がある。過大な賠償額の予定をした場合には，公序良俗違反として，その全部又は一部が無効となる。なお，請負契約における違約金の定めに基づいて算出された違約金の金額が過大となった場合に，違約金の定めを有効としたうえで，注文者の過失を考慮し，過失相殺によって減額を認めた判例もみられる（前掲『論点体系　判例民法4　債権総論』88頁以下）。

3　フランチャイズ契約における損害賠償額の予定

　フランチャイズ契約に係る債務不履行の類型は多様であり，その際の損害額も低額のものから巨額のものまで，様々である。そして，全ての契約違反を詳細に類型化して損害賠償額の予定を定めることは現実的には困難であり，フランチャイズ契約においては，本件のように，単純化・一般化して書かれた損害賠償額の予定条項が使用されることが多い（川越憲治『フランチャイズシステムの法理論』206頁以下（商事法務研究会，2001年））。

　フランチャイズ契約において損害賠償額の予定条項がおかれることの合理性については，①フランチャイズ契約における契約違反が全て発見されると想定することは現実的でないこと，及び②契約違反自体は確認できても，それによって生じた損害額の完全な証明は困難であることから，損害賠償額の予定条項によって契約違反を抑制する必要があることなどが挙げられる（小塚荘一郎『フランチャイズ契約論』59頁注10（有斐閣，2006年））。

　もっとも，このような損害賠償額の予定条項に，常に規定通りの効力が認められるわけではないことに留意する必要がある（『[改訂版]フランチャイズ契約の法律相談』231頁）。本判決もそうであるが，フランチャイズ契約における損害賠償額の予定（事例によっては，「違約金」という名称も使われている。）を定める条項に完全な効力を認めなかった裁判例は多くみられる。これらの裁判例において，当該条項の効力が否定・限定された理由は，(i)損害賠償額の予定の金額が高額であること，(ii)運用の状況（フランチャイズ・システム全体として一貫した運用がなされているか否か），及び(iii)請求を認めるべきではない事情（契約の終了についての当事者の帰責事由の存否）の存在，に分類される（前掲『フラン

チャイズ契約論』59頁注10)。

　本件では，契約の内容が「500万円又は相当額」と択一的記載となっており，かつ，金額を明記した方の損害賠償額が500万円と高額であることに照らして，損害賠償額の予定条項（500万円の部分）が適用されるのは，フランチャイズ事業の根幹を揺るがすおそれがある契約違反行為に限られるとの限定解釈（補充解釈といった方が正確であろう。）がなされている。上記の(i)の分類に属する裁判例であるものと思われるが，当該条項の一部又は全部が無効とされるのではなく，その適用範囲が限定されていることが特徴的である。

　なお，本件のように択一的記載を採っているものではないが，フランチャイズ契約における損害賠償額の予定についての裁判例としては，①違約金条項の「額300万円は，原告の提供したノウハウの内容等に照らせば，高額に過ぎ，100万円の限度で合理性を有するにとどまるものと解される。結局，本件違約金条項のうち，残存期間のロイヤリティ分と加盟金相当額のうち100万円との合計額を超える部分（加盟金相当額のうち200万円分）は，合理性を欠き公序良俗に反し無効というべきである。」とした東京地判平成21年11月18日（LLI登載，ID番号06430657〈第44事件〉），及び②被告による違約金の請求は理由がないとして，これを認めなかった千葉地判平成19年8月30日（LLI登載，ID番号06250280〈第16事件〉）などがある。

4　実務上の注意点

　フランチャイズ契約を締結する際の，損害賠償の予定に関する実務上の注意点としては，次のものが挙げられる（川越憲治＝鈴木伸佳「判批」フランチャイズエイジ（2008.3）31頁）。

　第1は，フランチャイズ契約に損害賠償の予定条項を採用するか否かであるが，フランチャイザーの義務は全てのフランチャイジーに対するものであることからその発見は比較的容易であるのに比し，フランチャイジーの義務は個別の店舗に関するものであるために発見を免れる可能性が高いこと（前掲『フランチャイズ契約論』59頁注10）を考慮すると，採用するのが通常であろう。

　第2は，損害賠償額の予定を採用した場合の，その範囲である。一般的には，損害額の立証が困難である契約違反について定めることになるものと思われるが，軽微な形式的違反を問題とした場合には当該定めの効力がそのま

ま認められないことがある。

　第3は，損害賠償の額である。定額を定める方法と計算式を定める方法があるが，いずれの場合においても，あまりに高額の賠償額の予定は，効力を認められない可能性が高く，避けた方が良いであろう。

　なお，本判決も示すように（ただし，条項上は「500万円又は相当額」と「相当額」との記載がある。），賠償額の予定の効力が認められなかった場合でも，原則として，債務不履行の一般規定に基づいて損害賠償を請求することは可能である。

【カライスコス　アントニオス】

〔参考文献〕
西口元＝木村久也＝奈良輝久＝清水建成編『【改訂版】フランチャイズ契約の法律相談』
　230-237頁（青林書院，2009年）
川越憲治＝鈴木伸佳「判批」フランチャイズエイジ（2008.3）28頁
川越憲治『フランチャイズシステムの法理論』（商事法務研究会，2001年）
小塚荘一郎『フランチャイズ契約論』（有斐閣，2006年）
神田孝『フランチャイズ契約の実務と書式』147-149頁（三協法規出版，2011年）

〔参照判例〕
東京地判平成21年11月18日（LLI登載，ID番号06430657〈第44事件〉）
千葉地判平成19年8月30日（LLI登載，ID番号06250280〈第16事件〉）

第30 ほっかほっか亭事件

▶サブ（マスター）・フランチャイズ契約におけるエリア・フランチャイザーの債務不履行による損害賠償及び遅延損害金の支払が否定された事例

東京地方裁判所平成22年5月11日判決　平成20年(ワ)第36892号
損害賠償請求事件，請求棄却・控訴
判例タイムズ1331号159頁

争　点

Yの①ほっかほっか亭の商標登録をめぐる行為，②全国本部長会議への出席拒否，③店舗外観の無断変更，④屋台形式の弁当販売，⑤新ユニフォームの採用拒絶，⑥消費期限偽装に関する調査への回答拒絶等の行為，⑦Xの更新拒絶により終了した静岡地区等の5地区のフランチャイズ契約の契約終了後における標章使用等の行為，競業行為，⑧九州地区及び7地区のフランチャイズ契約における一般的脱退に関する行為（契約期間中の競業行為），⑨加盟店に対する勧誘行為の各行為がフランチャイズ契約に違反したか。

結　論

フランチャイズ契約に違反するものであると認めることができない以上，債務不履行に基づく損害賠償請求は，その余の点について判断するまでもなく，理由がないというべきである。

事案の概要

1　1976年6月，本件フランチャイズ・システムの創始者であるAは，ほっかほっか亭1号店を開店し，「ほっかほっか亭」のブランドで持ち帰り弁当の販売事業を開始した。1978年7月，Aらは，上記事業にフランチャイズ・システムを導入し，同年9月，株式会社ほっかほっか亭を設立した。

2　Xは，1981年7月，本件フランチャイズ・システムを統括するマスター・フランチャイザーの役割を担う組織として設立され，株式会社ほっかほっか亭から本件フランチャイズ・システムのマスター・フランチャイザー（総本部）としての機能を引き継いだ。株式会社ほっかほっか亭は，東日本及び北海道地域のエリア・フランチャイザーとなった。

3　Yは，1960年に設立された会社であるが，1980年4月，株式会社ほっかほっか亭との間で地域本部契約を締結して，九州地域のエリア・フランチャイザーとなった。

4　1985年ころから，Xは，ダイエーとの業務提携を開始し，その後，ダイエーは，Xの発行済み株式数の約44％及び株式会社ほっかほっか亭の発行済み株式総数の80％強を取得することに至った。

5　1986年1月，Xは，経営の効率化を図るため，Yが九州地区を担当することを含めて全国を3地域に分け，それぞれの地域ごとに地域本部を設立し，商品開発，企画設計及び営業管理等の業務を各地域本部及び地区本部に移管するなど，権限委譲を行った。

6　Yは，1999年4月，ダイエーから，ダイエーが保有するX及び株式会社ほっかほっか亭の株式の全部（それぞれ44％と85％）を譲り受けた。2002年12月，Yは東京証券取引所第1部に上場し，2004年3月に株式会社ほっかほっか亭を吸収合併した。

7　①　2004年7月27日，Yは，毛筆体の「ほっかほっか亭」の商標出願を行ったため，XはYに対し，商標出願の取下げを求めたが，2005年3月11日，登録された。

8　②　2006年8月以降，Xは，それまで年1回程度の頻度で開催されていた各地域本部及び各地区本部代表者を集めて行う本部長会議を月1回の頻度で開催するようになったが，Yは，同年11月ころから，これに出席しなかった。

9　③　3月19日，Yは，茶褐色を基調とした外観で，外装にHマークのないほっかほっか亭銀座5丁目店を開店した。Xは，店舗の外観について，抗議したが，Yは，これに応じなかった。

10　④　2007年2月19日から，東京の11か所において，仮設屋台にトラッ

クで配送し，ほっかほっか亭のブランドの弁当として販売した。

11 ⑤ 2007年10月，Xは新ユニフォームの採択を決定し，Yに必要な数の確認を求めたが，Yは，採用を拒絶した。

12 ⑥ 同年2月22日，Xは，Yに対し，消費期限偽装に関する調査を行ったが，Yは，一部の回答を拒んだ。さらに，同年10月31日，Xは，食材の保管方法等についての衛生管理マニュアル作成し，各地域本部に送付したが，Yは，その受領を拒否した。

13 ⑦ Xは，Yに対し，2007年5月28日付けで，静岡地区等の5地区のフランチャイズ契約につき，同年8月末日をもって契約を終了させるとの，更新拒絶の意思表示をした。Yは，2008年5月15日の「ほっともっと」立ち上げまで，静岡地区等において「ほっかほっか亭」の標章使用行為等を継続した。

14 ⑧ Yは，2008年2月6日付けで，Xとの信頼関係が破壊されたことを理由として，同年5月14日をもって，Xとの本件各契約を解約する旨の意思表示をした。そして，Yは同12日，「ほっともっと」の新ブランドで，持ち帰り弁当販売事業を開始することを発表し，同年5月15日以降，Yフランチャイズ・システムによる持ち帰り弁当販売事業を展開している。

15 ⑨ Yは，2008年2月ころから，本件フランチャイズ・システムの加盟店との間の本件加盟契約に定められていた，地区本部とXとの契約が終了した場合に加盟店の地区本部との間の契約上の地位をXが承継することを加盟店が承諾する旨の規定を削除する覚書等を各加盟店に配布し，その署名を求めた。（筆者注：⑨はXの主張による）

16 サイコー株式会社は，Xと茨城県を対象地域として2008年10月30日までの期間で，地区本部契約を締結していたが，YからYフランチャイズ・システムに参画した場合の条件が提示された。同年4月25日，Yは，Yフランチャイズ・システムの茨城地区本部をサイコー株式会社に運営させることを発表した。

17 そこで，Xは，Yによる上記各行為がYの債務不履行に当たり，これによって損害を被ったと主張して，Yに対し，債務不履行による損害賠償請求権に基づき，フランチャイズ契約における損害賠償額の予定の規定による

損害賠償金及びこれに対する遅延損害金の支払を求める訴訟を提起した。⑦については，静岡等 5 地区におけるフランチャイズ契約が X の更新拒絶により終了したか（Y が，X の更新拒絶の無効を主張）が争点となった。⑧については，Y が一方的に脱退の通知をし，その後に行った競業行為が，契約期間中の競業行為避止義務違反行為に当たる，と X が主張し，その判断の前提として，2008 年 2 月 6 日付けの Y の解約の意思表示により九州地域等のフランチャイズ契約が終了しているか（X は，Y の解約の意思表示を無効と主張）が争点となった。⑨について，X は，本件各契約 12 条 2 項及び本件加盟契約 41 条の加盟店承継規定の趣旨から，Y は，本件各契約に付随する義務として，本件フランチャイズ・システムにとどまることを希望する加盟店に不当な圧力をかけてこれを妨害し，本件フランチャイズ・システムにとどまれないようにするなど著しく不当な態様で，社会的に相当性を欠く勧誘行為をしてはならない義務を負っていたこと，Y が本件フランチャイズ・システムにとどまろうとする加盟店を不当に圧迫して，本件フランチャイズ・システムにとどまることを強引に要求する勧誘行為をしたことを主張した。

判決要旨

（棄却）
1　本件フランチャイズシステムにおける X の役割について
「X は，本件フランチャイズシステムの拡大に伴い，店舗の運営に関する業務等については，各地域本部及び各地区本部に権限をゆだねていたのであって，遅くとも平成 16 年 7 月ころには，一般的にフランチャイザーが負う①商標等の使用許諾，②経営ノウハウの提供，③店舗運営に対する指導及び援助をする義務のうち，①の商標等の使用許諾のみをしていたものであり，②経営ノウハウの提供並びに③店舗運営に対する指導及び援助については，ほとんどしていなかったものと認めるのが相当である。」
2　Y の各行為が本件各契約に違反するものであるかどうかについて
①　商標をめぐる Y の行為について
本件各契約の規定をみると，その 7 条 2 項 1 号は，本件フランチャイズシステムに関する商標について，地域本部又は地区本部は，「ほっかほっか亭のト

レードマーク・サービスマーク・シンボル・トレードネーム及び各種マニュアルを進んで保護し，類似物及び類似表示を発見した場合は速やかに総本部に連絡する」ことに同意する旨を定めているところ，その条項は，その文言からして，地域本部又は地区本部が，本件フランチャイズシステム外の第三者による商標権等の権利侵害の発見に協力すべき義務を定めるものであることは明らかであり，本件各契約の趣旨を併せて考慮しても，Xがほっかほっか亭ブランドを一元的に統一管理することを妨げてはならない義務をYに負わせているものと解することは困難であるといわざるを得ない。

② Yの全国本部長会議への出席拒否について

本件各契約6条2項の規定……から，Y（地域本部及び地区本部）が全国本部長会議に出席しなければならない義務を負うものと解することは困難であるから，……理由がないといわなければならない。

③ Yの店舗の外観の無断変更行為（Hマークを付さない店舗外観の創出）について

東京地区本部契約（甲12の1）の7条2項は，「地区本部は，…次のことに同意する」とした上で，その3号は，「ほっかほっか亭ショップは，総本部により前もって示され，認められたプランと仕様明細に基づいて建築しなければならない。即ち，総本部によって決定された統一基準と仕様明細に従って，外装・内装・設備・装飾されなければならない」と規定しているけれども，その「総本部によって決定された統一基準と仕様明細」が存在していたことを認めるに足りる証拠はない。

④ Yの屋台形式での弁当販売行為について

東京地区本部契約（甲12の1）の7条2項は，「地区本部は，…次のことに同意する」とした上で，その3号は，……その4号は，「ほっかほっか亭ショップは，総本部が開発した各種マニュアルに基づきマニュアルに示された事柄を忠実に励行することによって，清潔感に溢れた調理場・売場を維持し統一性のある均質の商品とサービスを提供させるものでなければならない」と定める。

しかし，……禁止していることを認めるに足りる証拠もない。

⑤ Yの新ユニフォームの採用拒絶について

……Yが新ユニフォームの採用を拒絶した2007年11月以前から，Xは，本件フランチャイズシステムにおいて，各地域本部及び各地区本部に対する経営ノウハウの提供，店舗の運営に対する指導及び援助をほとんどしておらず，各地域本部及び各地区本部にゆだねていたのであり，店舗における店員のユニフォ

ームをどのようなものにするかについても，店舗運営に関する事柄に属するものとして，各地域本部及び各地区本部の判断に委ねられていたものと認められる。

⑥　Yの消費期限偽装に関する調査への回答拒絶等について

認定のとおり，……店舗の運営に関する事柄として，各地域本部及び各地区本部の判断に委ねられていたものと認められる。

⑦　静岡地区本部契約等についてのYの契約違反行為について

契約期間の定めのあるフランチャイズ契約であるところ，フランチャイズ契約のような長期にわたって継続的にフランチャイジーが相当多額の投資を行うことが必要とされる契約については，フランチャイジーの契約継続に対する期待を考慮すると，フランチャイジーの営業保護の観点から，たとえ契約の文言上は契約期間が定められていたとしても，フランチャイザーは，やむを得ない事由がなければ契約の更新を拒絶することはできないものと解するのが相当である。

そして，上記各契約のようなフランチャイズ契約は，当事者間の信頼関係を基礎とする継続的取引であるから，フランチャイジーがそのフランチャイズ契約に基づいて信義則上要求される義務に違反して，その信頼関係を破壊することにより，そのフランチャイズ契約の継続を著しく困難なものとしたような場合には，上記のやむを得ない事由があるものというべきであり，フランチャイザーは，そのフランチャイズ契約の更新を拒絶できるものといわなければならない。

「これを本件についてみると，」「被告の上記各行為〔筆者注：①ないし⑥の行為〕が契約に違反するものと認めることはできないし，また，信義則上要求される義務に違反したとも認めることは困難であるから，本件更新拒絶の時点において，原告と被告との間の信頼関係が被告により破壊されて上記各契約の継続が著しく困難なものとなっていたものと認めることは難しいから，上記のやむを得ない事由があったものと認めることはできない」。

⑧　九州地域本部契約等についてのYの契約違反行為について

上記各契約はフランチャイズ契約であり，当事者間の信頼関係を基礎とする継続的取引であるから，その契約の当事者の一方が，そのフランチャイズ契約により信義則上要求される義務に違反して，その信頼関係を破壊することにより，契約関係の継続を著しく困難なものとしたときは，他方の当事者は，そのフランチャイズ契約を解約することができるものと解するのが相当である。

これを本件についてみると,「相当長期間継続することが契約の当初から予定された継続的取引契約であるというべきであり」,「また, Yは, 上記各契約が長期間契約が継続することを前提として, 多額の資金を投下して直営店及び加盟店を増加させて, 東証一部に上場するまでの規模に成長してきたことが認められることからすると, Yは, 本件各契約が更新されて継続することを期待することについて正当な利益を有し, 他方で, Xは, 信義則上, そのようなYの正当な利益を侵害してはならないとの義務を負う」。

　「しかし,」「Xは, Yの平成20年2月6日付けの本件解約の意思表示に先立ち,」「平成19年5月, Yに対し, 静岡地区本部契約について更新を拒絶する旨の意思表示をし」たところ,「Xが本件更新拒絶が有効であることの根拠とする」「Yの各行為〔筆者注：①ないし⑥の行為〕は」「XとYとの間の契約に違反する行為にあたるものと認めることはできないこと」「などからすると, Xは, Yの上記各契約が継続されることを期待する正当な利益を著しく害しその信頼関係を破壊し, 上記各契約の継続を著しく困難にしたものというべきである。」

　「そうすると, YがXに対してした本件解約の意思表示は有効であり, 上記契約は, 本件解約の意思表示により, 平成20年5月14日をもって終了したものというべきである。」

　⑨　Yの加盟店に対する勧誘行為について

　本件各契約12条2項は,「本契約終了と同時に地区本部の加盟店との契約上の地位は総本部がこれを継承する。」と定め, 本件加盟契約41条は,「加盟店は, 本部と総本部とのサブ・フランチャイズ契約が終了した場合, そのサブ・フランチャイズ契約の定めるところにより本部の加盟店に対する本契約上の地位を総本部が承継することを承諾する。」と定めているにすぎず, Xの主張する通り, Yが本件各契約に付随する義務として, 本件フランチャイズシステムにとどまれないようにするなど著しく不当な態度で, 社会的に相当性を欠く勧誘行為をしてはならない義務（筆者注：事実の概要⑨のXの主張参照）を負うものと認めることは困難である。

分析

1 サブ・フランチャイズの概念について

　サブ・フランチャイズ契約に関する法的観点からの研究・分析（奈良・後掲44頁注3）参照されたい。）は，それほど多くなく，ようやく始まったばかりであるといえる。その原因として，サブ・フランチャイズ契約は，フランチャイズ契約の一種であると考えられるが，紛争や裁判例も一般のフランチャイズ契約の場合と比べて少なかったからではないかと思われる。そこで，本件は，サブ・フランチャイズ契約に関する数少ない裁判例の一つとして，注目に値する。

　サブ・フランチャイズとは，「フランチャイザーが，他の事業者であるサブ・フランチャイザーとの間に契約を結び，サブ・フランチャイザーに対し，一定の地域についてフランチャイズ契約の締結または締結のための交渉を行う権利を与え，サブ・フランチャイザーはその見返りとして一定の対価をフランチャイザーに支払って事業を行う両者の継続的関係」であり，「マスター・フランチャイズ契約（master franchise agreement）とは，フランチャイザーがフランチャイジーに対し，一定の地域において，第三者にフランチャイズを付与することを許諾する契約である」（日本フランチャイズチェーン協会編・後掲332頁）などと定義されている。この場合は，二つの契約が介在するので，フランチャイザーは，末端のフランチャイジーに対しては間接的コントロールしか及ぼせない。「マスター・フランチャイズ契約関係においては，フランチャイザーと直接契約を締結する者をマスター・フランチャイジー（master franchisee），この者とサブ・フランチャイズ契約を締結して，自らユニットを経営する者をサブ・フランチャイジー（sub-franchisee）と呼ぶ。これが，アメリカやヨーロッパの通常の使用法である」が，日本では，総本部・地域事業部・加盟店などの様々の言い方がある（川越・後掲20-21頁）。

　また，エリア・フランチャイズとは，「フランチャイザーが特定の地域において，一定の期間内に，事前に定められた数の店舗をエリア・フランチャイザー（フランチャイジーである）自身が出店することを認める形態を指す」（奈良論文・前掲判タ1265号44頁）。

サブ・フランチャイズは、「フランチャイジーのネットワークを急速に展開させる手段として利用されている」（金井・後掲353頁）とも指摘されている。

ところで、社団法人日本フランチャイズチェーン協会は、フランチャイズについて、「事業者（「フランチャイザー」と呼ぶ）が他の事業者（「フランチャイジー」と呼ぶ）との間に契約を結び、自己の商標、サービス・マーク、トレード・ネームその他の営業の象徴となる標識、および経営のノウハウを用いて、同一のイメージのもとに商品の販売その他の事業を行う権利を与え、一方、フランチャイジーはその見返りとして一定の対価を支払い、事業に必要な資金を投下してフランチャイザーの指導および援助のもとに事業を行う両者の継続的関係をいう。」（(社)日本フランチャイズチェーン協会編・後掲347頁）と定義しているが、かかる定義からみてもわかるように、サブ・フランチャイズの場合も、通常のフランチャイズと同様に、フランチャイザーとフランチャイジー（サブ・フランチャイザー）は、それぞれ独立した事業者であり、両者の間の契約関係として把握し、ノウハウの提供や対象となる事業の指導・援助を行うこと等の構造になっている。

2 本件におけるフランチャイザーXとサブ・フランチャイザーの関係

前述事実関係にあるように、Yは1980年にXに加盟し、その後、地域本部としてXから、経営の効率化を図るため、商品開発、企画設計及び営業管理等の業務の移管などの権限委譲を受けたのを機に、1990年代、店舗数、売上高ともに拡大した。Yは、1999年4月、ダイエーが保有していたX及び株式会社ほっかほっか亭の株式の全部（それぞれ44％と85％）を取得し、2004年3月に株式会社ほっかほっか亭を吸収合併した。他方、2006年6月、関西地域のエリア・フランチャイザーであったA社が、Xの発行済株式総数の約56％を取得してXを子会社化した。

この経緯からもわかるように、Xは、フランチャイザーとして、通常負うとされる経営のノウハウの提供や店舗運営に対する指導及び援助については、ほとんどしていなかった。それだけではなく、マスター・フランチャイザーであるXと、その下に位置づけられるサブ・フランチャイズであるYとの関係は、形式的にも実質的にも逆転していたものであった。

そもそも、通常のフランチャイズ契約におけるフランチャイジーは、基本

的に規模の小さい零細企業や個人であるのに対し，サブ・フランチャイザーは，本件Yのような多数の従業員を抱える規模の大きい企業であることが多い。フランチャイザーとフランチャイジーの関係は，あくまでもサブ・フランチャイザーが介在する間接的な関係である。そこで，フランチャイザーとサブ・フランチャイザーとの間の関係を考えるとき，通常のフランチャイズ関係における情報やノウハウの不均衡な関係ではなく，むしろ対等な関係にあるといえる。しかも，サブ・フランチャイザーには，通常のフランチャイジーにない広汎なテリトリーが事前に許諾され，商品開発や，企画設計や営業管理等の裁量権が通常与えられている。つまり，サブ・フランチャイザーは，本件Yのように，フランチャイザーを傘下に収めることができる程大きな発展空間が与えられ，大きく成長することができるチャンスが与えられたのである。そこで，フランチャイザーは，サブ・フランチャイザーに対して，通常のフランチャイズ契約関係を維持しようとするならば，まず自らの成長努力をする必要があるだけでなく，例えば，契約更新の際には，継続的な関係を維持し，紛争を避けるために契約改定も視野に交渉する必要があろう。これは，本件フランチャイザーたるXの自己防衛のための「義務」であるといっても過言ではない。しかしながら，XYの力関係の変化の経過を見てみると，XはYの急成長によって，力の関係が逆転になることは予見できたはずであるにもかかわらず，何らの対策も講じず，ひたすらフランチャイズ契約をもとにフランチャイザーとしての地位を強調し，Yの契約違反を主張しても，説得力がなかろう。

　本件判決は，Xの契約更新拒絶問題を含めてYが本件各契約に違反しているかについて，詳細な判断を下した。以下では，契約更新の拒絶可否問題に焦点を当てて検討しておく。

3　契約更新の拒絶可否について

　当事者の意思を重視する伝統的な契約観は，契約の成立・履行・終了の各段階について，明確に区別して考える。その結果，契約解消時における解消者意図については，信義則ないし権利濫用禁止の局面で検討され，その評価は限定的なものとなる。このような伝統的な契約観を前提としつつ，裁判例は，「やむを得ない事由」を要求し，伝統的な契約観に対する修正を行って

きた（中田・後掲147頁参照）。

この点，フランチャイズ契約におけるフランチャイザーによる更新拒絶の例として，本件関連の一連の裁判例を挙げることができる。たとえば，名古屋地判平成2年8月31日判時1377号94頁，鹿児島地判平成4年8月28日（判例集未登載），東京高決平成20年9月17日判時2049号21頁は，いずれもフランチャイジーの利益・営業保護等の観点から総合的に衡量し，「やむを得ざる事由」を要求している。

また，学説は，いわゆる継続的契約について，「期間満了の場合には，更新についての定めがなくても，更新されるのが原則であり，少なくともただちに契約の終了を認めるべきでない，という態度で臨むべきであろう」と説く（平井論文・後掲星野古稀717頁以下参照されたい）。

本件は，フランチャイジー側からの解約の効力が争われた珍しい事例として，実務上参考になろう。本判決は，「フランチャイズ契約のような長期にわたって継続的にフランチャイジーが相当多額の投資を行うことが必要とされる契約については，……フランチャイザーは，やむを得ない事由がなければ契約の更新を拒絶することはできない」と判示しており，フランチャイズ契約の解消によってフランチャイジーに不利益が生じないように総合的に判断したといえる。

本件のような契約更新拒絶の問題は，契約自由の原則と信義則のバランスをいかに図るかの問題でもある。つまり，契約自由の原則に基づき，事業者間の自律性を尊重しつつ，信義則に基づき，解消者の意図を評価する必要があろう（ただし，決して過大評価してはならない。）。

本判決は，Yが本件各契約に違反しているかの問題について，事実関係に基づいて詳細に分析し，総合的に判断し，Yの利益を保護する観点からフランチャイザーXの請求を棄却した判断は妥当であろう。

【胡　光輝】

〔参考文献〕
(社)日本フランチャイズチェーン協会編『フランチャイズ・ハンドブック』（商業界，2003年）

川越憲治『フランチャイズシステムの法理論』（商事法務研究会，2001年）
奈良輝久「サブ・フランチャイズ契約の制度設計，フランチャイズ契約の対第三者関係」
　判タ1265号
西口元＝木村久也＝奈良輝久＝清水建成編『【改訂版】フランチャイズ契約の法律相談』
　355-371頁（青林書院，2009年）
金井高志『フランチャイズ契約裁判例の理論分析』（判例タイムズ社，2005年）
平井宜雄「いわゆる継続的契約に関する一考察——『市場と組織』の法理論の観点から」
　中川良延ほか編『星野英一先生古稀記念　日本民法学の形成と課題（下）』699頁（有斐
　閣，1996年）
中田裕康『継続的取引の研究』（有斐閣，2000年）

〔参照裁判例〕
名古屋地判平成2年8月31日判時1377号94頁
鹿児島地判平成4年8月28日判例集未登載
東京高決平成20年9月17日判時2049号21頁

3 名板貸し

第31 ユーポス事件

▶フランチャイザーに名板貸責任の成立を認めた事例

神戸地方裁判所尼崎支部平成13年11月30日判決　平成12年(ワ)第652号売買代金等請求事件，認容
LEX/DB28071340

争　点

1　Xは，フランチャイジーAの営業主体がフランチャイザーYであると誤認したことについて重大な過失があったか。

2　フランチャイジーAが売買契約の一部である一括弁済の準委任契約を履行せず，それによって生じた債務について，フランチャイザーYは，その債務を連帯して支払う義務があるか。

結　論

営業主を誤認してもやむを得ない程度に類似した名称であれば足りるところ，本件フランチャイザーYを営業主と誤認してもやむを得ない程度に類似した名称であることは明らかであり，誤認したことについて重大な過失があったとは認められない等として，フランチャイザーの帰責性を認め，フランチャイザーは，本件契約によりフランチャイジーAに生じた債務を連帯して支払う義務があると判示した。

事案の概要

1　Xは，平成12年2月1日，ユーポス尼崎店Aとの間で，中古車1台

（以下「本件中古車」という。）を代金100万円で売り渡す旨の売買契約を締結し，これと同時に，Aに対し，本件中古車についてのXのB会社に対するローン残債務159万1086円の一括弁済を依頼し，その弁済のための費用として，Aに57万円を交付するとともに，本件中古車の売買代金100万円を上記一括弁済の費用とすることを約した（以下「本件契約」という。）。本件中古車は，同年1月31日にAに引き渡した。

2　ところが，Aは，Xから弁済費用として預かった57万円及び売買代金100万円の合計157万円をB会社に一括弁済しなかった。そのため，Xは，平成12年2月28日，本件店舗を訪れAに対し，Bへの支払をするように求めた。Aは，これを約束し，その際，Xから，約束どおりBへの支払がされるまでは本件中古車を預かると言われ，本件中古車をXに返還するとともに，Bへの残債務を同年3月3日に支払い，Xにその確認をしてもらい，本件中古車を返してもらう旨の記載のある念書を差し入れた。

3　C中古自動車協同組合は，平成7年ころ，オークションの関連事業として，中古車買取店のフランチャイズ・チェーンを展開することになり，子会社である株式会社Dを本部として，ユーポスの名称によるフランチャイズ・チェーンの加盟店を募集するようになった。

4　Aは，その父の代から「カープラザ塚口」の屋号で中古車販売店を営んでいたものであり，平成8年7月10日，Dとの間で加盟店基本契約を締結し，ユーポスの加盟店となった。

5　この加盟店基本契約書には，次のような条項がある。すなわち，Yは，Aが本契約の条項を守ることを条件として，Yが定めた商号，商標，マーク等を使用することを許可する（2条），Yは，Aが営む営業のため加盟店地域を定め，この地域においては他の加盟店の営業を許可しない（3条），Aは独自の店舗装飾，広告などの催事及び広告宣伝を行うことができない，これらは加盟店全体で行う（4条），Aは，店舗の内外装，従業員のユニフォームその他の方式については，Yの指定のとおり実施しなければならない（9条），契約が終了した場合，Aは商号，商標，マーク等の使用をしてはならず，これらの表示物件は，即時に撤去しなければならない，撤去しない場合は南港カーシティが強制撤去する（14条）などである。

6　平成11年10月1日，Yが設立され，同年12月1日，Dは，その代表者を同じくするYに，ユーポスに関する営業を譲渡した。Yの商号は「株式会社ユーポス」である。

7　そこで，Xは，Yに対し，「Yは，AがYの商号を使用して中古車買取業を営むことを許諾していた」こと，「Xは，本件契約当時，Aの店舗（以下「本件店舗」という。）がYの一支店であると信じており，営業主体はYであると誤認して，本件契約を締結した」こと等を理由に，Yに名板貸人としての責任があり，本件契約によりAに生じた債務を連帯して支払う義務があるとして，152万円の損害賠償及び内金52万円に対する消費の日の後であることが明らかな平成12年5月11日から支払済みまで商事法定利率年6分の割合による利息の支払を求めた。

【当事者関係図】

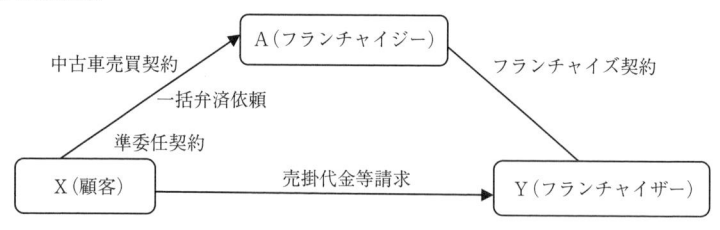

```
                    A（フランチャイジー）
         中古車売買契約  ／              ＼  フランチャイズ契約
              一括弁済依頼
              準委任契約
         X（顧客） ―――売掛代金等請求―――  Y（フランチャイザー）
```

　　判決要旨

1　フランチャイジーA店舗の外観について

「Aがこのような名称を使用するに至った経緯についてみると，名刺については，Yが自ら作成したものであり，また，上記各看板についても，AとYとの間に引き継がれた加盟店基本契約等の内容（Aは独自の店舗装飾を行うことができず，内外装等はYの指定のとおり実施しなければならないとされていたことなど），他の加盟店においても同様の看板が設置されていたこと……，AとYとの加盟店基本契約の解除後，Yの従業員が上記看板を撤去したことなどに照らせば，これらの看板もYの指導に基づいて設置されたものと認められる。以上からすれば，Yは，Aが「ユーポス」あるいは「ユーポス尼崎店」の名称

を使用して中古車店を営むことを許諾していたものと認められる。
　そして，Ｙの商号は「株式会社ユーポス」であるところ，Ａが使用していた「ユーポス」は，Ｙの商号の固有名称の部分であり，また，「ユーポス尼崎店」という名称は，この固有名称に営業の一部門であることを示す「尼崎店」を付加したものにすぎないから，Ｙが，Ａに対しこれらの名称を使用して営業することを許諾していたことは，Ｙの商号を使用して営業することを許諾していたことにほかならない。」
　「商法23条の趣旨が名義人の帰責性を前提として，営業主を誤認して取引した第三者を保護する点にあることからすれば，同条の『自己の商号』とは，営業主を誤認してもやむを得ない程度に類似した名称であれば足り，商号と全く同一であることを要しない。……Ｙを営業主と誤認してもやむを得ない程度に類似した名称であることは明らかである。」
　２　Ｘの誤認について
　「……本件店舗を訪れた一般の顧客は，本件店舗がユーポスという営業主体のうち，尼崎の地区を担当する一部門であると考えるのがむしろ自然である。」
　「本件店舗の外観等に関する諸事情に加え，看板にはＡの名称が記載されていた形跡がないこと，一般の顧客が店舗の営業主体を識別する最も有力な情報源は看板に表示された名称であること，Ｘが本件中古車を売るために本件店舗を訪れてから，契約書に調印するまでは一両日であり，繰り返し時間をかけて協議を重ねるなどした形跡はなく，契約書の作成手続も比較的短時間で終了したことがうかがわれることからすると，本件店舗の営業主体がＹであると誤認したというＸの前記供述の信用性を否定するのは困難である。」
　「前記認定の外観等に関する諸事情等のほか，『認定証』についてはこれがＡ４版の大きさで必ずしも顧客の目を引くものとは認めがたいことからすれば，本件契約当時，Ｘや一般の顧客にとって，本件店舗の営業主体がＹでないことを識別するのが容易であったとは認められず，Ｘにおいて，営業主体がＹであると誤認したことについて重大な過失があったとは認められない。」

分　析

１　名板貸人の責任について

　商法は，いわゆる商号自由主義を採用しているため，商人がどのような商

号を使うかは，原則として自由である。しかし，商法は，自己の商号を使用して営業又は事業を行うことを他人に許諾した者は，当該商人が当該営業を行う者と誤認して取引をなした者に対し，その取引によって生じた債務につき，その他人と連帯して弁済する責任を負う旨を規定している（旧商法23条（商法14条））。これは，商号自由主義と外観を信頼した第三者の保護とのバランスを図るため，禁反言の原則と同じ考えから名板貸人の責任を定めたものである。

フランチャイズ・システムにおいては，フランチャイザーは，「自己の商標，サービス・マーク，トレードネーム，その他の営業の象徴となる標識，及び経営のノウハウを用いて，同一のイメージのもとに商品の販売その他の事業を行う権利を与え，一方，フランチャイジーは，その見返りとして一定の対価を支払い，事業に必要な資金を投下してフランチャイザーの指導および援助のもとに事業を行う」ことになっている。つまり，このフランチャイザーとフランチャイジーは，同一の経営手法・イメージで事業展開を行うことになっているため，第三者が「フランチャイザーが営業主である」と誤認してしまうことが十分に考えられる。そこで，フランチャイザーの名板貸責任の成否問題が生じることとなる。

フランチャイザーとフランチャイジーの関係は，フランチャイズ契約に基づく契約関係であり，フランチャイジーと第三者の売買契約等による責任について，フランチャイザーがこれを負わないのは原則である。フランチャイザーの名板貸責任については，否定説が有力である。その理由としては，フランチャイザーが商号を貸与しているわけではなく，フランチャイザーとフランチャイジーの関係は，独立の事業者であることについて，事業者も一般消費者も知っているのが普通だからである（川越・後掲366-367頁）。

フランチャイザーの名板貸責任を認めた裁判例はあまり存在しない。しかし，参考になるケースがないわけではない。例えば，いわゆる「赤帽のシステム」における商標の使用に関する名板貸責任が問われた裁判例（以下「赤帽事件」という。東京地判平成2年3月28日判時1353号119頁）は，「，『赤帽』の商標の記載のある同一仕様の車両，運賃請求書等を使用し，……信頼性を向上させることができ，それがフランチャイズ・システム特有のメリットである

ことは明らかである。しかしながら，右商標の使用が，商法23条の名板貸に該当するというためには，組合員の『赤帽』の商標を使用しての運送業の営業が右商標を貸与している被告両組合そのものの営業あるいはその一部と見られる外観が存在することが必要であるところ，各組合員個人が使用している商号の表示は，……被告協同組合の組合員と取引をしようとする一般第三者の立場から，全体として右表示方法を見れば，……組合員個人の商号を表示したものと見ることができ，被告両組合の事業の表示とは区別することが可能であり，自らの契約の相手方が事業者である組合員個人であると認識することに格別の困難はないものと認められる。」と判示している。

2 フランチャイザーの名板貸責任の成立要件—本件の検討

フランチャイザーの名板貸責任の成立要件は，以下の3つにまとめることができる。すなわち(1)誤認してもやむを得ない程度に類似する外観が存在すること，(2)名板貸人の責に帰する事由があること，(3)第三者が名板貸人を営業主と誤認したことにつき，重大な過失がないこと，である（西口ほか編・後掲96頁以下）。

要件(1)に関して，本判決は，Aの本件店舗の内外装が他の加盟店においても同様であり，看板に「A」の表示がなく，すべて「Y」の関連表示であったこと等により，フランチャイザーYを営業主と誤認してもやむを得ない程度に類似した名称であることは明らかであるとした。ここは，あくまでも類似した名称であれば足りるのであり，全く同一である必要のない点に注意を要する。フランチャイズ・システムの場合は，商法にいう「商号」ではなく，通常ほとんど「自己の商標その他の標識」等の使用を許諾している。文言上は，現行会社法9条や商法14条にいう「自己の商号」（旧商法23条は，「自己ノ氏，氏名又ハ商号」という。）とは一致しないが，取引の相手方たる第三者を保護する目的は，一致しており，類推適用により名板貸責任が認められるものといえよう。そもそも，名板貸人が使用許諾した名称は，「氏・氏名・商号」に限らず，芸名・雅号・通称なども含まれる（米沢・後掲104頁）と解されており，フランチャイズ・システムにおける商標・標識もこれに含まれると解することができよう。

また，要件(2)について，本件店舗の内外装は，Aは独自に行うことができ

ず，Yの指定のとおり実施しなければならないとされており，Aの名刺もYが作成し，Aにおいて買い取ったものである等を理由に，本判決は，類似する外観を作り出したYの責任を認めた。

　要件(3)に関して，本判決は，要件(1)(2)に関連する認定事実を踏まえ，「本件契約当時，Xや一般の顧客にとって，営業主体がYであると誤認したことについて重大な過失が」ないと判示した。取引の相手方の誤認について，最判昭和41年1月27日民集20巻1号112頁は，「誤認が取引をなした者の過失による場合であっても，名義貸与者はその責任を免れ得ないものというべく，ただ重大な過失は悪意と同様に扱うべきものであるから，誤認して取引をなした者に重大な過失があるときは，名義貸与者はその責任を免れるものと解するのを相当とする」と判示している。この点が，本件におけるYの名板貸人としての責任を認める決め手であったといえよう。

　本件は，フランチャイザーに名板貸責任の成立を認めた事案として，実務にとって大いに参考になろう。フランチャイザーが名板貸責任を回避するためには，当該事案があくまでフランチャイジーを事業主体とするものであることがわかるように，看板，店舗，名刺，請求書，領収書，ホームページ等の記載を明確にしておく必要があろう。もっとも，一般に商人に対しては，通常の消費者以上に，取引相手方や取引内容への「調査・把握」が求められ，フランチャイジーとフランチャイザーは別個の独立事業体事業者であることが周知されていること等を考えると，取引の相手方に「重大な過失」があると認められる可能性も十分にあると思われる。

　（本件は，平成14年8月31日　平成14年（ネ）第99号　大阪高裁にて和解）

【胡　光輝】

〔参考文献〕
西口元＝木村久也＝奈良輝久＝清水建成編『【改訂版】フランチャイズ契約の法律相談』
　95-101頁（青林書院，2009年）
川越憲治『フランチャイズ・システムの法理論』（商事法務研究会，2001年）
米沢明『商法総則要論（第2版）』（中央経済社，1996年）
神田孝『フランチャイズ契約の実務と書式』250-252頁（二協法規出版，2011年）

〔**参照判例**〕
東京地判平成2年3月28日判時1353号119頁

4 フランチャイジーの店舗

第32 ファミリーマート事件

▶顧客の転倒事故とフランチャイザーの安全指導義務違反の事例

大阪高等裁判所平成13年7月31日判決　平成12年(ネ)第4041号損害賠償請求控訴事件，一部変更，一部控訴棄却（確定）
判例時報1764号64頁

争　点

1　安全配慮義務・管理義務違反による不法行為責任。
2　従業員に対する安全指導，監督義務違反による不法行為責任。
3　損害及び過失相殺。

結　論

　Yはフランチャイザーとして，フランチャイジーに商号を与えて，継続的に経営指導，技術援助をしていることが認められるから，Yは，本件店舗の経営主体たるフランチャイジー，又はフランチャイジーを通してその従業員に対し，顧客が滑って転んだりすることのないように床の状態を保つよう指導する義務があったとして，Y（フランチャイザー）の安全指導義務違反による不法行為責任を肯定した。

事案の概要

1　事実の概要は，次の通りである。
2　平成8年10月31日正午過ぎころ，Xは，コンビニエンスストア「ファミリーマート」Y（被告・被控訴人）の加盟店Aに買い物のために訪れ，ビニ

ールに入ったパンを3つと牛乳1パックを両手に持って、通常の速さで歩いていたところ、右足を滑らせ、その場でしりもちをついて転倒した。転倒した際にXが床に手をついたところ、濡れていることが判明したが、見ただけではわからず手で触れて初めてわかる程度の濡れ方であった。

3　Xの服装は、上着は半袖の白衣の下にピンク色の男のカッターシャツ、下は普通のズボン、靴は靴底が樹脂のもので、1週間に5,6回の頻度で2,3年間にわたってはいていたものであった。

4　Xは、転倒した際、カッターシャツが肘のあたりまで折ってめくっていたため、上着は破れなかったが陳列棚の端で左腕の肘から上腕にかけて一部筋組織に達する左上腕挫減創を受けた。Xは、病院で縫合手術を受けたが、傷跡がケロイド状であったため、二度にわたって形成手術を受けた。

5　A店舗の床材は、B社製であり、Y全店における統一規格の特注品である。その防滑性については、特に優れている商品ではないが、逆に特に滑りやすい性質のものでもない。メンテナンスの方法については、B社は、日常の手入れとして掃除機やホウキ、水拭きモップでの水拭きをすることを指導するのみであり、特に滑りやすいからという理由による特別の要請はなされていない。

6　そこで、Xは、A店舗の床を濡らしたままにしていたことが転倒の原因であると主張し、Yに対し、①安全配慮義務・管理義務違反、②従業員に対する安全指導、監督義務違反による不法行為を理由として慰藉料等の損害賠償請求を行った。

【当事者関係図】

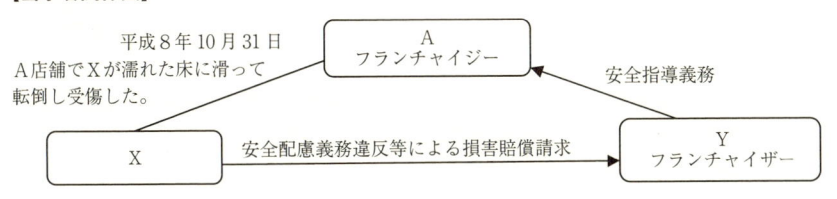

```
                      ┌─────────────┐
         平成8年10月31日 │      A      │
   A店舗でXが濡れた床に滑り │  フランチャイジー  │
   転倒し受傷した。      └─────────────┘
                        ╱               ╲
                       ╱                 ╲  安全指導義務
                      ╱                   ╲
              ┌───────┐  安全配慮義務違反等による損害賠償請求  ┌─────────────┐
              │   X   │ ─────────────────────────→ │      Y      │
              └───────┘                              │  フランチャイザー  │
                                                     └─────────────┘
```

7　1審（大阪地判平成12年10月31日判時1764号67頁）は、「認定事実によれば、

本件転倒事故発生当時，A店舗内の床が多少濡れて滑りやすくなっていたことは否定できないが，その湿潤の程度も手で触れてようやく判明する程度であって，Bの指導に従ったメンテナンス方法が行われているし，床材も特に湿潤時に滑りやすい材質が用いられていたわけでもないうえ，Xの履いていた靴底が合成樹脂で長期間使用のために靴底が合成樹脂で長期間使用のために靴底が減って滑りやすかったことが窺われるから，本件転倒事故は，Xが一旦バランスを崩したところ，パンと牛乳を持って両手がふさがった状態であったため，崩したバランスを立て直すことも転倒の衝撃を少なくすることもできないまま転倒して受傷したものというべきであって，自招事故と言わざるを得ない」としたうえ，A店舗の「床が全く濡れていなければ転倒していなかった可能性はないとは言えないが，本件店舗内においては，雨の日にも客が滑って転倒することがよく起きていたわけではない」のであるから，「客が転倒しないように水拭きまでしなければならない義務までYないしYのフランチャイジーに認めることはできない」として，Xの請求を棄却した。

判決要旨

控訴一部棄却

1 安全配慮義務，管理義務違反による不法行為責任

(1)「本件A店舗側の注意義務違反について検討するに，本件のような店舗は，年齢，性別，職業等が異なる不特定多数の顧客に店側の用意した場所を提供し，その場所で顧客に商品を選択・購入させて利益を上げることを目的としているのであるから，不特定多数の者を呼び寄せて社会的接触に入った当事者間の信義則上の義務として，不特定多数の者の日常ありうべき服装，履物，行動等，例えば靴底が減っていたり，急いで足早に買い物をするなどは当然の前提として，その安全を図る義務があるというべきである。」

(2)「そして，本件では，本件A店舗側が，顧客に提供する場所の床に，特に防滑性には優れておらず，乾燥時に比べると，湿潤時にはC.S.R.値が大きく異なり，滑りやすさの増す床材を用いており，しかも，モップで水拭きをすることにより，床がより滑りやすい状態になることは明らかであるといえる。そうすると，本件A店舗側は，顧客に対する信義則に基づく安全管理上の義務

として，水拭きをした後に乾拭きをするなど，床が滑らないような状態を保つ義務を負っていたというべきである。しかるに，本件Ａ店舗側がこの義務を尽くしていないことは明らかであり，これにより床の湿潤状態を継続させ，重大な結果を生じさせたのであるから，不法行為責任を負うといわなければならない。」

(3)「そこで，進んで，Ｙの責任について検討すると，……本件Ａ店舗を経営するフランチャイジーと，フランチャイザーであるＹとは別法人であることが認められるところ，具体的に乾拭きする等の上記義務を負うのは本件店舗の経営主体たるフランチャイジーであって，Ｙではないというべきであるから，Ｙが不法行為責任を負うとはいえない。」

2 従業員に対する安全指導，監督義務違反による不法行為責任

(1)「本件Ａ店舗の床材はファミリーマート全店における統一規格の特注品であり，モップと水切り（リンガー）もＹから統一的に支給されていた製品である。そして，……Ｙはフランチャイザーとして，フランチャイジーに「ファミリーマート」の商号を与えて，継続的に経営指導，技術援助をしていることが認められるから，Ｙは，本件店舗の経営主体たるフランチャイジー，又はフランチャイジーを通してその従業員に対し，顧客の安全確保のために，本件のような場合には，モップによる水拭き後，乾拭きするなど，顧客が滑って転んだりすることのないように床の状態を保つよう指導する義務があったというべきである。」

(2)「そして，……Ｙがこの義務に反していることは明かであるから，Ｙはこの点について不法行為責任を負わなければならない（なお，……Ｙは，Ｘの主張する使用者責任も負うものと解される。）。」

3 損害及び過失相殺

「Ｘが，靴底が減って滑りやすい靴を履いていたこと，パンと牛乳を持って両手がふさがった状態であったことなどを考慮し，損害の発生及び拡大への寄与を五割と認める。」

分 析

1 フランチャイズ契約におけるフランチャイザーとフランチャイジーの関係

フランチャイズ・ビジネスの基本は，フランチャイザーとフランチャイジ

ーとの間のフランチャイズ契約である。当該契約の内容について，次のように理解することができよう。つまり，フランチャイザーがフランチャイジーに対し，「①自己の商標，サービス・マーク，トレード・ネーム等の営業の象徴となる標識の使用の許諾を与えるとともに，②統一された事業システムの枠組みの中で，事業経営についてのノウハウを付与するほか，事業経営についての統制，指導，援助を行い，……その見返りとして，フランチャイジーからフランチャイザーに対してロイヤルティ等の名目で対価が支払われる継続的な関係が成立」する。「その基礎をなす社会的関係は，市場と組織の中間に位置する『中間組織』で」あり，フランチャイズ契約は，「営業から生じる利益及びリスクを契約当事者がそれぞれに得たり，負担したりすることを目的としているのだから，フランチャイザーをヒエラルヒーの上位者とする純粋の組織を形成する」ことはあり得ず，組織型契約のうちの共同事業型契約であると解されている（平井論文・後掲708頁以下）。

フランチャイズ店における従業員の管理は，営業上もっとも重要なチェック事項の1つである。従業員を雇用する方法や，教育訓練を受けさせることや，店長等重要な職務を担当する者を決めること等については，すべてフランチャイザーが設けている基準に従い，あるいは許可の下で行う必要があり，これらの要素が組み合わされて，はじめてフランチャイズ店の経営が成り立っているといえる。つまり，フランチャイズ契約の両当事者は，独立した事業者であると同時に，フランチャイジーはフランチャイザーのコントロールに服しなければならない関係にある。

このように，フランチャイズ契約は，システムの多様化及び複雑化により，様々な性質を帯びていることが分かる。ちなみに，フランチャイズ契約の法的性質については，学説上，混合契約説（金井高志『フランチャイズ契約裁判例の理論分析』4-5頁（判例タイムズ社，2005年））と独自の契約類型説（川越・後掲92頁以下）の2つの捉え方がある。

2 類似先例──札幌地裁平成11年11月17日判決

フランチャイズ契約に関係する法律上の論点は，契約当事者間の関係だけではなく，本件のように，フランチャイジー店舗の営業によって第三者が損害を蒙った場合に，それに対する責任をどのように分担するか（小塚・後掲

189頁）も，1つの重要な論点である。
　本判決の類似先例として，札幌地判平成11年11月17日判時1707号150頁（以下「札幌判決」という。）が挙げられる。この事案は，大規模小売店舗のレストランで食事を終えた顧客が，屋外に設置してある階段を下りる際，付着した氷に足をとられて転倒し，受傷した事故につき，裁判所は，「多数の顧客の出入りが予想される商業施設を提供・管理している場合に，歩行者に自己責任があるからといって，通常予想される態様で施設を利用する歩行者に対し，その安全性を確保した施設を提供するとともに安全性を確保できるように施設を管理すべき注意義務がある」として，当該施設の所有者及び管理者に過失があったとして，損害賠償責任を認めた。
　しかし，この事案は，本件におけるフランチャイザーの立場と異なる施設の所有者及び管理者の損害賠償責任が認められた点では，異なるところである。

3　本判決の検討
　本判決は，コンビニという不特定多数の顧客が利用する店舗内で生じた事故について，フランチャイザーのフランチャイジー及びその従業員に対する安全指導義務違反による不法行為責任を認め，同時にフランチャイザーのフランチャイジーの従業員に対する使用者責任をも認めた事案である。
　(1)　店舗側の責任について
　前述したように，本件第1審判決は，日常によくある「転倒事故」について，これを「自招事故」として判断し，顧客の「注意義務」と「自己責任」を強調したが，本判決は，「利益を上げることを目的」とし，「不特定多数の者」が訪れる場を提供するA店舗の性質を重視して，顧客の「安全を図る義務」がAにあることを判示した。本判決の価値判断は，前掲「札幌判決」と整合するものであり，評価に値するであろう。
　問題は，Aの義務違反による責任を認めた実質的根拠は，どこにあるのか。この点について，使用者責任の根拠条文である民法715条1項は，「ある事業のために他人を使用する者は，被用者がその事業の執行について第三者に加えた損害を賠償する責任を負う。ただし，使用者が被用者の選任及びその事業の監督について相当の注意をしても損害が生ずべきであったときは，この

限りでない」と定める。つまり，利益を得る者に厳しい責任を課すという考えが根底にあり，最高裁も本条が「報償責任主義」によるものであることを明らかにしている（最判昭和63年7月1日民集42巻6号451頁）。本判決も，やはり使用者責任の基礎にある「報償責任主義」を根拠にしているといえよう。

(2) フランチャイザーの安全指導義務違反について

本判決は，Yは「フランチャイザーとして，……継続的に経営指導，技術援助をしていることが認められ」，「フランチャイジーを通してその従業員に対し，顧客の安全確保のために，……指導する義務」があり，Yがこの義務に反していることは明かである，と判示した。

そもそも本件フランチャイジーAとフランチャイザーYは，それぞれ独立の事業者であるので，Aの従業員に対する指導義務をYが負うことまで認めてよいのか（橋本・後掲判批195頁），という批判も考えられる。しかし，本判決の理由にもあるように，A店舗は，外観から，掃除用の道具まですべてYの管理下にあり，他のフランチャイジーと統一されている。また，Aの営業を行うに当たって，通常Yの「継続的な経営指導・技術支援や定期的な訓練」に従わなければならない。両者の契約関係は，「継続的契約」関係の典型であるといえる。このような契約関係の下で，フランチャイザーは，フランチャイジーの店舗において生じた顧客の損害に対してどこまで責任を負うべきか，という問題は一つの難問である。本判決では，括弧書ではあるが，「なお，上記認定の事実及び証拠によれば，被控訴人は，控訴人の主張する使用者責任も負うものと解される。」と述べられている。

使用者責任が認められるためには，被用者（不法行為者）が一般不法行為の要件を満たすとともに，①使用者と被用者との間の使用関係，②当該行為が事業の執行につきなされたこと，③免責事由（民法715条1項ただし書）の不存在，などの要件が必要とされるが，特に，フランチャイジーはフランチャイザーから独立した事業者なので，使用関係の有無が問題となる。

この点，「フランチャイズ・システムにおけるザーとジーが雇用関係に類似した密接かつ従属関係（ジーはザーに対して競業避止義務及び専属義務を負う場合が多い）に鑑みれば，本判決の判断は妥当といえよう。」と評価する見解もある（橋本・後掲判批195頁）。しかし，競業避止義務はフランチャイザーとフラ

ンチャイジーとの間に存するのであって，フランチャイザーとフランチャイジーの従業員との間に存するわけではない。また，フランチャイジーは，自己の店舗を経営しているのであって，フランチャイザーのために労務を提供しているわけではないので，フランチャイズ契約があるだけで無条件で使用関係を認めることは疑問であるとの考えもある（神田・後掲253頁以下）。

本件の事案では，店舗の床はフランチャイザーが指定した特注品であり，床の清掃方法もフランチャイザーのマニュアルに指定されていた。店舗の清掃状態がチェーン・イメージの重要な要素であることに照らせば，床の清掃方法はチェーン・イメージを維持するうえでフランチャイザーの指揮監督下にあったと評価することが可能である。

本件事故のような事案の場合は，それを未然に防ぐための指導・監督義務は，フランチャイズ契約上の役割に応じたフランチャイザーの当然の義務といえるのではないか。これは「フランチャイズ契約の構造の実体から導かれる規範」（加藤・後掲判批61頁）であり，それに違反したフランチャイザーの責任は否定できないといえよう。

本件のような事故は，それほど珍しい事故ではないが，判決でフランチャイジーやフランチャイザーの責任が認められる公刊先例は見当たらない。フランチャイザーの第三者に対する責任を明確にした判決として，類似した事故の紛争解決にとって参考になるだけではなく，権限の強いフランチャイザーに対して安全指導義務違反による不法行為責任を明確にした点では規範的意義及びフランチャイズ業界に与える影響は無視できないものがある。

【胡　光輝】

〔参考文献〕
小塚荘一郎『フランチャイズ契約論』（有斐閣，2006年）。
川越憲治『フランチャイズシステムの法理論』（商事法務研究会，2001年）。
平井宜雄「いわゆる継続的契約に関する一考察」星野古稀祝賀『日本民法学の形成と課題（下）』（有斐閣，1996年）。
橋本陽子「判批」ジュリ1231号195頁
加藤新太郎「判批」私法判例リマークス26（2003〈上〉）58頁
神田孝『フランチャイズ契約の実務と書式』253-255頁（三協法規出版，2011年）

〔参照判例〕
札幌地判平成11年11月17日判時1707号150頁

第 4 章

契約締結後の諸問題

1　不正競争防止法

第33　顧客情報流用事件

▶顧客情報が不正競争防止法上の営業秘密に当たるとされた事例

　　　　　　東京地方裁判所平成12年11月13日判決　平成10年（ワ）第18253号
　　　　　　損害賠償請求事件（①事件）（判例タイムズ1047号280頁）
　　　　　　東京地方裁判所平成12年10月31日判決　平成10年（ワ）第4447号損
　　　　　　害賠償請求事件，営業行為差止等請求事件（②事件）（判例タイム
　　　　　　ズ1097号295頁）
　　　　　　東京地方裁判所平成11年7月23日判決　平成10年（ワ）第15960号
　　　　　　不正競争行為差止請求事件（③事件）（判例タイムズ1010号296頁）

争　点

　①**事件**：墓石販売業者の有する顧客名簿などの営業資料が不正競争防止法上の営業秘密に該当するか。
　②**事件**：放射線測定機械器具の販売等を目的とする会社が保有する顧客に関する情報は不正競売防止法上の営業秘密に当たるか。
　③**事件**：美術工芸品等の販売を業とする会社の保有する顧客名簿が，不正競争防止法上の営業秘密に該当するか。

結　論

　①**事件**：本件顧客名簿には秘密管理性，有用性及び非公知性が認められるため，旧不正競争防止法2条4項（現2条6項）所定の「営業秘密」に該当する。
　②**事件**：本件顧客情報には秘密管理性，有用性及び非公知性が認められるため，不正競争防止法所定の「営業秘密」に当たる。

③事件：本件顧客情報について秘密として管理されていた態勢，本件顧客情報の性質，内容等に照らすならば，本件顧客情報は，不正競争防止法上の「営業秘密」に該当する。

事案の概要

①事件

1　Xは，石材の加工や販売等を目的とする会社であり，「暫定顧客名簿（電話帳抜粋）」や「お客様情報」等の各資料を作成して，営業活動を行っている。Y_1，Y_2 及び Y_3 はX東京本社に従業員として雇用され勤務していた者である。また，Y_4 は，墓地・霊園の紹介や斡旋等を目的とする会社であり，Xを退社した Y_1 及び Y_2 によって設立された。Y_1 は Y_4 の代表取締役であり，Y_2 は取締役である。

2　Y_1 及び Y_2 は，Xが管理する営業資料を持ち出す準備を重ね，Xのキャビネットから，Xが所有し，Y_1 自らが管理していた「暫定顧客名簿（電話帳抜粋）」及び「お客様情報」等の全部又は一部の資料を，コピー機を使用して複写して，社外に持ち出し，営業秘密を窃取した。

3　Y_3 は，Y_1 と Y_2 がXに在職中から懇意にしており，Y_1 及び Y_2 らがXを退職した後も，Y_4 にしばしば顔を出し，その業務に協力していた。そして，Y_3 は，Xが管理していた「来山者名簿」を自宅に持ち帰り，Y_4 にあててファックス送信し，Y_1 らから，その謝礼として，現金30万円を受領した。

4　Y_4 は，「暫定顧客名簿（電話帳抜粋）」及び「お客様情報」等を利用して営業活動を行った。

5　Xは，これらの行為が，不正競争行為等に該当すると主張して，Yらに対し，損害賠償の支払を請求した。

②事件

1　Xは，各種放射線測定機械器具の販売等を目的とする会社であり，Y_1，Y_2 及び Y_3 はいずれもXの元従業員であり，Y_4 は Y_1〜Y_3 らが設立した同種の営業を目的とする会社である。

2　Y_2 は，Xに在職中，Y_1 の指示を受けて，部下であるAに対し，Xが放射線の測定を依頼されているすべての事業所につき，顧客情報のデータを

作成するように命じた。Aは，右の指示に基づき，Xのホストコンピュータに記録されている事業所につき前項記載の事項を編集してフロッピーディスクに記録した。

3　Y_4は，Xの顧客を含む事業所に対し，Xの測定料金との比較を記載した広告文をダイレクトメールで郵送し，Xより安価に放射線量の測定ができることを宣伝し，測定サービスの契約を勧誘している。

4　Xは，Y_1及びY_2が在職中Xの営業秘密を不正に取得し，Yらがこれを利用して営業活動をしていると主張して，不正競争防止法に基づき，営業行為の差止め及び損害賠償を求めた。

③事件

1　X及びY_1は，美術工芸品の販売等を業とする株式会社であり，Y_2は，Xに勤務し，退職した者である。

2　Xは，過去に同社の商品を購入した顧客等の住所，氏名，電話番号，購入歴，顧客コード及び商品コード等の情報を，同社専用のコンピュータ内にデータベース化して格納し，管理していた。

3　Y_1の代表取締役は，インターネットを通じてY_1の概要を知ったとする者から，本件顧客情報の一部を含む顧客名簿を買い受けた。なお，Xの情報管理室で情報処理の仕事に従事していたAは，Y_2が指定する商品の受注者リストの作成・出力を依頼され，数回にわたり，本件顧客情報を打ち出してY_2に交付した。その際，本件顧客情報取得について社内で定められていた手続は踏まれていなかった経緯によれば，本件顧客情報をY_1に売却したのは，Y_2であると推認される。

4　Xは，その顧客から，住所・電話番号はXにしか教えていないのにもかかわらず，Y_1から電話でのセールスがあった，という苦情を受けるようになり，Y_1が本件顧客情報を利用して営業活動をしたことが推認できる。

5　Xは，Y_1に対し，本件顧客名簿の使用の差止め及び廃棄を，Yらに対し損害賠償の支払を請求した。

判決要旨

①事件

「『暫定顧客名簿（電話帳抜粋）』及び『お客様情報』は，」「ロッカー内に保管されていた。」「なお，Xにおいては，新規採用社員に対して，Xが保管する営業資料について，営業活動以外への使用の禁止を徹底指導していた。

以上の事実に照らすならば，本件営業資料は，Xにおいて，秘密として管理されていたと認めることができる。」

「本件営業資料は，いずれも，有用な情報を含んでいるということができ，特に『暫定顧客名簿（電話帳抜粋）』及び『『お客様情報』』」「は，墓石販売業者の営業活動にとって活用価値の高い情報を含んでいるということができる。」

「『暫定顧客名簿（電話帳抜粋）』』及び『『お客様情報』』」「は，Xの独自の営業活動によって得られた事項が記載され，右認定した管理状況に鑑みると，非公知であったと認めることができる。」

「以上のとおり，本件営業資料のうち，『暫定顧客名簿（電話帳抜粋）』』及び『『お客様情報』』は『『営業秘密』に該当するということができる。」

②事件

「Xの社員は，本件顧客情報のもとになる個々の情報」を「実際に出力するには」「処理手順を要し，しかも各ステップにおいて異なる処理の名前を入力する必要があるというのであるから，Xのコンピュータシステムにおいては」「実際上はパスワードが幾重にも設定されているのと同じ効果があると評価できる。また，本件顧客情報の収められたフロッピーディスク」「が秘密であることはXの社員であれば容易に認識可能であると認められる。

右の事情に加えて，Xにおける秘密管理の態勢，本件顧客情報の性質等を総合して考慮すれば，本件顧客情報は秘密として管理されていたと認めることができる。」

「本件顧客情報は，Xが」「営業努力によって獲得した顧客に関する詳細な資料であり，同業他社にとっては極めて高い財産的価値を有するものと認められる。」

「本件顧客情報のうち契約先の契約開始日，契約周期，契約回数，単価，顧客の担当部所などは，Xでなければ分からない情報であり，一般には知られていないことが認められる。」

「以上によれば，本件顧客情報は，」「『営業秘密』に当たるというべきである。」

③事件

「Xは，本件顧客情報を同社の専用コンピューター内にデータベース化して格納し，同社の全役員，従業員に対し，それぞれ個別のパスワード（毎月変更される。）を与え，右パスワードを使用しない限り本件顧客情報を取り出すことができず，第三者がこれを取り出す余地はないような工夫をし，また，ディスプレーで表示する際には，各部門が必要とする最少限度の顧客情報を表示するようなシステムを採用している。

また，本件顧客情報を出力し，紙に印字する場合には，顧客セレクト依頼書の用紙に必要事項を記入し，販売担当役員及び情報管理室担当役員の押印を得た上で，情報管理室の操作担当者に作業依頼すること，出力の操作手続を知る者は3名のみとしていること等により，他の者が右役員の了解なしに本件顧客情報を出力することはできないように工夫している。

印字された顧客名簿については，使用後シュレッダー等で処分することを原則とするが，保存する場合には，施錠されている保管室に保管し，7年経過後に，X従業員立会いの下に，専門業者に焼却を依頼するようにしている。印字された顧客名簿を外部へ持ち出す場合には，顧客名簿社外持出許可書の用紙に必要事項を記入し，社長の決裁を受けることとしている。

就業規則」「において，社員は，会社が指示した秘密事項を自己の担当たると否とを問わず，一切外部に漏らしてはならず，証人などで秘密事項を発表しなければならないときは，Xの許可を受けなければならない旨の規定を設けている。」

「Xが本件顧客情報について秘密として管理していた態勢，本件顧客情報の性質，内容等に照らすならば，本件顧客情報は，」「『営業秘密』に該当する。」

分　析

1　フランチャイズ契約におけるフランチャイジーへの顧客情報の提供

　企業の秘密情報について争われたこれまでの民事裁判の多くは，退職者による秘密情報の持ち出しや漏洩に関するものであり，企業の秘密情報への取り組みもこれに重点を置いていた。しかしながら，近年，企業取引において，

企業間で適法に開示された秘密情報の使用に関し紛争になるケースが増えつつある。

　フランチャイズ・システムでは，直接顧客と応対して営業活動を行うのは加盟店（フランチャイジー）であるので，フランチャイザーは，フランチャイジーに対し，フランチャイジーの営業活動にとって必要な顧客情報を提供することが必要となる。そして，フランチャイジーへの顧客情報の提供は，フランチャイジーの営業上必要なものであるならば，ノウハウの提供というフランチャイズ契約上のフランチャイザーの義務でもある（『【改訂版】フランチャイズ契約の法律相談』160頁）。

　もっとも，このようにフランチャイジーに対して顧客情報が提供されると，フランチャイザーの有する顧客情報がフランチャイジーを介して外部流出する危険性が生じる。そこで，フランチャイズ契約では，通常，フランチャイザーから提供される，顧客情報をはじめとする営業秘密についての権利帰属（フランチャイザーに帰属）を明らかにした上，契約外の利用及び第三者に対する漏洩をしないことや，その旨を従業員等にも守らせることとする条項がフランチャイザーによっておかれ，フランチャイジーがこの義務に違反した場合には，原則としてフランチャイザーによる解除が許容される（小塚壮一郎『フランチャイズ契約論』183頁（有斐閣，2006年））。また，特に外国の企業の場合には，管理職をはじめ従業員に所定の秘密保持契約を締結させることもある（川越憲治『フランチャイズシステムの法理論』201頁（商事法務研究会，2001年），神田孝『フランチャイズ契約の実務と書式』137頁，138頁（三協法規出版，2011年））。

　さらに，フランチャイジーが，フランチャイザーから提供された顧客情報を含む営業秘密を外部に漏洩した場合には，フランチャイズ契約上の責任等のほか，不正競争防止法上の責任を負うことがある（『【改訂版】フランチャイズ契約の法律相談』162頁以下）。

2　不正競争防止法の仕組み

　不正競争防止法の関連する規定をみると，同法2条1項7号は，「営業秘密を保有する事業者（以下『保有者』という。）からその営業秘密を示された場合において，不正の競業その他の不正の利益を得る目的で，又はその保有者に損害を加える目的で，その営業秘密を使用し，又は開示する行為」が不正

競争に当たる旨を定めており，このような不正競争行為を行った者に対しては，差止請求（同法3条），損害賠償請求（同法4条・5条）や信用回復措置請求（同法14条）を行うことができる。

同法2条6項によると，「この法律において『営業秘密』とは，秘密として管理されている生産方法，販売方法その他の事業活動に有用な技術上又は営業上の情報であって，公然と知られていないものをいう」とされている。

なお，守秘義務が秘密の開示前に明示的に定められている場合には，保有者が図利加害目的を証明しなければならない同法2条1項7号よりも，契約上の義務の履行としての差止め（民法414条）又は債務不履行としての損害賠償（民法415条）を請求する方が容易である。そのため，同法2条1項7号の意義は，守秘義務の明示・黙示の契約のない場合に，保有者が，図利加害の意図の立証をして，営業秘密の利用行為を禁止することができる点であろう（小野昌延＝松村信夫『新・不正競争防止法概説』336頁以下（青林書院，2011年））。

3 フランチャイズ契約上の顧客情報と不正競争防止法の適用

フランチャイズ契約との関係で問題となるのは，フランチャイザーからフランチャイジーに提供された顧客情報が，不正競争防止法にいう「営業秘密」に含まれるのかということである。

顧客名簿などが「営業秘密」に該当するための要件としては，①秘密管理（秘密として管理されていること），②有用性及び③非公知性（公然と知られていないこと）が挙げられている（前掲『新・不正競争防止法概説』296頁以下）。また，①の要件については，裁判例は，一般論として，(イ)当該情報にアクセスした者に当該情報が営業秘密であることを認識できるようにしていること及び(ロ)当該情報にアクセスできる者が制限されていること，が必要であるとするものが多く，本稿で扱った裁判例も，これらの要件が満たされているかを検討して判断を行っている。実務的な観点からは，秘密管理体制の侵害態様をあらかじめ考慮することは容易ではないため，営業秘密として法的保護を享受しえる可能性を高くする体制を構築しておくことが望ましいといえる。

なお，顧客情報が不正競争防止法上の「営業秘密」に当たるのかが争われた他の裁判例としては，①原告が営業秘密であると主張する顧客情報は，個人被告らとの関係においても，また被告会社との関係においても明確な形で

営業秘密として管理されていたものとは認められないから，不正競争防止法2条6項にいう「営業秘密」とは認められないとした大阪地判平成23年4月28日（LLI登載，ID番号06650209），②不正競争防止法2条6項所定の営業秘密として保護されるためには，主張にかかる営業秘密が，「有用な営業情報」であって（有用性），「公然と知られて」おらず（非公知性），しかも「秘密として管理されている」こと（秘密管理性）が必要であるとした上で，本件顧客情報は，原告においてそれらの情報を日々利用して営業活動に携わる営業部従業員にとって，退職後に使用が許されなくなる事業者の「営業秘密」であると明確に認識できるような形で十分な管理がされていたとはいえないから，いずれも不正競争防止法2条6項所定の営業秘密に該当するとは認められないとした大阪地判平成22年10月21日（LLI登載，ID番号06550549），及び③原告における管理態様からすれば，本件顧客情報は，これに接した者において，原告が秘密として管理していることを十分に認識することができる措置が取られていたというべきであるから秘密として管理されているものと認めるのが相当であり，電話による占い事業を営むに当たって有益な営業上の情報であることは明らかであり，原告が事業を継続する中で集積した顧客の情報であって，公然と知られているものではないというべきであるから，不正競争防止法2条6項所定の「営業秘密」に該当するとした大阪地判平成22年6月8日（LLI登載，ID番号06550324）などがある。

【カライスコス　アントニオス】

〔参考文献〕
西口元＝木村久也＝奈良輝久＝清水建成編『【改訂版】フランチャイズ契約の法律相談』
　　144-145頁（青林書院，2009年）
川越憲治『フランチャイズシステムの法理論』（商事法務研究会，2001年）
小塚荘一郎『フランチャイズ契約論』（有斐閣，2006年）
小野昌延＝松村信夫『新・不正競争防止法概説』（青林書院，2011年）

〔参照判例〕
大阪地判平成23年4月28日（LLI登載，ID番号06650209）
大阪地判平成22年10月21日（LLI登載，ID番号06550549）
大阪地判平成22年6月8日（LLI登載，ID番号06550324）

2　ロイヤルティ

第34　セブン・イレブン・チャージ事件

▶コンビニエンスストアのフランチャイズ契約に「加盟店は運営者に対して売上総利益（売上高から売上商品原価を控除した金額）に一定の率を乗じた額を支払う」旨の条項がある場合において，消費期限間近などの理由により廃棄された商品の原価等は売上高から控除されないとされた事例

最高裁判所第二小法廷平成19年6月11日判決
判例タイムズ1250号76頁，金融・商事判例1277号45頁
（原判決：東京高判平成17年2月23日金融・商事判例1250号33頁）

争　点

　コンビニエンスストアのフランチャイズ契約における「加盟店は運営者に対して売上総利益（売上高から売上商品原価を控除した金額）に一定の率を乗じた額を支払う」旨の条項（以下「本件条項」という。）中の「売上商品原価」には，廃棄ロス原価及び棚卸ロス原価が含まれるか。

結　論

　本件条項所定の「売上商品原価」は，実際に売り上げた商品の原価を意味し，廃棄ロス原価及び棚卸ロス原価を含まないものと解するのが相当である。

事案の概要

　1　X（フランチャイジー）は，コンビニエンスストアのフランチャイズ・チェーンを運営するY（フランチャイザー）との間で，その加盟店となるフランチャイズ契約（本件契約）を締結した。本件契約の契約書には「Xは，Y

に対して，A店経営の対価として，各経営期間ごとに，その末日に，売上総利益（売上高から売上商品原価を差し引いたもの）に対し，付属明細書（二）の第3頁に定める率を乗じた額（以下，「A・チャージ」という）をオープンアカウントを通じ支払う。」との条項（本件条項）があり，Xは，本件条項に基づいて，Yに対し，「チャージ」と呼ばれる契約上の対価（ロイヤルティ）を支払っていた。

2　本件契約に関わるチャージ金額の算定方式は，判決要旨（参考）【本件契約におけるチャージ金額算定方式】の通りであったが，Xは，支払済みのチャージ金額中，廃棄ロス原価及び棚卸ロス原価を基礎として算定された部分については，Yが法律上の原因なく利得したものであるとして，Yに対し，不当利得金の支払を請求した。

3　Xの主張は，大要次の通りである。すなわち，本件のようなチャージ金額の算定方式は「コンビニエンス・ストア業界でのみ採用されている特殊な方式であって，一般人に理解できるものではな」く，本件条項を含む契約書の条項は「一般的な財務・税務会計に用いられる概念に基づいて解釈」すべきである。そうすると，本件条項中の「売上総利益」とは「廃棄ロス原価及び棚卸ロス原価を含まないものと解釈せざるを得ず，XとYとの間には，チャージ金額の算定の基礎となる『売上総利益』にこれらを含むものとする合意はない」から，廃棄ロス原価及び棚卸ロス原価を基礎として算定された部分については，Yにはこれを受領する法律上の原因がない。

判決要旨

（法廷意見）
　契約書の特定の条項の意味内容を解釈する場合，その条項中の文言の文理，他の条項との整合性，当該契約の締結に至る経緯等の事情を総合的に考慮して判断すべきであるところ（コンビニエンス・ストアのフランチャイズ契約に係る契約上の対価として，フランチャイジーがフランチャイザーに支払うチャージの算定方法につき，付属明細書等の書面に下記①ないし⑥に相当する記載が存在し，かつ，下記アないしウの事情がある場合には），本件条項所定の「売上商品原価」は，実際に売り上げた商品の原価を意味し，廃棄ロス原価及び棚

卸ロス原価を含まないものと解するのが相当である（したがって，廃棄ロス原価及び棚卸ロス原価は，売上高から控除されない。）。そして，Xは本件条項につき錯誤無効を主張しているので，本件を原審に差し戻す。

【チャージ算定方法に関する記載の内容】
1　付属明細書上の記載（契約書で引用）
　① 廃棄ロス原価及び棚卸ロス原価は，営業費とする。
2　損益計算上の記載
　② 本件条項の「売上総利益」の金額は，「売上」の合計金額から「純売上原価」を差し引いた金額とする。
　③ 上記②の「純売上原価」の金額は，月初商品棚卸原価に当月商品仕入高を加算して月末商品棚卸高を控除することにより算出される「総売上原価」から，「商品廃棄等」，「棚卸増減」，「仕入値引高」の各項目を控除した金額とする。
　④ 上記③の「商品廃棄等」（廃棄ロス原価。以下，「廃棄ロス原価」という。）金額は，消費期限間近などの理由により不良品として廃棄された商品の原価合計金額とする。
　⑤ 上記③の「棚卸増減」（棚卸ロス原価。以下，「棚卸ロス原価」という。）の金額は，帳簿上の在庫商品の原価合計額と実地棚卸しを行って得られた実在庫商品の原価合計金額差額であって，万引きや各店舗の従業員の商品等の入力ミスなどを原因として発生した金額とする。
　⑥ 上記③の「仕入値引高」の金額は，本件契約に基づいて，フランチャイザーが，フランチャイジーに送付している「商品報告書」に記載された仕入金額からの値引高を合計した金額とする。

【契約に至る経緯等の事情】
ア　本件契約締結前に，フランチャイザーからフランチャイジーに対して，廃棄ロス原価及び棚卸ロス原価をそれぞれ営業費として会計処理すべきこと，それらはフランチャイジーの負担であることが説明されていたこと。
イ　本件契約では，契約締結前に，フランチャイジーになろうとする者（以下，「フランチャイジー希望者」という）が，フランチャイザーから約3ヶ月間の経営委託を受けて実際に店舗運営を行うものとされているところ，経営委託期間中の各店舗には，店舗経営のための詳細な手引書（「システムマニュアル」）が備え付けられ，経営上の疑義が生じた場合には適宜参照できるようになっていたこと。

ウ　上記イの「システムマニュアル」の損益計算書の項目には，上記②及び③に対応する記載がなされていたこと。

(参考)【本件契約におけるチャージ金額算定方式】

チャージ金額
＝売上総利益×チャージ率
＝(売上高－純売上原価)×チャージ率
＝[売上高－{総売上原価－(廃棄ロス原価＋棚卸ロス原価＋仕入値引高)}]×チャージ率
＝[売上高－{(〈月初商品棚卸原価＋当月商品仕入高〉－月末商品棚卸高)－(廃棄ロス原価＋棚卸ロス原価＋仕入値引高)}]×チャージ率

〈今井・中川補足意見〉

　本件条項によれば「チャージは，売上総利益の一定割合であること，売上総利益は，売上高から売上商品原価を差し引いたものであることが規定されているが，『売上商品原価』についてはこれを定義するところはなく，本件契約書中のほかの条項においても，『売上商品原価』の定義規定はない。そして，『売上商品原価』という言葉は，企業会計上一般にいわれている売上原価と解することもできるし，売り上げた商品の原価と解することもでき」，「本件契約書におけるチャージの算定方法についての規定ぶりは，明確性を欠き，疑義を入れる余地があって，問題があるといわなければならない。」

　「チャージは，加盟店に対する店舗経営に関するサービス等に対して支払われる対価であることから，加盟店としては，店舗経営により生じた利益の一定割合をチャージとして支払うというのが一般的な理解であり，認識でもあると考えられる」が，「廃棄ロスや棚卸ロスは，加盟店の利益ではないから，これが営業費として加盟店の負担となることは当然としても，本件契約書においては，これらの費用についてまでチャージを支払わなければならないということが契約書上一義的に明確ではなく，X［フランチャイジー］のような理解をする者があることも肯けるのであり，場合によっては，本件条項が錯誤により無効となることも生じ得る」。

　「加盟店の多くは個人商店であり，Yと加盟店の間の企業会計に関する知識，経験に著しい較差があることを考慮すれば，詳細かつ膨大な付属明細書やマニュアルの記載を参照しなければ契約条項の意味が明確にならないというのは，不適切であると言わざるを得ない。……契約書上明確にその意味が読み取れるような規定ぶりに改善することが望まれる。」

分析

1 本判決の意義

本判決は，判決要旨から明らかなとおり，専らロイヤルティ（チャージ）の算定方式として「総売上利益方式」を採用するフランチャイズ・チェーンの契約関係を射程においた，特定の契約条項の文言解釈を争点とする事例判決である。しかしながら，本判決は，一義的に明確でない契約条項の意味内容を解釈する際には「条項中の，文言の文理，他の条項との整合性，当該契約の締結に至る経緯等の事情を総合的に考慮して判断すべき」として，一般的な解釈指針を確認した点，また，補足意見において，契約当事者間の構造的な能力較差に着目し，「場合によっては，本件条項が錯誤により無効となることも生じ得る」として，フランチャイジーが救済される余地がある旨を指摘した点で重要な意義を有している。更に，補足意見において，ロイヤルティ算定については「契約書上明確にその意味が読み取れるような規定ぶりに改善することが望まれる」と明記された点は，フランチャイザーの情報提供義務の内容・程度のより一層の充実化を示唆したものといえ，コンビニエンスストア形態のみならず，フランチャイザーとしては，契約条項の更なる明確化，契約内容の更なる説明に努める必要があると言えよう。

2 総売上利益方式に関する従来の裁判例

大手コンビニチェーンのフランチャイズ契約では，「総売上利益方式」と呼ばれるロイヤルティ算定方式が広く採用されており，本件契約における「チャージ」金額算定方式も，これに関するものである（『【改訂版】フランチャイズ契約の法律相談』136頁以下参照）。

一般に総売上利益方式とは，総売上利益＝売上高－｛売上原価－（廃棄ロス原価＋棚卸ロス原価）｝として算出された「総売上利益」（本件の「売上総利益」に相当）に，一定の乗率を掛け合わせて得られた額をロイヤルティとして徴収する算定方式をいう。この方式を採用する理由としては，架空の商品廃棄あるいは棚卸ロスの計上を利用した①フランチャイジーによる不正なロイヤルティ逃れや②商品の自家消費・横流しを防止すること，③廃棄や棚卸しによるロス発生を最小限に抑えるインセンティブをフランチャイジーに与える

ことなどが挙げられている。他方，売上総利益方式はロイヤルティの算出方法として不当とする見解もある。同見解は，廃棄ロス原価及び棚卸ロス原価等について，これらの原価はコンビニエンスストアの経営において必然的に生じるロスであるから，これらを全面的にフランチャイジーが負担すること自体が不当であるという理解を前提に，フランチャイジーが廃棄ロス原価及び棚卸ロス原価等を営業費として負担しているからといって，ロイヤルティの計算においてこれらの原価を売上高から控除しないこと（「総売上利益方式」をとること）は正当化されず，廃棄商品の原価等をフランチャイジーのみが負担する仕組みは不当であるなどと指摘している（近藤充代「コンビニ・FC契約をめぐる判例の新たな動向」飯島紀昭＝島田和夫＝広渡清吾編集代表『清水誠先生古稀記念論集 市民法学の課題と展望』555頁（日本評論社，2000年））。

　総売上利益方式では，廃棄ロス原価と棚卸ロス原価とが被乗数となる分だけ，いわゆる粗利益（＝売上高－売上原価）を被乗数とする算定方式よりも，ロイヤルティ額が増加する。他方で，中小企業や個人事業主が廃棄ロス原価・棚卸ロス原価等を把握することは事実上困難との理由から，一般の財務・税務会計上の「売上原価」概念は，これらの価値を含むものとして使用されることが多い。そうすると，フランチャイジーが一般の財務・税務会計上の「売上原価」概念を念頭に置いていた場合，大手コンビニチェーンが採用する総売上利益方式によっては，予想外にロイヤルティ額が増加するという事態が生じる。

　実際，このような事態に陥ったことをきっかけとして，従来，総売上利益方式の違法性や，総売上利益方式の採用に関するフランチャイザーの情報提供義務・指導援助義務違反等が裁判上も争われてきた。

　例えば，千葉地判平成13年7月5日判時1778号98頁〈第8事件〉では，フランチャイズ契約の公序良俗違反の主張の一環として，「見切・処分，棚卸ロス」を含む「値入高」をロイヤルティ算定の基礎とできるかが争われた。ここでの争点は，総売上利益方式によるロイヤルティ算定方式自体の有効性であるが，そのような会計処理の仕組み上，「見切・処分等にチャージをかけることだけをとらえていれば，かかる仕組みがフランチャイザーにとっては有利な，フランチャイジーにとっては不利な仕組みとなっていることは否

定できない。しかしながら，見切・処分等は基本的にはフランチャイジーの責任領域で生じるものであること，実際にチャージ逃れを行うことは難しいとしてもチャージ逃れと言うことを完全に否定することはできないこと，見切・処分等にチャージをかけなくても，チャージ率が高ければフランチャイジーの収入は減少するのであって，チャージの率やフランチャイジーの収入を考慮せずに，見切・処分等にチャージをかけることのみをとらえて有利，不利を論ずるのは相当でな」く，ロイヤルティ算定方式は基本的に当事者の合意に任され，総売上利益方式によっても公序良俗に反するものではないと判断されている（他に，大阪地判平成8年2月19日判夕915号131頁〔大阪ローソン事件〕，名古屋地判平成13年6月28日判夕1121号179頁，名古屋高判平成14年5月23日判夕1121号170頁，東京地判平成16年5月31日判夕1186号158頁（本件の第一審判決）。従来の判決は，いずれもフランチャイジー側の主張を排斥していた。これに対し，本件原判決は，フランチャイジー側の主張を一部認める判断をした。これらの裁判例については，中村肇「本件判決評釈」法の支配151号107頁以下，池田辰夫他・後掲研究会報告書71頁参照。）。

　このように，廃棄ロス原価等を被乗数とするロイヤルティ算定方式が付随的争点になった事例は本件以前も散見されたが，本件では，契約書本体にはロイヤルティ算定方式の被乗数から控除される「売上商品原価」の定義規定が存在しないが，そのような場合でも一般の財務・税務会計上の用法とは異なって廃棄ロス原価等を含まない「売上原価」概念を採用すべきかどうかが争点とされた。

3　検　討

　(1)　契約条項の内容を明確化する解釈を行うに際して，契約書本体の文言の通常の用法は重要な資料というべきであるし，結論として導かれる解釈が客観的・合理的なものでなければならないことも，また，当然である。
　しかしながら，本件原判決（「売上商品原価」の解釈は，契約書中に定義規定がない限り，一般用語である「売上総利益」の用法を標準とし，これと整合する形でなされなければならないとした。）のように，本体となる契約書の契約条項中に一義的に明確な文言が用いられている限り，かつ，定義規定がない限り，同条項の解釈においては当該文言の通常の意義・用法が主導的な指針となり，個別的な修正・変更の余地を認めないかのような論理展開をするとすれば，それはい

ささか硬直にすぎ，最判昭和39年7月29日（裁判集民74号777頁）に照らしても疑問がある。

　契約の解釈とは，本来，対象となる契約ごとに個別的であるはずのものであり，個別具体的な事情（対象となる契約書本体のみならず，それと一体性を有する付属文書の内容，マニュアルの内容，契約締結時の説明内容等を含む。）を十分考慮してなされるべきものである。すなわち，契約の解釈においては，一部の文言（本件では，「売上総利益」と，「売上商品原価」の一部をなす「売上原価」）の明確性からある解釈が形式的に導かれるとしても，付属文書の内容等個別具体的な事情を併せ考慮することによって，よりよく当該契約の実態，フランチャイザーがフランチャイジーに行っていた説明内容等に合致する解釈が可能であるならば，それこそが当該契約についての客観的・合理的解釈に当たるというべきであり，そのためには，契約当事者の予測可能性・容易性を勘案しながらではあるが，ある程度広い契約解釈の「幅」が肯定されなければならないと思われる。

　本判決は，この点，「契約書の特定の条項の意味内容を解釈する場合，その条項中の文言の文理，他の条項との整合性，当該契約の締結に至る経緯等の事情」と契約解釈の資料となるべきものを幅広く例示し，かつ，具体的な解釈方法については「総合的に配慮して判断すべき」として，特に限定していない。最高裁は，契約書自体には規定がなくとも，当事者が付属書類等における記載やフランチャイザーからの説明等の「諸事情」から「売上商品原価」等の意味について理解することの可能性が客観的に認めら得るか否かを重視したといえる（前掲・中村評釈同旨）が，契約の解釈は本来個別的であるとするに等しい本判決の視点は積極的に支持でき，その結論（当てはめ）も基本的に妥当であると考える。

　(2)　補足意見は，契約当事者間の構造的な能力較差に着目して，本件を情報提供義務の観点からも捉えているが，そのほかに「Ｙ担当者から明確な説明があればまだしも，廃棄ロスや棚卸ロスについてチャージが課せられる旨の直接の説明もなく，これらが営業費に含まれ，かつ，営業費は加盟店の負担となるとの間接的な説明があったにすぎない」という事情にも注意を向けていることからすれば，補足意見は，廃棄ロス・棚卸ロスもロイヤルティ算

定の基礎となるという事実を，情報提供義務の履行として提供すべき情報と位置付け，Ｙの「間接的な説明」が義務の履行として十分であったかどうかを問題にするものと評価できる。

　確かに，「チャージがいかにして算出されるかについては，加盟店の関心の最も強い」（補足意見）というべきであるから，この点に関する説明は，情報提供義務の範疇に含まれているというべきである。ただ，そのように解すべきとしても，具体的な義務の履行としての説明がどのように（どの範囲まで）なされるべきかは，改めて検討する必要があると思われる。

　たとえば，本件で争われた「売上商品原価」の金額は，実際には本件契約に係る損益計算書上に「純売上原価」として表示されていた。そうすると，両者の等価関係を認識し得たかどうかが，フランチャイジーの錯誤を検討する際に重要となるが，この等価関係に対するフランチャイジーの認識（形成）については，①フランチャイザーの責任でフランチャイジー希望者に完全に理解させなければ，情報提供義務の履行としては十分でないとする立場と，②情報提供義務の履行としてはそこまでの必要はなく，むしろ，ある程度の情報提供を分岐点として，フランチャイジー側が提供された情報をもとに自発的に確立すべきとする立場の双方が考えられる。

　「本件契約である加盟店基本契約は，Ｙが一方的に定めたものであって，加盟店となるには，これを承諾するしかなく」，また「加盟店の多くは個人商店であり，Ｙと加盟店の間の企業会計に関する知識，経験に著しい較差があることを考慮すれば，詳細かつ大部な付属明細書やマニュアルの記載を参照しなければ契約条項の意味が明確にならないというのは，不適切」という補足意見及び「一般人が損益計算書に記載された数値を見てチャージ金額の算定経過を理解することは容易ではなく，廃棄ロス原価及び棚卸ロス原価の額がどのようにチャージ金額に反映されるのかは，十分な説明を受けなければ理解することが困難」と指摘する原判決は，①の立場に近いと評価できるであろう。

　他方，ほぼ同一の事件につき，Ｘらは「フランチャイズ方式の下でコンビニエンスストアの店舗を経営するために本件各契約の締結に臨んだ者であって，本件各契約書は，このような者を対象としたものであるから，本件各契

約書の文言や規定の解釈に当たっては，Xらが，一般消費者に比して，会計処理についてある程度の知識を有していることを前提とするのが相当」と指摘する東京地判平成16年5月31日（判タ1186号158頁）を敷衍すれば，②の立場もあながち不当とはいえまい。すなわち，本件の「純売上原価」の内容は損益計算書の記載から明らかであるところ，本件契約では，契約締結前の一定期間フランチャイジー希望者がYから経営委託されることになっており，同期間中も損益計算書が交付されており，適宜参照できたはずである。ここで，契約解釈の資料として「当該契約の締結に至る経緯」をも参照するならば，独立事業者として利益を得ることを目的とするフランチャイジー希望者としては，契約書（付属明細書を含む。）及び損益計算書などを分析して，上記等価関係を自ら把握すべきであったとの判断もあり得るだろう。損益計算書自体の分析を待つまでもなく，上記等価関係が「システムマニュアル」上も明らかであったという事情も，そのような判断を支持する根拠になる。

いずれの立場が基本的に支持されるのか，今後の裁判例の集積が待たれる。

4　本件の差戻審（東京高裁平成19年12月27日判決 FRANJA44-16）の結論について

本件差戻審の結論は，以下のとおりである。

1．本件控訴を棄却する

2．差戻前及び後の控訴審並びに上告審の訴訟費用は，Xの負担とする

争点：「本件条項の一部（売上総利益のうち，廃棄ロス原価，棚卸ロス原価に相当する額をチャージ算定の基礎とする部分）の錯誤無効の成否」

結論：X（フランチャイジー）には，錯誤無効は，認めない。

理由：①加盟店経営者は，売上総利益のその余の部分を総収入として取得し，その中から人件費を含む営業費をまかなうこと，

②廃棄ロス原価，棚卸ロス原価をコントロールすることが店舗経営において極めて重要であることの説明を受け，

③Xが支払うべきチャージ金額の算定方法を定めた本件条項（40条）や廃棄ロス原価，棚卸ロス原価が営業費となることが定められた条項（18条1項）等を含む本件契約書を交わして本件契約を締結したものであり，

④Y（フランチャイザー）方式によって算定されるチャージをYに支払う旨

の合意をしたものであるから

「売上高からXが実際に売り上げた商品の原価を控除した売上総利益にチャージ率を乗じてチャージの額を算定する」というY方式の基本的な仕組みについてXも理解していたといわざるを得ない。Xは，Y方式によるチャージの計算過程において，売上総利益の中に廃棄ロス原価及び棚卸ロス原価に相当する額が含まれることになることを十分に認識していなかったというものにすぎず，このことをもって，意思表示に錯誤があったということはできない。

【奈良輝久】

〔参考文献〕
西口元＝木村久也＝奈良輝久＝清水建成編『【改訂版】フランチャイズ契約の法律相談』136頁以下（青林書院，2009年）
神田孝『フランチャイズ契約の実務と書式』186-191頁（三協法規出版，2011年）
中村肇「本件判決評釈」法の支配151号107頁
奈良輝久「本件判決評釈」金融・商事判例1277号2頁
松嶋康尚「本件判決評釈」税務事情（Vol. 40, No. 11）70頁
池田辰夫他「コンビニエンス・フランチャイズ・システムをめぐる法律問題に関する研究会報告書(4)」NBL951号70頁

3 会計管理

第35 エーエム・ピーエム事件

▶フランチャイズ契約上の無催告解除特約に基づく解除及び損害賠償額の予定条項がいずれも有効とされた事例

東京高等裁判所平成11年12月15日判決　控訴棄却（確定）
金融・商事判例1085号3頁
（原審：東京地判平成11年5月11日判例タイムズ1026号211頁）

争　点

1　フランチャイジーの不適正な経理処理が，フランチャイズ契約上の約定解除事由（本件契約を継続し難い重大な事由）に該当し，無催告解除事由となるか。

2　解除前6か月の平均チャージ（ロイヤルティに相当する。）の6か月分相当額という損害賠償額の予定条項の有効性。

結　論

1　フランチャイジーに売上金の私的流用等の不適正な経理処理が存在するため，フランチャイザー主張の約定解除事由による無催告解除は有効である。

2　解除前6か月の平均チャージ（ロイヤルティに相当する。）の6か月分相当額という損害賠償額の予定条項は，有効である。

事案の概要

1　コンビニエンスストアの経営等を目的とするフランチャイザーである

Xと，フランチャイジーであるY₁は，平成6年5月1日，フランチャイズ契約（以下「本件契約」という。）を締結し，Y₂がY₁の連帯保証人となった。

2 本件契約においては，契約書上，①Y₁が毎日の売上金等をXに送金する旨定める売上送金条項，②Y₁がXに対し，Xが本件契約に基づいてY₁に与える承認，指導，サービス等の対価として，各月ごとに売上総利益（売上高から売上原価を控除したもの）に一定のチャージ率を乗じた金員を支払う旨定める本件チャージ支払条項，③XとY₁との間のフランチャイズ契約上の債権債務の精算について交互計算を行う旨定めるオープンアカウント条項，④Xは，Y₁に，本件契約を継続し難い重大な事由が発生した場合は，通知，催告をしないで，直ちに本件契約を解除することができる旨定める無催告解除特約条項，⑤解除による損害賠償条項（「本件契約が解除されたときは，XはY₁に対し，自己の被ったすべての損害の賠償（契約残存期間の逸失利益を含む）を請求することができる。ただし，この損害が解除前6か月間のチャージ平均月額の6か月相当額を下回る場合には，同額をもってXの損害とみなす」。以下「本件損害賠償条項」という。）等が定められていた。Y₁は，本件契約に基づき，東京都内でコンビニエンスストアの経営を開始した。

3 ところが，Xは，Y₁に対し，平成6年8月以降のY₁の経理処理には，多額の雑費，消耗品代の計上，現金不足の発生，多額の立替金計上及び売上金の不正流用などがあって不適正であり，これにより信頼関係が破壊され，本件契約を継続し難い重大な事由があるとして，平成7年2月12日に本件契約の無催告解除特約条項に基づく契約解除（以下「本件解除」という。）の意思表示をし，Y₁及びY₂（以下「Yら」という。）に本件契約期間中の未精算金，約定手数料，損害賠償金など合計1855万円余りの支払を求めた。

4 Yらは，Xの請求に対し，A：Yらの経理処理は適正であり，解除事由は存在しない（争点1），B：XはフランチャイジーであるY₁に対し，経営を指導，援助すべき義務と経営判断を誤らせることのないよう的確な情報を提供すべき信義則上の保護義務を負っているが，本件店舗の経営が成り立たないことを知りながら補助金を支給せず，Xが否認した経費などの額をY₁に告知しなかったという債務不履行があり，このためY₁が経営判断を誤ってY₁の経営する店舗が破綻したのであってY₁に責任はない，C：本件

損害賠償条項は損害賠償額の予定としての違約金を定めたものではなく，同予定であるとしてもＸは実損害を被っていないから同条項は暴利行為として公序良俗に反して無効であり，Ｘの請求は権利の濫用である（争点２）などと主張したが，原判決は，Ｙらの主張をいずれも退け，Ｘの請求を全て認容した。上記Ｂの点については，フランチャイザーは，一般にフランチャイジーの経営の指導，援助に当たり，客観的かつ的確な情報を提供すべき信義則上の義務を負っている旨述べながら，本件においては本件契約締結直後の平成６年５月から７月にかけては営業利益が出ていることが認められるため，Ｙらが主張するＸの債務不履行の前提となるべき事実を認めることはできないとして，Ｙらの主張を排斥している。

 ５　Ｙらは，東京高等裁判所に控訴したが，同裁判所は，上記Ａ及びＣの点についてのＹらの補充主張についての判断以外は原判決を引用し，Ｙらの控訴を棄却した。

判決要旨

　控訴審判決の内容の多くは原判決の引用であるため，原判決を中心に紹介する。

１　争点１（約定解除事由の存否）

【原判決】
　「本件の争点１は，約定解除事由である『本件契約を継続しがたい重大な事由』の存否であるが，これは具体的には被告Y_1の行った経理処理が正当なものであったか否かに集約される。」
　「……Y_1は，Ｘの指摘する問題点である平成６年８月以降の多額の雑費，消耗品代の支払計上，同年11月（単月）の230万円余りの現金不足の発生，同年同月以降の多額の立替金計上等について，いずれもその経理処理について合理的な説明をすることができないのである。
　このことはY_1の経理処理がルーズであったことを意味するのであるが，それに加えて，売上金を家賃に流用することに象徴されるように，売上金を私的に費消するところがあったものと推認せざるを得ないのである。
　フランチャイズ契約はフランチャイズチェーンの本部機能を有する事業者

（フランチャイザー）が，その加盟店となる他の事業者（フランチャイジー）に対し，一定の店舗ないし地域内で，自己の商標，サービスマーク，トレードネームその他の営業の象徴となる標識及び経営のノウハウを用いて事業を行う権利を付与することを内容とする継続的契約である。フランチャイジーとなる事業者は，独立の事業者ではあるものの，店舗経営の知識や経験に乏しく，資金力も十分でないことが多く，蓄積されたノウハウや専門的知識を有するフランチャイザーがこうしたフランチャイジーを指導，援助することが予定されており，フランチャイザーは，信頼関係に基づきフランチャイジーの経営の指導，援助に当たることが要請されるものである。

このように契約当事者間の信頼関係を基礎に置く継続的契約であるフランチャイズ契約においては，本件のY_1のような行為は，Xとの間の信頼関係を破壊するものとして，本件契約を継続しがたい重大な事由であるといわざるを得ない。そうすると，X主張の本件契約の解除は，約定解除事由を認めることができるから，有効なものであるといわなければならない。」

【控訴審判決】

「控訴人（Yら）の補充主張はいずれも採用できず，控訴人Y_1のした経理処理が合理的であったともいえないから，本件契約の解除理由が存することは明らかである。」

2　争点2（損害賠償額の予定条項の有効性）

【原判決】

「……フランチャイズ契約は，継続的契約であり，フランチャイザーとしては，一定の期間について安定した経済的関係を形成し，それを前提に企業活動を展開するものであるから，同契約がフランチャイジーの責めを負うべき約定解除事由に基づいて解除される場合には，各種の損害が発生することが確実に予測されるところ，損害の発生及びその具体的な損害額の証明は困難であることが少なくないから，一般的にこのような場合に備えた定めをしておくことにも合理性があるといえる。これが損害賠償額の予定にほかならない。

そのような観点から，本件契約38条（本件損害賠償条項）をみると，同条は，その本文において，原則として，債権者は，契約の残存期間の逸失利益を含む自己の被った損害のすべてについて賠償を請求することができるとし，但書において，その損害が一定額を下回る場合には，その額をもって損害とみなすものと規定している。このような文言及び規定の仕方からすると，本件契約38条は，①実損額を証明した場合には，予定賠償額を超える損害賠償を請求するこ

とができるが，②実損額を証明することをせず，予定賠償額を請求することもできる旨の定めであるものと解される。」
　「もっとも，予定賠償額が，社会的に相当と認められる範囲を超えて著しく高額であるような場合には，当該定め又は当該定めを適用した結果が公序良俗に反し無効となるものと解される。ところで，本件契約で定められた予定賠償額は，チャージ平均月額の6か月分相当額であるところ，本件契約が継続的契約であり，その期間が10年間とされていたこと，Y_1 が本件契約を解除されるまでの期間が10か月弱であったこと等に照らせば，6か月分相当額は，社会的に相当と認められる範囲を超えて著しく高額なものということはできない。」

【控訴審判決】
　「控訴人 Y_1 に債務不履行があることは前記のとおりである。また約款38条但書は損害賠償額の予定を約定したものであるから，現実の損害額との対比等をいう控訴人らの主張は失当である。」

分　析

1　フランチャイジーの経理処理と契約解除

(1)　約定解除条項

　フランチャイズ契約の一方当事者による中途解約には，法定解除（債務不履行）と約定解除の2種類がある。約定解除とは，フランチャイズ契約で定めた一定の事由が発生したときに，契約に定めた手続に従い相手方に通知して行う解約であり，相手方の債務不履行の場合に備えて，民法が規定する法定解除（解約）の要件や効果を修正したり，補充したり，明確化したりすることがよく行われる。本件の無催告解除特約条項は，フランチャイジーに契約を継続し難い重大な事由が発生した場合に，フラインチャイザーにフランチャイズ契約を無催告で解除することができる解約権を付与するものである。一般に継続的契約関係の解除については，当事者間の信頼関係を破壊するような「やむことを得ざる事由」の存在が求められる一方，このような事由が存在する場合には信頼関係を修復するための「催告」を要求する意味がないことから，一方当事者による無催告解除が認められるものと考えられており，本件の無催告解除特約条項もそのような考え方を契約書上明文化したものと

考えられる。
　(2)　フライチャイジーの不適正な経理処理と契約解除の関係
　本件の原判決及び控訴審判決（以下併せて「本判決」という。）は，フランチャイジーであるY₁の不適正な経理処理が，「契約を継続しがたい重大な事由」に該当し，フランチャイザーであるXからの無催告解除特約条項に基づく本件契約の解除が認められると判断した。
　フランチャイズ契約において，フランチャイジーはフランチャイザーの被用者ではなく独立の事業者であり，フランチャイジーは，フランチャイズ契約に基づいて行う事業に関する会計管理を自ら行うべきであることから，フランチャイジーの経理処理の問題は，一見，フランチャイジー内部の問題であり，外部のフランチャイザーとの信頼関係に影響するものではないとも思われる。
　しかし，フランチャイズ契約では，フランチャイザーが，フランチャイジーがフランチャイズ契約に基づいて行う事業に関する会計管理に重大な関心を抱き，その処理に相当程度関与していることが多い。具体的には，フランチャイザーは，フランチャイジーの損益，財務の状態を把握する必要があるため，フランチャイズ契約上においても，フランチャイザーがフランチャイジーの会計管理を行うことに関する条項が設けられているのが通常であり，この内容としては，フランチャイジーの会計処理義務，報告義務，及びフランチャイザーの検査権等を定めるのが一般的である。
　その理由としては，以下の三点が挙げられる。第一にフランチャイジーは会計に関する知識や経験が乏しいことが多いため，現実問題として，フランチャイザーによる会計に関する指導や援助を必要とすることが多く，また，フランチャイザーにとっても，当該フランチャイズ・システムの発展のためには個々のフランチャイジーが健全かつ効率良く経営されなければならず，そのためには，フランチャイジーの損益や財務の状態を把握し，指導・援助することが必要だからである。第二に，ロイヤルティの算定方法としてフランチャイジーの売上高や利益を基礎として算定する方法が採用されている場合には，フランチャイザーとしてはフランチャイジーの売上高や利益を正しく把握する必要があり，そのためには会計処理全体についての情報を得るこ

とが必要となるからである。第三にフランチャイザーとフランチャイジーがフランチャイズ契約上の金銭のやり取りについて交互計算を行うオープンアカウントを採用している場合には、フランチャイザーとしてはオープンアカウントの前提となるフランチャイジーの勘定を正確に把握する必要があるからである。

　本件契約においても、ロイヤルティの算定方法として、フランチャイジーである Y_1 の売上総利益（売上高から売上原価を控除したもの）に一定のチャージ率を乗じた金員を支払う旨定める本件チャージ支払条項や、オープン・アカウント条項が定められていることから、Y_1 の経理処理は単に Y_1 の内部的問題に留まらず、Xの利益にも関連する事項であり、Xが Y_1 の経理処理に重大な関心を抱くのは当然といえる状況が存在していた。

　本判決は、雑費や消耗品代の計上額の不正常な増加、現金不足（使途不明金）の発生、立替金の計上等についてYらにより合理的な説明がなされない限り、事柄の性質上、Y_1 により適正でない経理処理がされたことが推認されるとし、Yらの説明内容について人証調べを含む証拠調べを行った上で合理的なものではないと判断し、Y_1 の経理処理がルーズであったことに加え、売上金を家賃に流用することに象徴されるように、売上金を私的に費消するところがあったものと推認する。

　本判決の認定するところを前提とすれば、Y_1 は、Xに対して支払うロイヤルティの算定の前提となる売上益を偽るような経理処理を行っていたのであり、Xのロイヤルティ収入を得る利益を不当に圧迫していたものと認められ、このような Y_1 の行為がXとの信頼関係を破壊する「契約を継続しがたい重大な事由」に該当するとする本判決の判断は、これを是認することができると考える。

2　損害賠償額の予定条項の有効性

　本件契約では、契約解除の場合の損害賠償請求権について、本件損害賠償条項が規定され、さらに損害賠償額については、解除前6か月の平均チャージ（ロイヤルティに相当する。）の6か月分相当額という賠償額予定条項が置かれている。本件において、Yらは、本件損害賠償条項は損害賠償の予定を定めたものではない旨主張したが、原判決は、文言及び規定の仕方から本件損

害賠償条項は，損害賠償の予定を規定したものである旨判示し，Ｙらの主張を退けている。

　損害賠償額の予定については，民法420条に基づき有効であり，裁判所はその額を増減することができない。控訴審判決も，現実の損害額との対比で予定額が高額に過ぎるとのＹらの主張を失当であるとして退けている。

　もっとも判例・通説は，著しく高額な賠償額の予定については，公序良俗の観点からこれを制限的に解する傾向にある（例えば東京地判平成6年1月12日判時1524号56頁）。

　本件においても，Ｙらは，解除前6か月の平均チャージ（ロイヤルティに相当する。）の6か月分相当額が高額に過ぎ，本件損害賠償条項は暴利行為として公序良俗に反し無効である，有効であるとしてもＸがこの条項の効力を主張することは，著しく信義則や社会正義に反し，これに基づく請求は権利濫用に当たると主張したが，本判決は，本件契約が継続的契約であり，期間が10年間とされていたこと，Ｙ₁が本件契約を解除されるまでの期間が10か月弱であったこと等に照らせば，6か月相当額は，社会的に相当と認められる範囲を超えて著しく高額なものということはできないとし，損害賠償の予定条項を有効とした。

　裁判例においては，約定の損害賠償の予定（60か月分の実施料）のうち，30か月分を超える部分を無効としたもの（神戸地判平成4年7月20日判タ805号124頁）や，ロイヤルティの120か月分という損害賠償額の予定のうち30か月分のみを有効としたもの（東京地判平成6年1月12日判時1524号56頁）などがあるが，上記裁判例との対比でも，契約の残存期間が9年2月弱ほど残っている本件において，解除前6か月の平均チャージの6か月分相当額を損害賠償の予定と定めることは，社会的に相当と認められる範囲を超えて著しく高額とまではいい難いように思われ，本判決の判断は，基本的に妥当であると考える。

　なお，本判決においては，損害賠償額の予定条項との関係で，Ｘの請求として，解除前6か月の平均チャージの6か月分相当額の外，未精算金の請求も認められている点が問題となり得るが，この未精算金は，本件契約上Ｘが有している請求権であって，本件契約の解除により初めてＸに発生する損害の賠償請求権とは異なるものであり，過去の未精算金が予定賠償額を超えて

いた場合を想定すれば，当事者の合理的意思からもこの未精算金は解除に伴う損害賠償の予定に含まれないものとするのが合理的であり，本判決の未精算金の別途請求を認める点についても基本的に妥当であると考える。

【若松　亮】

〔参考文献〕
西口元＝木村久也＝奈良輝久＝清水建成編『【改訂版】フランチャイズ契約の法律相談』224頁（青林書院，2009年）
西口元＝吉野正三郎＝木村久也＝奈良輝久編『フランチャイズ契約の実務』（新日本法規，2000年）
金井高志『フランチャイズ契約裁判例の理論分析』（判例タイムズ社，2005年）
コンビニエンス・フランチャイズ・システムをめぐる法律問題に関する研究会「コンビニエンス・フランチャイズ・システムをめぐる法律問題に関する研究会(5)・完」NBL952号56頁以下）

〔参考評釈〕
本判決：野口恵三「判例に学ぶ（No. 336）コンビニエンス・ストアのフランチャイズ契約の「継続を不可能とさせる重大な事由」は，どんな場合に認められるか（平成11年12月15日東京高裁判決）」NBL685号72頁以下
原判決：前田修志「フランチャイジーの経理処理と契約解除」ジュリスト1235号90頁以下

第36 セブン・イレブン・オープンアカウント事件

▶コンビニエンスストアのフランチャイズ・チェーンにおける本部の報告義務を認めた事例

最高裁判所第二小法廷平成20年7月4日判決　平成19年（受）第1401号書類引渡等，請求書引渡等請求事件，破棄差戻し
金融・商事判例1318号60頁，判例時報2028号32頁，金融法務事情1858号46頁
原審＝東京高等裁判所判決平成19年5月31日　平成19年（ネ）第877号　公刊物未登載

争　点

オープンアカウント方式の決済方式を採用しているコンビニエンスストアのフランチャイズ・チェーン本部（フランチャイザー）は，加盟店（フランチャイジー）に対し，フランチャイズ契約上規定されていない商品仕入代金の具体的な支払内容の報告義務を負うか。

結　論

フランチャイザーは，フランチャイズ契約上規定されていない商品仕入代金の具体的な支払内容につき，フランチャイズ契約上，報告義務を負う。

事案の概要

1　X（上告人ら。加盟店・フランチャイジー）は，Y（被上告人。本部・フランチャイザー）との間で，コンビニエンスストアのフランチャイズ契約（以下，「本件基本契約」という。）を締結し，コンビニエンスストアを経営している。

2　本件基本契約には，要旨，加盟店らが本部の推薦する仕入先（以下，「推薦仕入先」という。）から商品を仕入れた場合，その代金は，本部が加盟店らに代わって推薦仕入先に支払い，そして加盟店らと本部の間の決済はオー

プンアカウント（加盟店と本部の間の金銭（ロイヤルティや仕入代金等）処理を，個別ではなく一括して行う決済の仕組み）の方法によって行われると定められている。また，本件基本契約には，加盟店らに対する本部からの情報提供につき，税の申告のための資料や損益計算書，貸借対照表，商品報告書については規定（以下，「本件資料等提供条項」という。）があるものの，仕入代金の支払に関する報告については規定されていなかった。なお，本件資料等提供条項によって提供される資料等からは，商品の仕入代金の支払先，支払日，支払金額，商品名とその単価・個数，値引きの有無等の具体的な支払内容は明らかにならない。

3　そこで，X（加盟店）が，Y（本部）に対し，上記仕入代金の具体的な支払内容につき報告を求めた。

判決要旨

破棄差戻し。

本件基本契約では，加盟店らが推薦仕入先から商品を仕入れた場合，仕入商品の売買契約は加盟店経営者と推薦仕入先との間に成立し，その代金の支払に関する事務を加盟店経営者がYに委託する（以下，「本件委託」という。）という法律関係にあるものと解されるから，本件委託は，準委任（民法656条）の性質を有する。

もっとも，本件委託を含む本件基本契約には，①推薦仕入先への仕入代金がオープンアカウントで決済される結果，Yは仕入代金相当額の費用の前払い（民法649条参照）を受けることなく本件委託に係る事務を処理することになる点，②支出した費用について支出の日以降オープンアカウントによる決済の時までの利息の償還（民法650条参照）を請求しえない点，③本件委託に基づく仕入代金の支払について報酬請求権（商法512条参照）を有しない点など，通常の準委任とは異なる特性（以下，「本件特性」という。）が存在する。

そこで，以上の本件委託の性質を踏まえて，本件基本契約上，Yが加盟店経営者らに対して仕入代金等の具体的な支払内容につき報告義務を負うかを検討すると，「コンビニエンス・ストアは，商品を仕入れてこれを販売することによって成り立っているのであり，商品の仕入れは，加盟店の経営の根幹を成すものということができるところ，加盟店経営者は，Yとは独立の事業者であ

って，自らが支払義務を負う仕入先に対する代金の支払をYに委託しているのであるから，仕入代金の支払についてその具体的内容を知りたいと考えるのは当然」であり，本件基本契約に基づいて「Yに集約された情報の範囲内で，本件資料等提供条項によって提供される資料等からは明らかにならない具体的な支払内容を加盟店経営者に報告すること（以下，この報告を「本件報告」という。）に大きな困難があるとも考えられない」。そうすると，本件基本契約に何ら定めがないからといって，「委託者である加盟店経営者から請求があった場合に，準委任の性質を有する本件委託について，民法の規定する受任者の報告義務（民法656条，645条）が認められない理由はなく，本件基本契約の合理的解釈としては，本件特性があるためにYは本件報告をする義務を負わないものと解されない限り」，Yは当該報告義務を免れない。

本件特性は，「これのみに注目すると，通常の準委任と比較してYにとって不利益であり，Yの加盟店経営者に対する一方的な援助のようにも見えるが，このことは，仕入代金が前記のようにYにおいて加盟店の売上金の管理等をするオープンアカウントにより決済されることに伴う結果」であり，「Yには，オープンアカウントによる決済の方法を提供することにより，仕入代金の支払に必要な資金を準備できないような者との間でも本件基本契約を締結して加盟店を増やすことができ」，「また，加盟店経営者がオープンアカウントによる決済の方法を利用して仕入商品を増やせば，売上げも増えることが見込まれ，売上利益に応じた加盟店経営に関する対価を取得する」という利益があるから，「本件特性があるためにYは本件報告をする義務を負わないものと解することはでき」ず，「本件基本契約に基づき本件報告をする義務を負う。」

分　析

1　本判決の意義

従来，フランチャイザーの，フランチャイジーに対する情報の提供は，主としてフランチャイズ契約締結過程の問題で論じられてきた[1]。そこでは，フランチャイザーのフランチャイジーに対する情報提供義務の問題は，契約締結上の過失の理論（名古屋地判平成13年5月18日判時1774号108頁〈第7事件〉等）や，信義則上の（保護）義務（保護義務とするものとして，東京高判平成11年10月28日判時1704号65頁〈第5事件〉等，単に信義則上の義務とするものとして，名古屋高金沢

支判平成17年6月20日判時1931号48頁等）として処理され，契約期間中の契約履行過程におけるフランチャイザーの情報提供義務・説明義務がどこまで認められるべきかについては，今一つ詰めた議論がなされてこなかった。

本判決は，契約履行過程におけるフランチャイザーのフランチャイジーに対する情報提供義務につき，一定の範囲内で明確な契約上の義務（受任者の報告義務：民法656条・645条）として認めた初の最高裁判決であり，しかも，コンビニエンスストアのフランチャイズ・システムで多数採用されているオープンアカウント方式の決済方式に関するものであるため，その射程は，フランチャイザーが提供する発注システムとオープンアカウントによる決済とを用いるコンビニエンスストアのフランチャイズ契約に限られるものの，フランチャイズ事業の実務に与える影響は大きいものと思われる。また，理論的にも，本判決は，混合契約ないし非典型契約であるフランチャイズ契約に対する民法の典型契約の規定の適否について，一定の判断を下したものであり，その意義は小さくない。以下，本判決の内容を分析する。

2　本件基本契約に係る法律関係

最高裁は，まず，加盟店が推薦仕入先から商品を仕入れた場合の法律関係を整理し，仕入商品の売買契約は加盟店と推薦仕入先との間に成立しており，本部は当該仕入代金支払に関する事務を委託されている（民法656条の準委任）と認定した。

フランチャイズ契約の法的性質については，①㋐委任者たるフランチャイザーによって提供される経営ノウハウ・商標等の統一的イメージの下に，受任者たるフランチャイジーが商品販売その他の事業を行い，また反対に，㋑委任者たるフランチャイジーへの継続的な指導・援助が受任者たるフランチャイザーに義務付けられるという準委任的要素，②フランチャイザーが提供する経営ノウハウ・商標等を，ロイヤルティの支払と引換えにフランチャイジーが利用できるという賃貸借的要素，③フランチャイザーからフランチャイジーへの商品供給が行われる際の（継続的）売買的要素を併有する，非典型・混合契約と解するのが一般的である[2]。

本判決の要点の第一は，このような複数の典型契約の要素が混在する契約（本件基本契約）につき，一部の典型契約的要素（本件委託）を取り出して，法

律の適用を判断できることを確認した点にある。混合契約に対する法規範の適用に関しては、学説上、①吸収主義（混合契約中最も主要な典型契約的要素を抽出し、かかる要素に対応する規範が当該契約全体に適用されるという見解）、②結合主義（混合契約中の各典型契約的要素を抽出し、それぞれを規律すべき規範を索出したうえで、さらにこれらを結合したものが規範として適用されるという見解）、③類推適用主義（混合契約中の各典型契約的要素につき、かかる要素に対応する規範で規律すべき法律的理由があれば、当該規範（典型契約の規定）が類推適用されるという見解）があり、現在の通説は③類推適用主義であるとされる[3]。これらの学説と本判決の関係は明らかではないが、契約中の各要素を並列的に分析・評価するという点では、②ないし③の見解と共通の視点を有しているといえよう（ただし、野澤正充教授（後掲）は、判旨は、本件におけるフランチャイズ契約の「合理的解釈」から報告義務を認めた、とする。また、沖野眞已教授が指摘するとおり（後掲）、類推適用ではなく、適用を認めている。）。また、本判決判旨の詳細な理由付けを踏まえれば、当該契約（フランチャイズ契約）をかなり細分化して検討することを許容したものと見れるであろう。なお、複数の典型契約的要素を併有する契約につき、当該要素に着目して「契約の性質決定」ないし「契約の性質づけ」[4]を行うことは、従来の判例（最三小判昭和31年5月15日民集10巻5号496頁・判時77号18頁等）にも見られたところである。

3 契約上の義務としての「報告義務」

もっとも、本判決は、本件委託が準委任の性質を有するということから直ちに民法656条・645条の適用を認めたわけではない。すなわち、本判決は、①コンビニエンスストアにとって商品の仕入れは経営の根幹であって、独立の事業者たる加盟店経営者が仕入代金支払の具体的内容を知りたいと考えるのは当然であること（要求の合理性）、及び②本件基本契約に基づいて推薦仕入先との取引に係る情報を集約している本部にとって、上記加盟店経営者からの要求に応えるのは容易であること（報告の容易性）を認定した上で、「本件基本契約の合理的解釈としては」、原則として本件委託につき民法656条・645条の適用があるとしている。これは、上記**2**のように法適用の判断に当たって相当の細分化を許容する一方、発見・抽出された典型契約的要素に係る民法の規定の適用が、契約当事者を不当に制約する（ないし当事者間の公平

を害する。）ことにならないかという点（結果の妥当性）に配慮したものと見られようか。例えば，「要求の合理性」については，コンビニエンスストアのフランチャイズ契約の場合には，フランチャイザーからフランチャイジーへの継続的売買の要素がほとんどなく，フランチャイジーはフランチャイザーの推薦する仕入業者から商品を直接購入する場合が大半であるため[5]，フランチャイジー（Ｘ）がフランチャイザー（Ｙ）から商品の仕入代金など支払明細について知らされることは，至極当然とも考えられる。

4　オープンアカウントに対する評価

　本判決は，本件基本契約の部分的作用である「加盟店が推薦仕入先から商品を仕入れた場合の代金支払」について，典型契約に係る民法規定を適用し，受任者の報告義務を認めるためには，これが当事者を不当に制約しないという点（上記**3**）に加えて，問題となる契約の「特性」を検討する必要があるとした。そして，本件基本契約の特性（本件特性）につき，それ自体の内容としては「通常の準委任と比較してＹにとって不利益であり，Ｙの加盟店経営者に対する一方的な援助のようにも見えるが」，本件フランチャイズ・システム全体からみれば，①本件特性は本部がオープンアカウントを採用した点に原因があること，②オープンアカウントの利用は本部の利益に貢献していることから，このためにフランチャイザーの報告義務が免除されることはないと判断している。

　本判決に見られるオープンアカウントとは，「各加盟店ごとに，開業日から本件基本契約に基づく加盟店経営者〔フランチャイジー〕とＹ〔フランチャイザー〕との間の一切の債権債務の清算に至るまでの間の貸借の内容・経過及び加盟店経営者の義務に属する負担を逐次記帳して明らかにし，一括して借方，貸方の各科目を差し引き計算して決済していく継続的計算関係」（本判決判旨）を指し，コンビニエンスストアのフランチャイズ・システムでは広く採用されている計算方式である（オープンアカウント方式については，『【改訂版】フランチャイズ契約の法律相談』156頁以下を参照のこと。）。こうした計算方式が採用されるのは，①フランチャイジーにとっては，日常の資金繰りや会計処理から解放される点で，②フランチャイザーにとっては，本判決も指摘しているように，フランチャイジー候補を広く求めることができ，ロイヤルテ

ィ算定の母数となるフランチャイジーの売上増大につながり得る点で，契約当事者双方にとってメリットがあるからである。もっとも，本判決も指摘しているように，一般的な準委任契約と比較すれば，本件特性が認められるオープンアカウントに基づく決済は，受任者たるフランチャイザーの権利行使を制約する面がある。さらに，本件特性として指摘されている点以外にも，オープンアカウントの採用により，フランチャイザーはフランチャイジーの日常の会計処理を肩代わりする格好となる上，開業当初においては一般に貸越状態となることから，フランチャイザーの経済的負担も決して軽くはないといい得る。しかし，一般にオープンアカウントでは，フランチャイジーの売上金を日々フランチャイザーに対して送金する仕組みが採られており（本件でも「毎日の総売上金」が振込送金されている。），フランチャイジーが収入を現実化する前に，フランチャイザーはフランチャイジーに対する債権の引当てを得ることができる。したがって，開業当初の一時期においてはともかく，オープンアカウントの運用が定着した段階においては，委託事務に係る費用前払請求権の制約（本件特性①）は，実質的に解消されているといってよい。また，オープンアカウントで取引される金員について利息を請求し得ないのは，フランチャイジーにとっても同様である。規模の大きいフランチャイズ・システムにおいては，フランチャイザーは全フランチャイジーから膨大な額の送金を受けることとなり，当該金員を無利息で運用できる利益は相当大きい。この点で，利息償還請求権（民法650条。本件特性②）や報酬請求権（商法512条。本件特性③）の制約も事実上相殺されているといえるであろう。もちろん，これらの結果が，フランチャイザーにとって経済的に引き合うものであることはいうまでもない[6]。

このように，本判決は，一般的な結果の妥当性の点に加えて，本件特性に基づくフランチャイザーの得失についても言及しており，その慎重な利益考量の姿勢は是認されるべきであろう。

5 本件報告義務の範囲

本判決では，フランチャイザーに対して本件報告に係る報告義務が課されたが，ここにいう本件報告とは，「Yに集約された情報の範囲内で本件資料等提供条項によって提供される資料等からは明らかにならない支払内容」で

あり，報告対象としての具体性は必ずしも明らかではない。したがって，本件報告義務の具体的範囲については，差戻審の判断を待つこととなっていたわけであるが[7]，差戻審である東京高裁平成21年8月25日判決〈第53事件〉は，Yは，Xに対して，具体的な支払内容（個々の商品名ごとに支払先・支払日・支払金額・単価・個数）並びに商品に関して仕入報奨金（リベート）を推薦仕入先から受領している場合にはその受領内容（その個々の商品名ごとに支払者・受領日・受領金額・1個当たりの受領金額）を明示して報告すべきであると判示した（確定）。

　本件の差戻審は，かように広範囲にわたって具体的報告義務を課したが，原審認定の事実関係における「本件基本契約の合理的解釈」として本件報告義務の存在を認めつつ，その範囲につきある程度，フリー・ハンドを残した状態で差し戻した本判決の態度からは，本件のみならず本件類似の事案においても，個別の事情に配慮してフランチャイザーの報告義務の範囲を柔軟に決しようという姿勢が窺われるという考え方も一応成り立ち得る。したがって，差戻審の判断が妥当であったかどうかは一の問題である。フランチャイズ・システムは，独立した当事者間の契約関係ではあるが，一（フランチャイザー）対マス（フランチャイジー群）的構造を根本に持つことで発展してきたものであり，その契約を巡る問題を解決するに当たっては，この構造的特質を否定させない，調和ある解釈運用が要請されることを忘れてはならない。

6　実務への影響

　本判決の結論は，フランチャイズ契約（本件基本契約）の実質的内容を踏まえた妥当な判断と一般に捉えられている[8]。特に，フランチャイズ契約上，明文の規定がなくとも，フランチャイザーに受任者の報告義務に関する民法の規定が適用されるという，基本的な法適用原則を確認した点の意義は小さくない。

　最高裁は，先に，本件と同じくオープンアカウントが採用されていたコンビニエンスストアのフランチャイズ契約につき，内容が一義的に明確でないロイヤルティ算定に係る契約条項の解釈は，「条項中の文言の文理，他の条項との整合性，当該契約の締結に至る経緯等の事情を総合的に考慮して判断すべき」として，結論的にフランチャイジー側にたった判断を示している[9]。このことを踏まえれば，構造的に当事者間の情報収集等に係る能力較差（情

報の偏在）が認められるフランチャイズ契約においては，そのような構造上の較差を解消すべく，契約内容の明確化を図らんとするのが判例の流れであり，本判決も同様の価値判断に基づいた政策的要素をも持った判決ともいえよう。また，本判決は，大まかな判断指針としてではあるが，混合契約に係る法律の適用につき，当該契約を細分化して典型契約的要素を取り出せる場合には，当該要素に対応する民法の条項を適用するという原則的立場を示したものとも考えられ（ただし，既述のとおり，別な意見を述べる学説もある。），この点で，本判決は，フランチャイズ契約をはじめとする現代型契約の解釈につき一定の影響を与える可能性がある。

【奈良輝久】

1 例えば，金井高志『フランチャイズ契約裁判例の理論分析』132頁以下（判例タイムズ，2005年），大阪地方裁判所民事部配属第55期判事補及び新補指導教官「フランチャイズ契約関係訴訟について」佐々木茂美編『民事実務研究Ⅰ』170頁以下（判例タイムズ，2005年）等参照。
2 金井・前掲注1，4頁。
3 宮本健蔵「混合契約および複合契約と契約の解除」法学志林99巻1号6頁以下。
4 「契約の性質決定」との用語法は，升田純「現代型取引をめぐる裁判例(20)」判時1683号40頁，「契約の性質づけ」との用語法は，滝澤孝臣「契約の解釈と裁判所の機能(上)」NBL746号49頁以下による。なお，升田論文41頁以下には，「典型契約・比典型契約の区分が問題になり，典型契約であることが否定された裁判例」が多数紹介されており，参考になる。
5 金井高志・NBL891号9頁（2008年），周剣龍・金融・商事判例1345号10頁（2010年）。
6 以上，男澤才樹「会計処理・顧客情報をめぐる諸問題」西口元ほか編『フランチャイズ契約の実務』261頁（新日本法規，2000年）参照。
7 学説上，民法645条に規定する受任者の報告義務は，受任者が事務処理の経過，顛末を一応明らかにした以上は，その内容に脱漏や不実があっても，当該義務は履行されたものと見るべきであるとされており（幾代通＝広中俊雄編『新版注釈民法(16)』238頁〔明石三郎〕（有斐閣，1989年）），本判決により，XらとYの抜本的に解決するわけではないとの指摘がある（判時2028号33頁の匿名コメント）。
8 笹本幸祐「判批」法学セミナー646号123頁も同様に評価する。
9 最二小判平成19年6月11日金判1277号45頁〈本書第34事件〉。奈良輝久「本件判決評釈」同号2頁以下も参照。

〔参考文献〕
西口元＝木村久也＝奈良輝久＝清水建成編『【改訂版】フランチャイズ契約の法律相談』156頁以下（青林書院，2009年）
神田孝『フランチャイズ契約の実務と書式』197-201頁（三協法基出版，2011年）
沖野眞已「本件判決評釈」判タ1298号41頁

野澤正充「本件判決評釈」判時2045号148頁
奈良輝久「本件判決評釈」金判1318号8頁
周劍龍「本件判決評釈」金判1345号7頁
吉井啓子「非典型契約の総合的検討(11)フランチャイズ契約」NBL939号60頁
池田辰夫他「コンビニエンス・フランチャイズ・システムをめぐる法律問題に関する研究会報告書(3)」NBL950号75頁

4 顧客情報の管理

第37 防犯ビデオカメラ事件

▶コンビニエンスストアにおける防犯ビデオカメラの撮影・録画と警察への
 ビデオテープの提供が違法性を欠くとされた事例

名古屋高等裁判所平成17年3月30日判決　平成16年(ネ)第763号
控訴棄却（原審：名古屋地判平成16年7月16日　請求棄却）

争　点

1　防犯ビデオカメラによってコンビニエンスストア内を撮影・録画することの違法性の有無。
2　撮影・録画したビデオテープを警察へ提出することの違法性の有無。

結　論

コンビニエンスストアにおける防犯ビデオカメラによる店内の撮影・録画や警察へのビデオテープの提供が，当該事案においては違法なものとは認められないとされた。

事案の概要

1　コンビニエンスストア（以下「本件コンビニ」という。）の利用客であるXがプライバシー権等を侵害されたとして，本件コンビニを経営するYに民法709条等に基づく損害賠償を請求した事案（原審では請求棄却）の控訴審である。
2　本件コンビニの経営者であるYは，防犯のためビデオカメラを設置して店舗内を撮影するとともに，撮影した映像を原則として1日分を1本のビ

デオテープに録画し，1週間保存した後，上書きして利用していた。Yは，Xの事件（コンビニ内の犯罪とは無関係）を捜査していた警察官が本件コンビニを訪れた際，その依頼に応じてXの映像が録画されているビデオテープをその警察官に任意に提出した（なお，Xは，警察官が捜査していた事件において逮捕・勾留された後，処分保留で釈放され，その後不起訴処分となっている。）。

　3　Xは，Yが①Xの本件コンビニ内における容姿及び行動を撮影・録画したこと，②そのビデオテープを警察官に提出したことによって，Xの肖像権・プライバシー権が侵害されたとして，Yに対して損害の賠償を求める訴訟を名古屋地方裁判所に提起した。

　4　名古屋地方裁判所は，承諾なしに，みだりにその容ぼう，姿態を撮影されない自由や商品の選択，店内における行動態様等について，他人に知られない利益があることを認めながら，上記争点1の撮影・録画行為については，その目的の相当性，必要性，方法の相当性等を考慮した上で，客の有する権利を侵害する違法なものではないとし，上記争点2の提出行為についても，Yが本件ビデオテープを提出したことが本来の目的を逸脱した違法なものということはできないとしてXの請求を棄却した。この原判決の内容を不服としてXが名古屋高等裁判所に控訴した。

判決要旨

　　控訴審も，控訴人の請求は理由がないものと判断し，その上で，原判決の理由を次のとおり補正した。

　(1)「……憲法の基本的人権規定は私人相互の関係を直接規律するものではなく，私的自治に関する一般的制限規定である民法1条，90条や不法行為に関する諸規定等の適用によって間接的に私人間にその趣旨を及ぼすものと解するのが相当である」。「憲法13条による肖像権やプライバシーの保護とコンビニエンスストアーにおける防犯ビデオカメラの撮影，録画との関係も，上記のような私的自治に関する一般的制限規定の問題として考えるべきである」。

　「そこで，……防犯ビデオカメラの撮影，録画の違法性を私的自治に関する一般的制限規定の問題として考える」。「まず，客の側についていえば，コンビ

ニエンスストアー内で客がとる通常の行動は商品を選んで購入することとそれに付随する行動であって，さほど秘密性の高いものとはいえないし，店員が配備され不特定多数の客が出入りするコンビニエンスストアーにおいては個々の客の容貌や行動は既に人目に触れる状態に置かれているのであるから，そのような場所での肖像権やプライバシー権の保護が住居等の個人的領域における肖像権やプライバシー権の保護よりも相対的に薄くなることもやむを得ないことである」る。「他方，コンビニエンスストアーの側についていえば，コンビニエンスストアーの経営者は……来店した客や従業員等の生命，身体の安全を確保し，また，自らの財産を守らなければならないのであるから，それ相当の措置を講ずる必要があるものというべきである」。「このような双方の利益状況に加えて，コンビニエンスストアーへの来店は任意になされるものであって，店内に設置された防犯ビデオカメラによる撮影，録画には強制的な要素が存在しないことも考え併せれば，コンビニエンスストアーにおける防犯ビデオカメラの撮影，録画の違法性は，……目的の相当性，必要性，方法の相当性等を考慮して判断するのが相当と解すべきである」。

(2)　「……Yは，撮影後1週間，来店した客の容貌や行動が録画されたビデオテープを保管しているのであるから，その間，ビデオテープに写っている客に対して，その肖像権やプライバシー権が侵害されることのないよう当該ビデオテープを管理する義務を負うものというべきであ」る。「したがって，上記ビデオテープを第三者に提供したときには，そのことによって当該ビデオテープに写っている客に対する上記管理義務違反の不法行為が成立する可能性はある。」

「ただ，本件コンビニにおける防犯ビデオカメラによる店内の撮影，録画は，本件コンビニ内で発生する可能性のある万引き及び強盗等の犯罪並びに事故に対処する目的で行われるものであって，その目的が相当である以上，店内で発生した万引き，強盗等の犯罪や事故の捜査のために上記保管にかかるビデオテープを警察に提供することは，上記目的に含まれた行為の一環と見ることができ，特段の事情がない限り，当該犯罪を行った者や事故の当事者となった者に対する関係では勿論のこと，当該ビデオテープに写っているその他の客に対する関係でも違法となるものではない。」

「これに対して，同じく警察に対するビデオテープの提供であっても，本件コンビニ内で発生した万引き，強盗等の犯罪や事故の捜査とは別の犯罪や事故の捜査のためにこれが提供された場合には，もはやその行為を本件コンビニに

おける防犯ビデオカメラによる店内の撮影，録画の目的に含まれるものと見ることはできず，当該ビデオテープに写っている客の肖像権やプライバシー権に対する侵害の違法性が問題になってくる。そして，この場合，上記防犯ビデオカメラの撮影，録画の目的は，それに含まれる行為の適法性は推定させるが，それから外れる行為を違法とするまでの積極的効力を持つものではないというべきであるから，そのビデオテープの提供行為が当該ビデオテープに写っている客の肖像権やプライバシー権を侵害する違法なものとされるかどうかは，これが警察に提供されることになった経緯や当該ビデオテープに録画された客の行動等の具体的事情から個別的に判断されることになる。」
　……本件で，Yは，本件コンビニ内で発生したものではない……犯罪捜査のために本件ビデオテープを警察に提供しているのであるが，その提供の経緯は，捜査機関の適法な任意捜査に対する私人の協力行為として公益目的を有するものであり，他方，本件ビデオテープに録画されている（映像は）……XがFAX用紙及び菓子パンを購入している姿にすぎないものであることを考慮すると，Yが本件ビデオテープを警察に提供したことに違法性はないというべきである。

分　析

1　コンビニエンスストアにおける防犯カメラによる撮影・録画の適法性

　個人には，その承諾なしに，みだりにその容ぼう・姿態を撮影されない自由（肖像権。最大判昭和44年12月24日刑集23巻12号1625頁・判タ242号119頁）があるとされ，この肖像権は憲法13条により認められるとされる。
　また，個人には，憲法13条によりプライバシー権（その内容については争いがある。）も保障されており，本判決もコンビニエンスストアに来店する個人についての肖像権やプライバシー権（商店において買物をする個人が，商品の選択，店内における行動態様等について，他人に知られるのを欲しないという利益）を認めている。
　他方，コンビニエンスストア側においても，防犯カメラを設置し，店内外で発生する可能性のある万引き及び強盗等の犯罪並びに事故に対処する必要があり，この必要性を考慮する必要がある。
　本判決は，この肖像権及びプライバシー権の保護と，防犯カメラ設置の必

要性とをどのように調整するかという問題を，憲法の人権規定の私人間適用の問題として捉え，コンビニエンスストアへの来店は任意に為されるものであって，店内に設置された防犯ビデオカメラによる撮影，録画には強制的な要素が存在しないことも考え併せれば，撮影，録画の違法性は，目的の相当性，必要性，方法の相当性等を考慮して判断するのが相当であるとしてこれらの事情を検討した上，本件については違法性が認められないと判示した。

　コンビニエンスストアの経営者にとって，昨今の万引き被害の甚大さ等の点から，犯罪防止等のために防犯カメラを設置する必要が極めて高いことや，コンビニエンスストアへの入店自体は顧客の任意になされること等を考慮すれば，本判決の判断内容は適切であると考える。

　ただし，全く無制限の撮影，録画が許容されるわけでは勿論なく，コンビニエンスストア側としても，必要以上の場所には防犯カメラを設置せず，防犯カメラを設置していることが顧客に分かるような表記を店内外に掲示するとともに，録画された画像の管理についても十分注意することが望ましい。

2　ビデオテープの第三者提供の違法性

　コンビニエンスストアが，防犯カメラにより顧客の店内での行動を撮影，録画することについては違法性が認められないとしても，撮影，録画した映像を第三者に提供することの違法性については，肖像権やプライバシー権との関係から，別途検討が必要となる。

　本判決は，この問題については，店内で発生した万引き，強盗等の犯罪や事故の捜査のためにビデオテープを警察に提供することは，防犯カメラを設置した目的に含まれた行為の一環と見ることができるから，特段の事情がない限り違法性が認められないとする一方，店内で発生した万引き，強盗等の犯罪や事故の捜査とは別の犯罪や事故の捜査のためにビデオテープが提供された場合には違法性が問題となり得るとする。

　その上で，本判決は，この場合の違法性の有無の判断は，ビデオテープが警察に提供されることになった経緯や当該ビデオテープに録画された客の行動等の具体的事情から個別的に判断されることになると述べ，本件についてはYに捜査機関の適法な任意捜査に対する私人の協力行為として公益目的があり，他方，ビデオテープの録画内容はYがFAX用紙や菓子パンを購入し

ている姿にすぎないことを考慮し，違法性が認められないと判示した。

　防犯カメラにより撮影した映像を第三者に提供することについては，個人の肖像権やプライバシー権に関する情報がより拡散化する可能性があることから，コンビニエンスストア側においては，防犯カメラによる撮影，録画の場合以上に，録画情報の取扱いに注意する必要がある。ただ，第三者への提供行為のうち，店内で発生した犯罪や事故の捜査のためにビデオテープを警察に提供する行為については，もともと防犯カメラを設置した目的を達成するために必要不可欠な行為であるから，撮影・録画が許容される以上，特段の事情がない限り違法性は認められないであろう。本判決は，まず，この点を明らかにしている。

　次に，提供先が警察の場合であっても，店内で発生した犯罪や事故以外の映像が録画されたビデオテープを提供する場合には，この提供行為はもともと防犯カメラを設置した目的を達成するために必要不可欠な行為ではないことから，別途その提供行為の違法性の有無を検討する必要が生じる。この提供行為の違法性の有無については，ビデオテープの提供に至った経緯や，ビデオテープに録画された被撮影者の行動のプライバシーとしての重要性は，事案によって様々であるから，本判決が述べるとおり，事案ごとにおけるこれらの事情を考慮して個別に判断せざるを得ない。

　本判決は，Yの提供行為に捜査機関の適法な任意捜査に対する私人の協力行為として公益目的があり，他方，録画されたXの行為が店内で菓子等を購入するという一般的にはそれほどプライバシーの内容として重要である行為ではなかったことから，違法性はないと判断したが，本件の個別事情に照らせば適切であると考えられる。

3　フランチャイズ契約との関係

　本判決は，コンビニエンスストアによる撮影・録画行為や，警察へのビデオテープの提供行為について違法性がないと判断したが，これらの行為（特に提供行為）については，態様によってはプライバシー権や肖像権を侵害したとして違法性が認められることがあり得る。その際，コンビニエンスストアがフランチャイズ契約に基づき運営されていた場合には，フランチャイザーがフランチャイジーであるコンビニエンスストアに対する指導義務を怠った

等として紛争に巻き込まれる可能性も否定できない。

　今後は，フランチャイザーとしても，フランチャイジーに対し，防犯カメラによる撮影・録画や，録画した映像の管理の方法について，一定の指導を行うことが望ましいと考える。

【若松　亮】

〔参考文献〕
西口元＝木村久也＝奈良輝久＝清水建成編『【改訂版】フランチャイズ契約の法律相談』159-165頁（青林書院，2009年）

〔参考評釈〕
・本判決
　石村修「コンビニ店舗内で撮影されたビデオ記録の警察への提供とプライバシー」専修大学ロージャーナル第3号
・原判決
　髙橋利昌「防犯カメラによる店内撮影とその適法性」NBL803号
　河津博史「店内設置のビデオカメラで容ぼう等を撮影され，録画テープを警察官に提出されたことによって，プライバシー等を侵害されたとなされた損害賠償請求が棄却された事例」銀行法務21　647号
　浅井弘章「防犯ビデオの任意提出の適法性―名古屋地判平成16.7.16に関連して」銀行法務21　658号

5　フランチャイザー，フランチャイジーの営業

第38　デジタルダイレクト事件

▶コンビニ販売に係る継続的売買契約の返品条項の適用が肯定された事例

東京地方裁判所平成20年5月14日判決　請求認容
判例時報2013号147頁

争　点

　メーカー（売主・X）と販売代理店（買主・Y）とのコンビニ販売に係る継続的売買契約に商品の返品条項がある場合，買主である販売代理店に商品の発注や販売等についての義務違反があることが返品を否定する事由となるか。

結　論

　そもそも販売代理店に一定の義務違反はなく，返品条項の適用は否定されないと判示し，販売代理店に一定の義務違反がある場合に返品条項の適用が否定されるか否かについては判断しなかった。

事案の概要

　1　XとYは，平成17年3月4日，XがYに対し販売を予定していた栄養機能食品（以下「本件商品」という。）について，下記の条項を含む販売代理店契約（以下「本件販売代理店契約」という。）を締結した。

記

第2条　Xは，本件商品に関し，コンビニ販売における独占販売権をYに供与する。
第3条　Xは，本件商品を継続的にYに売り渡し，Yは，これを買い受ける。

> 第10条　本件商品に関し，未販売品や期限切れ品，問屋などの取引先から返品等の余剰がYにおいて生じた場合，最終的にXが余剰品を引き受ける（以下「本件返品条項」という。）。
> 第12条　Xは，本件商品の総販売元として，本件商品の消費者認知向上のため，広告，販売促進活動等の努力を行い，Yに対し，本件商品の販売先での販売促進のためのPOP等をXの費用で提供する。特定の販売先からYに対して独自POP等の制作依頼があった場合，Yは事前にXに相談の上決定し，Xの費用で制作する。

　2　Yは，平成17年5月26日，同月27日，同月28日，Xに対して本件商品を総計2万160個発注し，同月28日及び同年6月2日，Xから本件商品の納品を受け，それらの代金としてXに対し同月30日に190万5120円，同年8月1日に342万9216円を支払った。

　3　しかしながら，YがXから納品を受けた本件商品2万160個のうち，1万6507個が余剰品となった（以下「本件余剰品」という。）ことから，Yは，本件余剰品をYの倉庫において他の物品と区別して保管し，Xに引き渡す準備を完了した上，平成17年11月4日から平成18年1月17日までの前後3回にわたって，平成18年1月31日までに本件余剰品を引き取るよう催告するとともに，本件余剰品の販売代金及び消費税を支払うよう請求したが，Xは，上記引取り及び支払をいずれも拒絶した。

　4　そのため，Yは，Xに対し，本件返品条項に基づき，本件余剰品の販売代金及び消費税，本件余剰品の保管料及び移動費や遅延損害金の支払を求める本件訴訟を提起した。

　5　本判決は，Yに商品の発注や販売等についての義務違反があるため本件返品条項は適用されない，又は本件返品条項は公序良俗に反し，民法90条により無効であるとのXの主張をいずれも排斥し，本件返品条項に基づくYの請求をいずれも認容した。

判決要旨

　本判決は，裁判所の判断の冒頭部分において，コンビニ各店舗において販売される商品のメーカー→販売代理店→センター→コンビニ各店舗という商流について，「センターからコンビニ各店舗へ納品された商品については，コンビ

ニ取引慣習上，原則として買取制であり，コンビニ各店舗は，納品時において破損，汚損等が存した不良品を除いて，センターに対して商品を返品することができない」一方，「センターは，コンビニ各店舗から商品の発注を受けた場合，その商品が欠品となっていてその発注に応じられないときには，コンビニ取引慣習上，商品の発注をしたコンビニ各店舗に対し，当該商品の販売により得られるはずであった粗利を補償しなければならないこととされており，さらには，メーカー及び販売代理店も，それと同様に，センターに対して欠品時の粗利補償の責任を負うこととされている」と説明し，「以上のようなコンビニ取引慣習が存する結果，センターは，在庫品の管理コストを度外視すれば，商品の過剰発注の危険を負担しないことになることから，コンビニ各店舗からの発注に対して欠品が生じる事態を回避するため，販売代理店に対して多めに商品を発注し，その在庫が過剰となったり余剰品が生じたりすれば，それを販売代理店やメーカーに返品するという行動を取る傾向が強い。」「以上を要するに，……メーカーにとって，コンビニ各店舗における商品販売は，高い収益を挙げるチャンスであるものの，商品の売れ行きが予想を超えて好調となって欠品が発生したときには粗利補償の責任を負わなければならず，また，その責任を回避するためには多くの在庫商品を準備しておかなければならないという負担がある上，逆に商品の売れ行きが不調となってしまったときには，センターに滞留している過剰品あるいは余剰品の返品を受け容れざるを得ないのであって，コンビニ各店舗における商品販売は，メーカーにとっていわゆるハイリスク・ハイリターンの取引形態であるということができる。」と分析する。

　また，本判決は，センターがコンビニ各店舗に対して仕入数量を強制することができるかについて，公正取引委員会が平成14年4月24日に公表した「フランチャイズ・システムに関する独占禁止法上の考え方」上，フランチャイズ本部の仕入数量の強制が優越的地位の濫用に該当するとされていることを踏まえ，「コンビニ取引慣習上，コンビニ各店舗には商品の返品が原則として認められていないため，……多くのコンビニ本部は，フランチャイズ契約上，傘下のコンビニ各店舗に対して，品揃えする商品の種類，仕入先及び仕入の対象となる商品につき，指示・命令することはなく，単に推奨するにとどめており，ある商品をどの程度の量仕入れるかという点は，あくまで加盟店であるコンビニ各店舗が独自に判断することを建前としている」旨述べる。

　本判決は，以上の分析を踏まえて，本件返品条項に基づき，Ｘが代金等の返還義務を負うことを認定した上で，本件返品条項が適用されない，又は無効で

あるとの以下のＸの主張をいずれも排斥した。
　1　①Ｙの発注に過失があった場合には，Ｘは本件返品条項に基づく返品受領義務を負わないと解すべきところ，Ｙの発注には過失があったとのＸの主張に対し，本判決は，「ＹのＸに対する発注が過剰なものではなかったことは明らか」であり，「Ｘの主張は，そもそもその前提を欠く」とし，Ｙの発注上の過失と本件返品条項との関係についての判断には踏みこまなかった。
　2　②Ｙは，本件販売代理店契約により本件商品の独占販売権を供与されていたので，販売努力義務を負っており，Ｙが最善の販売努力をしない場合にはＸは返品受領義務を負わないとのＸの主張に対し，大手コンビニ本部のバイヤーが，本件商品に対する消費者の認知度が低いことを理由に本件商品の導入を断ったこと，Ｙ担当者が本件商品の売り込みを図っていたなどの事情が認められ，「Ｙは，本件商品につき，本件販売代理店契約の趣旨に照らして相当というべき販売努力をしたものと認めるのが相当であるから，Ｘの主張は，その前提を欠く」とし，Ｙの最善販売努力義務の存否及本件返品条項との関係についての判断には踏み込まなかった。
　3　③Ｙが本件販売代理店契約に基づき，本件商品について販売促進活動を行なう義務を負っていたところ，Ｙが販売活動活動の時期及び方法を誤った（したがって，Ｘは返品受領義務を負わない）とのＸの主張に対し，本判決は，「本件販売代理店契約の12条は，Ｘが，本件商品の総販売元として，本件商品の消費者認知向上のため，広告，販売促進活動等の努力を行うべきことを規定しているというのであり，他方，本件契約書をみても，Ｙが本件商品について広告，販売促進活動等を行うべき義務を負っていることを規定する定めは見あたら」ず，また，「Ｙが本件商品についての販売促進活動の時期及び方法を誤ったものと認めることはできない」と判示した（Ｙの販売促進活動義務と本件返品条項との関係についての判断には踏み込まなかった。）。
　4　④本件返品条項については，買主が販売努力を尽くしたことが適用の必要条件となるところ，Ｙがコンビニチェーン全店舗の10％にも満たない店舗にしか本商品を配布しなかった（販売努力を尽くしていなかった）とのＸの主張に対し，本判決は，コンビニチェーン本部は，「フランチャイズ契約上，傘下のコンビニ各店舗に対して，品揃えする商品の種類，仕入先及び仕入の対象となる商品につき，指示・命令することはなく，単に推奨するにとどめている」ので，「Ｘの主張は失当である」と判示した。
　5　⑤返品は，独占禁止法19条，2条9項，平成17年5月13日公正取引委

員会告示第11号「大規模小売業者による納入業者との取引における特定の不公正な取引方法」（以下「本件告示」という。）、同年6月29日同委員会事務総長通達9号により、不公正な取引方法として禁止されているから、本件返品条項は本件告示に違反し、ひいては公序良俗に反するものであるから、民法90条により無効であるとのXの主張に対し、本判決は、「本件告示は、大規模小売業者が、自己又はその加盟者が納入業者から購入した商品の全部又は一部を当該納入業者に対して返品することを、独占禁止法2条9項所定の「不公正な取引方法」と指定するものであるところ、Yが小売業者でないことは、明らかである」とし、本件返品条項が無効となることはないとした。

分　析

1　本判決とフランチャイズ契約の関係

　本判決は、コンビニ店舗において販売される商品の「メーカー→販売代理店→センター→コンビニ各店舗」という商流の中の上流に当たるメーカーと代理店間の紛争である。本件は、フランチャイズ契約において問題となることが多いセンターとコンビニ各店舗間の紛争ではないが、本判決は、本件返品条項の適用の有無という本件の中心論点を判断するに際し、センターとコンビニ各店舗間のコンビニ取引慣習についても詳細に認定し、判断の基礎としており、注目される。

　ただし、本判決がコンビニ取引慣習として挙げる返品の可否や欠品時の粗利補償といった問題は、あくまで各事業者間の契約や合意に基づいて解決されるのが大前提であり、本判決が述べるコンビニ取引慣習を慣習として一般化するのは適当でないと考える。

2　返品条項の適用の有無（販売代理店の発注及び販売についての義務）

　本件は、原告であるY（販売代理店）と被告であるX（メーカー）との間の本件販売代理店契約において、メーカーが返品受領義務を負う旨の本件返品条項が明記されており、かかる明示の契約条項による請求を否定する理由は、通常、容易に見いだし難い。

　それにもかかわらず、本件においてXが自らの返品受領義務を争った背景

には，以下のような事情があるのではないかと考えられる。

　本件販売代理店契約において，Xは，本件返品条項により商品の売れ残り等の最終的なリスクを負うことになる。また，本件販売代理店契約上，Yにコンビニ販売における独占的販売権が与えられており，Xはコンビニ販売においてはY以外の事業者に対して自社製品を販売する手段を持たず，販売についてYに依存せざるを得なくなることになる。他方，Yは商品の発注や販売について，契約上は何らのリスクを負わないことになる。さらにYには，本判決でも認定されているとおり，欠品時の粗利補償を避けるために商品を見込みよりも多く発注するインセンティブが存在する。

　そのため，発注についてリスクを負わないYが過剰発注を行い，又は販売についてもリスクを負わないYが販売活動を怠るといった事態が観念し得，一定の場合にYに発注や販売に関する義務を負わせるべきではないかという議論が生じ得るのである。

　本件返品条項の存在にも拘わらず，Xが自らは返品受領義務を負わないとする主張の背景には以上のような事情が存在するものと思われる。Xの主張の法的構成は必ずしも明らかではないが，本件返品条項の適用制限に関する当事者間の合理的意思，Yの発注，販売に関する義務違反により，本件返品条項の適用を求めることに対する信義側による制限，Yの発注，販売に関する義務違反に対する不法行為法上の損害との相殺などの構成が考えられる。

　本判決も，本件販売代理店契約のような場合の買主側の発注，販売に関する義務が認められる可能性が潜在的には存在することを意識しつつ，この発注，販売に関する義務の有無についての直接の認定は避けながら，本件においてはYの発注，販売に関する義務違反が存在しないことを本件の事実関係に沿って丁寧に認定しており，その結論は妥当であると考える。

　なお，本件販売代理店契約は，本判決が認定するとおりリスクの高い契約であり，一定の場合にはフランチャイズ契約における情報提供義務のような説明義務が販売代理店側に生じる可能性も観念し得るが，本判決の事実認定によれば，YはXに対し，本件販売代理店契約のリスクが高いことを資料を交付してXに説明しており，XとYが共に事業者であることからも本件においてYに説明義務違反は認められないであろう。

【若松　亮】

〔参考評釈〕
　岡田秀夫「販売代理店（買主）と総販売元（売主）間の返品特約が有効とされた事例」フランチャイズエイジ2009年5月号

第 5 章

契約終了時の諸問題

1　期間満了及び更新

第39 ほっかほっか亭鹿児島事件

▶フランチャイザーのフランチャイジー（サブ・フランチャイザー）に対する更新拒絶が否定された事例

鹿児島地方裁判所平成12年10月10日決定（一部認容・確定）
判例タイムズ1098号179頁

争　点

　フランチャイズ契約（サブ・フランチャイズ契約）において，契約期間を定めた上で当事者から異議がない限り更新される旨を定めた場合，自由に更新拒絶をすることができるのか（更新拒絶が制約されることがあるのか）。

結　論

　フランチャイザーがフランチャイズ契約の更新拒絶をする場合，契約で期間が定められている場合であっても，裁判例上やむを得ない事由が必要とされる場合が多い。やむを得ない事由の有無を判断するファクターとしては，両当事者の帰責事由，フランチャイジー（サブ・フランチャイザー）の投下資本回収機会の確保，フランチャイザーによるフリーライドからのフランチャイジー（サブ・フランチャイザー）の保護，フランチャイザーの効率性確保等，フランチャイザー側とフランチャイジー（サブ・フランチャイザー）側それぞれの事情が考慮されている。

事案の概要

1　Y（フランチャイザー）は，持ち帰り弁当のフランチャイズ・システム

を経営する会社（株式会社ほっかほっか亭総本部）の九州地域本部の地位にある。

2 Yは，X（サブ・フランチャイザー）との間で，Xを鹿児島地区本部とする旨のフランチャイズ契約を締結した（以下，「本件契約」という。）。契約期間は5年間とされ，契約期間満了の180日前に当事者双方から申出のない限り，自動的に更新するものと定められた。なお，Xは，鹿児島県内の各加盟店とフランチャイズ契約を締結している。

3 Yは，Xに対し，期間満了後の更新を拒絶する旨の意思表示をした。これに対し，Xは，更新拒絶の意思表示は無効であるとして，鹿児島地区本部としての地位保全の仮処分を求めた。

```
総本部⇔九州地域本部⇔鹿児島地区本部⇔各加盟店
       （Y）   │   （X）
            本件契約
```

決定要旨

1 Yの更新拒絶の意思表示について

(1) 前提事実

Xは，Yが昭和63年7月にした本件契約の解除（以下「旧解除」），及び同年8月にした同契約の更新拒絶（以下「旧更新拒絶」）はいずれも無効であると主張し，Yの鹿児島地区本部たる地位にあることの確認等を求める訴訟が係属していたが，福岡高裁宮崎支部は，平成8年11月27日，Xの請求をほぼ認容し，Yの請求をすべて棄却する判決を言い渡した（福岡高裁宮崎支部平成8年11月27日判決（以下「旧判決」））。

旧判決は，①旧解除につき，昭和63年7月当時，X，Y間に，YのXに対する解除権を発生させるほどの信頼関係を破壊する事情があったとは認められない旨，及び②旧更新拒絶につき，公平の観念に照らして，信義則上許されないものである旨それぞれ判示している。

なお，当該紛争は最高裁まで争われ，平成12年4月25日に上告棄却されている。Yは，旧判決確定前でかつ事実審の口頭弁論終結後の平成9年10月，Xに対し本件更新拒絶の通知をしているものである。

(2) 本判決は，上述の前提事実等を考慮したうえ，「旧判決が旧更新拒絶を

公平の観念に照らして，信義則上許されない旨判断した前提となった諸事情は，本件においても基本的に妥当するものと解され，本件全疎明資料によっても，また，本件更新拒絶は，旧更新拒絶から９年，本件契約の当初の締結日（昭和55年11月21日）からは17年余り経過した後になされたものであることを考慮してもなお，本件更新拒絶が信義則上許容されるものであると認めるに足りない」として，本件更新拒絶は無効であると判断した。

旧判決は，旧更新拒絶が信義則上許されないと判断した前提となった諸事情として，①「Ａはもとより，地域本部のＹも，契約上，地区本部であるＸらに対してなすべきことが前提とされているサービス，特に，食材の調達及び供給並びに消費者のニーズに応える商品開発等について，能力・体制が欠けていたため，地区本部であるＸらが鹿児島県内においてほっかほっか亭フランチャイズシステムの維持・拡大を図るために独自に食材の調達及び供給ルートの確立並びに消費者のニーズに応える商品開発の努力をしなければならなかったこと」，②「鹿児島県内におけるほっかほっか亭の商号，商標，サービスマーク等のイメージの定着及び普及は専ら地区本部であるＸらの貢献によるものであること」，③「地域本部による契約更新の拒絶が認められると，地区本部であるＸらがほっかほっか亭の商号，商標，サービスマーク等が使用できなくなるだけでなく，Ｘらの長年にわたる投資と努力の結果築き上げた加盟店がＸとの加盟店契約を解消して，地域本部であるＹとの間で加盟店契約を締結し，地区本部であるＸらの築き上げた基盤を地域本部であるＹが労せず獲得するという結果になりかねないこと」，④「本件契約は，契約期間満了の180日前に当事者双方から特別の申出のない限り，自動更新となる建前であり，更新が原則となっていること」を挙げている。

２　鹿児島地区本部としての地位保全について

鹿児島地裁は，上述のとおり本件更新拒絶は無効であると判示した上で，そのほかに本件契約の終了原因事実の存在については主張及び疎明されておらず，加えて，Ｙが，平成10年４月25日付け「お知らせ」と題する書面で，加盟店に対し，平成10年４月30日をもってＸとの本件契約を終了させることにした旨，これにより，Ｘらは「ほっかほっか亭鹿児島地区本部」ではなくなり，「ほっかほっか亭」の標章を使用できなくなる一方で，Ｙは鹿児島地区に出店できるものと考えている旨等を連絡したこと等を総合すれば，Ｘについて，本件契約上の鹿児島地区本部としての地位保全を認める必要性が認められる旨述べ，保全の必要性も認めた。

分析

1 問題の所在

フランチャイズ契約における契約期間及び更新条項の定め方としては，①契約期間を定めない，②契約期間が満了したときは契約が当然終了する（当然終了型），③契約期間満了時に当事者が合意したときのみ更新することができる（合意更新型），④契約期間満了前に更新拒絶の意思表示がなされない限り契約が自動的に更新される（自動更新型）に大別することができる。本件は，自動更新型に該当する。

自動更新型においては，契約の文言を素直に読めば，当事者が更新拒絶の意思表示をすれば契約が終了するはずである。しかし，下級審裁判例においては，フランチャイザーからの更新拒絶についてやむを得ない事由を求め，更新を拒絶できる場合を限定するものが多い。限定する理由としては，フランチャイジーの投下資本回収機会の保護，フランチャイジーが自己の努力によって開拓した顧客販路にフランチャイザーがただ乗りすること（フリーライド）からのフランチャイジーの保護が挙げられている（なお，契約期間の定めがない場合においては，解約申入れの可否という形で同様の問題が現れる。）。この問題については，最高裁判例はなく，下級審裁判例が若干あるのみである。

2 裁判例

(1) 名古屋地判平成2年8月31日判時1377号90頁
- 当該フランチャイズ契約の内容に応じて，更新拒絶の可否について判断。契約期間の経過によって当然終了するわけではない。
- 本件契約は，5年間と期間が定められているが，自動更新することが前提となっている。したがって，更新拒絶には，やむを得ない事由が必要。
- やむを得ない事由は存在しない。

(2) 東京地判平成19年7月23日判例集未登載
- サンドイッチのフランチャイズチェーン。FC本部→加盟店　更新拒絶
- 更新拒絶には，やむを得ない事由が必要。
- 投下資本を回収するに足りる期間の経過，FC本部がフランチャイズから撤退，フランチャイズ契約の形骸化（指導なし，ロイヤルティの支払なし，

対象外商品の販売）という事情から，やむを得ない事由あり。
- 加盟店が材料等を仕入れることができなくなるが，FC本部に赤字経営を強いるわけにはいかない。

(3) 東京高決平成20年9月17日判時2049号21頁
- ほっかほっか亭。マスター・フランチャイザー→サブ・フランチャイジー　更新拒絶
- 更新拒絶には，たとえ契約の文言上期間の定めがあっても，やむを得ない事由が必要。
- 会議に欠席し続けた，消費期限ラベルの貼り替え，コンセプトに反する販売方法などの事情から，信頼関係が破壊されていて，やむを得ない事由あり。

(4) 名古屋地判平成元年10月31日判時1377号90頁
- マスター・フランチャイザーとサブ・フランチャイザーとの間のフランチャイズ契約の更新拒絶について，更新拒絶できる場合を限定せず，契約で定められた5年間の経過によって当然に契約終了するとした。

3　本決定における更新拒絶の可否

　XとYとの間のフランチャイズ契約（本件契約）においては，特に一方当事者からの更新拒絶を制限する旨の条項は定められていなかったが，本決定は，本決定がその判断の前提とする旧判決が挙げる判例要旨1(2)①ないし④の事情が本決定時においても存在するため，更新拒絶が信義則上許されず，旧更新拒絶から9年，本件契約の当初の締結日（昭和55年11月21日）からは17年余り経過した後になされたものであることを考慮してもなお，本件更新拒絶が信義則上許容されるものであると認めるに足りないとする。

　通常のフランチャイズ契約におけるフランチャイザーによる更新拒絶のケースについての裁判例は，先述のとおり，フランチャイズ契約上，一方当事者からの更新拒絶を制限する条項が存在しない場合についても，「契約を継続し難いやむを得ざる事由」などといった基準を設けて，更新拒絶を制限的にしか認めない傾向がある。

　本決定も，サブ・フランチャイザーであるXが鹿児島県内において本来フランチャイザーであるYが行うべきである食材の調達及び供給ルートの確

立並びに商品開発の努力を行い（①），鹿児島県内におけるほっかほっか亭の商号，商標，サービス・マーク等のイメージの定着及び普及に専ら貢献してきたこと（②），それにも拘わらず，Yの更新拒絶を容易に認めれば，Xは加盟店を失い，Yは労せずして鹿児島県内の加盟店を手に入れることができる結果となる（③）等の事情を述べて，更新拒絶が信義則上許されないとする。

　旧判決に関しては，本件契約に更新拒絶を制限する条項を設けられていなかったのであるから，旧判決が挙げる上記①ないし③のような契約書に記載されていない事情を理由として，契約書上は制限されていない更新拒絶を制限することについては，X，Yともに一定の事業規模を有する企業間の契約であって，裁判所による後見的介入の必要が乏しいことも考慮すれば，疑問も残る。ただし，一般論として契約期間の設定に当たっては，フランチャイザー，フランチャイジー両者の観点からみて，投下資本を回収し，利益を上げることのできる合理的な期間を下回らないことが配慮されるべきであり，その観点から，本件のようにサブ・フランチャイザーが，サブ・フライチャイザーとしての活動のために多大な投下資本を行い，事業展開地域におけるフランチャイズ・ブランドイメージの確立に相当な貢献を果たしたと評価される場合には，投下資本回収期間のための合理的な期間もそれなりに長く想定され，合理的期間前のフランチャイザーからの更新拒絶については，これを信義則上認められないとする旧判決の価値判断には一定の合理性はあると考える。

　しかし，旧判決における更新拒絶からさらに2回の更新，10年の契約期間が満了した本件においても，本件更新拒絶が信義則上許容されるものであると認めるに足りないとする本決定の判断については，10年という期間が投下資本を回収するための期間としては決して短くない期間であり，Xにおいてフランチャイズ契約が終了することを予期した準備を行うことも十分可能であることからすれば，この期間の経過自体が更新拒絶を信義則上許容されるものであるとするに足りる事情ではないかと思われ，この点から本決定の判断の妥当性には疑問がある。また，本件のフランチャイズ契約上，Yはテリトリー条項により，当該テリトリーへの開店等が制限されており，本件フラ

ンチャイズ契約が存続する限り，当該テリトリーに参入することができない立場にある。本件契約が存続することによるYの不利益は大きいものと考えられる。

だとすれば，当初の契約期間5年間を大きく超える17年間もの期間が経過し，フランチャイジー（サブ・フランチャイザー）による投下資本の回収も可能であったと思われる本件において契約上制限されていない更新拒絶を制限するに際しては，旧判決が挙げた以上のより説得的な事情を示す必要があったのではないかと思われる（ただし，Xによるフランチャイズ・ブランドイメージの確立への貢献を重視し，Yによる解約を認めた場合のフランチャイザーによるフリーライドの発見との指摘には鋭いものがある。また，本判決は，更新を経ることでサブ・フランチャイズ・システムという共同事業が安定的に運用されてきたという事実経緯を重く見ているともいえようか。）。

この点，ライセンス契約における更新拒絶については，契約自由の原則から，契約で更新拒絶を制限しない限り，やむを得ない事由がなくても更新拒絶をすることができるが，更新拒絶を認めることが信義に反する場合は例外的に更新拒絶が制限されると解されている（『知財ライセンス契約の法律相談』618頁）。フランチャイズ契約は複合契約であるが，最も重要な要素はライセンスの許諾にあると考えられるため，フランチャイズ契約においても，ライセンス契約と同様に，原則として契約文言に従い，例外的に信義則で制限するという枠組みで対処することが妥当ではないかと考える。

4 保全の必要性について

本件においては，フランチャイザーであるYが，鹿児島地区のXの加盟店のフランチャイジーに対して，本件更新拒絶によりXがほっかほっか亭の商号を使えなくなり，Yが鹿児島地区に出店できるものと考えている旨の通知を送付して，Xから加盟店を奪う行動に出ていることから，Yにフランチャイズ契約上の鹿児島地区本部としての地位保全を認める必要性は認められ，この点についての本決定の判断は妥当であると考える。

【若松　亮】

〔参考文献〕
西口元＝木村久也＝奈良輝久＝清水建成編『【改訂版】フランチャイズ契約の法律相談』355-371頁（青林書院，2009年）
神田孝『フランチャイズ契約の実務と書式』223-230頁（三協法規出版，2011年）
社団法人中小企業診断協会東京支部フランチャイズ研究会「エリア・フランチャイズ制度に関する調査報告書」（社団法人中小企業診断協会東京支部フランチャイズ研究会，2011年）
中田裕康「契約における更新」『民法学における法と政策―平井宜雄先生古稀記念』（有斐閣，2007年）
井上健一「フランチャイズ契約の更新拒絶」ジュリスト1042号130頁
山上和則＝藤川義人編『知財ライセンス契約の法律相談〔改訂版〕』（青林書院，2011年）

2　合意解約

第40　日本さわやかグループ事件

▶フランチャイズ契約における加盟店側からの解約時の一時金の定めと公序良俗違反の違反

東京高等裁判所平成7年2月27日判決　平成6年(ネ)第2280号・第4336号不当利得返還等，違約金等反訴各請求控訴，附帯控訴事件，取消・請求棄却（上告）
判例時報1591号22頁

争　点

1　フランチャイズ契約を解約する際，フランチャイジーがフランチャイザーに対して解約一時金を支払わなければならない条項は，公序良俗に反するか。

2　フランチャイズ契約解消後に，フランチャイザーのサービスマーク等の表示された看板等が一部残存していたことを理由に，フランチャイジーに撤去義務違反に基づく違約金の支払義務があるか。

結　論

1　フランチャイズ契約において，加盟店から解約する場合には解約一時金として500万円の支払義務を負う旨の条項は，加盟店の解約の自由を著しく制限するため，正義に反し，公序良俗に違反する。

2　フランチャイジーの経営する店舗において，一部サービスマーク等の消し残し等があったことは認められるが，その程度は極めて軽微なものであり，撤去義務違反とまでは認められない。

事案の概要

1 X（本訴原告・反訴被告・被控訴人・附帯控訴人）は，ドライクリーニング業を営む者であり，Y（本訴被告・反訴原告・控訴人・附帯被控訴人）は，クリーニング業に関し，全国的に展開しているフランチャイズ組織の主宰者である。昭和61年11月ころ，Xは入会金210万円を支払い，Yの会員となった。その後，XはY本部の指導に従い，約8000万円の費用をかけて工場建設と取次店（営業所）の開拓に着手した。

2 昭和62年4月，Yは，Xを含む全国の加盟会員との間で，新たな契約を締結することにした。その契約において，Yは加盟会員に対し，Yの名称やYの定めたサービスマーク，経営ノウハウ等を使用してクリーニング業を営むことを許諾し，経営ノウハウの実施指導や援助を行う。また，加盟会員は，義務としてイメージ統一のため工場及び店舗の設計，デザイン，レイアウト，什器備品，原材料などについてYの指定するものを使用し，経営資料を報告し，毎月，一定のロイヤルティを支払わなければならない。さらに，任意契約解除について，会員が「本契約を解除する場合は，期間満了3ケ月前までに文書による予告をするものとし，この場合更に双方協議の上解除を決定するものとする。尚，任意契約解除に伴い経営ノウハウ使用実施期間を勘案し，会員はYに対し500万円を下限として解約一時金を支払わなければならない。但し，役員会の決議により免除することが出来る」（13条）と定め，会員は，契約終了してから30日以内にYの名称，サービスマーク等を表示した看板等を一切撤去しなければならず，会員がこの規定に違反したときは，Yは会員に対しその使用を中止させ，一工場800万円の違約金を請求することができる（14条），とも定めた。

3 Xは，新契約に従い，事業を進めてきたが，なかなか思うような利益はあがらなかったため，グループ組織からの退会を決意し，平成3年1月23日付けの書面でYに対し退会届と題する書面を提出したところ，Yから同年4月末日までに解約一時金500万円の支払請求を受けた。そこで，Xは，このYの請求を不服として，本訴を提起した。

4 これに対し，Yは，解約一時金500万円の請求と共に，Xに看板等の

撤去義務違反があるとして，違約金800万円の支払も併せて請求する反訴を提起した。

5 原審（浦和地判平成6年4月28日判時1591号25頁）は，以下のように判示した。

(1) 解約一時金について

「会員契約13条は，任意契約解除と題してYの留保つきの合意解除を規定し，しかも一方において会員の側にY本部の了承がない限り原則的に500万円以上もの多額の解約一時金の支払の義務を負わせているのであるから，会員の側からすれば，解約を申し出るにはY本部の意向がわからない限り500万円以上の出捐を覚悟しなければならず，実際上解約申し出には相当の経済的ないし心理的制限が課されることは容易に予見されるところである。この意味において，本件解約一時金の定めは，会員契約の継続を相当程度強制する結果をもたらすことは否定できない。

しかして，営業の自由や経済活動の自由（一定の継続的取引関係からの離脱も含む。）はもっとも重要な基本的人権の一つと考えられるから，これに対する制限は社会的良識や正常な商慣習に照らし合理的に必要な範囲に留められるべきで，この限度を超えた場合には，その全部または一部は公序良俗に反するものとして無効とされることもあり得るといわなければならない。そしてフランチャイズ基本契約などの継続的契約の解約一時金などの条項の公序良俗違反を判断するに当っては，当該条項の趣旨，目的，内容，それが当事者双方に与える利益不利益，それが締結されるに至った経緯，契約両当事者の経済的力関係等のほか，契約の該条項は契約の一方当事者が自己の取引上の優越的地位を利用して，正常な商慣習に照らして不当に相手方に不利益となる取引条件を設定したものとみられるものでないかどうか（私的独占の禁止及び公正取引の確保に関する法律2条9項等参照。）など，証拠にあらわれた諸般の事情を総合的に考慮してその有効無効の範囲，程度などを決するべきである。

……会員は契約を期間満了により任意に離脱する場合においても，Y役員会で免除決議がされない限り解約一時金の名目で最低でも500万円を支払わなければならないことになっており，この解約一時金の性格は明確ではない

といわなければならない。……

　以上のような，Xにおいて本件会員契約書に署名した経緯，時期，会員契約13条に規定された解約一時金の性格の不明確性とそれを支払わせる特段の合理的根拠が窺えないこと，しかもその規定が，一方では会員契約の存続期間が基本的に２年間とされていながら実際には相当程度強い会員契約についての継続強制的性格を有する結果となることなどに照らすと，XとYとの間において会員契約13条の解約一時金の定めがあることを理由にXに500万円の支払を強制することは著しく正義に反する結果となるといわなければならず，結局，XとYとの間における右解約一時金の定めはXの解約の自由や経済的活動の自由を不当に制限するもので公序良俗に反し無効であると解するのが相当である。」

(2)　違約金請求について

　「損害賠償の予定ないし違約金として各取次店単位での具体的な違反行為を考慮しないまま一律に一工場あたり800万円もの金員を支払わせることは（この場合にはXの場合に限っていえばロイヤリティーの約60年分以上となると考えられる），Yの予想される損害を最大限考慮したとしても著しく均衡を失しているといわざるを得ない。」

　「そこで，適正な違約金の額について検討すると，本件の場合，違反の内容は，Xの３ヶ所の取次店において，メイン看板を撤去したもののその附属的地位にある六尺看板や入口ガラス窓のハート型マークを存置したままにしたり，それより更に小さい看板裏面にYのサービスマークを消去することを忘れていたという，Xの営業全体からみれば軽微なものであることなどを考慮すると，Yの損害を最大限考慮したとしても，Xの違反行為に対するものとしては30万円の限度で有効であり，その余の部分は無効」であると判示した。

判決要旨

1　解約一時金について

「Xが……Yと契約した当時は，Xは自由になんらの負担なく契約関係を終

了することができたこと，問題の第13条を含む本件会員契約書の作成に当たり，Yから各条項についての説明がなかったこと，右契約書による契約当時Xは……営業すべく多額の投資を行ったばかりで，右契約を拒むことは事実上困難であったこと，右契約書の前記第12条の契約の有効期間の定めと第13条の任意契約解除の定めの関係は，一義的に明白とはいえず，第12条は期間満了を第13条は期間中の合意解除を定めたと解する余地がないわけではなく，X代表者がそのように理解したとしても無理からぬ点もあること，第13条の解約一時金の支払が期間満了時にも支払うべきものとすると，金額が下限のみ500万円と定められ，上限の定めがないこともあって，Xからの期間満了による契約関係の終了を著しく困難なものとし，会員契約の継続を相当程度強制する結果となること，従前解約一時金は特段の事情がない限り免除されるのが例であったのに，Yに対しては会員契約上その他の業務に関係した非違とは直接関係のない理由で免除しないこととされたことが明らかであるから，本件会員契約書第13条の存在を根拠にXに500万円の解約一時金の支払を強制することは，著しく正義に反し，公序良俗に違反するものといわねばならない。」

2　違約金請求について

「……認定の事実によれば，Xは，Yとの契約終了に当たり，Yの名称，マーク等の記載されたメイン看板を撤去し，その他のカンバン等もスプレーで塗り潰したが，ごく一部の取次店で消し残し等があったことは認められるが，その程度は極めて軽微なものであり，それ故にYは，看板等の撤去については，平成3年2月に……メイン看板の撤去，焼却処分等を確認したことにより処理済みとし，本件契約書第14条に基づき中止を求めることもなかったのであるから，Xの営業所の一部でハート型のサービスマーク……が残存したことについては，不問に付したものと認めるべく，これらの残存を理由にXに対し，同条違反を問責することはできないというべきである。」

分析

本件は，フランチャイズ契約において，加盟店側から解約する場合には，本部に解約一時金を支払わなければならないとの条項が公序良俗違反として，無効とされた事案である。

1　解約一時金について

　解約一時金とは，一般に一方当事者が任意解約をした場合（契約期間を満了前に解約する場合も含む。）に，相手方当事者に対して支払わなければならない金額のことをいう。解約一時金は，損害賠償額の予定とは性質上の違いがあるため，区別して考える必要がある。たとえば，解約一時金の場合，契約の一方当事者からの解約が要件とされているが，債務不履行は要件とされていないといわれている。しかしながら，そもそも，フランチャイズ契約を解約するに際して加盟店から本部に対し金銭を支払うこととされている場合，その名目は，契約書によって，損害賠償額の予定と称したり，違約金と称したり，統一されていない。また，解約一時金は，債務不履行を要件としていないものの，契約期間満了前に解約する場合には，債務不履行を構成すると解することも不可能ではないので，損害賠償額の予定であると解することもできよう。

　本件解約一時金については，原審は，「本件解約一時金の定めは，会員契約の継続を相当程度強制する結果をもたらすことは否定でき」ず，「営業の自由や経済活動の自由（一定の継続的取引関係からの離脱も含む。）はもっとも重要な基本的人権の一つと考えられるから，これに対する制限は社会的良識や正常な商慣習に照らし合理的に必要な範囲に留められるべきで，この限度を超えた場合には，その全部または一部は公序良俗に反するものとして無効とされることもあり得るといわなければならない」ところ，「解約一時金の定めはＸの解約の自由や経済的活動の自由を不当に制限するもので公序良俗に反し無効である」と判断した。

　本判決は「本件会員契約書第13条の存在を根拠にＸに500万円の解約一時金の支払を強制することは，著しく正義に反し，公序良俗に違反するもの」であると判示した。

　個人の営業の自由や経済活動の自由に対する制限は，場合によって公序良俗違反とされることが，民法上の立場でもある。しかし，本件契約条項13条によると，通常，解約一時金は，特段の事情がない限り，Ｙの役員会の決議によりその支払が免除されていたのに，本件Ｘだけは免除されていない。その理由について，Ｙは，Ｘが工場売却についてＹに相談しなかったこ

とや，X代表者の女性問題があったことなどを挙げているが，いずれも本件フランチャイズ契約ないしこれに基づく業務に直接関係しないようなものであり，解約一時金の請求との関係が判然としない。また，本件フランチャイズ契約は，昭和61年11月14日に成立しており，その時点では解約一時金についての合意がなかった。翌年4月6日に新たな契約が締結され，解約一時金条項が設けられたが，Yから既存のフランチャイジーに対して契約書の締結を求めた－それを拒むことは事実上困難であった－結果によるものに過ぎない。その意味では，本件は一定の特殊性を有するケースであるといえる。しかし，本件のように，解約一時金条項そのものが公序良俗違反と判断されたケースは，先例がみられないので，実務にとって参考になろう。

2 違約金について

また，Xが看板等の撤去義務に違反したことに対する違約金請求について，そもそも，違約金の定めは，損害賠償の予定を定めたものと推定され（民法420条3項），損害賠償額の予定について，裁判所はその額を増減できないところ（同条2項），原審は，「損害賠償の予定や違約金の定めは，その趣旨，内容などから，それによって達せられる債権者の利益或いは債権者の被ることが予想される損害の程度と比較して，その額が著しく均衡を失すると判断されるときはその一部または全部が公序良俗に違反し無効となると解せられる」ところ，本件契約書14条は「著しく均衡を失している」と判示した上で，撤去義務違反の程度は，Xの営業全体からみれば軽微なものであり，Yの損害を最大限考慮したとしても，Xの違反行為に対するものとしては30万円の限度で有効であると判示した。

これに対し，本判決は，本件契約書14条が公序良俗違反するか否かについては特段判断を示すことなく，Xの撤去義務違反の「程度は極めて軽微なものであり，それ故にYは…残存したことについては，不問に付したものと認めるべく，……同条違反を問責することはできない」として，違約金の請求を一切認めなかった。

損害賠償の予定や違約金の一部の無効等に関する判断基準・範囲については，未だに確立されていないというのが現状である。本件に限って言えば，違約金として一律800万円支払う旨の条項は，Yが現実に被ったであろう損

害に比し，著しく過大なものであることは言うまでもない。Yにおいて，Xが一部看板等を「残存したことについて，不問に付した」以上，本判決は妥当であろう。

【胡　光輝】

〔参考文献〕
川越憲治『(新版)フランチャイズ・システムの判例分析』別冊NBL56号189頁
波床昌則「判批」判タ978号（1998年）26-27頁
西口元＝木村久也＝奈良輝久＝清水建成編『【改訂版】フランチャイズ契約の法律相談』234-237頁（青林書院，2009年）

〔参照判例〕
（違約金関連）
大阪地判昭和61年10月8日判時1223号96頁〔ほっかほっか亭大阪事業本部事件〕
神戸地判平成4年7月20日判タ805号124頁〔本家かまどや事件〕
東京地判平成6年1月12日判時1524号56頁〔ニコマート事件〕

3 一方当事者による解約

裁判例概観

1 はじめに

　一方当事者（フランチャイザー又はフランチャイジー）がフランチャイズ契約を契約期間満了前に終了させる方法として，法定解約（債務不履行）又は約定解約がある（神田遵「一方当事者による解約」西口元ほか編『［改訂版］フランチャイズ契約の法律相談』220頁以下）。フランチャイズ契約のように存続期間のある継続的契約の解消は，遡及効がない解除とされ，解約と呼ばれている（民法620条参照）。契約を終了させられる相手方（特にフランチャイジー）は，投下資本の回収など契約の継続に対する期待・利益を有することから，解約の有効性を争うことがしばしばある。

　以下では，一方当事者による解約の有効性について争われた裁判例について，どのような理由で解約の有効性が判断されているか概観する。なお，フランチャイズ契約の終了には，期間満了前の終了（一方当事者による解約以外に合意解約もある。）以外に，契約期間満了に伴う終了又は更新拒絶による終了がある。一方当事者による解約同様，更新を拒絶される当事者が更新拒絶の有効性を争うことも多い。いずれも継続的契約関係を一方当事者の意思により終了させるものであることから，期間満了時の更新拒絶の裁判例についても併せて検討する。

2 各裁判例の事案と判旨

(1) 第42事件（名古屋高判平成14年5月23日判タ1121号170頁）

　第42事件は，フランチャイジーが，フランチャイザーの経営手法が詐欺的で悪質であるなどと記載した新聞記事等を店内に掲示したことから，フラン

チャイザーが，フランチャイジーに対し掲示の撤去を求めたものの，フランチャイジーがこれに応じなかったことから，フランチャイジーに対し契約解除の意思表示をした事案である。本判決は，フランチャイジーの行為は，フランチャイザーのイメージを毀損する行為であり，フランチャイザーとフランチャイジーの信頼関係に重大な影響を及ぼすこと，フランチャイザーがフランチャイジーに対し，再三掲示の中止を要請したにもかかわらず，フランチャイジーがこれに応じず，掲示の継続の態度を示したことを理由に，当事者間の信頼関係が破壊された事情を肯定し，解除を有効と認めた。

(2) 第43事件（東京地判平成17年1月25日判タ1217号283頁）

第43事件は，フランチャイザーが，フランチャイジーに開業時までに支払うべき仕入保証金を支払わない債務不履行があったことなどを理由に，解除を申し入れた事案である。

本判決は，フランチャイザーからの度重なる請求があったにもかかわらず，フランチャイジーが債務不履行を繰り返していたことから，フランチャイジーの重大な債務不履行，フランチャイザーとフランチャイジーの信頼関係の破壊を肯定し，解除を有効と認めた。

(3) 第35事件（東京高判平成11年12月15日金判1085号3頁）

第35事件は，フランチャイザーが，フランチャイジーの経理処理に売上金の不正計上などがあって不適正であり，これにより信頼関係が破壊されたとして，無催告解除特約条項に基づき解除の意思表示をした事案である。原審は，フランチャイーに，売上金を私的に費消するところがあったものと推認せざるを得ない，本件のようなフランチャイジーの行為は，フランチャイザーとの間の信頼関係を破壊する本件契約を継続し難い重大な事由であるとして，約定解除による解除を有効と認めた。控訴審である本判決も，フランチャイジーのした経理処理が合理的であったといえないとして，原審の判断を維持した。

(4) 第27事件（東京地判平成18年2月21日判タ1232号314頁）

第27事件は，フランチャイザーが，フランチャイジーのロイヤルティ料及び広告宣伝費の支払遅滞を理由に契約を解除したのに対し，フランチャイジーが解除権の濫用に当たるとして解除の有効性を争った事案である。本判決

は，フランチャイザーがフランチャイジーに再三にわたり業務の改善を促していたこと等を理由に，フランチャイジーの対応は，フランチャイザーがフランチャイジーに対し，本件契約を継続する機会を与えたことに対する背信行為といわざるを得ないとし，フランチャイザーとの信頼関係を著しく破壊するとして，本件解除権の行使は権利の濫用に当たらないとした。

(5) 第29事件（福岡高判平成19年7月19日　平成19年（ネ）第59号）

　第29事件は，フランチャイザーが，フランチャイジーの6か月分ののれん料30万円の不払いを理由に契約を解除した事案である。本判決は，フランチャイザーが食材の原産地について事実と異なる説明と行なっていたこと等，フランチャイザーに不適切な行為があったことを認めながらも，フランチャイジーののれん料不払いは正当化されないとして，解除を有効と認めた。

(6) 第30事件（東京地判平成22年5月11日判タ1331号159頁）

　第30事件は，マスター・フランチャイザー（フランチャイザー）が，サブ・フランチャイザー（フランチャイジー）がマスター・フランチャイザー主催の会議への出席を拒否するなどしたことを理由に，フランチャイジーとの契約更新を拒絶した事案である。本判決は，フランチャイジーの行為が契約に違反するものとは認められず，また，信義則上要求される義務に違反したとも認められないとして，更新拒絶の時点において，フランチャイズ契約の継続が著しく困難なものとなっていたと認められないとして更新拒絶を無効とした。

　他方，フランチャイジーがフランチャイザーに対し解約の意思表示をし，契約が有効に終了したか否かについては，契約の当事者の一方が，そのフランチャイズ契約により信義則上要求される義務に違反して，その信頼関係を破壊することにより，契約関係の継続を著しく困難なものとしたときは，他方の当事者は，そのフランチャイズ契約を解約することができるとしたうえで，フランチャイザーは，フランチャイジーの契約が継続されることを期待する正当な利益を著しく害し，その信頼関係を破壊し，契約の継続を著しく困難としたとして，フランチャイジーによる解約の意思表示を有効とした。

(7) 第39事件（鹿児島地決平成12年10月10日判タ1098号179頁）

　第39事件は，フランチャイザーが契約締結の8年後になした更新拒絶の意

思表示の効力をフランチャイジーが争い，裁判所により無効と判断された後，再びフランチャイザーが期間満了に伴う更新拒絶の意思表示を行った事案である。本判決は，更新拒絶が契約締結後17年余りした後になされたことを考慮してもなお，更新拒絶をしなければならないほどの信頼関係を破壊する事情があったとは認められないし，信義則上許容されるものであると認めるに足りないとして，フランチャイザーによる更新拒絶は無効であると判断した。

3　裁判例の検討

(1)　信頼関係破壊の法理による制限

　フランチャイズ契約を一方当事者が解約する方法として，法定解約（債務不履行）と約定解約があり，例えば，債務者に履行遅滞があれば履行を催告し，相当の期間内に履行されなければ解除権が発生するのが民法上の原則である（民法541条）。しかし，フランチャイズ契約は，継続的契約関係であること，軽微な債務不履行であっても解除を認めると，投下資本を回収できず経済的弱者であることの多いフランチャイジーに経済的打撃を与えること等を理由として，当事者間の信頼関係が破壊されるような事情がない限り解約権の行使は許されないとして，賃貸借契約と同様に，解約権の行使は制限的に解されている（更新拒絶も同様に制限的に解されている。）。

　第42事件は，「本件契約を解除するについては，……当事者間の信頼関係が破壊されたといえる事情が認められることが必要」とし，**第43事件**は，「本件契約を解除によって終了させるためには，……信頼関係を破壊するに至る程度の合理的な理由があることが必要」とする。**第35事件**は，約定解除事由である「本件契約を継続しがたい重大な事由」を認定するに当たり，信頼関係の破壊に言及し，**第27事件**も，「信頼関係を著しく破壊」したことに言及し，解除権の濫用を否定し，解除の効力を認める理由としている。

　このように，**第42事件**，**第43事件**，**第35事件**，**第27事件**は，フランチャイザーからの中途解約の有効性について，いずれも法定解約事由及び約定解約事由のみならず，契約の継続を著しく困難ならしめるような信頼関係の破壊が認められることを必要としている。

　また，**第30事件**は，フランチャイザーからの期間満了時の契約更新拒絶に

ついても中途解約同様に、「フランチャイズ契約のような長期にわたって継続的にフランチャイジーが相当多額の投資を行うことが必要とされる契約については、フランチャイジーの契約継続に対する期待を考慮すると、フランチャイジーの営業保護の観点から、たとえ契約の文言上は契約期間が定められていたとしても、フランチャイザーはやむを得ない事由がなければ契約の更新を拒絶することはできない」、「フランチャイズ契約は、当事者間の信頼関係を基礎とする継続的取引であるから、フランチャイジーがそのフランチャイズ契約に基づいて信義則上要求される義務に違反して、その信頼関係を破壊することにより、そのフランチャイズ契約の継続を著しく困難なものとしたような場合には、上記のやむを得ない事由があるものというべきであり、フランチャイザーは、そのフランチャイズ契約の更新を拒絶できる」として、制限的な判断枠組みを示した。**第39事件**も同様に更新拒絶を制限的に解している。

さらに、**第30事件**は、フランチャイジーからの解約の効力について判断した事案であり、フランチャイズ契約は、「その契約の当事者の一方が、そのフランチャイズ契約により信義則上要求される義務に違反して、その信頼関係を破壊することにより、契約関係の継続を著しく困難なものとしたときは、他方の当事者は、そのフランチャイズ契約を解約することができる」として、法定解約事由や約定解約事由のみならず、信義則上の義務違反による信頼関係の破壊も解除の理由になるものとした。

(2) 信頼関係の破壊を認定する考慮要素

第42事件、**第43事件**、**第35事件**、**第27事件**、**第29事件**は、いずれもフランチャイザーによる契約の中途解約が有効とされ、**第30事件**、**第39事件**については、フランチャイザーからの更新拒絶が無効とされた。

中途解約が有効とされた事案では、フランチャイジーに、フランチャイザーのイメージを毀損する行為（第42事件）、仕入保証金の不払い（第43事件）、フランチャイジーの不適正な経理処理（第35事件）、ロイヤルティ料及び広告宣伝費の支払遅滞（第27事件）、のれん料の不払い（第29事件）があった。過去の裁判例で解約が認められた事由として、フランチャイジーによる行為として、ロイヤルティの不払い（神戸地判平成4年7月20日判タ805号124頁）、フラン

チャイズ・システムの秩序を乱すフランチャイジーの行為（大阪地判昭和61年10月8日判時1223号96頁、高知地判昭和60年11月21日判タ603号65頁）、競業避止義務違反（ニコマート事件・一審）東京地判平成6年1月12日判時1524号56頁、（控訴審）東京高判平成8年3月28日判時1573号29頁）、フランチャイザーによる行為として、商品等の供給の停止（東京地判昭和47年5月30日判タ283号274頁、神戸地判昭和56年10月20日判タ466号149頁）がある。

　第42事件は、「小売業においては、顧客が企業に対して良い印象を持ってもらうことが重要であり」、フランチャイジーがフランチャイザーのイメージを毀損する行為は、契約上の信頼関係に重大な影響を及ぼすとした。

　このように、裁判所は、相手方の義務違反行為の内容がフランチャイズ契約の本質に関わるような重要なもので、契約上の信頼関係にも重大な影響を及ぼすものであるかどうかを考慮している。そして、**第42事件**は、本件契約を解除するについては、一回限りのイメージ毀損行為があっただけでは足りないとして、一定の要請や警告をしたにもかかわらず、イメージ毀損行為が続き、今後も続く可能性が高いといった信頼関係が破壊されたといえる事情が認められることが必要としており、その他の事案（第43事件、第27事件など）でもフランチャイジーが、フランチャイザーによる義務違反行為の是正の催告に従わず、義務違反行為を継続したか否かを考慮している。

　なお、**第29事件**のようにフランチャイジーから、解約を告知した当事者にも義務違反行為等があり、自己の債務不履行（のれん料の不払い等）に正当な理由があると主張されることもあるが、フランチャイジーがフランチャイザーの提供するノウハウ等を利用していることは否定できず、利用の対価の支払いを拒絶することは容易には認められていない。

(3) まとめ

　裁判所は、フランチャイズ契約は、長期にわたってフランチャイジーが相当多額の投資を行うことが必要であること、フランチャイジーの契約継続に対する期待を考慮しフランチャイジーの営業保護の観点等から、信頼関係が破壊され契約の継続が著しく困難となるような事由があるかによって、解約及び更新拒絶の有効性を判断している。そして、裁判所は、義務違反行為の内容（契約上定められた義務が原則であるが、信義則上生じる義務もあり得る。）がフ

ランチャイズ契約の本質に関わるものであるか,義務違反の程度,回数,期間等を踏まえて,その違反が信頼関係に与える影響の大きさについて考慮し,契約関係を存続し難いやむを得ない事由があり,信頼関係が破壊されたか否かを判断し,中途解約や更新拒絶の有効性を判断しているといえる。

【林　紘司】

第41 ノムラクリーニング事件

▶競業避止義務違反に対する高額の違約金条項の一部無効と公序良俗

大阪高等裁判所平成10年6月17日判決　平成9年(ネ)第2402号損害賠償等請求控訴事件，一部変更（確定）
判例時報1665号73頁

争点

1　取次店契約の解除が委託者Xの債務不履行による場合にも違約金条項が適用されるか。

2　著しく高額な違約金条項は公序良俗に違反するか。

結論

本判決は，本件委託契約は，違約金の支払義務を規定した条項（違約金条項）において，「契約解除」について何らの限定も付していないから，委託者の債務不履行による法定解除を含むものであるとし，受託者側の競業受託行為に帰責事由がある限り，特段の事情がない限り同条項は有効であるとした。公序良俗違反については，本件受託者Yが受け取る手数料は売上高の25％弱であるから，12か月間の売上高を違約金とすることは4年間分の手数料額以上の金額を違約金とするものであり，違反期間の2倍の期間の売上高を超える部分について公序良俗に反し無効であるとした。

事案の概要

1　Y（被告・被控訴人）は，昭和60年12月5日から平成8年1月20日まで，クリーニング業者X（原告・控訴人）との間で，本件委託契約により，自宅でクリーニングの取次店を営んだ。

2　Yは，顧客から洗濯物を預かり，Xに引き渡したが，洗濯物の一部が，

いつまでたってもＹに届かず，繰り返し届かなかった洗濯物について督促したが，Ｘはそのたびに担当者が変わるなどして，適切な措置をとらず，そのまま放置していたことがあり，仕上がりが遅く１か月位かかることがよくあった。また，汚れが落ちておらず再洗いになるものが，月に数枚あったり，顧客からも，クリーニングで縮んだなどの苦情がよくあった。客からのクレームの処理について，Ｘが迅速に対応しないため，Ｙが，顧客とＸとの間に入って連絡をとり，顧客に謝罪することがよくあった。

3　このようなことから，Ｙは，平成７年当時，Ｘに対して不信感を募らせていた。ちょうどその頃，Ｙは，Ｘと同業者であるＡ社から，Ｘより好条件を提示され，Ａ社の取次店になることを勧誘された。そこで，Ｙは，平成８年１月20日をもって，Ｘとの本件委託契約を解約し，同年２月１日から，自宅でＡ社の取次店としての営業を始めた。

4　その後間もなく，Ｙは，Ｘから大阪地方裁判所に，クリーニング取次行為禁止の仮処分を申し立てられ，同裁判所から，同仮処分決定を受けた。そのため，Ｙは，平成８年３月末日をもって，Ａ社の取次店としての営業を中止せざるを得なくなった。Ｙは，競業禁止期間が満了する平成９年２月１日にＡ社の取次店としての営業を再開した。しかし，Ｙの顧客は，従前の半分程度に減ってしまっていた。

5　一方，Ｘは，Ｙに対して違約金条項に基づき4,651,800円及び年６分の割合による遅延損害金の支払を求めて提訴した。

【当事者関係図】

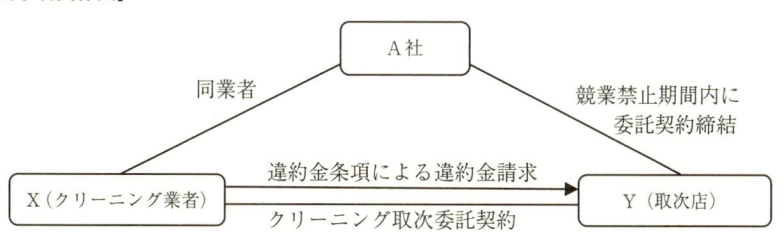

判決要旨

一部変更，一部認容．
1 Xの債務不履行による法定解除の場合
(1)「本件委託契約書第15条は，この点につき，……Yは，第13条に定める期間内（契約期間3年内）又は，契約解除等に基づき本契約終了後1年以内に於いて，」競業者の受託行為を行ってはならない旨を定め，この違反につき違約金の支払義務を規定している．

このように，本件委託契約自体において，「契約解除」の場合にも，違約金支払義務が生ずることを定めている．そして，この「契約解除」には，何らの限定も付されていないから，解約はもとより，当事者双方からの債務不履行による法定解除を含むものといわなければならない．

この場合，委託者（X）側に帰責事由があるときでも，受託者（Y）側の競業受託行為に帰責事由がある限り，次の(イ)(ロ)の場合など特段の事情がない限り，本件違約金条項は有効に存続すると解する．

(イ) 委託者側が廃業し，競業者受託を禁止する利益がなくなった場合．

(ロ) 合意解除により，競業禁止や違約金条項ないしその請求権を喪失すると認められる場合．

そして，本件においては，このような特段の事情については，その主張も立証もないし，前認定1の各事実に照らしても，これを認めることができない．

(2) なお，Yは，法定解除の場合には，解除の効果が遡及し，本件委託契約が当初から消滅するので，違約金条項も効力を生じないと考えているようであるが，誤りである．

準委任契約，委任契約などの継続的契約関係の解除は，その効果が遡及せず，将来に向かってのみ，その効力が生ずるにすぎないからである（民法656条，652条，620条参照）．

(3) また，Yは，法定解除権が発生する場合など，やむを得ない事由がある場合にも，違約金条項が適用されるとすると，法定解除権ないし解約権が著しく制限を受けるので，その適用は認められないと主張する．

しかし，本件違約金条項は，フランチャイズ契約などのように，解除，解約を直接制約する解約金を定めたものではない．競業的受託行為禁止条項違反による違約金を定めたものである．受託者（クリーニング取次店）は，クリーニ

ング取次業務委託契約を解約，解除しても，競業的受託行為を行わない限り，何ら違約金を支払う必要はない。
　したがって，本件違約金条項によって，解除権ないし解約権の制限を受けるものではないから，Yの右主張は採用できない。」
2　著しく高額な違約金特約と公序良俗違反について
　「㈠　違約金特約が社会的に相当と認められる金額を超えて著しく高額である場合は，営業の自由を奪うものとして，その超過部分は公序良俗に反し無効となる。何故なら，著しく過大な予定賠償額も，公序良俗違反の制約を免れるものでないからである。
　㈡　著しく高額な違約金特約該当の検討
　本件違約金条項は，Yが本件競業禁止条項に違反した場合，違反の期間・程度を問わず，一律に，その直前3か月間の月平均売上高に12を乗じた金額を，違約金とするものである。
　そして，本件委託契約では，Yが受領できる手数料は売上高の25パーセント弱であるから，1年間の売上高を違約金とするということは，4年間に受領できる手数料額以上の金額を違約金とするものである。
　したがって，本件違約金条項は，著しく高額で過酷な違約金特約といわざるを得ない。
　㈢　本件違約金条項が全面的に公序良俗に反する無効なものであるか否か
　……本件違約金条項自体については，金額の点はともかくとして，一定の合理的な基礎を有していることが認められる。したがって，本件違約金条項については，金額いかんにかかわらず公序良俗違反として，無効であるとはいえない。
　……X側，Y側双方の各諸事情を総合して，本件違約金条項（1か月平均売上高の12か月分の違約金）のうち，売上高4か月分の違約金（これは1年4か月分の手数料収入に当たる。）を超える違約金は，営業の自由を極端に制約するもので，社会的に著しく不相当な金額であると認める。このうち2か月間は，被控訴人が，本件競業禁止条項に違反して，A社の取次店となって営業をしていた期間である。その違反期間（2か月）の2倍の期間（4か月）以上の売上金額（売上高8か月分の違約金──これは約2年8か月分の手数料収入に当たる。）は，公序良俗に反し無効と認める。」

分　析

1　競業避止義務について

　フランチャイジーによる競業は，フランチャイザーだけではなく，フランチャイズ・システム全体に影響を与えてしまう可能性がある。そこで，多くのフランチャイズ・システムにおいて，経営のノウハウの機密性を実効的に確保するためには，フランチャイジーに競業避止義務を課している。「これは，フランチャイジーに対し，当該フランチャイズ・システムによる営業と競業関係に立つ行為を禁止するもので，専売店制とか排他条件付取引などともいわれる。」（川越・後掲142頁以下）。

　競業避止義務の範囲は，「権利者の営業と同一ないし類似の行為を禁止する」ことと，「権利者の営業と同一性・類似性を問題とせず，一般的にある行為を禁止する」ことであると分けることができる（西口ほか編・後掲121頁，246頁）。フランチャイジー自身（法人の場合）だけでなく，その代表者が自ら又は他の法人を利用して行う競業行為についても明確に禁止しておく必要があろう。

　競業避止義務違反の効果として，違反者は，「競合する営業をしてはならないという不作為の義務」と「損害賠償の義務」を負うこと等が考えられる（西口ほか編・後掲250頁）。なお，競業避止義務については，民法90条（公序良俗）に違反しないかどうか，独占禁止法19条（不公正な取引方法の禁止）に該当しないかどうかという問題がある。

2　先例・学説

　本件では，取次店契約の解約・解除が委託者Ｘの債務不履行によるものである場合にも，違約金条項が適用されるか，また，高額の違約金条項は公序良俗に違反するかどうかが問題となっている。本判決のように，違約金条項自体は有効とした上で，一定の限度を超える違約金を公序良俗違反として一部無効とする裁判例は少なくない。

　例えば，名古屋高判昭和52年11月9日判時884号69頁は，本件と同様にクリーニングの取次店契約において，違約金の一部を無効とした例である。すなわち「取次営業主であるＹらがＸの営業の取次を廃し，他の業者の取次を

したからといって，Yらは取次手数料以外の利益を得るわけではなく，一方Xとしても新規に営業取次主をみつけこれと契約するまで収益が減少する不利益を蒙る程度の犠牲を払うだけのことであるから，右新規契約に至るまで相当の期間内の減益をYらに償わせれば足り，これを超えて高額の違約金の制裁を課する契約はその超過限度において公序良俗に反し，無効とすべきである。」と判示し，具体的には「Yらの手数料が2割5分である以上，Xの収益もこれと同率である売上高の2割5分は下らないと推認すべきである……違約金の額は契約終了前2ないし3ケ月の平均売上高の2割5分の6ケ月分を相当とすべく，その余は無効と解すべきである。」とした。

また，東京地判平成6年1月12日判時1524号56頁（控訴審は，東京高判平成8年3月28日判時1573号29頁）は，フランチャイジーの債務不履行を理由にフランチャイザーがフランチャイズ契約を解約した場合の，ロイヤルティの120か月分という損害賠償額は公序良俗に違反するかが問題となった事案である。裁判所は，「ロイヤリティの120か月分相当額を損害賠償額とする右約定は，この種のコンビニエンスストアのフランチャイズ契約において通常みられるところに比して，……著しく高額であることが認められる。……適正な賠償予定額を超える部分については，公序良俗に反するものとして無効になるものと解するのが相当で」あり，「適正な賠償予定額は，……30か月のロイヤリティ相当額」であると判示した。

その他，浦和地判平成6年4月28日判時1591号25頁，東京地判平成4年7月2日判時1461号83頁，神戸地判平成4年7月20日判タ805号124頁等がある。

学説は，賠償額の予定をしても，公序良俗に違反するものや相手方の無思慮窮迫に乗じて不当の利益を受けるものであるときに，一部の無効を認めており，判例と同じ立場にあるといえる（我妻・後掲244頁以下，また，奥田昌道編『新版注釈民法（10）』694頁以下〔能見善久〕（有斐閣，1987年）参照されたい。）。

3　本判決について

(1)　違約金条項の合意の成否

この点について，本判決は，委託者Xの債務不履行による法定解除の場合であっても，受託者Yの競業受託行為に帰責事由がある限り，また，①「委託者側が廃業し，競業者受託を禁止する利益がなくなった場合」，及び②

「合意解除により，競業禁止や違約金条項ないしその請求権を喪失すると認められる場合」など「特段の事情」がない限り，違約金条項は有効に存続するとした。

このように，特段の事情論により本件契約条項に沿って解釈を展開している点は，類似する先例がなく，特徴的であり，実務的に参考となる。特段の事情論を絡めて契約条項の有効性を導いた点に一般論としては異論はないが，そもそも特段の事情がなく，専ら委託者の責めに帰する事由により委託契約が解除された場合にも，はたして同じく違約金条項を有効に存続させることができるのか，いささか疑問である。本件のような受託者は，弱い立場にあり（この点について，フランチャイズ契約における当事者関係の多くについていえる。），本件契約関係もＹの取次店営業も，信頼関係の上で成り立っているといえる。しかし，Ｘの債務不履行の原因で，ＸＹ間の信頼関係が「破綻」してしまっただけではなく，Ｙと顧客間の信頼関係も損なわれてしまうことになる。そこで，弱い立場にあるＹは，自らの営業の自由を守るべくＡと取次店契約を結ぶほかなかったといえよう。つまり，本件契約解除とＹの競業受託行為は，専らＸの債務不履行によりもたらされたものであるにもかかわらず，本判決は，そこを酌み取らず「割り切った」契約条項の解釈に基づく判断を下したと思われる。このような事案につき，事案ごとに判断せざるを得ないかもしれないが，やはり契約解除における委託者の責任に応じ，委託者にも一定のリスクを負わせる必要があろう。本件の場合は，違約金条項の有効性を制限すべきだったのではなかろうか。

(2) 損害賠償の予定額と公序良俗違反

本判決は，本件違約金条項のうち，売上高4か月分の違約金を超える違約金は，「営業の自由を極端に制約するもので，社会的に著しく不相当な金額」であり，公序良俗違反として無効であると判示した。

本来，当事者が債務の不履行について損害賠償の額を予定している場合には，裁判所は，その額を増減することができない（民法420条1項）。また，違約金は，賠償額の予定と推定する（同条3項）。しかし，学説・判例は，予定賠償額が現実に発生する可能性のある賠償に比べて著しく高額であるような場合に，公序良俗違反（民法90条）であるとして無効であるとしてきた。本

判決も、この流れに沿って、「公序良俗違反による一部無効という理論構成」によるものであり、この理論構成は、妥当なものであると思われる（なお、「民法90条に頼ることなく、民法420条を改正することによって問題の解決を図ることが検討されてもよいのではないだろうか」（野村・後掲9頁）という考えもある。）。しかし、なぜ「売上高4か月分の違約金を超える違約金」は、「社会的に著しく不相当な金額」であるのか、判然としない。より詰めた議論が望まれる。

なお、フランチャイズ契約によっては、フランチャイジーの債務不履行を理由としてフランチャイジーからフランチャイザーへの「違約金の支払」を定めたものもあるが、契約によっては「損害賠償の予定」ではなく、「違約罰の意味」としての違約金という用語を用いている場合もあるから、注意を要する。

本判決は、クリーニングの取次業務委託契約を解除した後の競業義務違反及び高額の違約金条項と公序良俗違反の問題を扱ったケースとして、フランチャイズ契約をめぐる紛争解決にとっても大いに参考になろう。

【胡　光輝】

〔参考文献〕
我妻栄『新版民法案内Ⅶ』（一粒社、1969年）
野村豊弘「判批」私法判例リマークス2000〈上〉6-9頁
川越憲治『フランチャイズシステムの法理論』（商事法務研究会、2001年）
西口元＝木村久也＝奈良輝久＝清水建成編『〔改訂版〕フランチャイズ契約の法律相談』230-237頁（青林書院、2009年）

〔参考判例〕
名古屋高判昭和52年11月9日判時884号69頁
東京地判平成6年1月12日判時1524号56頁
浦和地判平成6年4月28日判時1591号25頁
東京地判平成4年7月2日判時1461号83頁
神戸地判平成4年7月20日判タ805号124頁

第42 サークルK京都事件

▶フランチャイジーがフランチャイザーの経営手法を批判する新聞記事を店内に掲示したことに対するフランチャイザーからのフランチャイズ契約の解除が肯定された事例

名古屋高等裁判所平成14年5月23日判決（確定）
判例タイムズ1121号170頁

争点

フランチャイジーが，フランチャイザーの経営手法が詐欺的で悪質である等と記載した新聞記事等を店内に掲示することは，フランチャイズ・イメージを毀損し，契約当事者間の信頼関係を破壊するものとして，フランチャイズ契約の解除事由となり得るか。

結論

1 小売業においては，顧客が企業に対して良い印象を持ってもらうことが重要であり，多くの顧客がその企業に否定的印象を持ったとすれば，同業のより良い印象を持つ他企業からの購入を検討することになるのが自然かつ一般的であるから，フランチャイジーがフランチャイズ・イメージを毀損する行為をすることは，契約当事者の契約上の信頼関係に重大な影響を及ぼすものであるといえ，契約の解除事由となり得る。

2 例えば，フランチャイジーの収入源が，フランチャイズ契約に基づく店舗経営による売上げだけであるような場合，フランチャイザーが同契約を解除するについては，単に一回限りのフランチャイズ・イメージの毀損行為があっただけでは足りず，一定の警告等をしたにもかかわらず，同毀損行為が続き，今後も続く可能性が高いといった当事者間の信頼関係が破壊されたといえる事情が認められることが必要である。

第42 サークルK京都事件〔名古屋高判平成14年5月23日〕

事案の概要

1 本件は，コンビニエンスストアのフランチャイジーであるXが，開業後の売上実績が契約締結前にフランチャイザーであるYから示されていた売上予測よりも低く，かつ，これに対してYから適切な指導援助を受けられなかったとして，Yに不満を抱き，これに抗議する目的で，店舗内にYに対して批判的な内容が記載された新聞記事等を掲載したところ，Yが，自らのフランチャイズ・イメージ（以下，「Yイメージ」という。）が毀損されたとして，Xとの契約を解除した上，店舗内に立ち入り，棚卸し等を強制したため，XがYに対し，X・Y間のフランチャイズ契約（以下，「本件契約」という。）について錯誤無効による不当利得の返還，Yの指導援助義務違反等について債務不履行による損害賠償，Yの強制的な棚卸し等について不法行為による損害賠償等の各請求をし（甲事件），他方，YがXに対し，契約期間中の未清算金の支払を請求した（乙事件）ものである。

2 本件において，Xが店舗内に掲載したのは，「コンビニエンスストアの本部は，『裏マニュアル』を作成していて，加盟店のオーナーが本部の経営方針等に疑問を抱いていることを表明した場合に，これを押さえ込むための方策，店舗を閉鎖したいと考え始めたときに，本部のロイヤリティ収入を確保するために，これを断念させる方法等についての対応を本部の従業員に徹底していることが明らかになった。」等ということを取り上げた雑誌記事や，「コンビニエンスストアの店主は，人件費を削減するために過酷な労働をせざるを得ず，場合によっては，破産や自殺に至る事例もある。」といった内容の新聞記事，「フランチャイズ契約を巡る訴訟において，フランチャイザーの元従業員が，加盟店希望者に対して，売上予測等について，上方修正したものを伝えたことを法廷で証言した。」等という内容の新聞記事であった。

3 なお，本件契約には，「Xは，フランチャイジーとしてYの助言に従い，忠実にYのフランチャイズイメージ，フランチャイズシステムを遵守した上で本件店舗の経営を行う。（第1条）」，「Xが本件契約に違反する行為を行った場合，その他Yに対する背信行為を行った場合には，Yから文書によ

る催告を行い，Xが……改善しないときには，Yは，本件契約を解除することができる。」旨の各規定が存する。

【原審：名古屋地判平成13年6月28日判タ1121号179頁】甲事件：一部認容，乙事件：棄却

　原審は，Xの錯誤無効，債務不履行の各主張についてはこれを排斥したが，Yの請求については，「オーナーは，フランチャイザーと対等な契約当事者であり，一方的に指揮命令を受ける立場にはないこと及びコンビニエンスストアの経営者の多くは，夫婦でこれに専従していることが認められるところ，フランチャイズ契約を解除するということは，その経営者にとって，それまでの投下資本を無にし，職を失うことにつながることになるとすれば，Yが，オーナーがYイメージを毀損したとして契約を解除することができるか否かは，これらのことを十分に考慮して判断しなければならない。」とした上で，「一般的・抽象的に，フランチャイズ契約のシステムの問題点を指摘したこと等のみによって，Yイメージを毀損したと認めることはできず，Yイメージに違反することによって，加盟店で販売されている商品の信頼性を著しく害し，当該店舗における売上に著しい影響を及ぼすような場合に限定すべき」であり，本件において，Xが店舗内に掲載した記事によっては，XとYとの「関係が良好ではないという印象を顧客に与えることにはなるものの，その内容は，新聞記事及び雑誌記事として公表されているものであって，必ずしも根拠のないものであるとはいえず，Xによる新聞記事等の掲示によって，本件店舗で販売されている商品の信頼性が著しく害され，本件店舗における売上に著しい影響があるものとは認めることができない」し，Xが記事を掲載した前後で，「本件店舗における売上に顕著な変化はみられず，むしろ売上は増加して」おり，「他店舗の売上に影響が生じたことや，被告会社の店舗展開に影響が生じたことを認めることができる証拠はない。」として，Xに対する契約解除の意思表示を無効とした。その上で，Yが本件契約が解除されたことを前提に，X店舗において強制的な棚卸し等を行ったことについて，不法行為の成立を認めた。ただし，原審は，本件契約について，X・Yともに，契約関係が終了したことを前提に一連の行動をとっていることか

ら，Xの責めに帰すべき事由によらずに契約が終了したことを認めた上で，YのXに対する未清算金支払請求権の存在についても一部を認めている。もっとも，Y請求の認容額については，X請求の認容額と対当額で相殺し，結局Yの請求を全て棄却している。これに対し，X・Y双方ともに控訴した。

判決要旨

【甲事件：一部認容，乙事件：認容】

1 本判決も，原審同様，Xの錯誤無効，債務不履行の各主張について排斥した上で，YのXに対する契約解除の意思表示について，以下の通り判示して有効と認め，Yの請求を全て認容した。

「Xが掲示した雑誌記事等は，多数にわたるが，コンビニにおけるフランチャイズ契約の問題点を指摘するのみならず，Yの経営手法が詐欺的で悪質である旨を指摘するものであるから，顧客に対し，本件店舗のオーナーとYとの関係が良好でないという印象のみならず，Yが社会的に問題のある会社であるとの印象を与えるものである。したがって，顧客に対し，Yについて否定的印象を与えるものであり，Yイメージを毀損するものであるといえる。（中略）

小売業においては，顧客が企業に対して良い印象を持ってもらうことが重要であり，良い印象の具体的内容は商品の品質や価格，顧客に対する対応や態度，経営方針等多岐にわたることになるが，多くの顧客がその企業に否定的印象を持ったとすれば，長期的に見ると，同業のより良い印象を持つ他企業からの購入を検討することになるのが自然かつ一般的であるから，顧客に対して良い企業イメージを持ってもらうことは重要であり，XがYイメージを毀損する行為をすることは，YとXとの本件契約上の信頼関係に重大な影響を及ぼすものであるといえる。（中略）

もっとも，本件において，Xは，本件店舗の経営に専従していたのであるから，本件契約が解除されると，それまでの投下資本がほとんど無駄となり，唯一の収入を失うことにつながることになる。この点を考慮すると，Yが，Yイメージを毀損したことを理由として，本件契約を解除するについては，単に一回限りのYイメージ毀損行為があっただけでは足りず，一定の要請や警告をしたにもかかわらず，Yイメージ毀損行為が続き，今後も続く可能性が高いといった当事者間の信頼関係が破壊されたといえる事情が認められることが必要であると解すべきである。（中略）

> しかし，本件においては，Yが，Xに対し，再三にわたり「コンビニ情報」の掲示を中止するよう要請したにもかかわらず，Xは，本件契約に違反するものではないとしてこれに応じず，今後も掲示を継続する旨の態度を示したのであるから，前記の当事者間の信頼関係が破壊されたといえる事情が認められるといえる。」
>
> 2 ただし，YがX店舗内に立ち入り，強制的に棚卸等を行ったことについては，以下の通り判示して，不法行為の成立を認め，Xの請求についても一部を認容した。
>
> 「本件契約50条においては，本件契約の終了と同時に，Yは，事前の通知なくして本件店舗内に立ち入り，店舗設備・在庫品・レジスター内現金を占有できる旨の条項があることが認められる。しかしながら，この条項はYにそのような権利があることを定めたものであって，加盟店は独立した事業者である以上，加盟店が反対しているにもかかわらず，その意思に反して，店舗設備・在庫品・レジスター内現金の占有を取得するまで許容したものと解することはできない。」

分析

1 契約関係の解消について

　一般的に，フランチャイズ契約のような存続期間のある契約（継続的契約）において，契約関係が終了する場合には大別して，契約期間の満了（ないし更新の拒絶）と契約の解除（解約）の2種類がある。そして，契約期間満了前に，契約の一方当事者から契約を解除（解約）する場合には，法定解除と約定解除がある。

　法定解除とは，契約の当事者に債務不履行がある場合に，民法541条ないし543条に基づき契約を解除することをいう。他方，約定解除とは，事前に当事者間で定めた特定の事由が生じた場合に，当事者間で合意した手続に基づき契約を解除することをいう。

　なお，契約当事者が合意して契約関係を解消することを合意解除という。ただし，合意解除は，それ自体新たな契約であると考えられており，一方的な意思表示である法定解除や約定解除とは異なるものである。

2 解除の効力について

1回限りの履行のみを目的とする契約の場合，解除により，契約は締結時に遡って消滅し，法的には，当初から契約関係が生じていなかったものと擬制されるため，未履行の債務は消滅し，既履行の債務については一種の不当利得として返還請求権（相手方からすれば原状回復義務）が生じる（民法545条1項，直接効果説）。

しかし，継続的契約においては，当事者間の契約関係が一定期間存続することから，解除による法律関係の複雑化を避けるため，解除の効力は遡及しないものと考えられており，賃貸借契約においてはこれが規定され（民法620条），雇用契約等他の継続的契約にも準用されている。こうした遡及効のない解除については，特に解約と呼んで区別され，フランチャイズ契約における解除も，遡及効のない解約であると考えられている。

3 継続的契約の解除について

一般的に，契約当事者に債務不履行があれば，契約を解除することが可能なはずである。しかし，契約の継続に関して当事者に強い期待がある契約においては，こうした期待に配慮することが求められる。その背後には，契約関係は維持・継続できるなら，それが望ましいという価値判断があると考えられている。こうした価値判断には様々な意見があり得るところだが，実際上，継続的契約関係の解消によって，一方当事者が過酷な事態に陥ってしまうことが少なくない。そこで，不動産賃貸借契約の解約には，信頼関係の破壊が求められ（最判昭和39年7月28日民集18巻6号1220頁），雇用契約における労働者の解雇は，解雇権の濫用として制限される場合がある（労働契約法15条）。

フランチャイズ契約においても，一方当事者の解約には，契約当事者間の信頼関係を破壊するに至る程度の合理的な理由が必要であるとされている（東京地判平成17年1月25日判タ1217号283頁〈第43事件〉ほか）。

4 本件について

本件において，Yは，Xに対し，XがYの経営手法が詐欺的で悪質である等と記載した新聞記事等を店内に掲示した行為がYに対する背信行為に該当するとして，約定解除権を行使して契約を解約し，契約期間中の未清算金の支払を請求した（乙事件）ものである。

本判決は，Xが掲示した新聞記事等は，Yの経営手法が詐欺的で悪質であることを指摘するものであるから，当該記事等を見た顧客は，XとYとの関係が良好ではないという印象のみならず，Yが社会的に問題のある会社であり，その将来性は厳しいと予想するのが通常であって，Yのイメージを毀損する旨判示している。

　この点，Xは，新聞記事等を掲載した後，むしろ売上げは増加している旨指摘して反論しているが，本判決は，長期的に見れば，顧客は同業のより良い印象を持つ他企業からの商品の購入を検討することになるのが自然かつ一般的であり，また，Yに加盟する多くのフランチャイジーがXと同様の記事を店舗内に掲載した場合，売上げが減少する可能性が高いとして，Xと同種の行為が他店舗にも拡大した場合の弊害も考慮してXの主張を排斥している。

　本判決においては，Yイメージが毀損されたか否かという判断について，店舗における将来の売上高の減少の有無という形で，顧客との関係において論ぜられているが，より端的に，Xの記事掲載により，Yの新たなフランチャイジーの獲得業務に深刻な影響を及ぼすものとして，イメージの毀損をとらえてもよかったのではないかと思われる。ただし，フランチャイザーのイメージというのは，抽象的で無限定に広がる可能性があることから，解約を主張するフランチャイザーは，ある程度具体的に，どのようにイメージが毀損されたのか主張する必要があろう。

　なお，本判決においても，Yによる契約の解約が，Xによる投下資本の回収をほぼ不可能にし，Xが唯一の収入を失うことにつながることから，解約には形式的な約定違反ではなく，当事者間の信頼関係が破壊されていると認められることを要するとしているが，結論的には，Yの再三にわたる中止警告にもかかわらず，Xはこれを無視して新聞記事等の掲載を継続していたことから，信頼関係が破壊されているものと認定されている。

5　自力救済について

　本判決では，Yによる解約を有効とした上で，YがXの意思に反して，X店舗内に立ち入り，強制的に棚卸し等を行ったことについて，不法行為に当たるものと認定している。

　法治国家である我が国においては，原則として自力救済は許されない。こ

の点，最高裁は，傍論で，「私力の行使は，原則として法の禁止するところであるが，法律の定める手続によったのでは，権利に対する違法な侵害に対して現状を維持することが不可能又は著しく困難であると認められる緊急やむを得ない特別の事情が存する場合においてのみ，その必要な限度を超えない範囲内で，例外的に許されるものと解することを妨げない」と判示している（最判昭和40年12月7日民集19巻9号2101頁）。

【毛塚重行】

〔参考文献〕
西口元＝木村久也＝奈良輝久＝清水建成編『【改訂版】フランチャイズ契約の法律相談』220頁（青林書院，2009年）
内田貴『民法Ⅱ　第2版　債権各論』（東京大学出版会，2007年）

第43 弁当宅配FC事件

▶1 フランチャイザーからされたフランチャイズ契約解除の効力が認められた事例
2 信義則上，フランチャイジーの店長もフランチャイズ契約に基づく競業避止義務を負うとされた事例

東京地方裁判所平成17年1月25日判決　一部認容・控訴（後和解）
判例タイムズ1217号283頁

争　点

1　X（フランチャイザー）によるフランチャイズ契約を解除する旨の意思表示は有効か。
2　フランチャイズ契約が解除された場合，店長であるY$_2$は，Xとの間で競業避止義務を負うか。

結　論

1　Y$_1$（フランチャイジー）には重大な債務不履行があり，X（フランチャイザー）のY$_1$に対する信頼関係は破壊されたから，Xによる解除の意思表示は有効である。
2　信義則上，店長であるY$_2$もフランチャイズ契約の競業避止義務を負う。

事案の概要

1　Xは「B」の名称で高齢者向けの弁当宅配事業のフランチャイズを展開するフランチャイザーであり，平成14年4月，Y$_1$（フランチャイジー）との間で，契約終了後3年間の競業避止義務の定めがある高齢者向け弁当宅配

のフランチャイズ契約（以下，「本件契約」という。）を締結した。Y₁は，平成14年7月4日，弁当宅配事業を始め，約2か月間は配送の業務に従事したが，それ以降は弁当宅配事業に関与しなくなり，店舗の店長であるY₂（当初から，フランチャイズ契約のための資金提供，弁当宅配事業の経理管理もしていた。）が事業を営んでいた。

2　Xは，平成15年9月と同年11月，Y₁が開業時までに支払うべき仕入保証金を支払わない債務不履行があったこと等を理由に，Y₁に対し，本件契約を解除する旨の意思表示をするとともに，同年11月，新たなフランチャイジーAとの間でY₁が従前担当していた地区を営業エリアとするフランチャイズ契約を締結した。

3　ところが，本件契約を解除した後もYらが弁当宅配事業を継続していたことから，Y₁に対しては競業避止義務違反に基づいて，Y₂に対しては信義則上の競業避止義務違反に基づいて，Yらに対し弁当宅配事業の営業差止め，及び，毎月発生しているロイヤルティ相当額及びAに対して負担している固定経費等の損害賠償を求めた。

4　これに対し，Yらは，①Xとの信頼関係を破壊する重大な債務不履行はなく，解除は無効である，②Y₂は，本件契約の当事者ではなく，Y₁からY₂への名義変更をXが妨げていたのであり，Y₂に本件契約上の競業避止義務を及ぼそうとすることは信義則（禁反言）に反する，等と主張し争った。

5　本判決は，①Xによる解除は有効であり，②信義則上Y₂も本件契約上の競業避止義務を負うとして，Xの請求を一部認容した。

【当事者関係図】

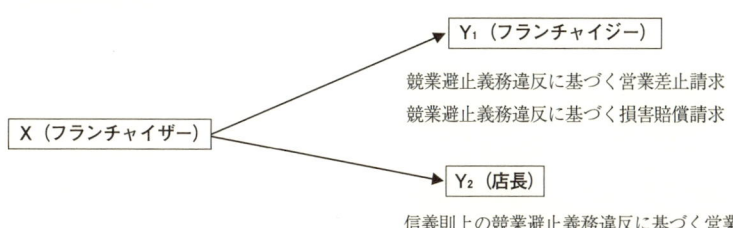

```
                    ┌─→ Y₁（フランチャイジー）
                    │    競業避止義務違反に基づく営業差止請求
X（フランチャイザー）│    競業避止義務違反に基づく損害賠償請求
                    │
                    └─→ Y₂（店長）
                         信義則上の競業避止義務違反に基づく営業差止請求
                         信義則上の競業避止義務違反に基づく損害賠償請求
```

判決要旨

1 争点1（Xによる解除の有効性）

「本件契約は，弁当宅配業のフランチャイズ契約であり，継続的な取引契約であるから，被告らが，これを前提として，人的及び物的な投資をしている。したがって，公平の原則，信義誠実の原則（民法1条）に照らすと，このような継続的な契約関係である本件契約を解除によって終了させるためには，解除原因についてフランチャイズ契約の基礎である信頼関係を破壊するに至る程度の合理的な理由があることが必要であると解される。」

「これを本件についてみると……Y_1 は，本件契約締結の当初から，Xから度重なる請求があったにもかかわらず，債務不履行を繰り返していたと認められ，Xの Y_1 に対する信頼関係は，同年12月末には既に著しく害されていたと解することが相当である。」

「これらの検討によれば，Y_1 は，債務不履行を重ね，いったんは仕入保証金を除く債務の弁済をしたが，仕入保証金の支払をしないまま，Xが解除の意思表示をしたと認めることができる。そうすると，……Y_1 には重大な債務不履行があり，Xの Y_1 に対する信頼関係は破壊されたと認められるから，Xの解除の意思表示は有効と解すべきである。」

2 争点2（Y_2 の競業避止義務）

「本件契約23条が定める競業避止義務は，期間（契約終了後3年）及び区域（本件営業エリア）を限定し，営業の種類（弁当宅配業）を特定して競業を禁止する内容であるから，特段の事情が認められない本件においては，フランチャイジーの営業の自由を不当に制限するものとはいえず，無効と解すべきではない。

そして，本件契約23条の趣旨は，フランチャイザーであるXがフランチャイジーである Y_1 に提供するノウハウ（開業宣伝の企画及び手配，商品説明方法等の具体的内容についてなど契約書6条が定める内容）が，いずれもフランチャイズシステムによる弁当宅配業の経営にとって基本的な重要性を有するものであり，フランチャイズ契約の本質的な要素であって，これらの情報が競業他社に漏洩され，また，対価の支払のないまま利用された場合には，フランチャイズシステムによる弁当宅配業の経営に著しい打撃を与えることになるため，このような情報を営業秘密とし，このような営業秘密を管理し保全する手段と

して，同一分野の営業に従事したり，ノウハウを使用漏洩したりすることを禁止したものであると解される。」

　①Yらは，本件契約の締結段階からXと交渉しており，契約書上XとY1との間で契約を締結したのは，Y2の信用上の問題があったためであること，②Y2は，Xが実施した研修を受講し，店長として営業を取り仕切っていたこと，③支払の催促など，Xとの交渉の相手方はY2であったこと，④Y2は，平成14年12月以降の支払は全て自分で履行したこと，⑤Y2は，解除の前後において，同じ場所で，同じ従業員や車両を使用して弁当宅配業を継続したことが認められ，「これらの事実によれば，Y2は，実質的に本件契約の締結に関与し，川口店の店長として，本件契約で定められた各約定に従って，川口店の経営を継続してきたと認められ，これに競業避止義務の趣旨を考慮すると，信義則上，Y2も本件契約23条の競業避止義務を負うと解することが相当である。」

分析

1　フランチャイズ契約における解除の有効性

　フランチャイズ契約終了後に問題となる紛争の中には，契約終了原因となったフランチャイザーのフランチャイジーに対する解除の意思表示に対し，フランチャイジーがその有効性を争うものが少なくない。

　この点，フランチャイズ契約の解除にも，債務不履行を理由とする法定解除権に関する民法541条ないし543条の適用があると考えられ（『改訂版』フランチャイズ契約の法律相談』221頁），契約の一方当事者が履行遅滞にあるときは，相手方が相当の期間を定めて履行を催告しなければならず，その期間内に履行されなかったときに解除権が発生するのが原則である（民法541条）。

　しかし，フランチャイズ契約は，継続的契約関係であるうえ，解除されると投下資本を回収できず，経済的弱者であることの多いフランチャイジーに経済的打撃を与えること等を理由として，当事者間の信頼関係が破壊されるような事情がない限り，解除権の行使は許されないと解されている。裁判例においても，「本件契約を解除するについては……当事者間の信頼関係が破壊されたといえる事情が認められることが必要である」としてフランチャイザーによる解除権の行使を制限するもの（名古屋高判平成14年5月23日判タ1121

号170頁〈第42事件〉)や，解除の効力を認める理由に当事者間の信頼関係が破壊されたことを挙げるもの（エーエム・ピーエム事件〈第37事件，第38事件〉＝第一審・東京地判平成11年5月11日判タ1026号211頁，控訴審・東京高判平成11年12月15日金判1085号3頁，マクドナルド標章抹消請求事件〈第27事件〉＝東京地判平成18年2月21日判タ1232号314頁）が多い。

「継続的な契約関係である本件契約を解除によって終了させるためには，解除原因についてフランチャイズ契約の基礎である信頼関係を破壊するに至る程度の合理的な理由があることが必要である」とする本判決の判断は，解除権の行使を制限する従前の裁判例が示す判断枠組みを踏襲したものと解される。そして，「信頼関係を破壊するに至る程度の合理的な理由」の存在について，本判決は，①Y_1が，債務不履行を繰り返していたこと，②Y_1が仕入保証金を除く債務の弁済を行ったものの，最終的に仕入保証金を支払わないままXが解除の意思表示をしたことを理由に，Y_1の債務不履行について信頼関係を破壊するに至る程度の合理的理由が存在する，と判示するところ，債務不履行を繰り返した期間も長期間に渡っており，仕入保証金の金額も100万円と必ずしも少額とはいえないというべきであり，本判決の判断は妥当と考える。

2 競業避止義務違反について

(1) 競業避止義務条項の有効性

フランチャイズ契約における競業避止義務は，フランチャイザーからフランチャイジーに対して提供されたノウハウや営業秘密がフランチャイザーと競業関係に立つ者に漏洩されることを防止するため，フランチャイズ契約の一条項として規定されるのが一般的である。

このような競業避止義務条項については，その制限の程度いかんによっては，フランチャイジー（又はフランチャイジーであった者）の営業の自由（憲法22条1項）を不当に制限するものとして公序良俗に違反し無効になり得るが，判例は，営業の種類，期間，場所（区域）のいずれかに適当な制限をした場合には，有効であるとの態度をとっているものと解されており（大判明治32年5月2日民録5輯5号4頁，大判大正7年5月10日民録24輯830頁，大判昭和7年10月29日民集11巻1947頁)，学説もかかる立場を支持しているようである（『注釈民法

(3)』72頁)。フランチャイズ契約における競業避止義務条項の有効性が問題となった裁判例においても，営業の種類，期間，場所（区域）に制限を設けていることを理由に競業避止義務条項の有効性を認めるものが多い（本家かまどや事件＝神戸地判平成4年7月20日判夕805号124頁，NACチェーン事件＝東京地八王子支判昭和63年1月26日判時1285号75頁等）。

本判決も，従前の判例学説の判断枠組みを前提に，本件契約の競業避止義務条項が期間（契約終了後3年）及び区域（本件営業エリア）を限定し，営業の種類（弁当宅配業）を特定して競業を禁止する内容であったことを理由に有効性を認めたものであり，結論としても妥当であろう。

(2) 契約当事者以外の競業避止義務

本件は，フランチャイザーXが，フランチャイジーY_1に対してだけでなく，フランチャイズ契約の当事者ではない店長Y_2に対しても，信義則上の競業避止義務違反に基づき営業の差止め及び損害賠償請求を求めた点に特徴があり，本判決は，店長Y_2が，実質的に本件契約の締結に関与し，契約で定められた各約定に従って経営を継続してきた事実を認定したうえ，本件契約における競避避止義務の趣旨から，契約の当事者でないY_2も，信義則上，本件契約上の競業避止義務を負うと判示している。

フランチャイジーと一定の関係にある者の競業が問題となった裁判例には，フランチャイジーが取締役を務める同族会社の競業が問題となった事件につき，当該同族会社とフランチャイジーとを同視してフランチャイジーの競業避止義務違反を認めるもの（ニコマート事件第一審＝東京地判平成6年1月12日判夕860号198頁，同事件控訴審＝東京高判平成8年3月28日判時1573号29頁），上記ニコマート事件と同一の事案において，フランチャイザーが，フランチャイジーが取締役を務める同族会社に対して不法行為責任を追及した事件につき，同族会社に債権侵害の不法行為責任を認めるもの（東京地判平成7年2月27日判時1542号68頁）等があるが，本件のように，フランチャイズ契約の当事者でない者について，契約上の競業避止義務を認めたものは見当たらない。

この点，フランチャイズ契約も契約である以上，契約上の義務を負うのはあくまで当事者であり，当事者でない者は契約上の義務を負わないのが原則である。本件は，Y_2が過去に事業に失敗しており，信用上の問題があった

ため契約書上Y₁を当事者として契約を締結したものであり，Y₂は契約締結交渉段階から交渉に加わり，契約にかかる資金を提供したうえ，その後の営業も取り仕切っており，X側から名義変更の手続を伝えられたにもかかわらずYらがその手続をとらなかったという事情が存在し，いわば，Y₂が契約当事者と同視し得る特殊な事案であり，その点に鑑みれば，本判決の判断は結論として是認できる。しかしながら，競業避止義務が，義務を負う者の営業の自由を制限するものであることからすれば，フランチャイズ契約の当事者ではないフランチャイジーの店長や従業員等につき，信義則によって契約上の義務を負う者を拡張することには慎重であるべきと考える。

3 損害について

本判決は，Xが新たなフランチャイジーAから得られたであろうロイヤルティ及びAに対して負担した固定経費をYらの競業避止義務に違反と相当因果関係が認められる損害と判断して，Yらが営業を中止するまでの本件契約期間における平均ロイヤルティ月額9万0135円及びXがAに支払った固定経費の塡補金900万円を損害として認定している。

フランチャイズ契約に関する紛争については，契約中の違約金条項に基づいて損害賠償請求がされることも少なくないが，本判決は違約金条項に基づかずに競合避止義務違反に基づく損害を認定するものであり，その判断の手法は実務上参考になると思われる。

【石田晃士】

〔参考文献〕
西口元＝木村久也＝奈良輝久＝清水建成編『〔改訂版〕フランチャイズ契約の法律相談』245-250頁（青林書院，2009年）
西口元＝吉野正三郎＝木村久也＝奈良輝久編『フランチャイズ契約の実務』（新日本法規，2000年）
金井高志『フランチャイズ契約裁判例の理論分析』（判例タイムズ社，2005年）

〔参照判例〕
名古屋高判平成14年5月23日判タ1121号170頁
東京地判平成11年5月11日判タ1026号211頁〔エーエム・ピーエム事件第一審〕
東京高判平成11年12月15日金判1085号3頁〔エーエム・ピーエム事件控訴審〕

東京地判平成18年2月21日判タ1232号314頁〔マクドナルド標章事件〕
神戸地判平成4年7月20日判タ805号124頁〔本家かまどや事件〕
東京地八王子支判昭和63年1月26日判時1285号75頁〔NACチェーン事件〕
東京地判平成6年1月12日判タ860号198頁〔ニコマート事件第一審〕
東京高判平成8年3月28日判時1573号29頁〔ニコマート事件控訴審〕
東京地判平成7年2月27日判時1542号68頁

4 違約金をめぐる法律問題

第44 関塾事件

▶フランチャイザーがフランチャイジーに対して行った違約金請求につき，違約金条項の一部が公序良俗に反するとされた事例

東京地方裁判所平成21年11月18日判決　平成20年（ワ）第11809号
違約金請求事件
判例タイムズ1326号224頁　控訴（和解）

争　点

1 Y_1, Y_2 及び Y_4（フランチャイジー。以下「Yら3名」という。）に共通する争点：(1)本件競業禁止条項の適用の有無，(2)本件競業禁止条項は公序良俗に反するか，(3)本件違約金条項の適用の有無，(4)本件違約金条項は公序良俗に反するか，及び(5)違約金の請求は信義則違反かどうか。

2 Yらに共通する争点：本件各契約は詐欺によるものか。

3 Y_3（フランチャイジー）に係る争点：(1)本件合意解約書における競業禁止条項は公序良俗に反するか，(2)本件合意解約は錯誤により無効か，及び(3)違約金請求権の放棄ないし権利濫用の有無。

結　論

1 争点1(1)，1(2)，1(3)及び1(5)については，Yら3名（フランチャイジー）の主張をいずれも採用しなかった。また，争点1(4)については，本件競業禁止条項の違反について課す違約金は損害賠償額の予定と推定されるから，その額については，本件競業禁止条項が保護するX（フランチャイザー）の利益の損害賠償の性格を有する限りで合理性を有するが，これを超える部分は

合理性を欠き公序良俗に反するとした。

2　争点2については，Yらの主張を採用しなかった。

3　争点3(1)については，競業禁止条項の違反につき違約金を定めることは，直ちに公序良俗に反するとはいえないが，競業禁止条項の違反について課す違約金は損害賠償額の予定と推定されるから，その額については，競業禁止条項によって保護されるXの利益の損害賠償の性格を有する限りで合理性を有するが，これを超える部分は合理性を欠き公序良俗に反するとした。

4　争点3(2)及び3(3)については，Y_3（フランチャイジー）の主張をいずれも採用しなかった。

事案の概要

1　X（原告，フランチャイザー）は，東日本において，「A塾」という学習塾のフランチャイズチェーン・システムによる学習塾加盟店の開拓，募集及び経営指導等を業とする会社である。

2　Y_1（被告，フランチャイジー。以下のY_2ないしY_4についても同様）は，賃貸マンションの管理会社である。

3　Y_2は，不動産の賃貸，管理等を業とする会社である。

4　Y_3は，個人塾「F進学教室」を経営している。

5　Y_4は，飲食店の経営，不動産の賃貸及び管理，塾の経営等を業とする会社である。

6　Xは，平成18年1月17日にY_1との間で「A塾教室開設契約書」（以下「本件契約書①」という。）を取り交わし，「A塾」フランチャイズ・チェーンシステムによる学習塾加盟店としてA塾教室を開設・運営することを内容とするA塾教室開設契約（契約有効期間：平成18年1月17日から平成23年1月16日まで。以下「本件契約①」という。）を締結した。本件契約書①には，以下の記載がある。

> **第11条（Y₁の禁止事項）**
> 1項　Y₁は，本契約による教室以外の教室を開設し，又は運営することはできない（以下「本件競業禁止条項」という。）。
> **第19条（解約手続き）**
> 1項　Y₁は，第16条による本契約満了による解約，並びに本契約期間満了前解約しようとする場合，「合意解約書」をXとの間で取り交わすものとする。
> 3項　万一，合意解約書を交わさずY₁が一方的に独立又は廃業した場合，Y₁はXにその時期の加盟契約金相当額と契約残存期間のロイヤリティを支払わなければならない。この算定基準は開校時からの月間平均ロイヤリティ×残存期間月数とする。また保証金の返還もない（以下「本件違約金条項」という。）。

7　Y₁は，平成18年6月ころまでに，「Dr. A塾朝霞根岸台校」という教室名の学習塾を開き，Xに対して同月から同年8月までロイヤリティを支払ったが，同月7日にXに対し，Xの情報提供義務違反による債務不履行を理由として本件契約①の解除を通知し，それ以降ロイヤリティを支払っていない。

　Y₁は，「Dr. A塾朝霞根岸台校」と同一所在地において「B学院」との名称で学習塾を経営している。

8　Xは，平成15年7月10日にY₂との間で「A塾教室開設契約書」（以下「本件契約書②」という。）を取り交わし，A塾教室開設契約（契約有効期間：平成15年7月11日から平成20年7月10日まで。以下「本件契約②」という。）を締結した。本件契約書②の11条1項及び19条1項は上記の本件契約書①の同条文と同じ内容であり，本件契約書②の19条3項は「万一，合意解約書を交わさずY₂が一方的に独立したり，閉塾した場合，Y₂はXにその時期の加盟契約金相当額と契約残存期間のロイヤリティを支払わなければならない。」と定めている。

9　Y₂は，平成16年3月にCビルにおいて「A塾西川口進学学院」という教室名の学習塾を開き，Xに対して平成19年2月までロイヤリティを支払ったが，同年3月20日付けでXに対し，Xの情報提供義務違反による債務不履行を理由として本件契約②の解除を通知し，それ以降ロイヤリティを支払っていない。

　Y₂は，平成19年4月からCビルにおいて「Dゼミナール」との名称で学習塾を経営している。

10　Xは，平成17年12月６日，Y₄との間で同月２日付け「A塾教室開設契約書」(以下「本件契約書④」という。)を取り交わし，A塾教室開設契約(契約有効期間：平成17年12月２日から平成22年12月１日まで。以下「本件契約④」という。)を締結した。本件契約書④の11条１項，19条１項及び３項は，本件契約書①と同じである。

　11　Y₄は，平成18年10月に「Dr. A 塾六反校」という教室名の学習塾を開き，Xに対して，平成20年２月までロイヤルティを支払ったが，同月19日にXに対し，Xの情報提供義務違反による債務不履行を理由として本件契約④の解除を通知し，それ以降ロイヤルティを支払っていない。

　Y₄は，平成20年４月から，「Dr. A 塾六反校」と同一所在地において，「F塾」との名称で学習塾を経営している。

　12　Xは，平成13年12月10日にY₃との間で「A塾進学教室開設契約書」(以下「本件契約書③」という。)を取り交わし，A塾進学教室開設契約(以下「本件契約③」という。)を締結して(以下，本件契約①から④までを合わせて「本件各契約」という。)，「A塾ひくま進学教室」を開設した。

　13　XとY₃とは，平成15年３月11日に本件契約③につき「A塾進学教室合意解約書」(以下「本件合意解約書」という。)を取り交わし，本件契約③を合意解約した(以下「本件合意解約」という。)。本件合意解約書には，以下の記載がある。

第６条（競業禁止）
　１項　Y₃は，本件合意解約後２年間は以下の行為をしてはならない。Y₃又は配偶者，その他の親族，現・元従業員，知人等の第三者をして，本件契約③に基づく教室所在地と同一の都道府県内において，学習塾，その他原告と類似の業種の経営をすること。
　２項　Y₃は，前項に違反したときは，第８条にかかわらず違約罰として，金1000万円をXに支払う。
第８条（違約罰）
　Y₃において本件合意解約書に基づき課せられる義務に違反した場合は，違約罰として500万円をXに支払わなければならない。

　Y₃は，現在，A塾ひくま進学教室と同一所在地において「E塾ひくま進

学教室」との名称で学習塾を経営している。

14 Xは、後にYらが学習塾を独立開業したことについて、①フランチャイズ契約の競業禁止条項に反すると主張して、違約金条項に基づき、違約金として、Y_1に対し679万8080円、Y_2に対し437万3056円、Y_4に対し511万6058円の支払、②Y_3との間でフランチャイズ契約を合意解約した際の競業禁止条項に反すると主張して、違約金条項に基づき、Y_3に対し、違約金1000万円の支払を求めた。

15 YらはXに対し、平成20年10月8日の本件口頭弁論期日において、詐欺を理由として本件各契約を取り消すとの意思表示をした。

判決要旨

1 争点1(1)、1(3)及び1(5)について
裁判所は、Yら3名の主張をいずれも採用していない。
2 争点1(2)について
「本件競業禁止条項は本件契約①、②及び④中の条項であり、上記各契約には本件違約金条項があって契約残存期間のロイヤリティの支払義務が規定されているところなどからみて、Xのフランチャイジーが契約有効期間内に競業行為をすることを禁止する趣旨であると解され、規定の文言は不明確でも不特定でもない。」
「本件競業禁止条項は目的が正当である上、禁止の対象行為、期間等も相応に制限されているから合理的であり、公序良俗に反するとはいえない。」
3 争点1(4)について
「本件競業禁止条項はXのノウハウの保護及び商圏（営業利益）の確保という正当な利益を保護するためのものであって目的が正当であ」「り、本件競業禁止条項の違反行為につき違約金を定めることも上記目的を達成するための必要かつ相当な措置である。そうすると、本件違約金条項」「は直ちに公序良俗に反するとはいえない。しかし、本件競業禁止条項の違反について課す違約金は損害賠償額の予定と推定されるから、その額については、本件競業禁止条項が保護するXの上記利益の損害賠償の性格を有する限りで合理性を有するが、これを超える部分は合理性を欠き公序良俗に反するというべきである。
そこで検討するに、本件違約金条項のうち、契約残存期間のロイヤリティの

支払義務については，Xと加盟者との間の契約有効期間（5年）等からみて，Xの商圏（営業利益）侵害に係る損害賠償額の予定として合理性があり，その額も相応の合理性がある。次に，加盟金相当額の支払義務については，Xが本件契約①，②及び④に基づきYら3名に対しノウハウを提供したこと，Yら3名は上記各契約の有効期間中に従前と同じ場所で学習塾の名前を変えて学習塾を独立して開業したことは前記1認定のとおりであるから，Xの提供したノウハウの無断使用に係る損害賠償の予定として合理性を有するが，その額300万円は，Xの提供したノウハウの内容等に照らせば，高額に過ぎ，100万円の限度で合理性を有するにとどまるものと解される。結局，本件違約金条項のうち，残存期間のロイヤリティ分と加盟金相当額のうち100万円との合計額を超える部分（加盟金相当額のうち200万円分）は，合理性を欠き公序良俗に反し無効というべきである。」

4　争点2について
裁判所は，Yらの主張を採用していない。

5　争点3(1)について
「本件合意解約書における競業禁止条項はXのノウハウの保護及び商圏（営業利益）の確保を目的とするものであり，上記競業禁止条項の違反につき違約金を定めることは上記目的を達成するために必要かつ相当な措置であって，直ちに公序良俗に反するとはいえない。しかし，競業禁止条項の違反について課す違約金（1000万円）は損害賠償額の予定と推定されるから，その額については，競業禁止条項によって保護されるXの上記利益の損害賠償の性格を有する限りで合理性を有するが，これを超える部分は合理性を欠き公序良俗に反する。

そこで検討するに，XとY₃は本件契約③において「入学金と月謝の合計ロイヤリティの月額最低額は8万円とする」旨合意していることからみて，Xが2年間の競業禁止期間に得られたであろう営業利益は最低でも192万円（計算式：8万円×24か月＝192万円）である。また，Xが本件契約③に基づきY₃に対しノウハウを提供した後に，Y₃はXとの間に本件合意解約書を取り交わしていながら，その後も引き続き従前と同じ場所で学習塾の名前を変えて学習塾を独立して開業していることは前記1認定のとおりであって，Y₃はXのノウハウを無断で使用している。これらの事情に，Xから提供を受けたノウハウの内容，Y₃は本件合意解約の際に保証金70万円の返還を受けていること，その他本件に現れた一切の事情を併せ考慮すると，違約金1000万円のうち損害賠償額の予定として合理性を有する額は400万円であって，これを超える部分は

高額に過ぎ，合理性を欠いて公序良俗に反し無効というべきである。」
　6　争点3⑵及び3⑶について
　裁判所は，Y₃の主張をいずれも採用していない。

分　析

1　フランチャイズ契約における競業禁止条項について

　フランチャイズ契約においては，フランチャイザーは，フランチャイジーに対し，営業秘密や営業秘密の要件を満たさないノウハウやフランチャイザーの内部情報などを提供する。そのため，フランチャイジーがフランチャイザーの営業と同一又は類似の営業をすることは，フランチャイザーのみならず当該フランチャイズ・システム全体を脅かすものになり得，これを防止するため，フランチャイズ契約においては，フランチャイジーの競業避止義務に関する規定が設けられている（『【改訂版】フランチャイズ契約の法律相談』246頁）。

　このような競業避止義務は，原則的に合法であるが，例外的に，公序良俗（民法90条）に違反し，又は独占禁止法19条の不公正な取引方法に該当して違法性を帯びることもある。そして，競業避止条項の違法性を判断する際の基準となるのは，その合理性である。具体的には，禁止の理由，禁止の内容，禁止の効果，侵害の態様の各点について判定し結論を出すことになる（川越憲治『フランチャイズシステムの法理論』143頁，506頁（商事法務研究会，2001年））。

　本判決は，本件競業禁止条項の規定の文言が不明確でも不特定でもなく，目的が正当である上，禁止の対象行為，期間等も相応に制限されていることを理由に，本件競業禁止条項は合理的であり，公序良俗に反しないと判示している。禁止の期間については，本件競業禁止条項中には何ら記載がないものの，本判決は，本件違約金条項中に契約残存期間のロイヤルティの支払義務が規定されていることなどから本件競業禁止条項も契約有効期間内に競業行為をすることを禁止する趣旨であると解している。

　また，本件合意解約書の競業禁止条項についても，経営主体，禁止期間及び対象地域について限定しているから相応の合理性があり，営業の自由に対する過度の制限ということはできないこと等に照らして，なお合理的な範囲

内のものであり、公序良俗に反しないとしている。

2　フランチャイズ契約における違約金条項について

　フランチャイズ契約における競業禁止条項は、損害賠償額の予定又は違約金条項を伴うことがしばしばある。民法420条3項は、違約金を損害賠償の予定と推定しており、フランチャイズ契約に規定された違約金も反証のない限り損害賠償の予定であると認定されることになる（『【改訂版】フランチャイズ契約の法律相談』230頁以下）。本判決も本件競業禁止条項の違反について課す違約金及び本件解約合意書における競業禁止条項の双方につき、損害賠償額の予定であると推定している。

　このような損害賠償の予定額が現実に発生する可能性のある損害に比べて不当に高額であるような場合には、損害賠償額の予定の定めは公序良俗違反（民法90条）であるとしてその一部又は全部が無効とされる余地があり、この考え方は、①東京地判平成6年1月12日判時1524号56頁、及び②神戸地判平成4年7月20日判タ805号124頁、などの裁判例によっても認められている（『【改訂版】フランチャイズ契約の法律相談』232頁以下）。

　本判決も、本件違約金条項及び本件合意解約書における違約金条項の双方につき、競業禁止条項の目的を達成するのに必要かつ相当な措置である旨を確認した上で、その額については、競業禁止条項によって保護されるXの利益の損害賠償の性格を有する限りで合理性を有するが、これを超える部分は合理性を欠き公序良俗に反するとしている。ただし、本判決が、本件違約金条項のうち契約残存期間のロイヤルティの支払義務を課す部分の効力を認めていることについては、疑問の余地があろう。というのも、本件契約①、②及び④の期間はいずれも5年（60か月）であるが、違約金のうち30か月分を超える部分の効力を否定する裁判例が多いからである（そのような例としては、上記裁判例①及び②を参照）。この観点からも、本判決はフランチャイザーに有利な判断をしているといえよう。

3　競業禁止条項と違約金条項の公序良俗違反性の判断

　フランチャイズ契約における競業禁止条項と違約金条項の公序良俗性の判断に当たっては、本判決のように、前者の目的を達成するための後者の必要性及び相当性が考慮される故、双方につき分断せずに相関的に判断する余地

もあるが，下級審裁判例は，それぞれにつき分断して判断している（川島武宜＝平井宜雄編『新版 注釈民法(3) 総則(3)』170頁以下〔森田修〕（有斐閣，2003年））。

本判決も，まず，競業禁止条項の公序良俗性について考慮し，それが公序良俗に反しないと認めた上で，違約金条項についての公序良俗性判断を行っており，上記の判断枠組みで判断したものと思われる（判タ1326号225頁のコメント）。

【カライスコス　アントニオス】

〔参考文献〕
西口元＝木村久也＝奈良輝久＝清水建成編『【改訂版】フランチャイズ契約の法律相談』
　230-237頁，245-250頁（青林書院，2009年）
川越憲治『フランチャイズシステムの法理論』（商事法務研究会，2001年）

〔参照判例〕
東京地判平成6年1月12日判時1524号56頁
神戸地判平成4年7月20日判タ805号124頁
大阪地判昭和61年10月8日判時1223号96頁

5 競業避止義務

裁判例概説

　フランチャイズ契約終了後の競業避止義務が争われた裁判例はかねてより一定数存在した。その多くは，フランチャイズ契約に契約終了後の競業避止義務条項がある場合に，当該条項の有効性が問題とされたものである。

　競業避止義務条項は，フランチャイザーからフランチャイジーに対して提供されたノウハウや営業秘密がフランチャイザーと競業関係に立つ者に漏洩されることを防止することを主たる目的として規定されるものであるが，かかる競業避止義務条項の有効性―競業制限が合理的な範囲に留まっており，公序良俗（民法90条）に反しないということ（なお，場合によっては，独占禁止法19条の「不公正な取引方法」の該当可能性も問題となる。）―を認めた従来の裁判例としては，「本家かまどや事件」（神戸地判平成4年7月20日判夕805号124頁），「NACチェーン事件」（東京地八王子支判昭和63年1月26日判時1285号75頁）や東京地判平成17年1月25日判夕1217号283頁などがある（『【改訂版】フランチャイズ契約の法律相談』247-250頁参照）。

　裁判例の傾向ないし考え方を端的に言えば，競業避止義務条項は，その制限の程度いかんによっては，フランチャイジー（又はフランチャイジーであった者）の営業の自由（憲法22条1項）を不当に制限するものとして公序良俗に反して無効になる得るが，①営業の種類（禁止される業務の範囲），②期間（禁止される期間），③場所（区域。禁止される場所）のいずれかに適当な制限をした場合においては有効であるとの態度を取っている（なお，裁判例で問題とされている競業避止義務条項は，①ないし③の1個ないし2個は明確に制限されていないことが多い。）。

　本書では，ここで取り上げる，**第45事件**，**第46事件**のほか，**第21事件**（大阪地判平成22年5月27日判時2088号103頁），**第41事件**（大阪高判平成10年6月17日判時

1665号73頁），**第43事件**（東京地判平成17年1月25日判タ1217号283頁），**第44事件**（東京地判平成21年11月18日判タ1326号224頁）において，契約終了後の競業避止義務条項の有効性が問題とされているが，いずれの裁判例も，基本的には，従来の裁判例の傾向ないし考え方を踏襲して判断している。とはいえ，各裁判例において考慮されている諸ファクターは，今後の契約条項作成等を含む実務の参考となろう。

　これに対し，**第47事件**は，サブ・フランチャイズ・システムにおけるマスター・フランチャイズ契約終了後の競業避止義務について，マスター・フランチャイズ契約上，競業避止義務が直接規定されていない場合に，当該マスター・フランチャイズ契約に付随する義務として，一定期間の競業避止義務を認めた事件である。マスター・フランチャイズ契約の終了に絡む紛争として珍しい事件であり，かつ，そこで考慮されている諸ファクターにもサブ・フランチャイズ・システム特有のものが認められるが，同決定も，大いに実務の参考となろう。

【奈良輝久】

第45 労働者派遣事業FC事件

▶フランチャイズ契約終了後の競業避止義務が公序良俗違反とされた事例

東京地方裁判所平成21年3月9日判決　平成18年(ワ)第24341号
損害賠償請求事件（本訴），平成19年(ワ)第19360号損害賠償請求事件（反訴），本訴棄却，反訴一部認容，一部棄却（控訴）
判例時報2037号35頁

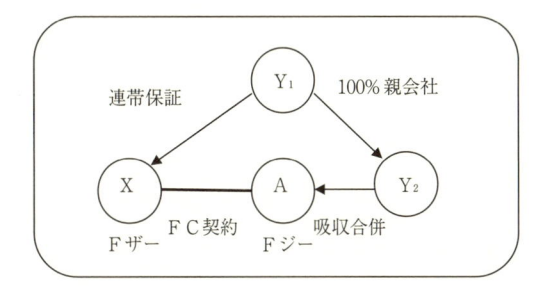

争　点

1　本件競業避止規定及び本件引継ぎ規定は公序良俗に違反して無効か。
2　Xにはフランチャイザーとして提供すべき債務の不履行があったか。

結　論

1　肯　定

本件競業避止規定の制限内容は，競業禁止により保護されるフランチャイザーの利益が，競業禁止によって被る旧フランチャイジーの不利益との対比において，社会通念上是認しがたい程度に達しているというべきであり，公序良俗に違反して無効である。

本件競業避止規定が無効である以上，同規定を実質的に担保する機能を持つ本件引継規定も公序良俗に違反する。

2 否　定

Xが提供すべきサービス内容としてY₂が主張する14個の債務は，債務として合意されたと認められない，又は，一応の提供があるから債務不履行があったとは認められない。

> 事案の概要

1　Xは，労働者派遣事業をフランチャイズ事業とするモデルを考案し，Aがそのフランチャイジー1号店となった。その後他に3社がXの事業にフランチャイジーとして加盟したが，契約を更新せずに脱退ないし廃業していった。Aも2期6年間の後，脱退した。フランチャイズ契約の終了と同時にAは関連会社であるY₂に吸収合併され，Y₂はAの行っていた労働者派遣事業を継続した。

2　本件フランチャイズ契約には，競業避止及び営業引継ぎに関して次のような規定があった（甲はフランチャイジー，Zはフランチャイザーを指す。）。

競業避止規定　12条2項
　甲は，本件契約期間中，以下のような事業や行為を行ったり参加したりすることはできず，また，本件契約の終了または解除後の2年間も同様とする。
　① 本件契約に基づかず乙の事業と同種又は類似の事業を営むこと。

営業引継規定　41条4項
　甲は，本件契約が終了又は解除された場合，担当していた顧客に迷惑がかかることがないよう，本件契約の終了・解除に際しては，甲のFCオフィスの営業を乙又はそれらの顧客を担当する新たなフランチャイズ加盟者に対し，承継させなければならないものとする。

3　XはY₂及び本件フランチャイズ契約の保証人であったY₁に対し，契約終了後の競業避止義務違反を理由とする損害賠償を請求し（本訴），これに対し，Y₂は，Xがフランチャイザーとして提供すべきサービスの提供を怠ったとして更新後の3年間に支払ったロイヤリティのうち不履行部分（7割）に相当する損害賠償を請求した（反訴）。

判決要旨

1 (1)「Y₂は，平成17年4月1日，Aを吸収合併したことにより，Aの権利義務を承継した。……Y₂は，平成17年4月1日以降，Aの雇用していた技術者をそのまま雇用し，Aと同じ顧客に派遣したものであり，Aの事業と同一の事業を営んだということができる。したがって，Y₂の上記の行為は，Xと同種の事業を営んだというべきであり，本件契約12条2項①に違反する事由がある。」

「Y₂は，Xから……Aの営業を引き継ぐように請求されたが，同請求に応じなかった。したがって，Y₂社の上記の行為は，本件契約41条4項違反に該当する。」

(2)「フランチャイズ契約は，フランチャイザーがフランチャイジーに対し，一定の地域内で，フランチャイザーの商標，サービス・マーク及びトレード・ネームなど営業の象徴となる標識並びに経営ノウハウを用いて事業を行う権利を付与することを内容とする契約である。」

「したがって，フランチャイズ契約において，フランチャイザーの保有する①一定の地域内において築き上げられた商圏（顧客），②商標等に表象される当該フランチャイズの統一的なイメージ，③経営ノウハウは，いずれも保護に値する。」

「本件競業避止規定は，契約終了後も2年間にわたり，旧フランチャイジーが，Xの事業と同種又は類似の事業を営むことを禁止するものであり，地域的な限定が付されていないことから，Xの経営ノウハウの保護を目的としているということができ，かつ，本件競業避止規定を担保するために本件引継ぎ規定が存在していることから，Xの商圏の保護をも目的としているということができる。」

(3)「フランチャイズ契約における競業避止規定については，①競業避止規定による制限の範囲（禁止の対象となる期間，地域・場所，営業の種類）が制限目的との関係で合理的といえるか，②競業避止規定の実効性を担保するための手段の有無・態様（違約金・損害賠償の予定，フランチャイザーの先買権など），③競業に至った背景（契約の終了の原因に対する帰責の有無）等を総合的に考慮し，競業禁止により保護されるフランチャイザーの利益が，競業禁止によって被る旧フランチャイジーの不利益との対比において，社会通念上是認

しがたい場合には，民法90条により無効と解すべきである。」

「Xには，①Aが労働者派遣事業を営んでいた九州地区でXの商圏が成立していたとはいえないこと，②XがAに提供した営業ノウハウは，遅くとも平成17年3月31日の時点では秘密性及び有用性を欠き，保護に値する程度がごく僅かであったこと，③他方，本件競業避止規定によりAには廃業以外の選択肢がなく，しかも，本件契約終了当時のXの態度に照らし，その時点で，廃業（Xへの営業の承継）に伴う対価を得られる見込みがなかったこと，④契約終了に至った原因について，フランチャイジーの全国展開計画の頓挫，フランチャイジーにとって有益なソフト開発の放棄など，X側の事情が多分に寄与していることからすると，本件競業避止規定の制限内容は，競業禁止により保護されるフランチャイザーの利益が，競業禁止によって被る旧フランチャイジーの不利益との対比において，社会通念上是認しがたい程度に達しているというべきであり，公序良俗に違反して無効である。」

2 (1)「Xが第1回契約の締結に向けて，Y_1に対し，本件フランチャイズ事業の全国展開ないし株式店頭公開という目標ないし計画を説明した事実は推認できる。」

「しかし，本件全証拠に照らしても，本件フランチャイズ事業の全国展開ないしXの株式上場が，本件契約におけるXの債務として合意されたことを認めるに足りない。」

(2)「フランチャイジーであるAは，独立した事業体であり，Xないし他のフランチャイジーから技術者ないし顧客の斡旋を受けると否とにかかわらず，技術者を雇用し，顧客との間に派遣契約を締結することが予定される。そして，技術者との雇用契約及び顧客との派遣契約は，相手方の承諾を必要とするものである以上，仮に，Xが技術者ないし顧客を斡旋する債務を負っていたとしても，同債務は結果債務ではなく，手段債務と解すべきである。」

(3)「第1回契約の契約書にも，フランチャイジーが，○○ネットワーク専用端末をとおして，○○システムの一環として行われる販売管理及び情報提供用ソフト「○○ネットワーク」を用いて，①技術職種の内容，レベル及び時給相場を把握すること，②得意先の技術者求人引合の職種内容，レベルのマッチング判断データをXに求めることができる旨明記されていた。」

「Xは，上記ネットワークシステムを構築することができず，第1回契約において，上記イ(イ)の債務に不履行はあったが，XとAは，第2回契約に当たり，上記イ(イ)の債務をXの債務としないことに合意した。」

「以上より，サービス一覧表Dについて，Xの債務不履行があったとは認められない。」

分析

1 契約終了後の競業避止義務について

　フランチャイジーの競業避止義務については，フランチャイズ契約期間中であると期間満了後であるとを問わず，フランチャイズ契約に明文で定めない限り，原則としてフランチャイジーは競業避止義務を負わないと解されている（『【改訂版】フランチャイズ契約の法律相談』241頁）。そして，フランチャイズ契約においては，フランチャイザーの財産である経営ノウハウを保護するために，秘密保持契約とは別に，契約終了後にフランチャイジーに競業避止義務を負わせる規定を盛り込むこともよく行われている。本判決も触れているように，「旧フランチャイジーが経営ノウハウを不正に利用したり，他人に漏洩したりした疑いがあっても，訴訟において同事実を立証することが困難であるから」である。

　しかし，たとえ競業避止義務を明文で定めても，その定めが常に有効であるとは限らない。職業選択の自由ないし営業の自由の不当な制限になる場合には，公序良俗に反し無効とされることがあるからである。近時の裁判例の傾向としては，契約による拘束よりも営業の自由を重視する傾向が強く，最判平成22年3月25日判夕1327号71頁も，退職後の元従業員の例ではあるが，元の会社の取引先のうち，8割から9割の仕事を受注した競業行為は，社会通念上自由競争の範囲を逸脱した違法なものということはできず，不法行為に当たらないとしている。

　本件も，その流れの一つに位置づけることができよう。ただ，従来の裁判例では，競業避止規定の禁止業務の範囲及び時間的・場所的制約を中心にその有効性を判断する例が多かった。すなわち，契約終了後の競業避止義務については，①禁止される業務の範囲，②禁止される場所，③禁止される期間の3点において限定されることが必要であると考えられてきたが，実際には上記の①〜③すべてが限定された競業避止義務条項はめずらしく，①から③

のいずれか1個ないし2個は明確に制限されていないのが通常であって，その有効性が問題とされてきた。

　この点，契約終了後の競業禁止特約に時間的制限が付されていなかった事案で，裁判所は，「競業禁止特約はその制限の程度いかんによっては営業の自由を不当に制限するものとして公序良俗に反して無効になる場合があることは否定できないが，一定の営業につき，期間も区域も限定することなく無条件に競業を禁止するような場合は格別，本件のように，競業を禁止する場所を1か所（本件加盟契約における営業場所）に限定し，かつ競業を禁止する営業の種類も契約存続中と同一業種による同一事業と限定しているような場合で，しかも，本件加盟契約が持ち帰り弁当等飲食物の加工販売の営業を目的とする店舗も被告会社が開設するに際してのいわゆるチェーン店契約であることに鑑みると，右競業禁止特約をすることにつき十分な合理性が認められるとともに，右制限の程度に照らすと，右競業禁止特約によって直ちに被告会社の営業の自由が不当に制限されると解するのは相当でなく，従って，同特約が公序良俗に反するとはいえないものというべきである。」（神戸地判平成4年7月20日判タ805号124頁，大阪高判平成6年2月4日〔本家かまどや事件〕）と述べた。

　また，契約終了後の時間的制限や場所的制限のない場合でも，「フランチャイズ契約における競業避止義務規定全部を過度の規制であり公序良俗に反するものとして無効と解する必要はなく，適用する場面において，それが過度の制限に当たらないかを判断すれば足りるものというべきである。」と述べる裁判例（東京地判平成14年8月30日ウェストロージャパン2002WLJPCA08300019）や，契約終了後2年間という時間的制限はあるものの場所的制限の定めのない場合に，フランチャイザーが元フランチャイジーの住所地を中心に半径5kmの範囲内に限って営業禁止を求めていることに照らして，契約終了後の競業避止義務も有効であるとした裁判例（東京地判平成22年2月25日ウェストロージャパン2010WLJPCA02258008）がある。

　このように，時間的制限や場所的制限のない場合でも，契約条文の文言だけで直ちに競業避止義務の効力を否定するのではなく，実際の適用場面が過度の制限に当たらないならば，競業避止義務規定を有効と解するのが裁判実

務の傾向だといえる。本件では，それに加えて，フランチャイザーの商圏や経営ノウハウの範囲及び内容並びに契約終了に至った原因などを詳細に検討している点が注目される。

まず，場所的な制約については，規定上地域的な限定が付されておらず，仮にA社の営業地域に限定すると解釈しても，本件フランチャイズ事業における営業活動の実態を見れば，営業地域が広範にならざるを得ない。現にA社がこれまで営業活動の優先権を与えられてきた企業も九州全域にわたっているとしている。

また，禁止される行為についてもXと同種又は類似の事業全部にわたると広汎である。したがって2年間という時間的な制限はあるものの，AないしY₂としては廃業するしかないこととなり，営業の自由及び職業選択の自由が全面的に制限されるとしている。

さらに，商圏については，九州地区においてはXの商圏は成立しておらず，むしろA社自体の信用や同社の責任者の人的関係によって派遣契約を成立させてきたと認定している。経営ノウハウについても，詳細に検討を加えている。フランチャイズの経営ノウハウを保護すべき実質的な根拠は，これを時間と費用をかけて開発してきたフランチャイザーの正当な利益を保護するところにあり，フランチャイジーはノウハウの開示を受けることで，自らが有用な情報を獲得するために必要な時間を短縮できるところ，本件においては，Xの代表取締役が，平成8年まで大手技術者派遣事業者に在籍していた当時入手した資料をそのまま提供していること，ノウハウには常時洗練・開発を継続していかないと職業上の優位性を維持できなくなるという性質があること，提供されたノウハウをA社ではあまり利用していなかったこともふまえれば，遅くとも平成17年の契約終了時には，X社のノウハウには，保護に値する有用性及び秘密性が備わっていないと認定している。

そして，本件契約が終了に至った事情として，Xの全国展開が頓挫し，フランチャイザーとフランチャイジーのリアルタイムの情報交換システムである「J・システム」が実現されるに至らなかったことなどのX側の事情が主要な理由になっていることを認定している。

以上のような点から，判旨は，「本件競業避止規定の制限内容は，競業禁

止により保護されるフランチャイザーの利益が，競業禁止によって被る旧フランチャイジーの不利益との対比において，社会通念上是認しがたい程度に達しているというべきであり，公序良俗に違反して無効である」との判断に到達している。

　これらの諸要素は，一部のみを取り上げても十分公序良俗違反という判断に到達するに足りる要素であると考えられるが，詳細な検討が加えられている点は，同種訴訟において大いに参考になるものと考えられる。

2　フランチャイザーの債務不履行について

　1で述べたようなフランチャイザーの対応からすれば，本件フランチャイズ契約が結ばれていた2期6年間は，フランチャイジー自身の営業努力・人的関係にたよって派遣事業を行っていたのであろうという全般的な印象を受けるのであるが，少々意外なことに，フランチャイザーの債務不履行は認定されなかった。

　一つには，J・システムの一環であるネットワークシステムの構築を第2回契約のときにXの債務としなかったことが大きかったと思われる。訴訟におけるYらの主張としては，Xが提供すべきサービスをかなり具体的に特定しているのであるが，契約の段階で明確に詰め切れなかったために，裁判所も債務不履行の認定に躊躇したのではあるまいか。

【土居伸一郎】

〔参考文献〕
西口元＝木村久也＝奈良輝久＝清水建成編『【改訂版】フランチャイズ契約の法律相談』
　245-250頁（青林書院，2009年）
神田孝『フランチャイズ契約の実務と書式』143-147頁（三協法規出版，2011年）

第46 アルファ事件

▶契約終了後の競業避止義務規定が公序良俗に違反せず，無効とはいえないとされた事例

大阪地方裁判所平成22年1月25日判決　一部認容・控訴（後和解）
判例タイムズ1320号136頁

争　点

契約終了後の競業避止義務規定が公序良俗に違反して無効か。

結　論

　本件の競業避止義務規定は，Xのフランチャイズ・システムの顧客・商圏を保全するとともに，Xの高齢者向け弁当宅配業のノウハウ等の営業秘密を保持するという重要かつ合理的な趣旨目的を有するというべきであり，Yが被る営業の自由の制約等の不利益については相当程度緩和の措置が採られていることから，本件の競業避止義務規定は，Yの営業の自由等を過度に制約するものとはいえず，公序良俗に違反し無効であるとはいえない。

事案の概要

　1　Xは，フランチャイズ・システムによる飲食店業の加盟店の募集及び加盟店の経営指導等を主たる業務の目的とするフランチャイザーであり，平成12年9月1日，Y_1（フランチャイジー）との間で，弁当宅配業に関するフランチャイズ契約を締結した。
　2　その後，X及びY_1は，平成17年9月1日，同フランチャイズ契約を更新し，契約期間を3年間とし，契約終了後3年間の競業避止義務及び当該競業避止義務に違反した場合，解除日直近の12か月間の店舗の経営実績に基づく平均月間営業総売上げに対するロイヤルティ相当額の36か月分を支払う

旨の定め（以下，「競業避止義務規定」という。）があるフランチャイズ契約（以下，「本件契約」という。）を締結し，Y_2 は，Y_1 の連帯保証人として本件契約に基づき Y_1 が X に対して負担する一切の債務を連帯して履行することを約した。

3　Y_1 は，本件契約に基づき，愛知県岡崎市大和町に店舗を構え，「アルファ岡崎店」の名称で弁当宅配事業を営業していたが，本件契約は，平成20年8月31日をもって，契約期間満了により終了した。

4　ところが，Y_1 は，平成20年9月1日以降も，同一場所において，屋号のみ「ベータ」に変更し，Y_1 は「ベータ」の代表を務め，Y_2 は店長を務めて，弁当宅配業を継続していたことから，X は，Y らに対し，Y_1 が本件契約所定の契約終了後の競業避止義務に違反したと主張し，本件契約ないしその連帯保証契約に基づき，同一市内において同種の営業を行わないことと約定の損害金914万8680円及びこれに対する遅延損害金の支払を求めた。

5　これに対し，Y らは，本件契約の競業避止義務規定は，合理性を欠いており，公序良俗に違反し無効であると主張し争った。

6　本判決は，本件契約の競業避止義務規定は，公序良俗に違反せず，無効とはいえないとして，X の請求を一部認容した（X の Y_2 に対する連帯保証契約に基づく営業差止めの請求については，棄却した。）。

【当事者関係図】

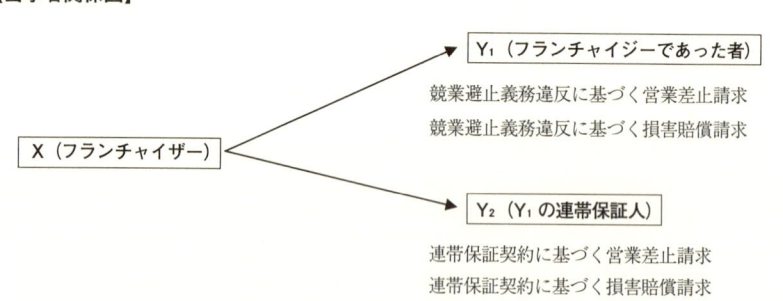

X（フランチャイザー）
→ Y_1（フランチャイジーであった者）
　競業避止義務違反に基づく営業差止請求
　競業避止義務違反に基づく損害賠償請求
→ Y_2（Y_1 の連帯保証人）
　連帯保証契約に基づく営業差止請求
　連帯保証契約に基づく損害賠償請求

判決要旨

1 争点（競業避止義務規定の有効性について）

(1) 競業避止義務規定の趣旨目的の合理性

「Xは，高齢者向け宅配弁当事業の業界で有力な企業であり，本件のフランチャイズ事業は，業界の新聞で特集が組まれるなど，高齢者向けの弁当宅配業界において，一定の評価を受けている。そのため，Yらは，フランチャイズ契約を締結した当初から，Xの展開するフランチャイズ事業に対する信頼・評価を基に宣伝・広報活動等を行い，顧客を獲得することができたといえる。そもそも，Yらには，本件フランチャイズ契約の締結以前，弁当宅配事業を営んだ経験はなく，Xからの冷凍食材の提供等を受けることで，調理の経験も調理コストの負担もなく開業できるというXのフランチャイズシステムなくして，Yらが容易に事業に参入できたとは考え難い。このようにYらが，Xのフランチャイズシステムそのものや，その実績・信頼・評価を利用することなしに，事業を軌道に乗せるのは極めて困難であったというほかない。

しかも，Xは，契約上，Y_1の責任地域（岡崎市エリア）において，他の同一業態によるフランチャイズ営業を認めないこととし，いわゆるテリトリー制を採用していた。これにより，Y_1は，岡崎市内において，Xのフランチャイズシステムを利用した高齢者向け弁当宅配事業を独占的に展開することができたのである。

したがって，本件の競業避止義務規定は，Y_1がXのフランチャイズシステムを利用して獲得・形成した顧客・商圏をそのまま流用することを防止し，Xのフランチャイズシステムの顧客・商圏を保全する意義を有するもので，合理性を有する。」

「加えて，Xは日替わりメニューを用意し，1食当たり多くの品数を揃え，高齢者向けの味付けを施して栄養バランスに留意するほか，安否確認サービスの付加価値を付けるなど，他の業者との差別化に意を用いている。フランチャイジーであったY_1は，これらのXの同業他社との競争に打ち勝つための具体的な工夫をそのまま利用することができた。

本件の競業避止義務規定は，Y_1が，上記のようなXが有する高齢者宅配弁当事業のノウハウをそのまま流用することを防止し，Xのフランチャイズシステムのノウハウ等の営業秘密を保持する意義を持つものであり，この点からも

合理性を有するものというべきである。」

(2) 競業避止義務規定によって，Y_1 が被る不利益の程度

「本件の競業避止義務規定は，その期間を契約終了後3年間，対象となる営業をアルファフランチャイズシステムと同種のもの（弁当販売業，弁当製造業及び弁当宅配業）に限定している。また，Xは，本件訴訟において，営業差止の対象地域を愛知県岡崎市内に限定している。以上によれば，本件の競業避止義務規定による Y_1 の被る営業の自由の制約等の不利益は，相当程度緩和されているものと認められる。」

(3) 小　括

「以上によれば，本件の競業避止義務規定は，Xのフランチャイズシステムの顧客・商圏を保全するとともに，Xの高齢者向け弁当宅配業のノウハウ等の営業秘密を保持するという重要かつ合理的な趣旨目的を有するというべきである。他方，Y_1 が被る営業の自由の制約等の不利益については，相当程度緩和の措置が採られている。したがって，本件の競業避止義務規定は，Y_1 の営業の自由等を過度に制約するものとはいえず，公序良俗に違反し無効であるとはいえない。

これに対し，Yらは，競業を禁止された場合，Y_1 は生計を立てることすら困難になり，店舗の建物賃借権も無価値になるなど，Y_1 の被る不利益が過大であると主張する。しかし，前記の競業避止義務規定の趣旨目的に照らすと，上記の事情から，XがYらの競業行為による不利益を甘受すべきことにはならない。むしろ，Y_1 がそのような不利益を被るとしても，それは，フランチャイズ契約を自ら解消したことによる結果であって，そのことをもって，直ちに同規定が公序良俗に違反し，無効であるとまでは言い難い。」

2　Y_2 に対する営業差止めの請求について

「Xの Y_2 に対する営業差止請求の訴訟物は，連帯保証契約に基づく連帯保証債務の履行請求権である。ところが，Y_1 の競業避止義務それ自体は，不代替的債務である。Xの Y_2 に対する連帯保証契約に基づく営業の差止めを認めるべき事情も見い出し難い。したがって，この点に関するXの請求は理由がないというべきである。」

分　析

1　競業避止義務条項の有効性

　フランチャイズ契約は，フランチャイザーとフランチャイジーの信頼関係を基礎とした継続的取引契約であり，フランチャイジーは，フランチャイザーからノウハウや営業秘密の開示を受けて統一的な事業形態の下で事業を行うことを合意して，自らの事業を行う（『【改訂版】フランチャイズ契約の法律相談』241頁，246頁参照）。そのため，フランチャイズ契約においては，フランチャイザーからフランチャイジーに対して提供されたノウハウや営業秘密がフランチャイザーと競業関係に立つ者に漏洩されることを防止するため，競業避止義務が契約の一条項として規定されるのが一般的である。

　この点，このような競業避止義務条項も，無制限に認められるわけではなく，その制限の程度いかんによっては，フランチャイジー（又はフランチャイジーであった者）の営業の自由（憲法22条1項）を不当に制限するものとして公序良俗に違反し無効になり得るが，判例は，営業の種類，期間，場所（区域）のいずれかに適当な制限をした場合には，有効であるとの態度をとっているものと解されており（大判明治32年5月2日民録5輯5号4頁，大判大正7年5月10日民録24輯830頁，大判昭和7年10月29日民集11巻1947頁），学説もかかる立場を支持しているようである（川島武宜＝平井宜雄編『新版注釈民法(3)総則(3)』72頁（有斐閣，2003年））。

　フランチャイズ契約における競業避止義務条項の有効性が問題となった裁判例においても，営業の種類，期間，場所（区域）に制限を設けていることを理由に競業避止義務条項の有効性を認めるものが多い（本家かまどや事件＝神戸地判平成4年7月20日判タ805号124頁，NACチェーン事件＝東京地八王子支判昭和63年1月26日判時1285号75頁等）が，近年の裁判例では，上記の事情に加え，競業避止義務規定の実効性を担保するための手段の有無（違約金，損害賠償額の予定，フランチャイザーの先買権など）や競業に至った背景（契約の終了の原因に対する帰責の有無）等も考慮して，競業避止義務条項を無効とするものもある（東京地判平成21年3月9日判時2037号35頁〈第45事件〉）。

　本判決も，従前の判例学説の判断枠組みと同様に，本件の競業避止義務条

項の趣旨目的の合理性と当該条項によってフランチャイジーが被る不利益の程度を検討している。

　すなわち，本判決は，本件の競業避止義務規定が，フランチャイザーが獲得・形成した顧客・商圏をそのまま流用することを防止し，フランチャイザーの顧客・商圏を保全する意義を有するものであり合理性を有すると認定し，本件競業避止義務規定が，競業避止期間を契約終了後3年間，対象となる営業をXのフランチャイズ・システムと同種のもの（弁当販売業，弁当製造業及び弁当宅配業）に限定する内容であり，また，Xが本件訴訟において，営業差止めの対象地域を愛知県岡崎市内に限定していることを理由に，その有効性を認めたものであり，結論としても妥当であると思われる。

　なお，本判決は，Xに種々の債務不履行（①経営ノウハウの提供義務及び経営の指導援助義務の不履行，②商品納入義務の不完全履行，③独占的営業権保証義務違反，④法定開示書類の不交付，⑤商品の受発注システムの更新の強制）があり，それが本件契約の終了につながったにもかかわらず，本件競業避止義務を課すことは不合理である旨のYらの主張をすべて排斥したが，この点に関連する事実関係を比較的詳細に認定しており（事実関係の詳細については，直接判文を当たられたい。），同種事案の参考になると思われる。

2　連帯保証人に対する営業の差止請求

　本件では，フランチャイザーXが，フランチャイジーY_1に対してだけでなく，本件契約の連帯保証人であるY_2に対しても，連帯保証契約に基づき営業の差止めを求めたが，本判決は，Xの競業避止義務が不代替的債務であり，XのY$_2$に対する連帯保証契約に基づく営業の差止めを認めるべき事情も見い出し難いとして，この点についてのXの請求を棄却している。

　この点，Y_2は競業店舗の店長を務めているものの，連帯保証債務の範囲は代替的債務に限られるものと考えられ，別途Y_2に対する営業差止めを認める必要性はないことから，Xの請求を棄却した本判決の判断は妥当と思われる。

　なお，フランチャイジーと一定の関係にある者の競業が問題となった裁判例には，フランチャイジーが取締役を務める同族会社の競業が問題となった事件につき，当該同族会社とフランチャイジーとを同視してフランチャイジ

一の競業避止義務違反を認めるもの（ニコマート事件第一審＝東京地判平成6年1月12日判タ860号198頁，同事件控訴審＝東京高判平成8年3月28日判時1573号29頁），上記ニコマート事件と同一の事案において，フランチャイザーが，フランチャイジーが取締役を務める同族会社に対して不法行為責任を追及した事件につき，同族会社に債権侵害の不法行為責任を認めるもの（東京地判平成7年2月27日判時1542号68頁），フランチャイズ契約の当事者ではない店長も，信義則上の競業避止義務を負うとして，店長に対する信義則上の競業避止義務違反に基づき営業の差止め及び損害賠償請求を認めたもの（東京地判平成17年1月25日判タ1217号283頁〈第43事件〉）あり，同種事案の参考になると思われる。

【石田晃士】

〔参考文献〕
西口元＝木村久也＝奈良輝久＝清水建成編『【改訂版】フランチャイズ契約の法律相談』245-250頁（青林書院，2009年）
西口元＝吉野正三郎＝木村久也＝奈良輝久編『フランチャイズ契約の実務』（新日本法規，2000年）
金井高志『フランチャイズ契約裁判例の理論分析』（判例タイムズ社，2005年）

〔参照判例〕
神戸地判平成4年7月20日判タ805号124頁〔本家かまどや事件〕
東京地八王子支判昭和63年1月26日判時1285号75頁〔NACチェーン事件〕
東京地判平成6年1月12日判タ860号198頁〔ニコマート事件第一審〕
東京高判平成8年3月28日判時1573号29頁〔ニコマート事件控訴審〕
東京地判平成17年1月25日判タ1217号283頁

434　第5章　契約終了時の諸問題

6　仮処分

第47　ほっかほっか亭仮処分事件

▶サブ・フランチャイズ・システムにおけるマスター・フランチャイザー，サブ・フランチャイザー間のマスター・フランチャイズ契約終了後の競業避止義務違反行為（類似営業行為）などの差止めを求める仮処分命令の申立てについて，信義則上の競業避止義務を認める一方，保全の必要性を欠くとして却下した事例

東京高等裁判所平成20年9月17日決定（確定）
判例時報2049号21頁
原決定：東京地決平成20年3月28日　判例集未登載

争　点

1　サブ・フランチャイズ・システムに係るマスター・フランチャイズ契約（本件地区本部契約）は終了しているか。
2　エリア・フランチャイザーのマスター・フランチャイザーに対する競業避止義務の存否。
3　差止請求の可否。
4　本件地区本部契約12条2項（契約上の地位の移転条項）の解釈。

結　論

抗告棄却（確定）
　東京高裁は，争点1につき，X（マスター・フランチャイザー）の更新拒絶の意思表示により終了している旨を認め，争点2につき，本件地区本部契約に付随する義務として，信義則上の競業避止義務を認め，争点3につき，差止

請求を否定し，争点4につき，Y（エリア・フランチャイザー）の加盟店は，本件地区本部契約12条2項により，本件地区本部契約の終了により，当然にXとの間で直接的に加盟店契約の当事者となることを認めた。

事案の概要

1　Xは「ほっかほっか亭」の名称で持ち帰り弁当事業のフランチャイズ・チェーンを展開するマスター・フランチャイザーである。同フランチャイズ・システムは，各都道府県の各地区単位（「エリア」又は「テリトリー」と称する。）にXとは別の会社が経営する会社との間で地区本部契約を結んで，直営権及びサブ・フランチャイズ権を与える，というものである。Y（エリア・フランチャイザー）は，静岡県，埼玉県，群馬県，宮城県，山形県，福島県についてXとの間で地区本部契約（以下「本件地区本部契約」という。いわゆる「マスター・フランチャイズ契約」に相当する。）を結んでいた。平成18年12月，Yは「ほっかほっか亭」商標権の一部をYが保有すると主張し，Xに対して損害賠償請求を提起した（以下「商標権訴訟」という。）。平成19年，Yにおいて，消費期限を超過した消費を販売していたことが露見し，また，同年Y店舗の仕様は，「ほっかほっか亭」の全国統一仕様に抵触するとして，今後の契約維持が不可能となる旨の通知等を送付した。

2　XはYに対し，静岡地区については平成19年5月28日付け通知書で，埼玉県，群馬県，宮城県，山形県及び福島県の各地域については同年11月26日付け通知書で，特段の理由を付することなく，それぞれ，地区本部契約を期間満了により終了させ更新しない旨の意思表示をした（以下「本件更新拒絶」という。）。これに対し，Yは，前記契約が当然に更新されたとXに通知して，ロイヤルティ等をXに送金し，Xはこれを預り金として受領していた。

3　Yは，Xとの間で商標権訴訟について和解交渉を行っていたが，平成20年1月15日ころ，Xから誠意ある対応が見られない限り，Xとの本件各地区本部契約を含むエリア・フランチャイズ契約を解約し，新ブランドを創設せざるを得ない旨を発表し，そのころからXとYは，それぞれYの加盟店に対し，自らの側に加わるよう個別に働きかけた。Yは，Xが前記更新拒絶の意思表示をしたことなどによってXとY間との信頼関係が破壊されるに至っ

たとして、平成20年2月6日ころ、Xに対し、同年5月14日をもって地区本部契約を解約する旨の意思表示（以下「本件解約」という。）をした。

4　Yは、平成20年2月12日、自ら創設する新ブランドの名称を「ほっともっと」とする旨を発表した。X及びYは、Yの加盟店に対し、自らの側に加わるよう、それぞれ別個に働きかけた。

5　Xは、(1)Xが当事者間の本件地域本部契約につき、各契約期間の満了日まで契約上の地位にあることを仮に定める、(2)本件地区本部契約上の契約地域ないし契約地区における類似の営業禁止請求権に基づき、Yが各契約期間の満了日まで当該契約地域ないし地区において類似営業をすることを禁止し、(3)本件地区本部契約上の契約地域ないし契約地区以外における営業禁止請求権に基づき、Yが各契約期間の満了日のうち最も遅い平成22年2月28日まで類似営業をすることを禁止すること等を求める仮処分命令を求めた。これが本件である。

6　なお、原決定時において、「ほっかほっか亭」として営業する全国約3450店舗のうち約2260店舗がYの直営店又は加盟店であった。Yは、Xの発行済み株式総数の約44％を保有していた。

決定要旨

【原決定要旨】
　原決定は、下記①〜③のとおり、本件解約は有効であり、Xの、契約上の地位を仮に定めること、及びYによる類似行為、加盟店に対する勧誘行為ないしは競業行為の禁止を求める申立てにつき、被保全権利の疎明がないとした。また、YにおいてはXに生じる損害を賠償するに足りる資力を有していると窺われるとして、保全の必要性も認めず、Xの主張を却下した。

①　本件地区本部契約の帰趨（YのXに対する解約の有効性）
　「本件各契約においては、契約期間の定めがあり、各契約期間は（略）「契約期間満了日」欄記載の日までとされている。また、各契約書中に中途解約に関する定めはない。」
　「このように当事者に解約権の留保のない期間の定めのある契約については、原則として、その期間の定めは当事者双方の利益のためになされたものであり、

当事者の一方が期間内に一方的にした解約申入は，その効力を生じないというべきであるが，その期間の定めが解約申入を受けた相手方当事者のためになされたものではなく，又は，その期間の定めが当事者双方の利益のためになされたものであっても，社会通念に照らして当事者の一方による期間内の解約申入により契約を終了させてもやむを得ないといえるような特段の事情のあるときには，残余期間中に相手方当事者が受け得た利益が補塡されるべきものであるかどうかはともかくとして，上記の解約申入によって契約は終了するものと解するのが相当である。」

「Yは，少なくとも本件各契約の期間が満了するまでは，本件各契約が終了することはないとの前提の下，莫大な費用負担ないし投資をして，（略）本件各契約における期間の定めは，Yの利益のためになされたものというべきである。」

「Yにおいては，本件各契約に基づき直営店約1000店舗を含む2260店舗に関わる大規模な事業を行っているのであるから，本件各契約の更新の有無という重大な問題につき，X側の対応を待つという受動的な方針を採ることは現実的ではなく，本件解約という方針を採るに至るのもやむを得ないことである。」

「本件解約は，Xにとっても約3か月間の準備期間を付与するものであり，期間中の契約の終了によってXに何らかの損害が生じるとしても，それを多少は緩和する措置が採られているといえないではないことを総合的に考慮すると，本件契約については，これにより契約を終了させてもやむを得ないといえる特段の事情があると認められる。」，「したがって，本件解約は有効であ」る。

② 本件地区本部契約12条2項（契約上の地位の移転）の解釈

本件契約書第7条1項(3)及び第12条2項の定め（下記）に基づき，Xは，Yが加盟店及び傘下の地区本部に接触し，「ほっかほっか亭」加盟契約の改変又は終了，並びにYが新たに行う持ち帰り弁当チェーンへの参加を勧誘する行為の禁止を求めたが，裁判所はいずれもXの主張を認めなかった。

記

第7条1項(3) 本契約に従い許可されたテリトリー内において，またはテリトリー外においても類似営業を直接，または間接でも行わない。

第12条2項
本契約終了と同時にYの加盟店との契約上の地位はXがこれを継承する。

③ Yの競業避止義務の存否

Xは，仮に本件解約が有効であったとしても，Yには黙示の合意又は信義則

上契約終了後1年間の競業避止義務があると主張した。
　「本件各契約に係る各契約書上，契約終了後の競業避止義務を定めた規定が存在しないことに照らせば，XとYとの間において，契約終了後の競業避止義務が黙示に合意されたものとは認められない。また，当該義務がYの営業の自由と直接抵触するものであることにかんがみると，信義則を直接の根拠として当該義務を認めることは相当ではない。」

【本件決定要旨】
抗告棄却
　①　本件地区本部契約の帰趨
　「本件地区契約は，XのYに対する平成19年5月28日付け及び同年11月26日付けの各更新拒絶の意思表示により，（略）それぞれ終了したものである。」
　②　Yの競業避止義務の存否
　「信義則上，YはXに対して一定期間の競業避止義務を負うものと解するのが相当であ」る。
　「競業避止義務違反行為を差し止めることができるか否かについて検討する」「XはYに対して競業避止義務の履行の強制を裁判所には求めることができないものというべきであ」る
　③　本件地区本部契約12条2項（契約上の地位の移転）の解釈
　「Xと，本件地区本部契約の加盟店は，本件地区本部契約の終了に伴い，当然に加盟店契約の当事者となり，加盟店はXに対して加盟店契約に定められた義務を負い，権利を取得するに至った」が，「Yが「ほっともっと」フランチャイズチェーンへの移行を勧誘する行為に出るおそれがあるとは認めがたい。」

　抗告審の理由付けは，以下のとおりである。
　(1)　本件地区本部契約の終了について
　「フランチャイズ契約のような長期にわたって継続的にフランチャイジーが多額の投資を行うことが必要とされる契約については，フランチャイジーの契約継続に対する期待を無視することはできないから，フランチャイジーの営業保護の観点からも，たとえ契約の文言上は契約期間が定められていたとしても，やむを得ない事由がなければフランチャイザーは契約の更新を拒絶することができないものと解するのが相当」である。
　しかし，本件では，Yが，①Xの主催する全国地区本部長会議に意図的に欠

席し続けていたこと，②「ほっかほっか亭」の毛筆体及び「Ｈマーク」についての標章の出願を行い，Ｘに対し，その使用料相当額の損害賠償を求める訴訟を東京地方裁判所に提起していたこと，③Ｙの直営店又は加盟店が消費期限が経過した商品を販売していたことを発表した上，問題解決に対してＸに十分な協力をしなかったこと，④Ｈマークを付した店舗の統一デザインを無視し，独自のデザインの店舗を出店するようになり，Ｘの数回の警告にもかかわらず従わなかったこと，⑤「ほっかほっか亭」のコンセプトに反した弁当のワゴン販売を行い，その中止を求めるＸの警告に従わず，Ｘは，Ｙによる弁当のワゴン販売の差止めを求める訴訟を提起することを余儀なくされたこと，⑥Ｙの加盟店で消費期限を経過した商品をラベルを貼り替えて販売し，ラベルの貼り替えを拒否した従業員が解雇されていたことが大きく報道される事態となった。これらの事実と，本件地区本部契約7条2項3号・4号が「地区本部はほっかほっか亭の名称が，社会的または消費者から受ける信用と信頼を守るために，ほっかほっか亭ショップが提供する商品とサービスの統一性を維持するために次のことに同意する。」（2項柱書），「ほっかほっか亭ショップは，総本部により前もって示され，認められたプランと仕様明細に基づいて建築しなければならない。即ち，総本部によって決定された統一基準と仕様明細に従って，外装・内装・設置・装飾されなければならない。」（3号），「ほっかほっか亭ショップは，総本部が開発した各種マニュアルに基づきマニュアルに示された事柄を忠実に励行することによって，清潔感に溢れた調理場・売場を維持し統一性のある均質の商品とサービスを提供させるものでなければならない。」にかんがみると，ＸとＹとの信頼関係は主としてＹの上記のような行為によって破壊されるに至ったものと認めるのが相当であり，Ｘが本件地区本部契約の更新拒絶の意思表示をするやむを得ない事由があったといえる。

　すると，「本件地区契約は，ＸのＹに対する平成19年5月28日付け及び同年11月26日付けの各更新拒絶の意思表示により，（略）それぞれ終了した」といえる。

　(2)　Ｙの競業避止義務の存否
　　ア．黙示の競業避止義務の合意
　「競業避止義務は義務者の営業の自由を強く制約するもの」であるから，たやすく黙示の「合意」を認めることは相当ではない。また，「そのような義務が当事者間の合意によって有効に発生したというためには，避止義務を負う業種，期間，地域等について合理的な限定が付されていることが必要」である。

「本件においてはそのような限定についても黙示的な「合意」があったとは認め難く，さらに，加盟店契約には例外なく契約終了後の競業避止義務が規定されているのに，本件地区本部契約にはそのような条項が置かれていない」ので，黙示の競業避止義務の合意があったと認めることはできない。

イ．信義則上の競業避止義務

①長期にわたる継続的なフランチャイズ契約関係にあること，②Yは，フランチャイズチェーンにおいて，九州地域（山口県を含む。）及び東日本地域（青森県，岩手県，秋田県，茨城県を除く。）を営業範囲とする屈指のエリアフランチャイザーであること，③本件地区本部契約7条1項3号には，「地区本部及び主たる出資者（地区本部に対しての）は，それぞれ本契約を締結するにあたり，次のことを総本部に表明する。」（1項柱書），「本契約に従い許可されたテリトリー内において，またはテリトリー外においても類似営業を直接，または間接でも行なわない。」と定められていたこと，④「ほっかほっか亭」の名称による持ち帰り弁当事業のフランチャイズシステムを始めたのはXであり，もしYに契約終了後の競業避止義務が全くないとすれば，Yは，Xから開示を受けたノウハウ等を利用して契約終了の日の翌日からでも別のフランチャイズシステムを構築して持ち帰り弁当事業を展開することができ，Xは甚大な損害を被ることとなり，Xが築いた無形の財産の保護にも欠けることになること，⑤前記のとおり，Xと静岡県，宮城県，山形県及び福島県の各地域における前エリアフランチャイザーとの地区本部契約が終了する際には，Xは，前エリアフランチャイザーとの間でその1年間の競業避止義務を合意して，新たにエリアフランチャイザーとなるYの営業を保護する措置を講じていること，⑥Yにおいても，前記のとおり，「ほっかほっか亭」フランチャイズシステムを維持するためには契約終了後の1年間程度の競業避止義務が必要であるとの認識を持っていたと認められること，⑦本件地区本部契約にYの競業避止義務の発生を阻止する明文の規定はないことにかんがみると，「本件地区本部契約が終了した場合においては，特段の事情のない限り，本件地区本部契約に付随する義務として，信義則上，YはXに対して一定期間の競業避止義務を負うものと解するのが相当」であり，その競業避止義務の内容としては，「契約終了後1年間持ち帰り弁当事業をいかなる名称や態様によっても本件地区本部契約に係る地区（テリトリー）内では行わない旨の義務であると解するのが相当」である。

①競業避止義務が義務者の営業の自由を強く制約するものであること，②加盟店契約には例外なく契約終了後の競業避止義務が規定されているのに本件地区

本部契約にはそのような条項が置かれていなかったことは、「上記の「特段の事情」には当たらない。」。
　しかるところ、Yは、本件地区契約終了後、「ほっかほっか亭」フランチャイズチェーンを離脱したとして、自己の従前の加盟店を自らが展開する「ほっともっと」フランチャイズチェーンに移行させて、持ち帰り弁当事業を営んでいる。「この行為は、「ほっかほっか亭」フランチャイズチェーンの事業展開を著しく妨げるものとして、上記の競業避止義務に違反するもの」といえる。
　ウ．差止請求
　競業避止義務違反行為の差止請求は、「相手方に対して有する実体法上の競業避止請求権の性質や内容等を考慮して、この競業避止請求権の効力として裁判所にその履行の強制を求め得るか否か（裁判所に不作為命令の発令を求め得るか否か）」によって判断される。
　本件では、①競業避止義務は、XとYの合意によって発生したものではなく、本件地区本部契約に付随する義務として信義則上発生したものであり、あくまでも本件地区本部契約に付随する義務であり、競業避止請求権自体に履行自体の強制を求め得るような強い効力があるものとは解し難い、②一般的にも、付随的義務は、それが付随的義務にとどまる限り、履行自体の強制をされるものではないと考えられている、③競業避止義務は義務者の営業の自由を強く制約するものである、④差止めによって被るYの損失・負担は甚大であり、特にその加盟店に及ぼす影響には極めて大きいことから、「XはYに対して競業避止義務の履行の強制を裁判所には求めることができない」。
　(3)　本件地区本部契約12条2項（契約上の地位の移転条項）の解釈
　本件地区本部契約12条2項は、「本契約終了と同時に地区本部の加盟店との契約上の地位は総本部がこれを継承する。」と規定しており、加盟店契約41条は、「本部と総本部とのサブフランチャイズ契約が終了した場合、そのサブフランチャイズ契約の定めるところにより、本部の加盟店に対する本契約上の地位を総本部が承継することを承諾する。」と規定している。「これらの規定は、エリアフランチャイザーである地区本部がフランチャイズチェーンから離脱した場合には、マスターフランチャイザー（総本部）であるXが地区本部に代わって加盟店との契約（加盟店契約）を引き継ぎ、これによって、「ほっかほっか亭」フランチャイズチェーンの存続を図ろうとしたものと解され、加盟店も、加盟店契約の他方当事者であるYのエリアフランチャイザーとしての地位がYからXに移行することをあらかじめ承諾していたものである」。

したがって，本件は，「地区本部契約の終了に伴い，当然に（新たな合意なくして），Xと加盟店は直接的に加盟店契約の当事者となり，加盟店はXに対して加盟店契約に定められた義務を負い権利を取得するに至った」。

　本件は，このような状況の下で，Xは，Yがなお「ほっかほっか亭」フランチャイズチェーンにとどまっている48店舗に対しても「ほっともっと」フランチャイズチェーンへ移行するよう勧誘するおそれが多分にあるとして，そのような勧誘行為を禁止する仮処分命令の発令を求めるものであるが，「Yが「ほっともっと」フランチャイズチェーンへの移行を勧誘する行為に出るおそれがあるとは認めがたい」。

分析

1　はじめに

　本件は，東京地裁平成22年5月11日判決〈第30事件〉に先行して同一当事者間で争われた仮処分事件であり，仮処分特有の争点（仮処分の必要性）を除き，関連した争点が問題となっている。そこで，基本的な解説は，〈第30事件〉の「分析」に譲ることとするが，サブ・フランチャイズ・システムに係るマスター・フランチャイズ契約（その定義についても〈第30事件〉参照のこと。マスター・フランチャイザー（本件X），エリア・フランチャイザー（本件Y）間の契約である。なお，サブ・フランチャイズ契約ということもある。(社)日本フランチャイズチェーン協会編・後掲332頁参照）の終了に関する，類似先例が存在しなかった裁判例の一つであり，判示内容も詳細にわたるため，今後，同種事案を検討するに当たって参考になる部分が多いと思われる。以下，競業避止義務を中心に若干，論じておく。

2　本決定の概要

　本件は，持ち帰り弁当事業を展開するマスター・フランチャイザーであるXが，地区本部契約（マスター・フランチャイズ契約）を締結してサブ・フランチャイズ権を与えていたY（エリア・フランチャイザー）に対し，信頼関係の破壊を理由に地区本部契約の更新拒絶の意思表示により同契約は終了したと主張して，持ち帰り弁当事業の差止め等を求めたものである。

原決定は，Y₁による本件解約は有効であり，Xには被保全権利の疎明がないとして，Xの仮処分の申立てを却下した。本決定は，Yには，Xの方針に反する営業を展開するなど決定要旨のような本件地区本部契約に違反する行為があり，信頼関係が破壊されたと認められるため，Xは本件地区本部契約の更新を拒絶することができるし，また，Yには信義則上の競業避止義務の違反があるとしたが，Yの損失・負担の増大等，決定要旨のような事情を考慮すれば，XのYに対する競業行為の差止めを認容することができないと判断し，原決定は結論において相当であるとして，本件抗告を棄却した。仮処分の必要性の当否については，最三小決平成16年8月30日民集58巻6号1763頁・判時1873号28頁の，債権者が被る損害の性質，内容が事後の損害賠償によって償い得，かつ，債務者の被る損害が相当に大きいと解せられるときは，仮の地位を定める仮処分は許されない，との判例理論に依拠している。

3 競業避止義務について

(1) 問題の所在

　フランチャイズ契約が終了した場合，フランチャイジーであった者（以下，元フランチャイジー）は，当該フランチャイズ・システムの看板は外すことになるが，それまでに培ったノウハウ等を生かして，フランチャイザーの事業と同様の事業を行うことがある。しかし，これを自由に許してはフランチャイザーの顧客が奪われる上，フランチャイズ・システム自体が成り立たなくなるおそれもある（ある程度ノウハウを学び顧客をつかんだら，フランチャイジーがフランチャイズ契約を終了させて，独自に事業を始めてしまうからである。）。そこで，フランチャイザーとしては，元フランチャイジーに対して，競業避止義務違反を理由に，競業行為差止請求や損害賠償請求という対応策をとることが考えられる。従来のフランチャイズ契約の裁判例で競業避止義務違反が争われたものは，フランチャイズ契約に競業避止義務条項が存在する場合に，その有効性如何が問われることが多いが，その点については，〈第21事件，第41事件，第43事件，第44事件，第45事件，第46事件〉の「分析」に譲ることとしたいが，本決定の最大の特徴は，フランチャイズ契約（マスター・フランチャイズ契約）自体に契約終了後の競業避止義務条項が存在しない場合に，黙示の競業避止義務の合意の成立は否定したものの，フランチャイズ契約に付

随する義務として,「特段の事情のない限り」と留保した上で信義則上の競業避止義務を認めた点,及び,かかる競業避止義務の効果として,裁判所に履行の強制を求めることはできないとした点にある。信義則上の競業避止義務の認定の上で取り上げられているファクター(【本件決定要旨】(2)イ①～⑦)は,従来の競業避止義務条項の有効性を論ずる上で問題とされてきたファクター(①,④)とマスター・フランチャイズ契約特有のファクター(②,③,⑦),本件特有の事情(⑤,⑥……ただし,マスター・フランチャイズ契約ならではのファクターとも言い得る。)からなっており,今後の同種事案を検討する上で参考になると思われる。ただ,これらの諸ファクターを見る限り,競業避止義務条項が存在しないときに信義則上の競業避止義務が認められる場合について,裁判所は相当限定的に考えているとは言えるであろう。

(2) フランチャイズ契約終了後の競業避止義務について——雇用(労働)契約との比較

以下においては,本決定の分析からは多少離れるが,フランチャイズ契約終了後の競業避止義務について,雇用契約と比較するという,本書の他の箇所では触れられていない視点で分析しておく。フランチャイズ契約終了後の競業避止義務に関する最高裁判例はなく,下級審裁判例も必ずしも十分ではないが,雇用契約における議論は大いに参考になる。その理由は,雇用契約とフランチャイズ契約は,もちろん異なる契約であるが,競業避止義務を定める目的や利益状況(雇用主・フランチャイザーの商圏・顧客の確保の利益⇔元従業員・元フランチャイジーの営業の自由)が同じだからである(金井高志・後掲論文は,両契約が附合契約的な要素を持ち,その契約内容について個々のフランチャイジーが希望する条件を入れる余地がほぼ皆無である点で類似することを理由として挙げている。同旨,長谷河亜希子・後掲論文)。

(3) 雇用契約終了後における競業避止義務

雇用契約終了後における競業避止義務については,一般的に次のように考えられている(菅野和夫『労働法(第9版)』74頁(弘文堂,2011年),加茂善仁ほか編『Q&A労働法実務シリーズ 解雇・退職(第4版)』363頁(中央経済社,2011年),宮本光雄ほか編『労働法実務ハンドブック(第3版)』544頁(中央経済社,2006年))。

① 雇用契約期間中は,雇用契約に基づく付随義務として,従業員に競業

避止義務が認められる。

②　（雇用契約に基づく義務だから）雇用契約終了後は，元従業員に競業避止義務は認められない。雇用契約終了後も従業員に競業避止義務を負わせるためには，就業規則等によって明確に合意しておく必要がある（例外は③）。

ただし，元従業員の職業選択の自由と雇用主の競業行為禁止の必要性の調整から，合理性を有する場合に限って有効とされる（限定解釈を行う。）。期間・対象などをみて判断する。

この義務に違反した場合，雇用主は，元従業員に対して，損害賠償請求・差止請求をすることができる。

③　競業避止義務の特約がなくても，信義則上の競業避止義務を認定して，損害賠償請求が認められる場合がある。当該従業員が幹部社員で重要な地位についていた・営業秘密を知り得る地位にあったなどの事情，元雇用主に与えるダメージなどのファクターから背信性の強さをみて判断する（チェスコム秘書センター事件＝東京地判平成5年1月28日判時1469号93頁・判タ848号277頁，東京リーガルマインド事件＝東京地判平成7年10月16日判タ894号73頁）。

④　競業避止義務の特約がなければ差止請求は認められない（信義則上の競業避止義務違反に基づく差止請求は認められない。）。

⑤　元従業員の競業行為が，社会通念上自由競争の範囲を逸脱した違法な態様で元雇用者の顧客を奪取したとみられる場合は，不法行為上違法となる（最判平成22年3月25日裁判所ホームページ）。

(4)　フランチャイズ契約終了後の競業避止義務

雇用契約における枠組みを応用すると，フランチャイズ契約については，次のように整理することが，一応できる（上記の数字と対応）。

①　（原則）雇用契約と異なり，フランチャイズ契約では，契約期間中であっても付随義務としての競業避止義務を認めることはできない。当事者の合意が必要である（ただし，フランチャイズ契約を締結しながら契約期間中の競業避止義務を定めないことはあまり考えられない。）。

②　（原則）フランチャイズ契約期間中の競業避止義務が定められたとしても，フランチャイズ契約終了後の競業避止義務が認められるわけではない。別にフランチャイズ契約終了後の競業避止義務を合意しておくことが必要で

ある。
　利益状況は雇用契約に類似しているから，フランチャイズ契約においても限定解釈がされることになる。フランチャイザーの利益（商圏の保護，ノウハウ漏洩からの保護），フランチャイジーの利益（営業の自由）の調整から合理性を有する限度で有効ということであろう。
　この義務に違反した場合，フランチャイザーは，元フランチャイジーに対して，損害賠償請求・差止請求をすることができる。
　この点が問題となった裁判例として，本家かまどや事件（神戸地判平成4年7月20日判夕805号124頁），NACチェーン事件（東京地八王子支判昭和63年1月26日判時1285号75頁）がある。
　③　（例外）契約終了後の競業避止義務の特約がなくても，違法性の程度が高ければ信義則上の競業避止義務違反として損害賠償請求は可能である。
　この点が問題となった裁判例としては，こがねちゃん弁当事件（高知地判昭和60年11月21日判夕603号65頁）がある。本決定は，マスター・フランチャイズ契約という特殊な事例に関するものであり，③に属するといえるかは，なお，検討を要しよう。
　④　労働契約と同様に競業避止義務の特約がなければ差止請求は認められないと考えるべきである。その理由として，ⅰ差止めは強い制約のため合意がないのに認めることはできない。ⅱフランチャイザーは，優越的地位にあることから，契約終了後の競業避止義務を定めることができ，それによって自己の利益を守ることができたにもかかわらず，あえてそれをしていない。
　この点が問題となった裁判例としては，本決定がある。
　⑤　フランチャイズにおいても，同様に考えられるであろう。

【奈良輝久】

〔参考文献〕
西口元＝木村久也＝奈良輝久＝清水建成編『【改訂版】フランチャイズ契約の法律相談』355-371頁（青林書院，2009年）
（社）日本フランチャイズチェーン協会編『フランチャイズ・ハンドブック』（商業界，2003年）
金井高志「フランチャイズ契約における秘密保持義務及び競業避止義務」判夕873号35頁

(特に43頁)
長谷河亜希子「フランチャイズ契約終了後の競業避止業務について―再論」弘前大学人文社会論議・社会科学編22・2009, 6ページ（特に80頁以下）

第 6 章

フランチャイズと独占禁止法

第48 セブン・イレブン見切り販売事件

▶コンビニ・フランチャイズ本部による見切り販売の制限が「優越的地位の濫用」に該当するとされて排除措置命令が出された事例

平成21年6月22日公取委命令　平成21年(措)第8号
公取委HP

争　点

コンビニエンスストアの本部による見切り販売の制限が，独占禁止法19条が禁止する「不公正な取引方法」の旧一般指定第14項第4号（優越的地位の濫用）に該当するか。

結　論

1　該当する。公正取引委員会が認定した「違反行為の概要」は，2のとおりである。

2　S社（フランチャイザー）の取引上の地位は，加盟者（フランチャイジー）に対して優越しているところ，S社は，加盟者で廃棄された商品の原価相当額の全額が加盟者の負担となっている仕組みの下で，推奨商品のうちデイリー商品に係る見切り販売を行おうとし，又は行っている加盟者に対し，見切り販売の取りやめを余儀なくさせ，もって，加盟者が自らの合理的な経営判断に基づいて廃棄に係るデイリー商品の原価相当額の負担を軽減する機会を失わせている。

事案の概要

1　①　株式会社S社（以下「フランチャイザー」という。）は，店舗数直営店約800店，加盟店約1万1200店の我が国最大手のコンビニ・チェーン事業者であるが，加盟者（フランチャイジー）はほとんど全て中小の小売事業者である。

② フランチャイザーは，加盟者との間で，加盟者が使用することができる商標等に関する統制，加盟店の経営に関する指導及び援助の内容などについて規定する加盟店基本契約（以下「基本契約」という。）を締結している。基本契約は期間15年であり，契約期間の延長又は契約の更新について合意できなければ基本契約は終了し，加盟者が自ら用意した店舗で経営する場合，契約終了後1年間は他のコンビニ・チェーンに加盟できない。

　③ フランチャイザーは，加盟者に推奨商品，その仕入先を提示しているが，推奨商品を仕入れる場合はフランチャイザーのシステムを使って発注，仕入れ，代金決済等の手続が簡便にできる等の理由で，加盟店で販売される商品のほとんどすべては推奨商品となっている。

　④ フランチャイザーは，経営相談員（以下「OFC」という。）に指導，援助を行わせているが，加盟者はそれに従って経営を行っている。

　2　以上の事情等により，加盟者にとっては，フランチャイザーとの取引を継続することができなくなれば事業経営上大きな支障を来すこととなるため，フランチャイザーからの要請に従わざるを得ない立場にあり，フランチャイザーの取引上の地位は加盟者に対して優越している。

　3　基本契約においては，加盟者は販売する商品の販売価格を自らの判断で決定することとされているが，フランチャイザーは推奨商品について標準的な販売価格を定めて提示し，ほとんど全ての加盟者は推奨価格を販売価格としている。

　4　フランチャイザーは，推奨商品のうち，デイリー商品（品質が劣化しやすい食品及び飲料であって，原則として毎日店舗に納品されるものをいう。）について，独自の基準により販売期限を定め，加盟者は基本契約等により，当該販売期限を経過したデイリー商品はすべて廃棄することとされている。

　5　加盟店で廃棄された商品の原価相当額は，基本契約に基づき，加盟者が全額負担することになっているが，フランチャイザーが加盟者から収受するロイヤルティについては，商品の売上額から当該商品の原価相当額を差し引いた額（以下「売上総利益」という。）に一定の率を乗じて算定することとし，ロイヤルティの額が廃棄された商品の原価相当額の多寡に左右されない方式を採用している。加盟者が得る実質的な利益は，売上総利益からロイヤルテ

ィの額及び廃棄された商品の原価相当額を含む営業費を差し引いたものとなるが，加盟店において廃棄された商品の原価相当額は年間平均約530万円である。

　6　フランチャイザーは，かねてから，デイリー商品は推奨価格で販売されるべきとの考え方をOFCをはじめ従業員に周知徹底を図っているが，廃棄される商品の原価相当額の全額が加盟者の負担となる仕組みの下で，OFCは，加盟者が見切り販売（販売期限が迫っている商品を値引して消費者に販売する行為）を行わないようにさせ，見切り販売を取りやめないときは，基本契約の解除等の不利益な取扱いをする旨を示唆するなどして，加盟者に対して見切り販売の取りやめを余儀なくさせている。

　7　以上の行為によって，フランチャイザーは，加盟者が自らの合理的な経営判断に基づいて廃棄に係るデイリー商品の原価相当額の負担を軽減する機会を失わせている。

命令要旨

　公正取引委員会の命令要旨は，以下のとおりである。
　「フランチャイザーは，自己の取引上の地位が加盟者に優越していることを利用して，正常な商慣習に照らして不当に，取引の実施について加盟者に不利益を与えているものであり，これは，公正な取引方法〔一般指定〕の第14項第4号に該当し，独占禁止法第19条の規定に違反する」。その上で，「加盟者に対し，見切り販売の取りやめを余儀なくさせ，もって，加盟者が自らの合理的な経営判断に基づいて廃棄に係るデイリー商品の原価相当額の負担を軽減する機会を失わせている行為を取りやめなければならない」こと等を命じた（なお，当該フランチャイザーは，2009年8月3日，排除措置命令の受け入れを決定した。）。

分析

1　本件は，フランチャイズ・システムの本部と加盟者の取引に対して公取委が法的措置をとった最初の事例である。「フランチャイズ・システムに関

する独占禁止法上の考え方」(平成14年4月24日公正取引委員会。いわゆる「フランチャイズ・ガイドライン」)は,「フランチャイズ契約締結後の本部と加盟者との取引について」の中で,「優越的地位の濫用」を取り上げ,次のように説明している。

「加盟者に対して取引上優越した地位(注3)にある本部が,加盟者に対して,フランチャイズ・システムによる営業を的確に実施する限度を超えて,正常な商習慣に照らして不当に加盟者に不利益となるように取引条件を設定し,又は取引の条件若しくは実施について加盟者に不利益を与えていると認められることがあり,そのような場合には,フランチャイズ契約又は本部の行為が一般指定の第一四項(優越的地位の濫用)に該当する。

(注3) フランチャイズ・システムにおける本部と加盟者との取引において,本部が取引上優越した地位にある場合とは,加盟者にとって本部との取引の継続が困難になることが事業経営上大きな支障を来すため,本部の要請が自己にとって著しく不利益なものであっても,これを受け入れざるを得ないような場合であり,その判断に当たっては,加盟者の本部に対する取引依存度(本部による経営指導等への依存度,商品及び原材料等の本部又は本部推奨先からの仕入割合等),本部の市場における地位,加盟者の取引先の変更可能性(初期投資の額,中途解約権の有無及びその内容,違約金の有無及びその金額,契約期間等),本部及び加盟者間の事業規模の格差等を統合的に考慮する。

ア フランチャイズ・システムにおける本部と加盟者との取引において,個別の契約条項や本部の行為が,一般指定の第一四項(優越的地位の濫用)に該当するか否かは,個別具体的なフランチャイズ契約ごとに判断されるが,取引上優越した地位にある本部が加盟者に対して,フランチャイズ・システムによる営業を的確に実施するために必要な限度を超えて,例えば,次のような行為等により,正常な商習慣に照らして不当に不利益を与える場合には,本部の取引方法が一般指定の第一四項(優越的地位の乱用)に該当する。

(略)
(見切り販売の制限)

○廃棄ロス原価を含む売上総利益がロイヤルティの算定の基準となる場合において，本部が加盟者に対して，正当な理由がないのに，品質が急速に低下する商品等の見切り販売を制限し，売れ残りとして廃棄することを余儀なくさせること（注4）。

（注4）　コンビニエンスストアのフランチャイズ契約においては，売上総利益をロイヤルティの算定の基準としていることが多く，その大半は，廃棄ロス原価を売上原価に算入せず，その結果，廃棄ロス原価が売上総利益に含まれる方式を採用している。この方式の下では，加盟者が商品を廃棄する場合には，<u>加盟者は，廃棄ロス原価を負担するほか，廃棄ロス原価を含む売上総利益に基づくロイヤルティも負担すること</u>となり，廃棄ロス原価が売上原価に算入され，売上総利益に含まれない方式に比べて，不利益が大きくなりやすい。」

2　「優越的地位」の認定について

　本件命令は，フランチャイズ・ガイドラインが示す，「フランチャイザーとの取引を継続することができなくなれば事業経営上大きな支障を来す」事情を具体的に示して（事案の概要1①～④），フランチャイザーの優越的地位を認定している。①は本部と加盟者との交渉力の格差，②は加盟者の取引先変更の困難性，③はシステムへの依存，④は知識・経験の格差を示したものといえるが，フランチャイズ・ガイドラインの（注3）が挙げた諸ファクターを基本的に踏襲し，具体的事例に当てはめたものと評価でき，その意味では手固い認定を行ったものと言える（なお，公正取引委員会は，平成22年11月30日に「優越的地位の濫用に関する独占禁止法上の考え方」を公表しており，参考になる。また，旧一般指定第14条第4項（優越的地位の濫用）は改正法第2条第9項第5号に規定されている。)。

　もともと，コンビニのフランチャイズ・チェーンにあっては，加盟者の相当部分は素人同然であり，コンビニのフランチャイズ事業は，当該事業について，特に知識や経験を持たなくても，本部の全面的なバックアップによって比較的「手軽な」参入を可能にするシステムを販売するものであるから，「力の格差」はフランチャイズ，なかんずくコンビニ・フランチャイズの「本質的属性」とも言えよう（山本晃正「フランチャイズ取引と法規制－コンビ

ニ契約を素材として」日本経済法学会年報45号175頁)。なお，論者によっては，「見切り販売制限」についても優越的地位になければ行い得ない行為であって，それ自体優越的地位の徴憑であり，その存在を推定させる事実となるとする見解もある (平林英勝「独禁法事例速報」ジュリ1384号 (2009年) 100頁，反対意見：林秀弥「取引先納入業者に対する従業員派遣・協賛金の要請―ドン・キホーテ事件」ジュリ1361号181頁)。

3 「濫用」の認定について

　本件命令は，見切り販売の制限が濫用行為であると認定する前提として，①本部が収受するロイヤルティの額は加盟店で廃棄された商品の原価相当額の多寡に左右されないこと，②廃棄された商品の原価相当額が加盟者の全額負担となっていることを認定している。

　本件命令は，その上で，加盟者が負担回避のために行う見切り販売を制限したことを問題としている。見切り販売の制限が違法であることは，フランチャイズ・ガイドライン「例」として特に取り上げていたところであり，本件に関して言えば，基本契約上販売価格は加盟者が決定するとされているため，見切り販売は本来加盟者の自由であるはずのところ，実際には，フランチャイザーが加盟者の販売の自由を制限し「合理的な経営判断に基づいて……負担を軽減する機会を失わせ」た点が問題であるとしており，本件命令は，本件の紛争の本質の一面を的確に捉えてはいる。しかし，そもそもフランチャイズ・ガイドラインの (注4) の視点を分析すると，(A)廃棄ロス原価が売上総利益に含まれる，(B)売上総利益方式は純粋粗利益方式よりもフランチャイジーの不利益が大きくなりやすい，という2つの部分から成り立っていることがわかるが，そのいずれもが適切とはいえないとの有力な批判がある (神田孝『フランチャイズ契約の実務と書式』192-196頁 (三協法規出版，2011年))。すなわち，神田弁護士は，まず，(A)について見ると，「廃棄ロス原価が売上総利益に含まれる」という理解は明らかな誤解であるとされる。

　売上総利益方式におけるチャージ計算の対象 (売上総利益) は，「売上総利益＝売上高－｛総売上原価－(廃棄ロス原価＋棚卸ロス原価)｝」という計算式で算出される。この，「総売上原価」とは，月初の在庫と仕入れた商品の総額から月末の在庫商品額を引いたものなので，廃棄ロス原価はもともと総売

第48　セブン・イレブン見切り販売事件〔公取委命令平成21年6月22日〕　　457

上原価に含まれている。そのため，売上総利益方式では，廃棄ロス原価はプラスマイナス０となるので，廃棄ロス原価がチャージの対象となるわけではないのである（同旨，池田辰夫他「コンビニエンス・フランチャイズ・システムをめぐる法律問題に関する研究会報告書(4)」NBL951号73-77頁，高橋善樹・判例研究「セブン-イレブン・ジャパンに対する排除措置命令について」フランチャイズエイジ2010年1月号20頁）。本件命令は前提として①のとおり認定しているが，①の事情は，フランチャイズ・ガイドラインの（注４）の違法性基準（下線部。二重の負担）を正に欠く方向の事情なのである。

　神田弁護士は，次に(B)について，具体的なチャージ率を想定することなく売上総利益方式と純粋粗利益方式を単純に比較することは適切ではないとされる。

　すなわち，フランチャイザーとしてはロイヤルティによって経営指導や商品開発のコストを賄わなければならないので，ロイヤルティ算定方法を採用するに際しては，チェーン運営コストとのバランスを考えながら金額やロイヤルティ率を設計する。もし，同じチェーンにおいて，売上総利益方式を純粋粗利益方式に変更したならば，当然，そのチャージ率は高くなるはずであり，実際のチャージ率の違い等を考慮せず，一概に一方を「不利益」と断じることはできないのである。

　神田弁護士はその上で，ロイヤルティの計算方法は，計算方法自体を抽象的に比較しても意味はなく，「その計算方法が当該ビジネスモデルの目的に照らして合理的か」という視点から判断されるべきところ，売上総利益方式自体は，「無駄な在庫を徹底的に排除し，売れ筋商品を最大限売り切る」というコンビニエンスストアのビジネスモデルの効果を最大化するうえで十分な合理性を有しているとされる。その理論展開は合理的かつ説得力を有しており，基本的に賛成できる。

　結局，見切り販売の制限に経済合理性はないか否か，あるいは「フランチャイズ・システムによる営業を的確に実施するために必要な限度を超えた」（フランチャイズ・ガイドライン）ものでないか否かという問題は，オープンアカウントにおける「廃棄ロス」の問題（注５のロイヤルティの問題）と表裏一体ないし連続する関係に立つ。商品の廃棄が発生する（あるいは見切り販売の問題

が生じる。）基本的な原因は，需要を読み誤って発注量が多すぎたことにあるため，仮に，フランチャイジーが発注量を決定するのであれば，過大な発注を抑制するインセンティブを与える必要があり，見切り販売を制限し，廃棄ロスをフランチャイジーの負担とする計算方法は，そのための仕組みとして相応の合理性を有すると考えることも可能であろう（小塚荘一郎『フランチャイズ契約論』63頁）。

　もっとも，この点は，インセンティブが専らフランチャイジー側だけに存在し（したがって，フランチャイジーだけがリスクを負担し），本部が収受するロイヤルティの額に何ら影響がないというのは，一方当事者が消費者的性格を帯び，当事者間に情報の非対称性が存在する契約当事者の公平なリスク（損失）分担の観点，WIN-WINリレーションシップの構築の観点からはやはり問題であるとの批判はなお克服しきれていない。

　次に，見切り販売をした場合，短期的には加盟店の利益となるかもしれないが，価格に対する顧客の不信感が生じる，ブランドイメージを毀損する，他の小売業態との価格競争に巻き込まれる，ことにより中長期的には加盟者の利益にならないとの指摘（主張。株式会社セブン-イレブン・ジャパン「公正取引委員会からの排除措置命令に関する弊社見解について」〔平成21年6月22日〕参照。同社HP）や，フランチャイズ・システムは「店舗における有効な販売価格の設定とその統一に本質がある」（川越憲治『フランチャイズシステムの法理論』464頁，470頁），「フランチャイズ・システムの本質的特性を生かし，市場における競争を活発にする効果を発揮させるためには，独禁法の適用に当たって，本部に対する加盟店募集時における開示規制を十分に行った上で，統一的イメージを確保し，加盟店の営業を維持するために，加盟店が本部の確立した営業方針・体制の下で統一的な活動をすることを保障することが求められる。統一的保障の対象は，本来，価格も例外ではないはずである。」（根岸哲「フランチャイズ・システムの本質的特性と独禁法の適用のあり方」NBL912号（2005年）1頁）として，価格拘束に合理の原則を適用すべきとの有力な考え方も一方である。

　しかし，これらの指摘や考え方についても，①そのような指摘（主張）は事実そのようなことになるか疑問があるし，単に価格競争の不当をいうにすぎない，②廃棄の迫った商品を廉価で提供したほうが，加盟者にも消費者に

も利益となる，③見切り販売は，資源・環境問題にかんがみても消費者に支持される合理的な販売方法であって，システムの統一的な機能を損なうことはないとの厳しい反論もなされており（前掲・平林評釈参照），更なる議論，検証を要すると言えよう。

4 拘束条件付取引との関係について

平成22年1月1日の改正独占禁止法施行日以降は，優越的地位の濫用が成立すれば課徴金の対象となるのに対し，拘束条件付取引の場合は，課徴金の対象にはならないという違いがある。優越的地位の濫用があった場合，企業は，売上高の1％相当額を国庫に支払わなければならないため，優越的地位の濫用と拘束的条件取引が重畳的に存在する場合の認定は，実務上大きな違いが生じることとなる（高橋善樹・前掲評釈）。本件見切り販売の制限について検討するに，デイリー商品の販売価格をフランチャイザーが制限していた行為を捉えると，独占禁止法が規定する拘束条件付取引に該当するとも見られる一方で，本件排除措置命令は，優越的地位の濫用のみを違反行為として認定している。

本件排除措置命令では，優越的地位の濫用と拘束条件付取引の2つが重畳的に該当した場合の判断基準は明らかにはされていない。

5 福岡地判平成23年9月15日について

コンビニエンスストアにおける廃棄ロスチャージと見切り販売については，その後，福岡地判平成23年9月15日判決（判時2133号80頁）などが出されている。同判決の事案と判旨を紹介しておくこととする。

【事案】

X（原告）は，コンビニエンスストアの本部（フランチャイザー）であるY株式会社（被告）との間で，平成9年1月4日に加盟店基本契約（本件契約）を締結して加盟店（フランチャイジー）となり，それにもとづき，同年4月18日に本件店舗を開店した。本件契約によれば，売上げから純売上原価を引いた額が売上総利益（粗利）となり，その43％がチャージとして本部に分配され，残額が加盟店に分配されることとなっていた。純売上原価には，廃棄ロス原価（廃棄された商品の原価の合計額）及び棚卸ロス原価（実地棚卸しにより確認された商品数量と帳簿上の商品数量との差の原価額）は含まれて

いない。

　平成16年ころ，Xは，廃棄ロス原価が純売上原価から差し引かれていることに気づき，販売期限直前のデイリー商品の一部（弁当，おにぎり，サンドウィッチ）を対象として，クーポンによる値下げ販売を開始した。Xが値下げ販売を開始すると，Yの地区責任者であるA（訴外）が毎週のように本件店舗に来店し，Xに対して値下げ販売をやめるように言った。Xはこれに応じることなくデイリー商品について値下げ販売を継続したが，平成20年1月，本件店舗を閉店した。

　Xが，デイリー商品について値下げ販売をやめるように指導したことが不法行為に当たる等と主張して損害賠償2638万円余を請求した。

【判旨】

　200万円の限度で請求認容。

　「Yは，Xに対して値下げ販売をやめるように指導することで，Xに対してその販売する商品の販売価格を標準小売価格に維持させようとし，Xの商品の販売価格の自由な決定を拘束したものというべきであり，相手方とその取引の相手方との取引を不当に拘束する条件をつけて，当該相手方と取引を行っているものと認められ，かつ，上記拘束条件がXの事業活動における自由な競争を疎外するおそれがないといえないことは明らかで，Yの上記行為に正当な理由があるということはできないから，『不公正な取引方法』13項〔現12項─引用者〕の拘束条件付取引に該当する。」

　「Xは，……Yによる……商品の販売価格の拘束がなければ，より広範な値下げ販売によって廃棄ロスを減らすことができ，実際よりも利益を上げることができたものというべきであるから，Xには，その差額分について損害が発生しているといえる。」そして，損害の性質上その額を立証することが極めて困難であるというべきであるとして，民事訴訟法248条を適用し，相当な損害額を200万円と認定した。

　本判決については，小塚荘一郎教授の評釈がある（ジュリスト1437号4頁。反対）。

【奈良輝久】

〔参考文献〕
小塚荘一郎『フランチャイズ契約論』(有斐閣, 2006年)
川越憲治『フランチャイズシステムの法理論』(商事法務, 2001年)
神田孝『フランチャイズ契約の実務と書式』191-197頁(三協法規出版, 2011年)

第 7 章

サブ・フランチャイズ契約の諸問題

第49 京樽サブ・リース事件

▶事業用ビルの賃貸借契約が賃借人の更新拒絶により終了しても賃貸人が信義則上，賃貸借契約の終了を転借人に対抗することができないとされた事例

最高裁判所第一小法廷平成14年3月28日判決　破棄・自判（請求棄却）
民集56巻3号662頁

争　点

建物賃借人による更新拒絶に基づき賃貸借が期間満了によって終了した場合，そのことを賃貸人が転借人に対抗し得るか。

結　論

賃貸借がサブリースであるという本件の事実関係の下では，賃貸人は，賃借人の更新拒絶に基づく賃貸借契約の終了を転借人に対抗できない（一般の賃貸借契約において，賃貸人が賃借人の更新拒絶に基づく期間満了による終了を転借人に対抗できるかという問題について判断したものではない。）。

事案の概要

1　本件は，建物（事業用ビルの貸室）の賃貸人であるXが，賃借人Yからの更新拒絶に基づきYとの間の賃貸借（以下「本件賃貸借」という。）が期間満了によって終了したとして，再転借人である株式会社の更生管財人であるYらに対し，貸室の明渡しと賃料相当損害金の支払を求めた事案である。

2　本件賃貸借は，建物の管理及び賃貸を業とするAが，建設協力金を拠出し，設計，管理，施工をして本件ビルを建築した上，その全体をXから一括して借り受け，Xの承諾の下に，各室を小口に分割して複数の第三者（テ

ナント）に店舗又は事務所として転貸することを予定したいわゆるサブリースである。Aからの転借人がB，Bからの再転借人がCであり，Cの更生管財人がYである。

3 なお，本件の賃貸借及び転貸借は，いずれも借地借家法の施行（平成4年8月1日）前に締結されたものであるから，その更新拒絶については，旧借家法の規定が適用される（借地借家法附則12条）。

〈下級審判決の概要〉
1 第一審判決
第一審は，要旨次のとおり判示して，Xの請求を棄却した。
(1) 賃貸借の期間満了による終了により，特段の事情がない限り，転貸借は終了する。
(2) しかし，賃借人が賃貸借を当然更新できるのにあえて更新を拒絶することは，賃借権の放棄と解する余地もあり，賃貸人が転借人に対し賃貸借の終了を対抗できるとすると，転借人の地位保護の趣旨及び民法398条の趣旨に反することになる。
(3) Bは，本件ビル建築のために所有地を売却し，再転貸についてXの承諾を得ていること，C（再転借人である株式会社。その更生管財人がY）の本件建物内の店舗は年間1億円近い売上げを計上しており同店舗を失うことはCの再建にとって大きな打撃になること，Xが明渡しを求める理由は，耐震性強化工事等の施工の必要にとどまること，XはCに対し一切補償をしないとしていることなどが認められる。このような，XとB及びCとの各事情を比較考量すると，Xの本件ビル明渡しの必要に比べてCの営業継続の必要が大であるから，Xは本件賃貸借の終了をもってCに対抗できない。
2 原判決
第一審判決に対してXが控訴したところ，原審は，要旨次のとおり判示して，第一審判決を取り消し，Xの請求を認容した。
(1) 旧借家法4条の文理に照らすと，賃貸人は，建物の賃貸借が期間満了によって終了するときは，賃借権の放棄や賃貸借の合意解除に準じるような特段の事情がない限り，賃貸借の終了をもって転借人に対抗できると解すべきであり，旧借家法1条ノ2にいう正当事由を具備しなければ対抗できないとの見解は，採ることができない。
(2) 上記特段の事情の存否について検討するに，①サブリースも，その本質に

おいて，賃貸借と選ぶところはなく，通常の賃貸借ないし転貸借と同様に取り扱われるべきところ，XとB又はCとの間で格別の合意がされたものではないこと，②転貸についての賃貸人の承諾は，賃貸借の限度で転借人に使用収益権を付与するものにすぎないから，転貸借ないし再転貸借がされた故をもって賃貸借を解除することができないという意義を有するにとどまり，賃貸借終了後も転貸借を存続させるとの意義を有しないこと，③本件賃貸借の期間は20年と長期であり，かつ，転貸借の期間はそれと同一の期間と定められているから，転借人も再転借人も使用収益に十分な期間を有すること，④Aの更新拒絶にXの意思が介入する余地がないことなどからすれば，賃借権の放棄や賃貸借の合意解除に準じる事情があるとはいえない。

ほかに，第一審判決が認定したようなXが明渡しを求める事情，Cの使用の必要性を考慮しても，信義則上，転貸借を終了させることが相当でないというべき特段の事情はない。

4 原判決に対して，Cの更生管財人Yが上告申立て及び上告受理申立てをした。上告申立ては却下されたが，最高裁は，上告受理申立てに対し，以下のとおり判示して，原判決を破棄し，Xの控訴を棄却する旨の自判をした。

判決要旨

「Xは，建物の建築，賃貸，管理に必要な知識，経験，資力を有するAと共同して事業用ビルの賃貸による収益を得る目的の下に，Aから建設協力金の拠出を得て本件ビルを建築し，その全体を一括して訴外会社に貸し渡したものであって，本件賃貸借は，AがXの承諾を得て本件ビルの各室を第三者に店舗又は事務所として転貸することを当初から予定して締結されたものであり，Xによる転貸の承諾は，賃借人においてすることを予定された賃貸物件の使用を転借人が賃借人に代わってすることを容認するというものではなく，自らは使用することを予定していないAにその知識，経験等を活用して本件ビルを第三者に転貸し収益を上げさせるとともに，Xも，各室を個別に賃貸することに伴う煩わしさを免れ，かつ，Aから安定的に賃料収入を得るためにされたものというべきである。他方，Cも，Aの業種，本件ビルの種類や構造などから，上記のような趣旨，目的の下に本件賃貸借が締結され，Xによる転貸の承諾並びにX及びAによる再転貸の承諾がされることを前提として本件再転貸借を締結し

たものと解される。そして，Cは現に本件転貸部分二を占有している。
　このような事実関係の下においては，本件再転貸借は，本件賃貸借の存在を前提とするものであるが，本件賃貸借に際し予定され，前記のような趣旨，目的を達成するために行われたものであって，Xは，本件再転貸借を承諾したにとどまらず，本件再転貸借の締結に加功し，Cによる本件転貸部分二の占有の原因を作出したものというべきであるから，Aが更新拒絶の通知をして本件賃貸借が期間満了により終了しても，Xは，信義則上，本件賃貸借の終了をもってCに対抗することはできず，Cは，本件再転貸借に基づく本件転貸部分二の使用収益を継続することができると解すべきである。このことは，本件賃貸借及び本件転貸借の期間が前記のとおりであることやAの更新拒絶の通知にXの意思が介入する余地がないことによって直ちに左右されるものではない。」

分　析

1　問題の所在

　フランチャイジーがフランチャイズ契約を締結し，新たな事業を開始する際，店舗の建物や駐車場用の土地等をフランチャイザーから賃借する場合がある。その際，フランチャイザーが上記土地建物を自ら所有していることもあるが，多くの場合は，フランチャイザーも他の所有者から土地建物を賃借することになる。フランチャイジーは，土地建物の所有者との関係では，転借人となる。

　フランチャイジーが転借人となっている物件について，賃貸人たる物件所有者とフランチャイザーとの間の賃貸借契約が終了した場合，フランチャイジーがそのまま当該物件を使用し続けることができるか否かは，フランチャイジーの営業継続に関わる重大な問題である。

　賃借人と所有者との間の賃貸借契約が終了する事由としては，①賃貸借契約が賃貸人と賃借人との間で合意解除される場合，②賃貸借契約が賃貸人から債務不履行解除される場合，③賃貸借契約が賃貸人からの更新拒絶又は解約申入れにより終了する場合，④賃貸借契約が賃借人からの更新拒絶又は解約申入れにより終了する場合等があるが，本件は，④の賃貸借契約が賃借人からの更新拒絶により終了する場合であり，この場合に賃貸人が転借人に賃

貸借契約の終了を対抗し得るかが本件の最大の争点となった。

2 賃貸借契約の終了と転貸借との関係についての判例の考え方（上記①ないし③の場合）

　一般に，転借権は，賃借権を前提として賃借人の権利の範囲内で設定されたものであり，賃借人の賃借権の上に成立しているものとみられるから，賃借権が消滅すれば，転借権はその存在の基礎を失うとされている。

　しかし，賃貸借と転貸借は別個の契約であり，賃貸借が消滅すれば転貸借も当然に消滅するというわけではない。しかも，賃貸人の承諾を得て適法な転貸借が成立した以上は，転借人の目的物に対する用益権能は，賃貸人に対して対抗できるようになり，反面，転借人は賃貸人に対して直接，賃料の支払，目的物の保管，返還などの義務を負うことになる（民法613条1項）。転借人の関知し得ない賃貸人と賃借人との間の事情により常に転借人が賃貸人に占有権限を主張できなくなるとすると，不都合な事態も生じ得る。

　そこで，どのような場合に賃貸人が賃貸借の終了をもって転借人に対抗できるかが問題となる。

　(1)　①賃貸借契約が賃貸人と賃借人との間で合意解除される場合

　判例は，合意解除の場合は，賃貸借契約の終了を転借人に対抗できないのを原則（最判昭和37年2月1日裁判集民事58号441頁）としつつ，特段の事情がある場合には転借人に対抗できるとの立場を採用している。転借人に対抗できる特段の事情が認められた例としては，①転借人が近く賃貸借が終了することを承知しつつそれまでの間と限って転借している場合（最判昭和31年4月5日民集10巻4号330頁），②賃借人に債務不履行があり法定解除もできる場合（最判昭和41年5月19日民集20巻5号989頁），③転貸人と転借人が密接な関係にあり転借人も賃貸借の合意解除を了承していると評価できる場合（最判昭和38年4月12日民集17巻3号460頁）などがある。

　(2)　②賃貸借契約が賃貸人から債務不履行解除される場合

　判例は，債務不履行解除の場合は，賃貸借契約の終了を転借人に対抗できるのを原則とする（最判平成6年7月18日判時1540号38頁等）。ただし，賃貸人に特段の事情があるときは，賃貸借の解除を転借人に対抗できない。賃貸人と賃借人が通謀して債務不履行を生じさせた場合や賃貸人と賃借人との間に密

接な関係があり実質的に同一人格と見られる場合などは，信義則により賃貸人は転借人に対し賃貸借の解除を対抗できないと考えられる。

(3) ③賃貸借契約が賃貸人からの更新拒絶又は解約申入れにより終了する場合

この場合，借地借家法28条によって，賃貸人が更新拒絶又は解約申入れをした場合の正当事由の存否の判断に際しては，賃借人のみならず転借人の事情も考慮すべきとされている（旧借家法1条ノ2についても同様の解釈が採られていた。）。

そのため，賃借人自身には使用収益の必要がなくても転借人には切実な必要があるという場合には，正当事由が否定されることになり，賃貸人からの更新拒絶や解約申入れは効力は生じず，そもそも賃貸借が終了しないことになる。逆に正当事由が認められる場合には，賃貸借の終了をもって当然に転借人に対抗できることになる。

(4) 判例が上記のような結論を採る根拠として挙げるのは，信義誠実の原則や地上権等に抵当権を設定した者がその権利を放棄したとしても抵当権者に対抗できないとする民法398条の趣旨の類推（大判大正11年11月24日民集1巻738頁等）という点である。

3 賃借人からの更新拒絶に基づく期間満了による賃貸借の終了を転借人に対抗することの可否（一般論）

(1) 賃借人からの更新拒絶に基づく期間満了による賃貸借の終了は，期間満了による終了である点で，期間途中における合意解除の場合とは異なり，性質的には，当事者の恣意による終了とはいい難い面がある。他方，旧借家法2条や借地借家法26条では，期間満了時の更新を防ぐには，期間満了前6か月ないし1年内に更新拒絶の通知をする必要があり，しかも賃借人からの更新拒絶の通知が問題とされる点で，実質的には，賃借人による借家権の放棄による終了に近い面がある。

なお，旧借家法や借地借家法上，賃借人による更新拒絶又は解約申入れについて正当事由は要求されないため，上記③の場合と異なり正当事由の具備を要求するという方法によっては転借人を保護することができない。

(2) また，この問題を賃貸人と転借人との利益考量の観点から考えた場合，

本件は，賃貸借の終了にもかかわらず使用収益権の存続という形で転借人を保護すべき場合と転貸人に対する損害賠償請求という形での保護に止めるべき場合との線引きの問題であるということができる。そして，そもそも賃貸人による転貸の承諾がなければそもそも転借権は適法に成立せず（民法612条），転貸人は，承諾するか否かの自由を有し，転貸の承諾に条件を付することもできると解されている。

したがって，利益考量に当たっては，転貸を承諾した賃貸人がどのような時点まで転借人が使用収益することを覚悟して転貸の承諾をしたとみるのが一般的に相当かという点が中心に考えられるべきであり，具体的な事案においては，ア：賃借人による更新拒絶が実質的に賃貸人の意思に基づくものと見るべき事情の有無，イ：賃貸人が賃貸借の終了後の転借人の使用収益の継続を容認し，転借人もこれを期待すべき事情の有無，ウ：賃借人と転借人との間に密接な関係があり転借人も更新拒絶を了承していると評価できるような事情の有無等が考慮されることになろう。

この点，旧借家法や借地借家法の適用のある賃貸借では，賃貸人からの更新拒絶や解約申入れに正当事由が要求されることを重視して，賃貸人は正当事由を具備しない限り期間満了時に賃貸借が終了しないことを覚悟し，転借人はこれを期待していることを重視すれば，第一審判決のような結論となり，他方，賃貸人は，賃借人が賃貸人の意思と無関係な一方的行為により賃貸借を解消した場合にまで転借人による使用収益の継続を容認しているわけではなく，転借人も転貸であることを承知の上で借り受けたのであり，賃借人の更新拒絶の結果建物の使用収益権を失うことになったとしても，それは自らそのような賃借人と契約した結果であって，賃借人の不誠実による不利益を賃貸人の負担において解決すべきではなく，賃借人に対して損害賠償請求をすることも可能であるから酷とはいえないことを重視すれば，原判決のような結論となろう。

4　本判決の考え方と射程範囲

(1)　本判決は，第一審判決及び原判決とは異なり，賃借人からの更新拒絶による期間満了に基づく終了一般について転借人に対抗できるかどうかについては，判断せず，本件賃貸借契約がいわゆるサブリースであるという点に

着目して，その賃貸借が賃借人からの更新拒絶に基づく期間満了によって終了したとしても，賃貸人は，これを転借人に対抗できないと判断した。

　サブリースについては，必ずしも厳密な定義があるわけではなく，契約内容も多様であるが，「土地の有効活用を目的として，それについて豊富なノウハウを有する受託者が，土地の利用方法の企画，事業資金の提供，建設する建物の設計，施工及び監理，完成した建物の賃貸営業及び管理運営等，その業務の全部又は大部分を地権者から受託し，土地及び建物の双方について地権者に所有権等を残したまま，受託者が建物一括借受等の方法により事業収益を保証する共同事業」をいうなどとされる。

　サブリースにおいては，賃貸人は，転借人が賃借人に代わって賃貸借の範囲内で目的物の使用収益をすることを容認するにとどまらず，当初から転借人に使用収益をさせることを目的として事業者との間で賃貸借を締結しており，転貸借という法形式を用いたのは，賃借人自身の使用収益のためではなく，前記のような知識・経験，資力を有する事業者に転貸権限を付与するための手段であって，転貸料の一部が賃貸料の支払に充てられるという点で転貸借の締結が賃貸人の利益にも適うことから，賃借人と協力して転貸借の締結を積極的に推進しているといえる。他方，転借人は，賃借人の業種，賃貸物件の種類，賃貸借と転貸借の締結の経緯・内容などから上記のような目的で賃貸借が締結された事実を認識していることも少なくなく，このような場合，転借人としては，賃借人の更新拒絶というようないわば賃貸人と賃借人の共同事業体の内部事情によって賃貸借が終了したとしても，賃貸人との間で使用収益を継続できるものと期待することも無理からぬ面がある。本判決は，上記のようなサブリースに伴う事情を考慮した上，利益考量上賃貸借の終了を転借人に対抗できないと判断した判例であると評価できる。本件は，上記アないしウの事情のうち，ア：賃借人による更新拒絶が実質的に賃貸人の意思に基づくものと見るべき事情，及びイ：賃貸人が賃貸借の終了後の転借人の使用収益の継続を容認し，転借人もこれを期待すべき事情が存在した事例であるということができる。

　(2)　本判決は，賃貸借がサブリースであるという事実関係の下で賃貸借の終了を転借人に対抗できないとした事例判例にとどまり，賃借人からの更新

拒絶による期間満了に基づく終了一般について転借人に対抗できるかどうかについて判断したものではない。この点は将来に残された問題であり，一般に賃借人であるフランチャイザーと所有者との関係がサブリースである場合は少ないと思われるから，事案ごとに上記アないしウの事情を判断する必要がある。また，本判決は，賃貸借の終了を対抗できないとした場合のその後の賃貸人，賃借人及び転借人の三者間の法律関係をどのように解するかについては何らの判示もしておらず，この点も今後に残された課題である。

　いずれにせよ，フランチャイジーがフランチャイズ契約の締結に伴い，フランチャイザーから店舗等を転借する場合には，①賃借人であるフランチャイザーと所有者との間の賃貸借契約の内容や，両者の関係，及び②フランチャイジーへの転借に対する所有者の態度を十分に調査する必要があり，フランチャイザーからも上記①及び②の点についての十分な説明が必要となろう。

【若松　亮】

〔参考文献〕
最高裁判所判例解説　民事篇　平成14年度（上）328-357頁

第 8 章

その他

第50 オタギ事件

▶フランチャイズ契約において，フランチャイジーらが共謀してフランチャイズ・システムを破壊したとして共同不法行為が認められ，フランチャイザーによる損害賠償請求が認容された事例

> 横浜地方裁判所平成13年5月31日判決　平成10年（ワ）第236号，平成10年（ワ）第1955号，平成10年（ワ）第2737号，平成12年（ワ）第282号　損害賠償請求（甲・乙事件），約束手形金請求（丙事件），損害賠償請求反訴（丁事件）事件
> 判例時報1777号93頁

争　点

1　X（フランチャイザー）のY加盟店らに対する契約勧誘時の説明は，詐欺（不法行為）又は契約締結上の過失による責任を構成するか。また，XのY加盟店らに対する契約締結後の研修及び指導に，債務不履行があったといえるか。

2　Yらによる共同不法行為ないし債務不履行の有無。

結　論

争点1についてはいずれも認めなかった。また，争点2については，Yら（フランチャイジー）による加盟店らの会合並びにX（フランチャイザー）に対する造反行動及び訴えの提起，Y_1のXに対する納品拒否とこれに呼応するY_3，Y_6，Y_7及びY_{10}の商品の大量発注，YらによるXに対する加盟料及び既払ロイヤルティの返還請求，Y_1によるY_2へのX商品の供給及びY_2による加盟店らへのその供給，Y_1とY_2が中心となってした現・元加盟店に対する商品の売込み並びに共同してX対策を図ることがYらによって確認されたことを総合すれば，Yらは，X本部をつぶすことを共謀し，これを実行したと推認されるとして，共同不法行為の成立を認めた。

事案の概要

1　X（原告，フランチャイザー）は，制服の製造等を目的とした有限会社として設立され，後に，株式会社となり，平成6年5月から，結婚披露宴用のナプキン，テーブルクロスの販売等を行うフランチャイズ事業展開を開始した。

2　Y_2〜Y_{12}（被告，フランチャイジー。以下，「Y加盟店ら」という。）は，Xとの間で，加盟店契約を締結し，それぞれの営業エリアでXのフランチャイジーとして営業し，Xから商品を購入した。本件契約書には，加盟店は，X商品を製造するについては，XがXから購入した材料等を用い，Xから提供されたデザインを使用しなければならず，X商品以外の製造販売をしてはならない旨定められていた（6条・11条）。

3　Xは，平成5年7月以降，Y_1（被告，商品納入業者）を窓口として訴外Aからナプキンの生地等を購入するようになったが，そのころ，Y_1から自己が経営する訴外Bから生地等を購入するよう勧められ，平成6年4月以降は，専らBから生地等を購入するようになり，Y_1は，平成9年10月ころまでX商品を継続的に製作，供給していた。XとY_1との間の取引については，契約書は作成されなかったが，Y_1は，Xがフランチャイズ事業を展開したことを知っており，X商品及びその材料をX以外の第三者や加盟店に販売しないことが取引条件となっていた。しかし，Y_1は，友人のY_2がXの加盟店となって以降，Y_2にX商品及びその材料を横流しし，Y_2がその商品をXの加盟店へ販売することを承知の上でY_2への販売を継続した。

4　Y_1及びY_2は，平成7年10月8日，加盟店の会合を開き，加盟店主に対し，Xの実用新案は登録されず，これが登録されると説明しているXは詐欺になると説いて，Y加盟店らを含む加盟店にXのフランチャイズ・チェーンから離脱するよう働きかけた。Y_{11}を除くYらは，平成7年12月10日，会合を開き，Xの実用新案の出願は受理できないという通知が特許庁から出されている旨の書面を出席者に配布した。X代表者は，本件問題について正しい事実関係を説明した書面を全加盟店に送付し，Y_{10}代表者が，虚偽の資料である本件怪文書を配布したことを謝罪する始末書を書いた。ところが，そ

の後，加盟店である訴外Cと訴外Dは，Yらと連携を取りながら，Xとの契約を詐欺により取り消したとして，平成8年6月，Xに対し，加盟料等の返還請求訴訟を提起した。この訴訟は，Xが提起した売買代金等反訴請求とともに審理され，X全面勝訴の判決が言い渡された。

5　Y_1及びY_2は，平成9年初旬，Y加盟店らに対し，Xのフランチャイズ・チェーンからの離脱を煽動し，Y加盟店らは，煽動に同意した。

6　Y_1は，平成9年9月半ばころから，Xとの連絡を絶ってその注文に応じず，在庫について虚偽の回答をするなどしてXへの商品の供給を調整して激減させた。

7　Y_6を除くY加盟店らは，Xに対し，平成9年8月分から10月分にかけて，商品を一斉かつ大量に注文して購入した。特に，Y_{10}は，特定の商品が品不足であることを知り，かつ，自らは必要ではないにもかかわらず，Xに対し発注を繰り返し，その後同商品を大量に返品した。Y_{10}代表者は，平成7年12月ころからXに協力するふりをしながらXの情報を集め，これをYらに流していた。そして，Y_{12}を除くY加盟店らは，共謀して，同時期からXに対する商品代金及びロイヤルティの支払を停止した。

8　Yらは，平成10年4月26日，会合を開いた。この会合では，加盟店に対する商品の売込みが行われたほか，共同してX対策を図ることが確認された。

9　Xは，Y_{12}を除くY加盟店らに対し，未払の商品代金及びロイヤルティの支払を催告するとともに，支払わなかったときは，本件契約を解除する旨の意思表示をした。

10　Xは，平成10年2月12日，Y_{12}に対し，競合他社商品の取扱いを中止すると約したのにこれに違反したこと，本件実用新案に関する虚偽の風説を流布したことを謝罪し同じようなことを繰り返した場合即時解除されても異議がない旨約したのにこれに違反したこと等を理由に，本件契約を解除する旨の意思表示をした。

11　Xのフランチャイズ・チェーンには，Y加盟店らを含むのべ46の加盟店が加盟したが，平成12年4月時点での加盟店は4名まで減っており，Xは，同時点で，残った加盟店からのロイヤルティ徴収を止め，Xのフランチャイ

12 甲事件は、Y_2ら7名が、Xに対し、勧誘時のXの説明に虚偽があり、これによりフランチャイズ契約を締結したとして、不法行為、不当利得及び契約締結上の過失に基づいて、既払加盟料及びロイヤルティ相当額の損害賠償を求めたものである。

13 乙事件は、Xが、Y_1及びY加盟店らに対し、Yらは共謀してそれぞれXとの契約上の義務に違反し、Y_1は、Xから注文があっても商品を納入せず、これをY加盟店らに直接供給し、一方、Y加盟店らは、Xに集中的に商品を注文してXの債務不履行を誘発し、商品代金及びロイヤルティの支払を拒否するなどして、事実上Xのフランチャイズ・チェーンを破壊したとして、第一次的には共同不法行為に基づいて、未払商品代金、ロイヤルティ、逸失利益及びフランチャイズ・システム構築費、慰謝料等の損害賠償を求め、第二次的にはY_1の不法行為及び債務不履行並びにY加盟店らの債務不履行に基づいて、Y加盟店らには未払商品代金及びロイヤルティ並びに逸失利益の損害賠償を、Y_1にはその他の損害賠償を求めたものである。

14 丙事件は、Y_1が、Xに対し、Xが平成9年11月分の商品代金支払のために振り出した約束手形の手形金の支払を求めたものである。Xは、乙事件の、Y_1に対するXの損害賠償請求権と対当額での相殺を主張している。

15 丁事件は、Y_{12}が、Xに対し、契約勧誘時のXの説明に虚偽があり、また、Xが契約上の義務を履行しなかったとして、不法行為、債務不履行に基づき、既払加盟料及びロイヤルティ相当額の損害賠償を求めたものである。

判決要旨

1 争点1及び2について

「認定事実によれば、争点1についてはいずれも消極、争点2のうち、共同不法行為については積極であると認められる。若干補足する。」

「Yらは、」「平成7年10月から12月にかけての加盟店らの会合、BとCの同年12月10日のXに対する造反行動及び平成8年6月の訴え提起、平成9年9月から10月にかけてのY_1のXに対する納品拒否とこれに呼応するY_3、Y_6、Y_7及びY_{10}の商品の大量発注(さらに、Y_{10}は、大量発生しておきながら、同年

11月，一方的に大量返品した。)，Yらは，同年9月から12月にかけて，Xに対し，加盟料及び既払ロイヤルティの返還を求めたこと，Y_1 は，平成9年9月以降，X商品を Y_2 に供給し，Y_2 はこれを加盟店らに供給したこと，平成10年4月26日滋賀県で開かれた現・元加盟店の会合では，Y_1 と Y_2 が中心となって現・元加盟店に対する商品の売込みが行われ，共同してX対策を図ることが確認されたことを総合すれば，Yらは，X本部をつぶすことを共謀し，これを実行したと推認される。」

2 損害について

「未払商品代金及びロイヤルティ」「総計1823万6846円」

「逸失利益

Yらの共同不法行為がなければ，Xは本件契約期間満了時までは，Y加盟店らから所定のロイヤルティの支払を受け，かつ，Y加盟店らに商品を販売することにより得られる利益（販売額に対する利益率は，弁論の全趣旨により25パーセントと認める）を挙げられたと推認されるので，これらは損害と認められる。」

「慰謝料

本件事案の特質」「Yらの共同不法行為により現実にXのフランチャイズシステムが崩壊し，Xは，一時的に倒産の危機に直面したこと及びYらは本訴においても共同不法行為の事実を否認していることその他本件に顕れた一切の事情にかんがみ，1000万円が相当と認める。」

「本件各手形金債権との相殺（丙事件におけるXの相殺の抗弁）」

「Xは，Yら各自に対し，不真正連帯債権として合計8630万8585円」「の損害賠償債権を有することが明らかであるから，本件各手形金債権293万9295円との相殺は，その対当額において効力を生ずる。」

分 析

1 フランチャイズ契約上の責任について

フランチャイズ契約においては，フランチャイザー指定の仕入れや販売方法の遵守などについての義務が定められている。これらの義務の順守は，フランチャイズ・システムが存続するために欠かすことのできない重要な要素であると認められるのが一般的であり，同義務違反は，原則として，フラン

チャイザーによる解約権を発生させる根拠となり（『【改訂版】フランチャイズ契約の法律相談』225頁)、これを基に契約上の責任を追及することが可能である。

本件のXとY加盟店らとの間にはフランチャイズ契約が締結されている。そして、その契約には、Y加盟店らは、X商品を製造するについては、Xが指定しXから購入した材料等を用い、Xから提供されたデザインを使用しなければならず、X商品以外の商品を製造・販売してはならない旨の規定（6条)、及びY加盟店らは、X商品を製造するための材料等は、Xが定める規格に合格したものを用いるものとし、これをXから所定の価格・単位数量にて購入するものとし、自らこれを製造したり、第三者より購入してはならない旨の規定（11条）が含まれている。本判決の認定事実によると、Y_1は、X商品をY_2に供給し、Y_2はこれをY加盟店らに供給したのであるから、Xは、フランチャイズ契約上の義務違反によるY加盟店らの責任を追及することができる（本判決ではYらの共同不法行為責任が認められているので、契約上の責任については検討がなされていない。)。

なお、本件では、Yらは造反行為や怪文書の作成などを行っているが、本件と類似する事案について判断した大阪地判昭和61年10月8日判タ646号150頁は、「被告らが作成した本件文書の内容が右にみたようなものである以上、右作成に引続き、被告らが本件文書を連盟店主に郵送して協同組合設立を呼びかけ、その設立のための会合を開いた行為も、本件文書の作成と同様、連盟店主を煽動する行為であるということができる。」として、フランチャイジーらが文書を作成、配付し、協同組合設立のための会合を開催したことは、契約解除事由になると判示している。

2　不法行為責任について

民法709条1項は、「故意又は過失によって他人の権利又は法律上保護される利益を侵害した者は、これによって生じた損害を賠償する責任を負う」と規定する。また、民法719条は、「数人が共同の不法行為によって他人に損害を加えたときは、各自が連帯してその損害を賠償する責任を負う。共同行為者のうちいずれの者がその損害を加えたかを知ることができないときも、同様とする」と定めている。

本件におけるYらの行為は、民法709条の要件（①故意又は過失、②権利侵

害, ③因果関係及び④責任能力) を充足しており, かつ, 民法719条の要請する客観的共同性, すなわち, 行為が客観的に共同していること (判例・通説の見解。能見善久＝加藤新太郎編『論点体系 判例民法 8 不法行為 II』338頁以下〔三林宏〕(第一法規, 2009年)) も認められる。そのため, Yらは, Xのフランチャイズ・システムを破壊したことについて, 連帯して責任を負う (民法719条)。ここにいう連帯責任については, 判例 (最判昭和57年 3 月 4 日判時1042号87頁) 及び通説は, 民法434条から439条までの規定が適用される結果, 債務者 (加害者) の一人について生じた事由につき絶対的効力が認められる民法432条以下の「連帯責任」ではなく, 債務者の一人に生じた事由につき絶対的効力が認められない「不真正連帯債務」と解すべきであるとしている (近江幸治『民法講義 VI 事務管理・不当利得・不法行為 (第 2 版)』243頁 (成文堂, 2007年))。

不真正連帯債務を負う結果, 共同不法行為の加害者はそれぞれ全額賠償 (全部賠償) をする債務を負い, その責任割合 (過失割合) は, 被害者に対する共同不法行為との関係では問題とならない。そして, 加害者の一人が全額賠償をした場合には, 他の加害者に対して, 過失の割合に応じた求償権を有するというのが判例 (最判平成 3 年10月25日民集45巻 7 号1173頁) 及び通説の立場である (内田貴『民法 II 債権各論 (第 2 版)』510頁 (東京大学出版会, 2007年))。そのため, 加害者のうちの一人が損害賠償をした後で, 求償権に係る別の紛争において初めてそれぞれの責任割合が問題となる。

なお, 本判決は, 慰謝料 (民法710条) について検討する際に, 「Yらは本訴においても共同不法行為の事実を否認していること」も考慮しているが, これは訴訟上Yらに認められる当然の権利であり, 本判決がこれを慰謝料算定の根拠としたことは疑問視されている (小野寺千世「判批」ジュリ1267号203頁)。

【カライスコス　アントニオス】

〔参考文献〕
西口元＝木村久也＝奈良輝久＝清水建成編『【改訂版】フランチャイズ契約の法律相談』
　220-229頁 (青林書院, 2009年)
小野寺千世「判批」ジュリ1267号203頁
川越憲治『フランチャイズシステムの法理論』(商事法務研究会, 2001年)

[参照判例]
大阪地判昭和61年10月8日判タ646号150頁
最判昭和57年3月4日判時1042号87頁
最判平成3年10月25日民集45巻7号1173頁

第51 フジフード事件

▶フランチャイズ契約上の専属的合意管轄条項に基づく移送の申立てが却下された事例

東京地方裁判所平成18年1月12日決定　平成17年(モ)第13686号移送申立事件，平成17年(モ)第13731号移送申立事件

争　点

　フランチャイズ契約に大阪地方裁判所を専属的合意管轄裁判所とする定めがある場合に，フランチャイジーがフランチャイザーに対して東京地方裁判所に提起した訴えを大阪地方裁判所に移送することなく，東京地方裁判所が自ら審理することができるか。

結　論

　フランチャイズ契約上の専属的合意管轄裁判所である大阪地方裁判所への管轄違いを理由とする移送の申立ては，当事者の資本金又は資本の総額等の多寡，相手方らの代表者の住所がいずれも東京都内又はその近辺にあることなどを考慮すると，民事訴訟法17条の趣旨を尊重して，訴訟の著しい遅滞を避け，かつ，当事者間の衡平をはかるためには，法定の土地管轄がある東京地方裁判所において審理することが相当であるから，これを却下すべきである。

事案の概要

　1　原告（相手方）らは，食堂のフランチャイズ・チェーンを展開する被告（申立人）株式会社フジフードシステム（以下「申立人フジフード」という。）との間で，それぞれ「ごはん家まいどおおきに食堂」フランチャイズ基本契約（以下「本件各FC契約」という。）を締結して食堂を経営してきたところ，①

申立人フジフードによる本件各FC契約の勧誘が，独占禁止法が定める「不公正な取引方法」の一般指定第8項の「ぎまん的顧客誘引」に該当するから公序良俗に反して無効であり，仮にそうでないとしても故意の不法行為に該当すると主張して，申立人フジフードに対し，FC加盟金（及び保証金）の返還又は同金額相当の損害賠償を求め，②申立人フジフードからの業務委託により経営指導等を行っていた被告（申立人）株式会社ベンチャー・リンク（以下「申立人ベンチャー・リンク」という。）も，本件各FC契約において不可欠かつ重要な役割を果たしていて，信義則上，申立人フジフードと同じ義務を負っているのにその義務を果たさなかったから，不法行為責任を負うと主張して，申立人ベンチャー・リンクに対し，申立人フジフードと連帯して同額の損害賠償をすることを求めて，東京地方裁判所に訴え（以下「本件基本事件」という。）を提起した。

2　ところが，申立人らは，本件各FC契約には，「本部（申立人フジフード）の本店所在地を管轄する裁判所をもって第1審の唯一の管轄裁判所とすることに合意する。」との専属的合意管轄の定めがあるなどと主張して，本件基本事件について，申立人フジフードの本店所在地を管轄する大阪地方裁判所への移送を申し立てた。

決定要旨

1　申立人フジフードの移送申立てについて

本件各FC契約には，「本部（申立人フジフード）の本店所在地を管轄する裁判所をもって第1審の唯一の管轄裁判所とすることに合意する。」との専属的合意管轄の定めがあるから，原則として，この管轄合意により他の法定の土地管轄は排除されていることが認められるが，本件基本事件の法定の土地管轄が東京地方裁判所にあり，申立人のフジフードの資本金が6億2208万円余であるのに対し，相手方らは，いずれも資本の総額又は額が300万円から1450万円の小規模な会社であり，双方の資力ひいては訴訟遂行に要する費用の負担能力には大きな格差があると推認されること，相手方らの代表者の住所がいずれも東京都内又はその近辺にあることを考慮すると，民事訴訟法17条の趣旨を尊重し，訴訟の著しい遅滞を避け，かつ，当事者間の衡平をはかるためには，本件

基本事件を大阪地方裁判所に移送することはせず，むしろ東京地方裁判所で審理するのが相当である。

2 申立人ベンチャー・リンクの移送申立てについて
本件各 FC 契約の専属的管轄の合意が申立人ベンチャー・リンクにも及ぶとすることはできず，本件基本事件の同申立人に対する部分が管轄違いであると認めることはできない。また，本件基本事件のうち申立人フジフードに対する部分を大阪地方裁判所に移送することは相当ではなく，併合審理・統一的判断のためには，申立人ベンチャー・リンクに対する部分のみを移送することも同様に相当ではないことになる。

分析

1 管轄の意義
管轄とは，特定の事件についていずれの裁判所が裁判権を行使するかに関する定めをいう。ある裁判所が裁判権を行使することができる権能を管轄権という。

2 管轄の種類
管轄は，種々の観点から分類される。本件に関係する管轄の種類を挙げると，次のとおりである。

(1) 法定管轄，指定管轄，合意管轄，応訴管轄

これは，管轄権の発生事由による分類である。法定管轄は，法律の規定により，指定管轄は，直近上級裁判所の指定により，合意管轄は，当事者の合意により，応訴管轄は，被告の応訴により，それぞれ発生するものである。

(2) 職分管轄，事物管轄，土地管轄

法定管轄は，分担を決める基準の違いにより，職分管轄，事物管轄及び土地管轄に分かれる。職分管轄は，手続の性質等によって決められるものであり，第1審裁判所と第2審裁判所を分ける審級管轄もこれに含まれる。事物管轄は，第1審裁判所を簡易裁判所と地方裁判所のどちらにするかという定めである。訴訟の目的の価額が140万円を超えない請求は，簡易裁判所の管轄に属し，それを超える請求は，地方裁判所の管轄に属する。土地管轄は，

所在地を異にする同種の裁判所の間の事件分担の定めである。
　(3)　専属管轄，任意管轄
　裁判の適正・迅速という公益的要請から，当事者の意思によって法定管轄とは異なる管轄を生じさせることを許さないのが専属管轄であり，これを許すのが任意管轄である。事物管轄及び土地管轄は，法が専属管轄であると定めた場合に限って専属管轄となる。

3　移　　送
　移送とは，ある裁判所に係属している訴訟を他の裁判所に移すことをいう。移送には，次の2種類の移送がある。
　(1)　管轄違いによる移送
　裁判所は，管轄権を有しない裁判所に提起された訴訟については，これを却下することなく，申立てにより又は職権で，管轄裁判所に移送する（民事訴訟法16条1項）。
　(2)　遅滞を避けるため等のための移送
　裁判所は，管轄権を有する訴訟が提起された場合においても，訴訟の著しい遅滞を避け，又は当事者間の衡平を図るため必要があると認めるときは，申立てにより又は職権で，他の管轄裁判所に移送することができる（民事訴訟法17条）。この移送は，一般的には裁量移送といわれる。

4　本件における問題点
　(1)　競合的合意又は専属的合意
　管轄の合意には，合意で定められた特定の裁判所のみに管轄を認める「専属的合意」と数個の裁判所を管轄裁判所とする「競合的合意」がある。競合的合意のうち，法定管轄裁判所のほかにさらに別の管轄裁判所を追加する合意を「付加的合意」という。どちらの合意かは，合意の解釈による。本件基本事件においては，被告（申立人）らの主たる事務所又は営業所の所在地を管轄する大阪地方裁判所（民事訴訟法4条4項）のほか，ぎまん的顧客誘引をした地（不法行為地）を管轄する裁判所として（民事訴訟法5条9号），また，義務の履行地（弁済の場所）である債権者（相手方）らの現在の住所地（民法484条）を管轄する裁判所として（民事訴訟法5条1号），いずれも東京地方裁判所が管轄権を有する。相手方らと申立人フジフードとの間の管轄合意（以下「本

件管轄合意」という。）は，このように複数の法定の管轄裁判所の一つである大阪地方裁判所を唯一の管轄裁判所と定めているから，専属的合意と解するほかない。

(2) 管轄合意の当事者

民事訴訟法11条1項は，当事者は，第1審に限り，合意により管轄裁判所を定めることができると規定するが，問題は，当事者の範囲である。管轄の合意は，法定管轄を変更するものであり，合意により直接管轄の変更という訴訟法上の効果が発生することを目的とするものであるから，明確性が要求される。民事訴訟法11条2項で管轄合意に書面を要求しているのも同様の趣旨である。

したがって，申立人フジフードと相手方らとの間の本件管轄合意の効力が申立人ベンチャー・リンクにも及ぶとする申立人ベンチャー・リンクの主張は，理由がないであろう。

(3) 民事訴訟法17条の類推適用について

次に問題となるのは，民事訴訟法17条所定のいわゆる裁量移送が許されるか否かである。民事訴訟法17条は，管轄権を有する裁判所に訴訟が提起された場合にも，その訴訟を一定の要件の下に他の管轄裁判所に裁量移送することができる旨規定する。したがって，民事訴訟法17条は，受訴裁判所にも，管轄権があることを前提としている。しかし，本件管轄合意を専属的合意と解すると，本件基本事件は，管轄権を有しない東京地方裁判所に提起されたことになるが，民事訴訟法20条1項は，同法11条の専属的合意管轄を定めた場合にも，同法17条の裁量移送ができる旨規定しているから，専属的合意には法的管轄を排除する効力がないと考えられ，本件管轄合意により東京地方裁判所には管轄権がないとすることはできないこととなる。ところが，民事訴訟法17条は，管轄権を有する受訴裁判所が他の管轄裁判所へ移送することを予定しているから，受訴裁判所が移送することなく自ら審理することは，同条が本来予定しているものではないこととなる。そこで，本決定は，民事訴訟法17条をそのまま適用することなく，同条の趣旨を尊重し，同条が定める移送要件（「訴訟の著しい遅滞」又は「当事者間の衡平」）を満たすから，受訴裁判所である東京地方裁判所で審理するのが相当であるとして，移送申立てを

却下したのである。確かに，民事訴訟法17条が本来予定している場合との均衡を考えると，本件基本事件についても同条を類推適用（本決定は，民事訴訟法17条の趣旨を尊重するという。）して，受訴裁判所である東京地方裁判所で審理することを認めるべきであるから，本決定の結論に異論は少ないと思われる。しかし，民事訴訟法17条の要件については，検討の余地があるが，本書における別稿（〈第54事件〉）にて検討を加えているので，そちらを参照されたい。

(4) 義務履行地に関する特約の効力

民事訴訟法17条は，「第一審裁判所は，訴訟がその管轄に属する場合においても」と規定しているとおり，訴えが提起された裁判所にも管轄権があることを前提としている。本件は，相手方（原告）らが不法行為等を理由に損害賠償等を求めているから，不法行為地を管轄する東京地方裁判所が管轄裁判所となり，受訴裁判所に管轄権があることを前提としている民事訴訟法17条を類推適用することは容易であった。

しかし，受訴裁判所に管轄権がない場合には，民事訴訟法17条を類推適用することは困難である。例えば，フランチャイザーとフランチャイジーとの間のフランチャイズ契約において，FC加盟金及び保証金の返還については，債権者（フランチャイジー）の現在の住所地を弁済の場所（義務履行地）とする民法484条の原則を否定して，債務者（フランチャイザー）の本店所在地で行う旨の義務履行地に関する特約を締結していた場合には，フランチャイザーの本店所在地が義務履行地（民事訴訟法5条1号）となる。したがって，フランチャイジーの現在の住所地が義務履行地であるとして，フランチャイジーの現在の住所地を管轄する受訴裁判所に管轄権があるとすることは困難となり，受訴裁判所にも管轄権があることを前提とする民事訴訟法17条の類推適用も困難となる。その結果，フランチャイジーは，自らの現在の住所地を管轄する裁判所にFC加盟金及び保証金の返還の訴えを提起することはできず，フランチャイザーの本店所在地を管轄する裁判所に訴えを提起せざるを得なくなることも予想される。

管轄合意か義務履行地の合意かによって以上のような大きな差異が生ずるのは，不合理であると思われる。このような問題点を解消するためには，民

事訴訟法17条の「その管轄に属する」を「本来その管轄に属する」と理解して，義務履行地に関する特約がないときには，受訴裁判所に管轄権がある場合にも，民事訴訟法17条の類推適用を認めるべきではないであろうか。

5 フランチャイズ契約における留意事項

フランチャイズ契約締結においては，多くの場合，加盟金やフランチャイズ・フィー等に関心があり，紛争が生じた場合の管轄裁判所については，十分な検討がされていないものと思われる。しかし，フランチャイズに関する訴訟は，長期間の審理を要するものが多く，当事者の負担も大きい。そのような不利益を避けるためには，フランチャイズ契約締結においては，管轄合意のみならず，管轄に影響を与えるような義務履行地に関する特約等についても，十分に検討を加える必要があろう。

【西口　元】

〔参考文献〕
西口元＝木村久也＝奈良輝久＝清水建成編『【改訂版】フランチャイズ契約の法律相談』375頁以下（青林書院，2009年）
西口元「裁量移送をめぐる裁判例概観―民事訴訟法17条を中心に」現代民事法研究会編『民事訴訟のスキルとマインド』434頁以下（判例タイムズ社，2010年）

第52 コンビニFC文書提出命令申立事件

▶コンビニのフランチャイザーと業務委託先との間の契約書その他の文書の文書提出義務（秘密文書該当性）が争われた事例

仙台高等裁判所平成21年3月24日決定　平成20年（ラ）第75号原決定一部変更
（原審：福島地決平成20年3月31日　平成19年（モ）第49号）

争　点

1　コンビニのフランチャイザーと業務委託契約を締結している企業が，フランチャイザーとの間の委託料等を定めた契約書等（文書A）につき，文書提出義務を負うか。

2　コンビニのフランチャイザーと業務受託先や仕入先との間のリベートの金額や仕入原価等を示す文書（文書B）の存否（文書提出義務の判断の前提として）。

3　コンビニのフランチャイザーが，自ら有するリベートの配分基準及び計算方法が書かれた文書や仕入先からのリベート収入額が記載された文書（文書C）につき，文書提出義務を負うか。

結　論

1　文書Aは，民事訴訟法220条4号ハに規定する文書に当たり，文書提出義務は認められない。

2　文書Bの存在は認められない。

3　文書Cは，民事訴訟法220条4号ハに規定する文書に当たるということは出来ず，文書提出義務が認められる。

事案の概要

(事案の概要及び原判決の概要)

1 本件の本案事件は、コンビニエンスストアのフランチャイズ・チェーンを運営するX(フランチャイザー)が、Xとフランチャイズ契約を締結して加盟店を経営していたY_1(フランチャイジー)やその連帯保証人であるY_2及びY_3(以下併せて「Yら」という。)に対し、フランチャイズ契約の解除に基づく精算金等の支払を求めた事案である(福島地裁郡山支部平成18年(ワ)第391号清算金等請求事件)。本案事件において、Yらは、Xが行っている仕入代金の代行決済に関し、実際の仕入原価を不当に隠蔽して実際より高価な支払原価を請求したり、Xが仕入先より受領したリベートを適正に配分しなかったりして法律上の原因なく利得を得ているとして、不当利得返還請求権と精算金等との相殺を主張している。

2 そして、Yらは、上記不当利得の事実を立証するため、X及びその商品の仕入先等である大手運送会社Zほか2社に対し、商品の仕入原価等又はリベートに関する文書(本件文書①ないし⑭)の提出を求める旨の文書提出命令を申し立てた。本件文書を大きく分類すると、Zが保有するXとの間の委託料等が記載された契約書等の文書(文書A。本件文書①)、Yらにおいて、XやZ及びその他の仕入先が保有している旨主張するリベートの金額や仕入原価等を示す文書(文書B。本件文書②ないし⑫)、及びXが保有するリベートの配分基準及び計算方法が書かれた文書や仕入先からのリベート収入額が記載された文書(文書C。本件文書⑬及び⑭)に分類することができる。

3 原審(福島地決平成20年3月31日)は、Zに対し、文書Aは民事訴訟法220条4号ハ及びニの除外事由に該当するとは認められないとして、同文書の提出を命じる一方、その余の申立てをいずれも却下した。

4 この原審決定に対し、Yら及びZがそれぞれの敗訴部分の取消しを求めて即時抗告をしたのが本件である。

| 決定要旨 |

　原決定を一部変更し，文書A（本件文書①）の提出義務を否定する一方，文書C（本件文書⑬及び⑭）の提出義務を肯定した。文書B（本件文書②ないし⑫）については，同文書の存在は認められないとする原審の判断を踏襲した。

1　文書Aの提出義務について

本決定は，文書Aについて，以下のように述べ，文書提出命令の申立ては理由がないとした。

　「Zとあるコンビニエンス・ストアのフランチャイズ・チェーンとの間で定めた委託料が開示され，その額がこれよりも低額の委託料でZと契約している他のフランチャイズ・チェーンの運営者に知れた場合には，Zが委託料の増額を求められたり，委託料についての合意ができなければ取次委託契約が解除されたり，また，ZとXとの間の委託料の額を知った他の宅配便業者が，これよりも高額の委託料を提示することによってXに対し自らが営む宅配便の取扱いをするよう勧誘したりするなどの事態が起こることが予想される。そして，コンビニエンス・ストアが取次委託をしているZの宅配便の量は相当なものであると考えられるのであるから，このような事態が生じると，Zの経営は重大な打撃を受け，その業務遂行が困難になるものと考えられる。

　本件文書①の中に，契約が改訂されるなどして現在は適用されていないものがあるとしても，過去の契約内容は現在の契約内容を知る有力な資料となるものであるから，それが明らかとなることによりZの業務遂行が困難になることには変わりがない。

　したがって，本件文書①は，法197条1項に規定する「職業の秘密」に係る事項が記載されており，Zとの関係では，法220条4号ハに規定する文書に当たるものと認められる。」

　「ZはY₁と契約当事者の関係にはないのであるから，本件文書①が，Yらの利益のために作成されたとか，YらとXとの間の法律関係に基づいて作成されたとかということはできない。」

　「Zは，Xと取次委託契約をしているのであり，Xが運営するフランチャイズ・チェーンの加盟店経営者と取次委託契約をしているのではないし，加盟店経営者から何らかの事務の委託を受けているわけではないから，加盟店経営者に対し委託料について報告義務を負うもの」ではない。

2　文書Ｂの提出義務について

　本決定は，文書Ｂについては原決定同様，存在するとは認められないとして，これらの文書提出命令の申立ては理由がないとした。

　なお，本決定は，Ｙらが，コンビニエンス・ストアのフランチャイズ・チェーンの運営会社がその加盟店に対し，加盟店に代わって注文し支払った商品仕入代金の具体的内容等について報告義務を負う旨判示した最判平成20年7月4日判決〔第36事件〕。以下「平成20年最判」という。）を引用して，Ｘは報告義務を尽していないのであり，それにもかかわらず当該報告義務に係る文書が存在しないと認めることはできない旨主張したのに対し，「文書提出命令は，訴訟の相手方当事者又は第三者が要証事実に関する特定の文書を所持し，かつ，当該文書について民事訴訟法上の文書提出義務を負う場合に，当該文書の所持者にその提出を命ずるものであるから，ある者が文書提出命令の申立人に対し実体法上の報告義務を負う場合であっても，当該報告内容に係る文書を所持しないときは，その者は，当該文書についての文書提出命令による文書提出義務を負わないものといわざるを得ない」と述べる。

　また，本決定は，いったん削除された電子データは，民事訴訟法231条にいう「準文書」に当たらず，文書提出命令の対象とはならないとも述べている。

3　文書Ｃの提出義務について

　本決定は，以下のとおり述べて文書Ｃが民事訴訟法220条4号ハの秘密文書に当たるということはできず，また，これらの文書が専らＸの内部の者の利用に供する目的で作成され，外部に開示することが予定されていない文書であるということはできず，その開示によってＸにその自由な意思形成の阻害など看過し難い不利益が生じるおそれがあるということもできないとして，Ｘに文書Ｃについての文書提出義務を認めた。

　「Ｘと加盟店経営者のフランチャイズ契約（甲1）においては，加盟店経営者の仕入商品について無償商品又は割戻金（リベート）がＸに支払われた場合には，Ｘは，これを加盟店経営者の仕入売価又は損益計算明細書の営業収入に計上することとされていることが認められる（23条2項）。そして，証拠（省略）によれば，Ｘが仕入先から受け取ったリベートを加盟店経営者に配分する手順は，①Ｘが加盟店経営者から商品仕入れに係るデータを受信して，リベートの算出を委託した業者に全加盟店経営者の全仕入先に対する仕入データを提供し，②受託業者がＸと各仕入先の合意に基づく計算式により仕入先ごとにリベートを計算して，その総額をＸに報告し，③Ｘが仕入先にリベートの総額

を請求してその支払を受け,④Xが業者に加盟店経営者への配分額の計算を委託してその結果の報告を受け,加盟店の現金決済勘定表の「貸方金額」欄に配分額を計上することにより,リベートを加盟店経営者に支払うとの手順によっていること,加盟店経営者がXの発注システムを利用して商品を仕入れる場合,売買契約は加盟店経営者と仕入先との間に成立し,Xは,代金の支払等を代行する関係にあることが認められる。

以上の事実に,商品の購入に関して支払われるリベートは,本来,仕入先から売買契約の相手方である加盟店経営者に対して支払われるものであることを考え併せると,加盟店経営者は,Xに対し,仕入先から支払われるリベートを加盟店経営者を代行して一括受領し,これを加盟店経営者に配分する事務を委託しているものと認められ,この委託は,準委任の性質を有するものと解される。

そして,Xと加盟店経営者とのフランチャイズ契約上リベートの配分方法について具体的な定めはなく,また,仕入先が個々の加盟店経営者への配分方法を指示しているものとも考えられないのであるから,加盟店経営者へのリベートの配分は,一応Xの裁量にゆだねられているものと考えられるが,リベートは加盟店経営者にとって収入の一部を成すものであることを考えると,加盟店経営者がXにその自由な裁量でリベートを配分することをゆだねたものとは考えられず,当該商品の売上高に応じるなど合理的な基準によって配分することをゆだねたものと解される。

そして,加盟店経営者の収入の一部を成すリベートをXが一括して受領し配分することとされている以上,加盟店経営者としては,Xが仕入先から受領したリベートを適正に配分しているかについて知りたいと考えるのは当然であり,Xにおいてそれを拒む合理的な理由があるとは考えられない。したがって,Xは,準委任の性質を有する上記委託における報告義務として,加盟店経営者から請求があった場合に,リベートを適正に配分しているかどうかを明らかにするため,仕入先から受領したリベートの額やリベートの配分基準,計算方法等を明らかにする義務があるものと認められる。

本件文書⑬及び⑭は,リベートの配分基準や計算方法,実際にXに支払われたリベートの額が記載された現金出納帳等であるところ,Xは,加盟店経営者であるY₁に対し,リベートの配分基準等について報告する義務を負っているのであるから,これらの文書の記載内容が法197条1項3号に規定する「職業の秘密」に当たるとか,これらの文書が法220条4号ハの文書に当たるとかい

うことはできず，また，これらの文書が専らＸの内部の者の利用に供する目的で作成され，外部に開示することが予定されていない文書であるということはできず，その開示によってＸにその自由な意思形成の阻害など看過し難い不利益が生じるおそれがあるということもできないというべきである。」
「したがって，……Ｘは，本件文書⑬及び⑭について文書提出義務を負う。」

分析

1 本件における問題の所在

　コンビニのフランチャイズ契約においては，フランチャイザーが商品の仕入れについてフランチャイジーを代行することや，フランチャイザーが仕入先から受領したリベートをフランチャイジーに分配することが契約上定められることがある。この場合に，フランチャイザーがフランチャイジーに実際より高額な仕入原価を請求したり，仕入先から受領したリベートを不当に過小に分配した場合には，フランチャイザーがフランチャイジーに対して，損害賠償義務や不当利得返還義務を負う可能性がある。

　この点，平成20年最判〈第36事件〉は，フランチャイジーが推薦仕入先から商品を仕入れ，当該仕入れ代金をフランチャイザーがフランチャイジーに代わってまとめて推薦仕入先に支払い，後日オープン・アカウントで決済するという仕組みが採用されているコンビニのフランチャイズ・チェーンについて，フランチャイジーが商品を仕入れる場合，仕入商品の売買契約はフランチャイジーと推薦仕入先との間に成立し，その代金の支払に関する事務をフランチャイジーがフランチャイザーに委託するという準委任の性質を有する法律関係が成立しているとした上で，受任者の報告義務を定める民法645条の規定を適用し，フランチャイザーの報告義務を認めた。

　本件は，フランチャイジーがフランチャイザーやその仕入先等に対し，仕入代金やリベート等の金額を示す文書の提出を求めた文書提出命令申立事件の抗告審であり，民事訴訟法220条が定める文書提出義務の要件（特に民事訴訟法220条4号ハの秘密文書該当性）との関係で，フランチャイザーの報告義務の有無や，文書の記載内容がフランチャイザーや仕入先の職業上の秘密に該当

するかが争われた事件である。

2 文書Aについて

本件のZは，Zが保有するXとの間の委託料等が記載された契約書等の文書（文書A）は，民事訴訟法220条4号ハの秘密文書に該当する旨主張し，本決定も文書Aが秘密文書に該当し，Zが文書提出義務を負わないとの判断を示した。

民事訴訟法220条4号ハ後段の秘密文書とは，①技術又は職業の秘密に関する事項（同法197条1項3号に相当する場合）であって，②黙秘の義務が免除されていないものが記載されている文書である。また，最決平成20年11月25日（民集62巻10号2507頁）は，一般論として，「文書提出命令の対象文書に職業の秘密に当たる情報が記載されていても，所持者が民訴法220条4号ハ，197条1項3号に基づき文書の提出を拒絶することができるのは，対象文書に記載された職業の秘密が保護に値する秘密に当たる場合に限られ，当該情報が保護に値する秘密であるかどうかは，その情報の内容，性質，その情報が開示されることにより所持者に与える不利益の内容，程度等と，当該民事事件の内容，性質，当該民事事件の証拠として当該文書を必要とする程度等の諸事情を比較衡量して決すべきものである」と，職業の秘密が保護に値する秘密であることを要求し，その判断に際しては事件の内容や証拠価値等が比較考量の対象とされることを明確にしている。

上記最判の基準に照らして検討するに，Zが主張するXとの委託料が開示されることによる委託料の増額請求や，他業者に顧客を奪われるといった不利益は，Zにとって重大な不利益であると考えられ，他方，ZがY$_1$と契約当事者の関係になく，Y$_1$に対して契約上の報告義務を負う立場ではないことからすると，文書Aが民事訴訟法220条4号ハの秘密文書に該当するという本決定の判断は妥当なものであると考える。

3 文書Bについて

本決定は，YらがXやZ及びその他の仕入先が保有している旨主張するリベートの金額や仕入原価等を示す文書（文書B）について，これらの文書が存在するとは認められないとし，XがYらに対する報告義務を負っているとのYらの主張についても，文書提出命令は訴訟の相手方当事者又は第三者が

要証事実に関する特定の文書を所持し，かつ，当該文書について民事訴訟法上の文書提出義務を負う場合に，当該文書の所持者にその提出を命ずるものであるとして，文書提出義務を認めなかった。

文書提出命令において，文書提出の義務を負うのはあくまで当該文書の「所持者」であることから，報告義務の有無に拘わらず，文書が所在しない場合に文書提出義務を認められないとする本決定の判断は，妥当なものであると考える。また，Yらは，Xが削除した電子メールについてもこれを復元することが可能であるとして，民事訴訟法231条の準文書に該当すると主張するが，文書提出命令申立時点において既に削除されていた電子メールは，やはり「情報を表すために作成された物件で文書でないもの」には該当し得ないと考えざるを得ず，準文書に該当しないという本決定の判断も妥当なものであると考える。

4 文書Cについて

本決定は，フランチャイザーであるXとフランチャイジーであるY$_1$との間のリベートの配分に関する法律関係を，Y$_1$がXに対し，仕入先から支払われるリベートを加盟店経営者を代行して一括受領し，これをY$_1$らフランチャイジーに配分する事務を委託している準委任の関係にあるととらえ，フランチャイズ契約上リベートの配分方法について具体的な定めはないが，Y$_1$らフランチャイジーがXにその自由な裁量でリベートを配分することをゆだねたものとは考えられず，当該商品の売上高に応じるなど合理的な基準によって配分することをゆだねたものであると判示する。その上で，本決定は，Xには準委任の性質を有する上記委託における報告義務として，リベートを適正に配分しているかどうかを明らかにするため，仕入先から受領したリベートの額やリベートの配分基準，計算方法等を明らかにする義務があると認定する。

この本決定の判断は，フランチャイジーがフランチャイザーに仕入代金の支払に関する事務を委託する法律関係（準委任契約）において，フランチャイザーに対し，民法の規定する受任者の報告義務（民法656条・645条）に基づいて，商品仕入代金の具体的内容等について報告する義務があることを認めた平成20年最判の判断内容に従ったものであり，基本的に妥当であると考える。

今後は，フランチャイザーが準委任契約に基づく報告義務を免れるためには，基本的にはフランチャイズ契約書にその旨を明記すべきということになろう。

　本決定は，Xに実体法上の報告義務があることを前提として，Xが自ら有するリベートの配分基準及び計算方法が書かれた文書や仕入先からのリベート収入額が記載された文書（文書C）について，秘密文書に当たるとか，自己使用文書に当たるということはできないとして，Xの文書提出義務を認める。自らに報告義務があり，それを履行していないにも拘わらず，自ら保有する文書に自らの営業上の秘密が記載されているからといって文書の提出を拒むことを認めることは適当でないと考えられることから，本決定の判断は基本的には妥当であると考える。

　ただ，文書Cのうち本件文書⑭については，Xの仕入先からのリベートの金額が記載された文書であるところ，文書AについてはXの取引先であるZ_1が受ける不利益を考慮して同文書が秘密文書とされたこととの均衡上，本件文書⑭についてもXの仕入先が受ける不利益をも考慮する必要があるようにも思われる。本決定がXの仕入先が受ける不利益の点を考慮したか否かは明らかでないが，この点は今後の課題であると考える。

【若松　亮】

〔参考文献〕
西口元＝木村久也＝奈良輝久＝清水建成編『【改訂版】フランチャイズ契約の法律相談』157頁以下（青林書院，2009年）
神田孝『フランチャイズ契約の実務と書式』198-201頁（三協法規出版，2011年）
秋山幹男＝伊藤眞＝加藤新太郎＝髙田裕成＝福田剛久＝山本和彦『コンメンタール民事訴訟法Ⅳ』（日本評論社，2010年）

第53 セブン・イレブン・オープンアカウント差戻事件

▶コンビニエンスストアのフランチャイズ・チェーンの運営者（本部）が，加盟店に代わって支払った商品仕入代金の具体的な支払内容及びリベートについて，加盟店に報告すべき義務を負うとされた事例

東京高等裁判所平成21年8月25日判決（差戻審。LEX/DB 06420449）（最二小判平成20年7月4日金融・商事判例1318号60頁〈第36事件〉の差戻審）
注）本件は，最二小判平成20年7月4日（金融・商事判例1318号60頁。〈第36事件〉）の差戻審判決である。事案，最高裁判旨については，〈第36事件〉を参照されたい。

争　点

オープンアカウント方式の決済方式を採用しているコンビニエンスストアのフランチャイズ・チェーン本部（フランチャイザー）が加盟店（フランチャイジー）に対して負う商品仕入代金の具体的な支払内容に関する報告義務の具体的範囲はどのようなものか。

結　論

Y（本部。フランチャイザー）は，X（加盟店。フランチャイジー）に対して，具体的な支払内容（個々の商品名ごとに支払先・支払日・支払金額・単価・個数）並びに商品に関して仕入報奨金（リベート）を推薦仕入先から受領している場合にはその受領内容（その個々の商品名ごとに支払者・受領日・受領金額・1個当たりの受領金額）を明示して報告すべきである。

事案の概要

〈第36事件〉の「事案の概要」を参照。

判決要旨

　本判決は，最高裁（〈本書第36事件〉の「判決要旨」参照）の論理をそのまま踏襲しつつ，具体的な当てはめを行っている。その内容は詳細にわたるが，必要な限度で取り上げておく。
　「(3)　準委任契約による報告義務の存否について
　　イ　商品仕入代金の支払事務の受任者としての報告義務及び提示義務について
　　(ア)　Ｘ（控訴人）ら加盟店経営者が本件発注システムによってＹ（被控訴人・本部）の推薦する仕入先から商品を仕入れ，推薦仕入先に対する商品仕入代金の支払をＹがＸら加盟店経営者に代わって行い，ＹとＸら加盟店経営者との間の決済がオープンアカウントによって行われる関係は，Ｘら加盟店経営者と推薦仕入先との間に仕入商品の売買契約が成立し，Ｘら加盟店経営者がＹに対して商品仕入代金の支払に関する事務を委託している（以下，これを「本件委託」という。）という法律関係にあり，本件委託は準委託の性質を有するものというべきである。したがって，Ｙは，Ｙに集約された情報の範囲内で，加盟店基本契約によってＹがＸら加盟店経営者に提供するものとされている資料等からは明らかにならない「具体的な支払内容」をＸら加盟店経営者に報告すべき義務を負っているものというべきであり（民法656条・645条），Ｘらが書面による報告を求めている以上，書面により報告すべきである。そして，上記の「具体的な支払内容」には，Ｘらが求める以上，別紙２報告内容目録（当裁判所）記載の継続的売買契約（取引）に関してＹがＸらに代わって支払った支払内容（添付表Ａ１ないしＡ３並びにＢ１及びＢ２の各欄ごとに個々の商品名を特定し，その個々の商品名ごとに支払先・支払日・支払金額・単価・個数を明示すること）が含まれるとともに，Ｙが添付表Ａ１ないしＡ３並びにＢ１及びＢ２の各欄に記載された継続的売買契約（取引）に係る商品に関して仕入報奨金（リベート）を推薦仕入先から受領している場合にはその受領内容（添付表Ａ１ないしＡ３並びにＢ１及びＢ２の各欄ごとに個々の商品名を特定し，その個々の商品名ごとに支払者・受領日・受領金額・１個当たりの受領金額を明示すること）も含まれるものと解するのが相当である。
　（略）
　　(エ)　（仕入報奨金（リベート）について）

本来商品の仕入先を自由に選択できる独立の事業主であるＸらの立場からすれば，本件発注システムを利用しＹを通じて推薦仕入先から商品を仕入れた場合とＸらが独自に外の仕入先から商品を仕入れた場合との各仕入価格を比較し，より安価な値段を提供する仕入業者から商品を仕入れたいとするのは当然のことであり，そのためには，各推薦仕入先ごとにかつ個々の商品ごとに仕入報奨金（リベート）の額を知る必要があるから（仕入価格から仕入報奨金の額を控除した額が実質的な仕入価格となる。），Ｘらが推薦仕入先からＹに対して支払われた個々の商品の仕入報奨金（リベート）の額を知ることについては当然の権利があるものというべきである。
　Ｙは，「仕入報奨金（リベート）は，Ｙに帰属するものであり，Ｘら加盟店経営者に帰属するものではない。」旨を主張するが，たとえ，仕入報奨金（リベート）がＹと推薦仕入先との個別の交渉・契約により推薦仕入先からＹに対してＹを権利者として支払われるものであるとしても，仕入報奨金（リベート）はあくまでも仕入れを行ったことに対する報奨金であって，そして，仕入れを行った者はあくまでも加盟店（の総体）であり支払受託者であるＹではないのであるから，そうとすれば，実質的には仕入報奨金（リベート）は加盟店（の総体）に帰属するものというべきであり，Ｙの上記主張は採用することができないものというべきである（略）。
　さらに，Ｙは，上記のとおり，「Ｙが毎月加盟店に送付しているもの以上の情報を加盟店に提供することは，推薦仕入先の秘匿情報（推薦仕入先におけるリベート支払条件等の同業他社と関係で秘密とすべき情報）を開示することにもなり，適切ではない。」旨を主張し，推奨仕入先であるＡ社，Ｂ社及びＣ社トーハンは同旨の懸念を表明しているが（乙イ29の１ないし３），しかし，仕入商品についての売買契約はＸら加盟店経営者と推薦仕入先との間に成立しているものであることを考えると，Ｙと推薦仕入先との間で結ばれた仕入報奨金（リベート）に関する契約を加盟店経営者に全く秘密にしていること自体が問題であり，そうとすれば，たとえ，Ｙの約１万2000店の加盟店のうちのごく一部の加盟店がＹに対して仕入報奨金（リベート）の受領内容について報告を求め，これによってＹと推薦仕入先との間の仕入報奨金（リベート）に関する契約が影響を受けるとしても，仕入商品についての売買契約がＸら加盟店経営者と推薦仕入先との間に成立しているものである以上，また，その報告を求めることが加盟店基本契約において禁じられているものでもない以上，やむを得ないもの（Ｙの仕入報奨金（リベート）の受領内容について報告を求めない加

盟店もこれを甘受せざるを得ないもの）というべきであり（ただし，Ｘらには仕入報奨金（リベート）の受領内容についての守秘義務があるものと解される（加盟店基本契約47条１項，前文２項）。），Ｙの上記主張も採用することができない。

分析

1 最高裁（《本書第36事件》）は，報告義務（本件報告）の範囲について，本件報告とは，「Ｙに集約された情報の範囲内で，本件資料等提供条項によって提供される資料等からは明らかにならない具体的な支払内容」と判示しており，報告対象としての具体性の中身，基準は必ずしも明らかにされなかった。最高裁が，原審認定の事実関係における「本件基本契約の合理的解釈」として本件報告義務の存在を認めつつ，その範囲につきある程度，フリー・ハンドを残した状態で事件を差し戻した態度からは，本件及び本件類似の事案においても，個別の事情に配慮してフランチャイザーの報告義務の範囲を柔軟に決しようという姿勢が窺われるとも言え，また，本件で，Ｘらが求めていた仕入商品代金の支払先，支払日，支払金額，商品名等がこと詳細に開示されてしまうと報告義務の範囲が広きにすぎ，その弊害も心配されるところであった（事実，Ｙ側は差戻審で同趣旨の主張をしている。）。透明度を余りに高める結果，例えば，競合者である他のフランチャイザーに商品の仕入れ等に関するフランチャイズ・システムのノウハウ（略）が事実上漏えいしてしまう恐れも否定できず，結果として，当該フランチャイズが競合他社（フランチャイズ）との競争力をそがれるマイナス面の影響を，情報開示を強く要求してきたフランチャイジー自身が受けてしまう可能性もあることは容易に理解できるところである。

フランチャイズ・システムは，独立した当事者間の契約関係ではあるが，一（フランチャイザー）対マス（フランチャイジー群）的構造を根本に持つことで発展してきたものであり，この構造的特質ないし同特質がもたらすフランチャイズ・システムのメリットを否定させない，調和ある解釈運用が要請される場面といえる。

この点からは，本判決が認容した開示範囲はやや広きに失するのではないかとの批判的な考え方も十分に成り立ち得よう。とりわけ，仕入報奨金（リベート）の部分まで開示が認められたことは，フランチャイザーにとっては，想定を超えた驚きの事態だったのではなかったのかと思われる。リベートの帰属については，フランチャイズ契約の本質に関わる重要な問題を含んでおり，慎重な検討が必要である。すなわち，フランチャイズ・システム全体における損益分配のあり方や，フランチャイズ契約における「多角的法律関係」（フランチャイザーと多数のフランチャイジーとの間で法律関係が形成されること）を踏まえた実質的判断が必要であるのに，本判決には，この点の検討された形跡がない（池田辰夫「コンビニ・フランチャイズ・システムをめぐる法律問題に関する研究会報告書(3)」NBL950号750頁以下．特に81頁，82頁参照）。もっとも，中小小売商業振興法11条1項及び同法施行規則10条12号・11条7号イにおいて，フランチャイズの契約締結段階についてではあるが，フランチャイザーがフランチャイジーに対し定期的に徴収する金銭があればその額，その算定に用いる売上げ，費用等の根拠を明らかにした算定について交付すべき書面に記載し，かつ説明することが義務付けられていること，ユニドロワ（私法統一国際協会）で公表されているフランチャイズ開示義務モデル法においては，フランチャイズ本部又はその関係者が，加盟店経営者に対して商品あるいはサービスを提供する業者から直接又は間接的に受領する報酬その他の利益（リベート，報奨金，インセンティブ等）につき，加盟店経営者に還元されるか，また還元されない場合にその業者から加盟店経営者に対して提供される商品やサービスの価格に上乗せがなされるか否かにつき，フランチャイズ契約時に開示すべきことが規定されており，かかる関係法規，諸外国の趨勢等も踏まえれば，仕入報酬金の内容の開示も，契約解釈を支える「時代の当然の要請」という見方もあるかもしれない。

2　総じて高裁の論理構成は，リベートの開示の点を除いては，「独立した当事者間の契約関係」を起点とした立論としてはしっかりしており，今後，同種事案の判断の準則と十分なり得るものと思われる。また，最高裁判決，本高裁判決の結論（準則）に従う限り，フランチャイズ契約の透明度，明確度を一層高めることが，コンビニエンス・フランチャイズはもとより，事実

上，全フランチャイズ・システムに要求されることになろうから，各フランチャイザー（とりわけ，オープンアカウント・システムを採用しているコンビニのフランチャイザー）としては，今後は，契約関係の透明度，公平性を担保する上でこれに資する情報は，可能な限り，フランチャイジーに開示すべきであるとの姿勢を堅持することこそが，フランチャイジーの幅広い支持を得，フランチャイズ・システムの円滑な運営を実現する上で重要になってくると言えよう。ロイヤルティの計算[1]等も新たな手法を開発する時期に来ているのかもしれない。

最高裁では「本件報告義務」の存否には影響しなかった「本件特性」の存在が，本件報告義務の具体的範囲についてどのように影響するかが注目されたが，この点，高裁は，基本的に影響がないと考えたようである。

【奈良輝久】

1　ロイヤルティの計算

大手コンビニ本部の大半では，本部が徴収するロイヤルティ算定に粗利益分配式が採用されている（「コンビニ調査」によれば，大手14本部中12本部）。これは売上総利益（売上高－売上原価）にロイヤルティ率を掛け合わせて額を算出する方法である。このロイヤルティ率は約定されており，契約タイプ，売上高，開業後の経過期間などで異なるが，おおむね30％台〜70％台と高率である。このロイヤルティについては次の点を指摘できる。

第一に，多少でも売上げがあれば売上総利益は正であり，しかも売上高の毎日全額送金制により本部はロイヤルティを先取りできるので，毎月確実にロイヤルティを徴収できる。他方，加盟店の側は，返金された残額から水光熱費や人件費を支出するので，オーナー収入は赤字に転落し得る。つまり売上不振の場合，加盟店は赤字に転落しても，本部はロイヤルティを確保できる。このシステムの下では，加盟店の売上げを促進させるというインセンティブが，本部には非常に働きにくい。

第二に，廃棄ロス・棚卸ロスからのロイヤルティ徴収も問題とされている。コンビニでは前記のような「機会ロスの防止」という全体戦略から，弁当や惣菜などを中心に毎日大量の商品が廃棄される（廃棄ロス）。またセルフサービスであるから万引き被害は多いし，多種類の商品を少人数で扱うため間違いも多い。帳簿上の在庫と棚卸しで確認された実際の在庫との食い違い（棚卸ロス）も相当額に上る。大手コンビニのロイヤルティ額は，

｛売上高－（売上原価－廃棄ロス－棚卸ロス）｝×ロイヤルティ率

という算式で算出されることが多い。これは廃棄ロス・棚卸ロスからロイヤルティを徴収していることを意味している。廃棄ロスも棚卸ロスも，実際には売れていないのであるが，そこからもロイヤルティが徴収されているとも言える。

第54 イタリアン・トマト事件

▶フランチャイズ契約上の専属的合意管轄事項に基づく移送の申立てが却下された事例

神戸地方裁判所尼崎支部平成21年12月28日決定　平成21年(モ)第1056号移送申立事件

争　点

フランチャイズ契約に専属的合意管轄の定めがある場合に，フランチャイジーがフランチャイザーに対して提起した訴えを専属的合意管轄裁判所に移送することなく，法定管轄裁判所である受訴裁判所が自ら審理することができるか。

結　論

フランチャイズ契約上の専属的合意管轄裁判所である東京地方裁判所への裁量移送の申立ては，法定管轄裁判所である受訴裁判所において審理することにつき民事訴訟法17条所定の要件を満たすから，同法の類推適用により，理由がないとしてこれを却下すべきである。

事案の概要

X（相手方）は，飲食店のフランチャイズ・チェーンを展開するY（申立人）との間で，平成15年10月10日と平成16年8月17日，Xが経営する「尼崎店」と「西宮北口店」について，Xをフランチャイジーとし，Yをフランチャイザーとするフランチャイズ契約を締結していた。ところが，Xは，YがXに派遣したスーパーバイザーであるAが，Xの営業を阻害する言動を繰り返したりして，Xの従業員の志気が低下し，従業員が定着せず，売上げが伸びずに損害を被ったと主張して，Yに対し，民法709条又は715条1項に基づ

く損害賠償の訴え（以下「本件基本事件」という。）を神戸地方裁判所尼崎支部に提起した。これに対し、Yは、Xとのフランチャイズ契約では、第1審管轄裁判所につき東京簡易裁判所又は東京地方裁判所を専属的合意管轄裁判所とする合意があると主張して、東京地方裁判所への移送を求めた。

決定要旨

　XとYが締結したフランチャイズ契約37条には、「本契約上の紛争及び関連する一切の紛争について第1審管轄裁判所を東京簡易裁判所又は東京地方裁判所とすることを双方合意する。」との文言があるところ、法定管轄裁判所である東京簡易裁判所又は東京地方裁判所を指定していることからすると、上記管轄の合意は、附加的合意ではなく専属的合意をしたものと解すべきである。本件基本事件は、不法行為地を管轄する神戸地方裁判所尼崎支部管内に提起されたものであるが、合意による専属管轄裁判所に最初から訴えで提起された場合には、民事訴訟法20条により、同法17条の要件を満たせば、他の管轄裁判所に事件を移送することができるのであるから、この場合との均衡上、合意による専属管轄裁判所とは異なる法定管轄裁判所に訴えが提起された場合であっても、その裁判所で審理するにつき同法17条の要件、すなわち「訴訟の著しい遅滞を避け、又は当事者間の衡平を図るため必要がある」と認めるときは、同条及び同法20条の類推適用により、管轄違いとすることなく自ら事件を処理することができると解するのが相当である。

　これを本件についてみるに、本件基本事件においては、Aの言動等が争われると窺われることからすると、尼崎市内、西宮市内あるいは近傍に居住するであろうXの従業員又は従業員であった者に対する人証調べが必要不可欠になることが窺われ、それらの者の出頭の確保や経済的負担等を考慮すると、神戸地方裁判所尼崎支部において審理をなすことが相当と認められる上、X及びYとも訴訟代理人弁護士によって訴訟遂行をしていること、争点及び証拠の整理手続は電話会議システム等によることができ、証人尋問等も集中証拠調べの活用等により、当事者の負担を軽減することができることからすると、訴訟の著しい遅滞を避けるとともに、経済的格差があるXとYとの衡平を図るためにも本件基本事件を専属的合意管轄裁判所である東京地方裁判所に移送することなく、不法行為地を管轄する神戸地方裁判所尼崎支部で審理することが相当である。

分析

1 管轄の意義

管轄とは，特定の事件についていずれの裁判所が裁判権を行使するかに関する定めをいう。ある裁判所が裁判権を行使することができる権能を管轄権という。

2 管轄の種類

管轄は，種々の観点から分類される。本件に関係する管轄の種類を挙げると，次のとおりである。

(1) 法定管轄，指定管轄，合意管轄，応訴管轄

これは，管轄権の発生事由による分類である。法定管轄は，法律の規定により，指定管轄は，直近上級裁判所の指定により，合意管轄は，当事者の合意により，応訴管轄は，被告の応訴により，それぞれ発生するものである。

(2) 職分管轄，事物管轄，土地管轄

法定管轄は，分担を決める基準の違いにより，職分管轄，事物管轄及び土地管轄に分かれる。職分管轄は，手続の性質等によって決められるものであり，第1審裁判所と第2審裁判所を分ける審級管轄もこれに含まれる。事物管轄は，第1審裁判所を簡易裁判所と地方裁判所のどちらにするかという定めである。訴訟の目的の価額が140万円を超えない請求は，簡易裁判所の管轄に属し，それを超える請求は，地方裁判所の管轄に属する。土地管轄は，所在地を異にする同種の裁判所の間の事件分担の定めである。

(3) 専属管轄，任意管轄

裁判の適正・迅速という公益的要請から，当事者の意思によって法定管轄とは異なる管轄を生じさせることを許さないのが専属管轄であり，これを許すのが任意管轄である。事物管轄及び土地管轄は，法が専属管轄であると定めた場合に限って専属管轄となる。

3 移送

移送とは，ある裁判所に係属している訴訟を他の裁判所に移すことをいう。移送には，次の2種類の移送がある。

(1) 管轄違いによる移送

裁判所は，管轄権を有しない裁判所に提起された訴訟については，これを却下することなく，申立てにより又は職権で，管轄裁判所に移送する（民事訴訟法16条1項）。

(2) 遅滞を避けるため等のための移送

裁判所は，管轄権を有する訴訟が提起された場合においても，訴訟の著しい遅滞を避け，又は当事者間の衡平を図るため必要があると認めるときは，申立てにより又は職権で，他の管轄裁判所に移送することができる（民事訴訟法17条）。この移送は，一般的には裁量移送といわれる。

4 本件における問題点

(1) 管轄の合意の趣旨について

管轄の合意には，合意で定められた特定の裁判所のみに管轄を認める「専属的合意」と数個の裁判所を管轄裁判所とする「競合的合意」がある。競合的合意のうち，法的管轄裁判所のほかにさらに別の管轄裁判所を追加する合意を「付加的合意」という。どちらの合意かは，合意の解釈による。本件基本事件においては，不法行為地を管轄する裁判所として神戸地方裁判所尼崎支部が管轄権を有するし，被告の住所地として東京地方裁判所が管轄権を有するところ，本件の管轄合意は，このように複数の法定の管轄裁判所の一つである東京地方裁判所を合意管轄裁判所と定めている。このように複数の法定の管轄裁判所の一つを管轄裁判所とする旨合意した場合には，複数ある管轄裁判所の中から特定の裁判所で審理することを合意したのであるから，専属的合意管轄であると解する説もあるが，経済的格差等を考えると，専属的合意と解するのは，当事者間の衡平を欠くことになるとして，競合的合意と解する説もある。前説によると，本件基本事件は，管轄違いを理由に東京地方裁判所に移送することとなる。他方，後説によると，神戸地方裁判所尼崎支部も管轄権を有することとなるから，管轄違いを理由に東京地方裁判所に移送されることはなく，同支部で審理されることとなる。本決定は，本件の管轄合意について，前説に従い，専属的合意管轄を定めたものと解した。しかし，後記のとおり，本決定は，民事訴訟法17条の類推適用により神戸地方裁判所尼崎支部で審理すべきであると判断したから，結論としては，後説と一致することとなる。

(2) 遅滞を避ける等のための移送について
ア 民事訴訟法17条の類推適用について
　次に問題となるのは，民事訴訟法17条所定のいわゆる裁量移送が許されるか否かである。民事訴訟法17条は，管轄権を有する裁判所に訴訟が提起された場合にも，その訴訟を他の管轄裁判所に裁量移送することができる旨規定する。しかし，本件は，受訴裁判所が他の管轄裁判所に移送することなく自ら審理することができるか否かが問題とされているから，民事訴訟法17条が予定する場面とは異なる。本決定は，民事訴訟法17条の適用がある場合との均衡を考慮して，同条を類推適用して，神戸地方裁判所尼崎支部で審理すべきであると判断して，本件移送申立てを却下した。確かに，民事訴訟法17条が本来予定している場合との均衡を考えると，本件基本事件についても同条を類推適用して，受訴裁判所である神戸地方裁判所尼崎支部で審理することを認めるべきであるから，本決定の結論に異論は少ないと思われる。しかし，民事訴訟法17条の要件については，検討の余地がある。
イ 「著しい遅滞」と「当事者間の衡平」の判断基準
　裁量移送に当たっては，当該訴訟の規模等から通常予想される審理期間や当事者の経済的負担等と対比して，「著しい遅滞」又は「当事者間の衡平」を判断していくものと思われるが，そもそも通常予想される審理期間や当事者の経済的負担等が必ずしも明らかではない。これまでの裁判例は，移送するに当たり，種々の考慮事情を列挙した上で，最終的には，「著しい遅滞」が生ずるとか，「当事者間の衡平」を図るためという抽象的な理由付けをするにとどまっている。
　民事訴訟法17条は，「著しい遅滞」と規定しているから，当該事件の審理のために通常必要とされる審理期間と比べて，受訴裁判所で審理した場合に大幅な審理期間の増大が見込まれる場合にはじめて「著しい遅滞」が生ずるというべきであろう。さらに具体的にいえば，受訴裁判所において，通常予想される審理期間の2倍程度の審理期間を要することが見込まれる場合には，裁判所としては，当該事件に審理に必要な審理期間で2件分の同種の訴訟事件を審理することができるから，「著しい遅滞」が生ずる危険性があるといってよかろう。

他方,「当事者間の衡平」については,「著しい遅滞」とは異なり,民事訴訟法17条は,「著しい不衡平」とは規定していないから,当事者の経済的負担等の格差は,これを容認しない趣旨であろう。しかし,当事者ごとに尋問すべき人証数等が異なるから,両当事者の経済的負担等が完全に同じであるようにすることはできない。したがって,民事訴訟法は,一定程度の格差を容認しているものと考えられる。しかし,被告の経済的負担等が原告の経済的負担等の2倍程度になる場合には,被告は,その経済的負担等で2件分の同種の訴訟事件を追行することができるから,「当事者間の衡平」を害するといってもよかろう。

　ウ　考慮事情

民事訴訟法17条は,裁量移送する場合の考慮事情として,「当事者及び尋問を受けるべき証人の住所,使用すべき検証物の所在地その他の事情」を考慮して,移送の判断をすべきであると規定する。実務的には,当事者の期日出頭の負担と人証の期日出頭の負担が考慮事情の中心となる。当事者の期日出頭の負担を判断する場合には,本人訴訟か否か,当事者本人の住所又は弁護士事務所の所在地等が考慮される。また,人証の期日出頭の負担を判断する場合には,人証の数や住所等が考慮される。

　エ　裁量移送の課題

管轄の中では,土地管轄が当事者に対する影響が大きく,実務上最も争われるものである。土地管轄は,法定管轄であるが,当事者の利害に大きな影響を与えることから,当事者間の衡平という私益要素を考慮し,合意管轄等を認めて,一定の範囲で当事者の意思に基づいて法定管轄を変更する余地を残している。しかし,当事者間の衡平は,具体的事件に即して判断されるべきものであるから,個々の訴訟事件の特徴等を考慮することなく抽象的に規定した土地管轄の規定は,当事者間の衡平を図るための一応の目安にすぎないと考えられる。したがって,当事者から管轄について異議が出された場合には,当事者間の衡平を図るという出発点に立ち返って,当該訴訟の審理をするのに最もふさわしい裁判所で審理すべきであろう。

この観点から民事訴訟法17条をみると,同条が移送先を管轄裁判所に限っているのは,訴訟の著しい遅帯を避け,当事者間の衡平を図るという趣旨か

らすると，問題が残るように思われる。例えば，札幌市に住所を有する原告が，自動車を運転中，札幌市内において，鹿児島市に住所を有する被告運転の自動車と衝突して重傷を負ったので，札幌地裁に損害賠償請求訴訟を提起したところ，事故原因が最大の争点となったという例で考えてみよう。この場合には，義務履行地（民事訴訟法5条1号）も不法行為地（同条9号）も札幌市であるから，札幌地裁が管轄権を有する。ところが，札幌地裁が，交通事故に関する多数の専門家等の尋問が必要であるから，訴訟の著しい遅滞を避けるためには，交通事故の専門家等が多数居住する東京で審理するのがよいと判断しても，管轄権を有しない東京地裁に当該事件を移送することはできない。このような場合には，土地管轄の規定にとらわれることなく，当該事件を審理するのに最もふさわしく，当事者間の衡平を図ることができる裁判所に移送することを認めてもよいのではないかと思われる。

【西口　元】

〔参考文献〕
花村良一「移送制度の問題」伊藤眞＝山本和彦編『ジュリスト増刊　民事訴訟法の争点』46頁以下（有斐閣，2009年）

〔参考判例〕
裁量移送に関する裁判例については，西口元「裁量移送をめぐる裁判例概観－民事訴訟法17条を中心に」現代民事法研究会編『民事訴訟のスキルとマインド』434頁以下（判例タイムズ社，2010年）を参照のこと。

第55 クレープハウス ユニ・ピーアール事件

▶会社分割に伴いフランチャイザーの飲食店の直営事業を承継した新会社に対する，フランチャイジーからのフランチャイズ契約終了に伴う約定分割返済金の返還請求が認められた事例

東京地方裁判所平成22年7月9日判決
判例時報2086号144頁

争 点

会社分割に伴い，フランチャイザーである飲食店の直営事業を承継した新会社が当該店舗の名称を引き続き使用している場合において，会社法22条1項の類推適用により，新会社は，フランチャイザーが約定した分割返済金の返還義務を負うか。

結 論

本件の具体的事実関係の下においては，フランチャイザーの直営事業を承継した新会社は，会社法22条1項の類推適用により，フランチャイジーに対し，分割返済金の返還義務を負う。

事案の概要

1 フランチャイズ及び直営形態によるレストランの経営等を行っていた株式会社ユニ・ピーアール（旧会社）は，X（フランチャイジー）との間で，クレープ店「クレープハウス・ユニあきる野とうきゅう店」(本件店舗)に関するフランチャイズ契約を締結し，Xは，旧会社の紹介によって本件店舗の開店費用を各金融業者から借り入れた。

2 その後，Xと旧会社はフランチャイズ契約を合意解約し，Xが本件店舗を旧会社に対して無償で譲渡する代わりに，金融業者に対する分割返済金

の弁済は旧会社が行うことを合意した。なお，本件店舗は開店当初より旧会社が事実上直営していた。

3　その約2年後，旧会社は，資金繰りが苦しくなったため，経営陣と株主構成を変えて会社分割を行うことを決め，飲食営業部門に属する事業を対象とし，本件店舗に関する債務は対象外とする新設分割を行い，株式会社クレープハウス・ユニ（新会社。Y）が設立された。

4　そこで，Xは，Yに対し，会社法22条1項類推適用に基づき，本件合意に基づく債務の弁済を求めた。

判決要旨

「①分割会社が経営する店舗の名称をその事業主体を表示するものとして用いていた場合において，②会社分割に伴い当該店舗の事業が新設会社に承継され，③新設会社が当該店舗の名称を引き続き使用しているときは，④新設会社は，会社分割後遅滞なく債権者に債務引受けをしない旨通知したなど免責を認めるべき特段の事情がない限り，会社法22条1項の類推適用により，分割会社が債権者に対して同事業により負担する債務を弁済する責任を負うと解される（最高裁平成20年6月10日裁判所時報1461号225頁参照）。事業譲渡において，事業主体の誤認又は債務引受けの誤信を招くような外観を作出した譲受会社につき権利外観法理・禁反言に基づいて債権者保護を図る同項の趣旨は会社分割の場合においても妥当するというべきであり，一般債権者に会社分割に係る分割計画書の閲覧を期待することは妥当ではない。」

上記②については，(i)旧会社は，本件店舗を開店当初から事実上の直営としていたこと，(ii)フランチャイズ契約の合意解約後は，法的にも本件店舗を直営するに至ったこと，(iii)旧会社は，同社の営む飲食事業部門に属する営業を分割して新会社に承継するために本件分割を計画する旨分割計画書に記載していること，(iv)新会社は，自社のホームページ上において本件店舗を系列店の一つとして表示していたこと，(v)新会社は，本件店舗に関する原状回復義務や立替経費引当金返還請求権の主体となっていたこと，(vi)旧会社は，現在，特段の事業を行っていないこと，「が認められ，以上を総合考慮すると，新会社は，会社分割により，旧会社から本件店舗に関する事業を承継したものと認められる。」

また，上記①及び③について，「旧会社が経営する店舗の名称をその事業主

体を表示するものとして用い，新会社がこれを続用したかを検討する」に，(i)本件店舗は新旧会社の直営店であり，開店から閉店まで一貫して「クレープハウス・ユニあきる野とうきゅう店」の名称で営業していたこと，(ii)新会社は，同社のホームページ上も，本件店舗をクレープハウス・ユニチェーンのチェーン店として広告していること，(iii)旧会社の商号（株式会社ユニ・ピーアール），本件店舗の名称（クレープハウス・ユニあきる野とうきゅう店）及び新会社の商号（株式会社クレープハウス・ユニ）の類似性，(iv)旧会社と新会社の代表取締役の同一性，(v)旧会社と新会社の実質的連続性を強調するホームページ上の記載等も併せ考慮すれば，「旧会社は，直営する本件店舗の名称をその事業主体を表示するものとして用い，新会社も本件分割に伴い本件店舗の事業を承継した際にその店舗名を引き続き事業主体を表す名称として使用してきたと認められる。」

そして，上記④については，「新会社が会社分割後遅滞なく債権者に債務引受けをしない旨通知したなど，新会社の責任を免除すべき特段の事情の主張立証はない。」

「したがって，新会社は，会社法22条1項の類推適用により，旧会社が債権者に対して同事業により負担する債務を連帯して弁済すべき責任を負う。」

分析

1 会社分割と会社法22条1項の類推適用

譲渡会社と譲受会社の間の事業譲渡契約において，譲渡会社の事業によって生じた債務を移転しない旨を定めた場合，当該債権についての債務者は依然として譲渡会社となる。しかしながら，会社法22条1項は，事業譲渡の後，譲受会社が譲渡会社の商号を継続して使用している場合には，事業譲渡契約において当該債務は移転しない旨の定めがある場合であっても，譲受会社も当該債務を弁済する責任を負う規定している。

同項の意義につき，判例及び通説は，譲受会社が譲渡会社の商号を続用する場合には，譲渡会社の債権者は，事業主体が交替したことを知らないか，又は知っていたとしても，当該債務は譲受会社が引き受けたと考えることが通常であるので，その外観を信頼した債権者を保護するために，譲受会社の

弁済義務が定められたとしている[1]。

同項の会社分割への類推適用については，学説上は，従来は，①事業譲渡は「一定の営業目的のため組織化され，有機的一体として機能する財産」を対象とするものであるが，会社分割は「事業に関して有する権利義務の全部又は一部」（会社法2条29号・30号），すなわち，事業性を有しない債権債務の集合も対象とする[2]以上，類推の基礎が欠けている，②会社分割は事業譲渡とは異なる組織再編行為のため債権者保護手続が法定されている（会社法789条・793条2項・799条・802条2項・810条・813条2項など），③事前・事後の開示もなされる（会社法782条・791条・794条・801条・803条・811条・923条・924条など），④会社法22条2項にある免責登記の制度は会社分割には存在しない，ことなどを理由に否定する見解がかなり有力であった[3]。

一方，下級審裁判例は，ゴルフクラブの経営移転を目的に会社分割が行われた事案において，いずれも同項の類推適用を認めていた[4]。

そうしたなか，本判決も引用する最判平成20年6月10日集民228号195頁（以下，「平成20年最判」ともいう。）は，同項の会社分割への類推適用を最高裁として初めて肯定した。以下，平成20年最判を見ていく。

2　最判平成20年6月10日集民228号195頁・判時2014号150頁

(1)　事案の概要

A社（旧会社）は，「涼仙ゴルフ倶楽部」という名称の預託金会員制ゴルフクラブが設けられているゴルフ場を経営しており，上告人は，旧会社との間で，クラブ会員契約を締結し，会員資格保証金3500万円を預託していた。

その後，旧会社は，ゴルフ場事業を対象とし，クラブ会員に対する預託金返還債務は対象外とする新設分割を行い，B社（新会社）が設立され，新会社は，「涼仙ゴルフ倶楽部」という名称を引き続き使用し，当該ゴルフ場を経営していた。

新会社は，会社分割の約3か月後，旧会社のクラブ会員に対して，「お願い書」と題する書面を送付し，会社分割により新会社が当該ゴルフ場を経営する会社として設立されたこと及びクラブ会員権を新会社発行の株式へ転換することにより，当該クラブを新会社経営の株主会員制ゴルフクラブに改革することを伝え，クラブ会員権を上記株式に転換するよう依頼した。

そこで，旧会社のクラブ会員であった上告人は，新会社に対し，クラブから退会する旨の意思表示をするとともに，会社法22条1項の類推適用により，本件預託金の返還を求めた。

(2) 判旨（破棄自判・請求認容）

法廷意見

「預託金会員制ゴルフクラブの名称がゴルフ場の事業主体を表示するものとして用いられている場合において，ゴルフ場の事業が譲渡され，譲渡会社が用いていたゴルフクラブの名称を譲受会社が引き続き使用しているときには，譲受会社が譲受後遅滞なく当該ゴルフクラブの会員によるゴルフ場施設の優先的利用を拒否したなどの特段の事情がない限り，譲受会社は，会社法22条1項の類推適用により，当該ゴルフクラブの会員が譲渡会社に交付した預託金の返還義務を負うものと解するのが相当であるところ（最高裁平成14年(受)第399号同16年2月20日第二小法廷判決・民集第58巻第2号367頁参照），このことは，ゴルフ場の事業が譲渡された場合だけではなく，会社分割に伴いゴルフ場の事業が他の会社又は設立会社に承継された場合にも同様に妥当するというべきである。

なぜなら，会社分割に伴いゴルフ場の事業が他の会社または設立会社に承継される場合，法律行為によって事業の全部又は一部が別の権利義務の主体に承継されるという点においては，事業の譲渡と異なるところはなく，事業主体を表示するものとして用いられていたゴルフクラブの名称が事業を承継した会社によって引き続き使用されているときには，上記のような特段の事情のない限り，ゴルフクラブの会員において，同一事業主体による事業が継続しているものと信じたり，事業主体の変更があったけれども当該事業によって生じた債務については事業を承継した会社に承継されたと信じたりすることは無理からぬものというべきであるからである。なお，会社分割においては，承継される債権債務等が記載された分割計画書または分割契約書が一定期間本店に備え置かれることになっているが（本件会社分割に適用される旧商法においては，同法374条2項5号，374条の2第1項1号，374条の17第2項5号，374条の18第1項1号。），ゴルフクラブの会員が本店に備え置かれた分割計画書や分割契約書を閲覧することを一般に期待することはでき

ないので，上記判断は左右されない。」

「新会社は，本件会社分割により旧会社から本件ゴルフ場の事業を承継し，旧会社が事業主体を表示する名称として用いていた本件クラブの名称を引き続き使用しているというのであるから，新会社が会社分割後遅滞なく本件ゴルフクラブの会員によるゴルフ場施設の優先的利用を拒否したなどの特段の事情がない限り，会社法22条1項の類推適用により，本件クラブの会員である上告人に対し，上告人が旧会社に預託した本件預託金の返還義務を負うものというべきである。」

「前記事実関係によれば，本件会社分割後に旧会社及び新会社から上告人を含む本件クラブの会員に対して送付された本件書面の内容は，単に，本件会社分割により新会社が本件ゴルフ場を経営する会社として設立されたこと及び本件クラブの会員権を新会社発行の株式に転換することにより本件クラブを新会社経営の株主会員制のゴルフクラブに改革することを伝え，本件クラブの会員権を新会社発行の株式に転換するよう依頼するというものであったというのであり，この内容からは，新会社が，上記株式への転換に応じない会員には本件ゴルフ場施設の優先的利用を認めないなど旧会社が従前の会員に対して負っていた義務を引き継がなかったことを明らかにしたものと解することはできない。それゆえ，本件書面の送付をもって，上記特段の事情があるということはできず，他に上記特段の事情といえるようなものがあることはうかがわれない。

したがって，新会社は，上告人に対し，本件預託金の返還義務を負うものというべきである。」

なお，本判決には，田原睦夫裁判官の補足意見，那須弘平裁判官の意見がある。

(3) 平成20年最判に関する考察
(i) 会社分割への会社法22条1項類推適用の可否
平成20年最判は，会社分割に伴い事業が承継される場合，「法律行為によって事業の全部又は一部が別の権利義務の主体に承継されるという点においては，事業の譲渡と異なるところはな（い）」と述べている。これは，事業の承継がある会社分割については，同項の類推の基礎があるとするもので，

全ての会社分割について類推適用を認めるものではないと思われる[5]。したがって，類推の基礎に欠けるとする従来学説の批判（前記一①）は当たらない。

　また，平成20年最判は，「会社分割においては，承継される債権債務等が記載された分割計画書又は分割契約書が一定期間本店に備え置かれることとなっているが，ゴルフクラブの会員が本店に備え置かれた分割計画書や分割契約書を閲覧することを一般に期待することはできない」と述べている。Xのような債権者が，本店までわざわざ出向いてこれらの書類を閲覧することは通常考えられないし，そもそも，分割後も旧会社に対して債権の履行を請求し得る債権者（旧会社の債権者）は，債権者保護手続の対象ともなっていない（会社法810条2項・1項2号等）以上，会社分割の事実自体も認識できない可能性もある。したがって，事前・事後の開示制度の存在（前記一③）も，同項の類推適用を否定することの根拠にはならないと考える。

　類推適用を否定する学説は，債権者保護手続の存在及び免責登記制度の不存在も根拠として挙げている（前記一②及び④）。しかしながら，上述のとおり，少なくとも債権者保護手続の対象とはならない債権者については，同手続の存在が類推適用を否定する根拠とはならないであろうし，また，会社法22条2項は免責登記のほか免責通知も規定しており，当該通知は会社分割の場合においても行うことができる。したがって，免責登記制度の不存在も同項の類推適用を否定する根拠にはならないと考える。以上のとおり，否定説の論拠は必ずしも説得力が高くなく，とりわけ会社法の下では，会社分割によって分割会社から承継会社に財産が移転し，分割会社に債務しか残らない場合でも，分割会社になお請求をなし得る債権者には債権者異議手続が用意されておらず（会社法810条1項），債権者の保護が薄くなってしまうため，同法22条1項を類推適用して債権者を保護する必要が高い。よって，平成20年最判の考え方は，基本的に妥当と思われる[6]。なお，ゴルフクラブの名称という，商号以外の続用について同項の類推適用を認めた点は，最判平成16年2月20日民集58巻2号367頁（以下，「平成16年最判」という。）と同様である。

　(ⅱ)　特段の事情の有無

　平成20年最判は，特段の事情についても，平成16年最判を踏襲しており，「ゴルフ場施設の優先的使用を拒否した」場合を例として挙げた点も同様で

ある。この趣旨につき，那須裁判官は「同判決は旧商法26条2項（会社法22条2項）において，同条1項の適用が排除される場合として，『債務を弁済する責任を負わない』旨の登記か，あるいは同様な趣旨の通知がなされた場合を挙げていることを踏まえ，ゴルフ場施設の優先的利用の拒否があれば，施設利用権と密接な関係を有する預託金返還義務についても拒否があったと理解するのが一般的であることも考慮して，ゴルフ場施設の優先的利用の拒否を例として挙げたにすぎず，これを限定する趣旨のものでないことは文言上からも明らかである」と述べ，「優先的利用の拒否があったかどうかを基準として特段の事情の有無を判断するのでは理由付けとして十分でなく，適切でもない」としている。

同条2項が同条1項の責任について免責を認めているのは，登記や通知により債務が譲受会社に移転しない旨が伝わり債権者の誤解が解かれることで，保護すべき外観への信頼がなくなるからである以上[7]，同条1項の類推適用においても，同条2項の「債務を弁済する責任を負わない」旨の通知あるいはそれに準じる通知等により，債務が移転しないことが債権者に伝わり，保護すべき外観への信頼が存在しないと判断されるような場合には特段の事情があると解すべきであろう。

3 本判決の検討

平成20年最判は，それまで会社分割への会社法22条1項の類推適用が問題となった下級審裁判例及び平成16年最判と同様に，ゴルフクラブの名称が続用された場合の事例であり，ゴルフクラブという特性から，類推適用が認められたとの評価もあり得る[8]。しかしながら，平成20年最判以降の下級審では，特段，ゴルフクラブの事例に限定せず，「事業主体を表示するもの」として用いられていた事業名称を続用した場合には，同最判を引用したうえで，同項の類推適用を認めている状況にある。本判決も，会社分割であり，かつ，商号でなく店舗名の続用の案件であるが，正にそのような判決の一つといえ，会社法22条1項の類推適用により新会社の責任を認めた。

本判決については，ある店舗に関し，旧会社のフランチャイジーたるXが金融機関に負った債務を，Xとの合意に基づき旧会社が立替払いをしていた，その立替払債務の承継が問題となったという点に特徴がある。そのため，本

判決は，当該店舗に限定した検討を行ったうえ，同項の類推適用を認めている。すなわち，本判決が事業主体表示性の認定の際に用いた事実は，①新旧会社の直営店として，開店から閉店まで一貫して同一名称で営業していたこと，②新会社のホームページにチェーン店とする広告があること，③旧会社の商号，当該店舗の名称及び新会社の商号の類似性，④新旧会社の代表取締役の同一性，並びに⑤新旧会社の実質的連続性であるが，フランチャイズ及び直営形態により多数の店舗を経営している会社とそのうちの1つの店舗名との関係が，ゴルフ場経営会社とゴルフクラブの名称の関係と同じと捉えてよいのかどうか，別言すれば，営業主体を表示する機能を具体的に有していたと評価できるか，なお，議論の余地があると思われる。

　特段の事情に関しては，本判決は，「会社分割後遅滞なく債権者に債務引受けをしない旨通知したなど免責を認めるべき特段の事情がない限り」としており，会社法22条2項とのバランスからも首肯できる。

【奈良輝久】

〔参考裁判例〕
1　志田原信三『最高裁判所判例解説民事篇平成16年度（上）』139頁，江頭憲治郎編『会社法コンメンタール1』210-211頁〔北村雅史〕（商事法務，2008年）など。
2　相澤哲ほか編『論点解説・新会社法　千問の道標』669頁（商事法務，2006年）。
3　前掲江頭・218頁，弥永真生『会社法の実践トピックス24』336頁（日本評論社，2009年），朝妻敬・佐々木将平「事業譲渡，会社分割，スピンオフ」川村正幸・布井千博編『新しい会社法制の理論と実務』246頁（経済法令研究会，2006年）。
4　名古屋高判平成17年10月6日（平成17年（ネ）第182号），名古屋高判平成18年7月26日（平成18年（ネ）第67号），東京地判平成19年9月12日判時1996号132頁など。
5　同様の見解として，弥永・前掲336頁。
6　本判決に賛成する他の見解として，菊田秀雄「会社分割への会社法22条1項の類推適用の可否」金融・商事判例1331号13頁（2010年），奈良輝久「会社分割に伴い，ゴルフ場の事業を承継した会社が，預託金会員制のゴルフクラブの名称を引き続き使用している場合における同会社の預託金返還義務の有無（積極）」法の支配152号76頁（2009年），片木晴彦「（会社法重要判例をひもとく）会社分割と会社法22条の類推適用」法学教室371号（2011年）117頁など。
7　江頭・前掲216頁〔北村〕。
8　藤原俊雄「株式会社の組織再編等と会社法22条1項の類推適用」判例時報2098号（2011年）8頁。

本稿は，筆者が所属するM＆A研究会における豊田愛美弁護士の報告に負うところが大きい。

524　第8章　その他

第56　不二家事件

▶フランチャイザー（洋菓子チェーン）が消費期限切れ原料使用問題を引き起こした場合について，ブランド価値維持義務違反が認められたものの，損害との因果関係が否定された事例

東京地方裁判所平成22年7月14日判決　平成21年(ワ)第873号
損害賠償請求事件　棄却（確定）
判例時報2095号59頁

争　点

1　フランチャイザーが消費期限切れの原料を使用したことが，ブランド価値維持義務違反に当たるか。

2　フランチャイザーのブランド価値維持義務違反行為と，フランチャイジー廃業の損害との因果関係の有無。

結　論

1　Y（フランチャイザー）は，X（フランチャイジー）に対し，その使用を許諾した商標，サービス・マーク等のブランド価値を自ら損なうことがないようにすべき信義則上の義務，及び「Y洋菓子チェーン・フランチャイズ・システム」の信用，名誉，のれんを傷つける行為をしてはならないとの契約上の義務を負う。

　Yが消費期限切れの牛乳を使用等したこと，そのことが新聞やテレビ等で報道されたこと，その結果，デパート・スーパーなどの大型店の店頭から，被告商品が撤去され，返品されるなどの事態を招くに至ったことは，Yの「Y洋菓子チェーン・フランチャイズ・システムの信用，名誉，のれん」を傷つけてはならない義務に違反し，本件フランチャイズ契約に係る商標，サービス・マーク等のブランド価値を自ら損なわないようにすべき義務の違

反に当たる。

　2　Xは，XがYとのフランチャイズ契約に基づき「不二家ファミリー・チェーン加盟店A店」の名称で営業を開始した洋菓子店（以下「本件FC店」という。）の開店後，本件休業期間までの三営業年度のいずれも赤字であった上，本件休業期間の後，一度も営業を再開することなく本件FC店の営業をやめたというのであるから，本件問題により，本件FC店の売上げが低下し，そのために廃業に追い込まれたというものでないことが明らかであり，Xが本件FC店の営業を再開できなかったのは，Yによるブランド価値維持義務違反行為によるものとは認められず，Yによるブランド価値維持義務違反とX主張の各損害との間に因果関係があるとはいえない。

事案の概要

　1　Yは，菓子，食品及びアイスクリームなどの製造販売，並びに洋菓子販売チェーン店及び喫茶・レストラン・カフェチェーン店の経営等を業とするフランチャイザーであり，「Y洋菓子チェーン・フランチャイズ・システム」を用いた洋菓子販売店のフランチャイズ事業を営んでいる。Xは，不動産業，総合建設業等を業とする株式会社である。

　2　Xは，平成15年9月3日，Yとの間で，Yをフランチャイザー，Xをフランチャイジーとして，YがXに対し，商標，サービス・マーク等を使用し，経営ノウハウ及び商品等の継続的な提供を受ける権利を付与し，XがYに対してロイヤルティとして売上高の5％相当額及び加盟料として50万円を支払うことなどを主たる内容とし，以下の条項を含むフランチャイズ契約（以下「本件契約」という。）を締結した。

> **第21条（即時解約）柱書**
> 　甲又は乙は，次のいずれにあたる場合，事前の催告を要せず，相手方に対し解約を告知することにより，本契約を直ちに終了することができる。
> **同条6号**
> 　相手方若しくはY洋菓子チェーン・フランチャイズ・システムの信用，名誉，のれんを傷つける行為をしたとき

3　Xの本件FC店の営業に係る営業損益は，平成16年8月は約430万円，平成17年8月は約270万円，平成18年8月は約250万円，それぞれ赤字決算であった。

4　平成19年1月10日，Yが消費期限切れの原料を製品に使用していたことがマスコミに報道され，その後，被告の食品安全衛生管理に関する問題がマスコミ各社により連日報道されたことにより，デパート，スーパー等の大型店の店頭から，Yの商品が撤去され，返品されるなどの事態を招くに至った（以下，この一連の報道に係るYの食品安全衛生管理に関する問題を「本件問題」という。）。Xは，Yの要請により，平成19年1月11日から同年4月10日までの期間，本件FC店の営業を休止した（以下，この期間を「本件休業期間」という。）。Yは，本件休業期間中，Xに対し，休業補償金として，前年の同期間の売上げの36％に相当する219万83円を交付した。

5　Xは，本件休業期間経過後も，本件FC店の営業を再開せず，新オーナーを募集するとともに，新オーナーが見つかるまで休業補償金の交付継続をYに要請したが，これをYに拒絶された。Xは，平成19年5月ころ，本件FC店の営業をやめることとし，本件店舗のテナントを募集し，同年7月末，コインランドリー会社と賃貸借契約を締結し，同年9月21日にコインランドリーへの改装工事が完了した。Yは，Xに対し，平成19年9月11日付けで，本件契約解除の意思表示をした。

6　Xは，Yに対し，YがXに本件契約を締結させたことが詐欺にあたると主張し，主位的に不法行為に基づく損害賠償として店舗工事費，営業停止に伴う損害（休業補償金半年分相当を逸失利益とする。），信用毀損に伴う損害等合計3118万8238円を請求し，予備的にYの本件問題に係る行為が債務不履行にあたるとして，債務不履行に基づく損害賠償として2650万円の支払を求めた。

7　本判決は，主位的請求を棄却し，予備的請求についても，本件問題に係るYの行為は，ブランド価値維持義務違反に当たるものの，損害との因果関係を否定し，Xの請求を棄却した。

判決要旨

1 ブランド価値維持義務違反について

「本件フランチャイズ契約は，YがXに対し，商標，サービス・マーク等を使用し，経営ノウハウ及び商品等の継続的な提供を受ける権利を付与するとともに，Yが開発したシステムによるY洋菓子チェーン店の経営を行うことを許諾し，その対価として，XがYに対し，ロイヤルティー，加盟料等を支払うことを内容とするものというのであるから，Yは，Xに対し，その使用を許諾した商標，サービス・マーク等のブランド価値を自ら損なうことがないようにすべき信義則上の義務を負う」。

「本件フランチャイズ契約21条6号は，X又はYが『相手方若しくはY洋菓子チェーン・フランチャイズ・システムの信用，名誉，のれんを傷つける行為をしたとき』は，事前の催告を要せず，直ちに本件フランチャイズ契約を解約することができることを規定しており，……XとYは，相互に『相手方もしくはY洋菓子チェーン・フランチャイズ・システムの信用，名誉，のれんを傷つける行為』をしてはならないとの契約上の義務を負っている」。「そして，『相手方』もしくは『Y洋菓子チェーン・フランチャイズ・システム』と規定されているところに照らせば，Xのみならず，Yも，『Y洋菓子チェーン・フランチャイズ・システム』の信用，名誉，のれんを傷つける行為をしてはならないとの契約上の義務を負っている」。

「Yは，(ア)平成18年11月8日に消費期限切れの牛乳を使用したシュークリームを製造販売したこと，(イ)埼玉工場で消費期限切れの牛乳を7回使用したこと，(ウ)，(エ)，(オ)……が判明し，新聞やテレビ等で報道されたこと，その結果，デパート・スーパーなどの大型店の店頭から，Y商品が撤去され，返品されるなどの事態を招くに至った……，これらの事実に照らせば，Yは，『Y洋菓子チェーン・フランチャイズ・システムの信用，名誉，のれん』を傷つけてはならない義務に違反し，本件フランチャイズ契約に係る商標，サービス・マーク等のブランド価値を自ら損なわないようにすべき義務に違反した……。したがって，Yは，Xに対し，上記義務違反により生じた損害を賠償すべきである。」

2 因果関係について

「Xは，本件FC店の開店後，本件休業期間までの三営業年度のいずれも赤字であった上，本件休業期間の後，一度も営業を再開することなく本件FC店

の営業をやめたというのであるから，本件問題により，本件FC店の売上げが低下し，そのために廃業に追い込まれたというものでないことが明らかである。そして，Xは，本件問題の発生後，従業員5名が1名を残して退職してしまったことから，本件FC店の営業を再開することができず，廃業に追い込まれた旨を主張するが，……本件FC店の従業員らが退職したのは，XがYから本件休業補償金を受領しながら，その趣旨に反して従業員に対して給与を支払わなかったことにある」。

「したがって，Xが本件FC店の営業を再開できなかったのは，Yによるブランド価値維持義務違反行為によるものとは認められず，Yによるブランド価値維持義務違反行為とX主張の各損害との間に因果関係があるということはできない。」

分 析

1 ブランド価値維持義務について

本判決は，公刊裁判例としてはおそらく初めて，フランチャイズ契約においてフランチャイザーがブランド価値を毀損した事案について，フランチャイザーがブランド価値維持義務を負うことを信義則及び契約それぞれを根拠に肯定した事案である。

なお，X（フランチャイジー）は，主位的請求において，Y（フランチャイザー）の詐欺行為・契約締結上の保護義務違反をも主張していた。これについては，Yが，本件フランチャイズ契約の締結された平成15年当時において，食品提供チェーンのフランチャイザーとして，最低限どのような体制を備えていなければならなかったのか，Yがどのような点においてその最低水準を満たしていなかったのかを具体的に述べるものではなく，Xの主位的請求に係る主張は失当であると判断されている。

(1) 信義則上の義務について

フランチャイズ契約の定義，フランチャイジーの権利については，「フランチャイズとは，フランチャイザーが，フランチャイジーとの間に契約を結び，自己の商標，サービス・マーク，トレードネーム，その他の営業の象徴となる標識，及び経営のノウハウを用いて，同一のイメージのもとに商品の

販売その他の事業を行う権利を与え」ること,「フランチャイザーがフランチャイジーに供与するものは同一のイメージのもとに事業を行う権利」((社)日本フランチャイズチェーン協会『フランチャイズハンドブック』19頁)であるとされている。したがって, フランチャイザー・フランチャイジー双方にとって, 統一されたブランドイメージによって商売を行うことは, フランチャイズ契約において本質的な重要性を持つ。

　本判決も, ブランド価値維持に係る信義則上の義務を肯定する根拠として,「YがXに対し, 商標, サービス・マーク等を使用し, 経営ノウハウ及び商品等の継続的な提供を受ける権利を付与するとともに, Yが開発したシステムによるY洋菓子チェーン店の経営を行うことを許諾し, その対価として, XがYに対し, ロイヤルティー, 加盟料等を支払う」ことを挙げている。これは, 上記フランチャイズ契約の本質的属性に鑑みて, フランチャイザーについてもブランド価値維持義務を認めたものと考えられる。ただし, ブランド価値維持義務を認めるに当たっては, Yは, 全国展開をする老舗の著名チェーンであるという本件事案の特殊性が重視された可能性もあり, その点の留意も必要である。

　なお, フランチャイザーの義務は, 契約上一般的・抽象的に規定され, 大きな裁量を与える形で規定されることが多い。フランチャイザーによる事後的な契約内容の変更は, 信義誠実の原則に合致したものでなければならない, すなわち, フランチャイザーの一方的な権利行使によりフランチャイジーの収益がかえって悪化するようでは公平を害するし, 契約の相手方(フランチャイジー)がフランチャイズ契約から利益を得られなくなるような行動をとらないことは, 多くの国において契約当事者(フランチャイザー)の黙示的な義務 (implied duty) をなすであろうとの指摘がある (『国際マスター・フランチャイズ取引のためのガイド』(ユニドロワ・1998年), 小塚荘一郎『フランチャイズ契約論』179頁参照)。

　これは, ブランド価値維持義務について直接言及するものではないが, フランチャイザーの行為がフランチャイジーの収益に与える影響を考慮して, 契約で明確に定められていないフランチャイザーの義務を肯定する考え方であり, 本判決が信義則上ブランド価値維持義務を肯定した根拠の参考になる

と思われる。

　本件では，フランチャイザー自らブランド価値を毀損した場合であるため，フランチャイザーの責任が肯定されるのは当然とも考えられる。仮にフランチャイジーがブランド価値を毀損した場合で，フランチャイザーが他のフランチャイジーとの関係で，問題を起こしたフランチャイジーへの対処をしない場合にも，ブランド価値維持義務違反等のフランチャイザーの責任が生じる可能性がある。

(2) 契約上の義務について

　本件契約21条6号は，「相手方若しくはY洋菓子チェーン・フランチャイズ・システムの信用，名誉，のれんを傷つける行為をしたとき」，X又はYは，契約を即時解約できることを定めている。Yが意図して規定したかどうかはともかくとして，同条項は，Y自身が，Y洋菓子チェーン・フランチャイズ・システムの信用等を傷つける行為をした場合を即時解約事由から除外していない。そこで，本判決は，Yも，「Y洋菓子チェーン・フランチャイズ・システム」の信用，名誉，のれんを傷つける行為をしてはならないとの契約上の義務を負っているとして，契約上もフランチャイザーのブランド価値維持義務を肯定した。

(3) ブランドに係るフランチャイザーの義務についての裁判例

　なお，ブランド価値維持義務ではないが，フランチャイザーの契約上の債務として，フランチャイズ事業の全国展開，株式上場によるブランド力強化義務をフランチャイジーが主張し，ブランド力強化を内容とする合意の成立が認められなかった裁判例がある（東京地判平成21年3月9日判時2037号35頁〈第45事件〉）。

　同裁判例は，信義則上の義務を検討せず，契約上の債務としての成立のみを検討している。これは，ブランドに関する義務という点で同じであっても，ブランド力の強化はフランチャイザーの積極的行為を要する義務内容であり，ブランド価値を毀損した本件のような消極的義務違反行為とは異なるものであることが，そのことが判断過程，結論に違いをもたらしたものと思われる。

2　損害について

　本判決は，Yのブランド価値維持義務違反の事実を認定し，Yは，Xに対

し，上記義務違反により生じた損害を賠償すべきとして，Yが他のフランチャイジーに対しても大きな責任を負う可能性のある判断をした。しかし，結論として，Xが本件FC店の営業を再開できなかったのは，Yによるブランド価値維持義務違反行為によるものではないとして，義務違反と損害の因果関係が否定された。そのため，ブランド価値維持義務違反に基づく損害賠償請求が認容される場合に，いかなる範囲でフランチャイザーが，フランチャイジーに生じた損害について損害賠償責任を負うかについては，今後の裁判所の判断に委ねられている。

　X以外のYのフランチャイジーもYの義務違反に基づく損害賠償を請求し得る。そのため，休業期間中の休業補償金が不十分であること，営業再開をしたときに売上額が以前よりも減少したことについて，Yの行為による損害であるとフランチャイジーが主張した場合に，フランチャイザーが負うべき責任は予想外に拡大する可能性がある。

　そこで，フランチャイザーは，ブランド価値維持義務違反等すべてのフランチャイジーとの関係で責任を生じ得る義務違反行為があった場合に，フランチャイザーの責任を合理的な範囲に限定する条項を予めフランチャイズ契約上定めておくことも，損害賠償の範囲を巡る裁判等における紛争予防の観点から検討に値するものと考える（もっとも，事案によってはその法的効果が否定される場合もあろう。）。

【林　紘司】

〔参考文献〕
小塚荘一郎『フランチャイズ契約論』（有斐閣，2006年）
フランチャイズ情報提供サイト（ホームページ）　判例40

〔参照判例〕
東京地判平成21年3月9日判時2037号35頁〈第45事件〉

第57 エイエスピー事件

▶フランチャイザーの取締役について，代表取締役の職務遂行に対する監視義務を怠った任務懈怠が認められるとして，フランチャイジーの損害賠償請求が一部認容された事例

東京高等裁判所平成22年8月25日判決（確定） 東京高等裁判所平成22年(ネ)第596号損害賠償請求控訴事件
判例時報2101号131頁

争　点

フランチャイザーの2名の取締役に，代表取締役の職務遂行に対する監視義務を怠った任務懈怠に対する重過失が認められるか。

結　論

判示の事実関係の下においては，本件取締役各自についてそれぞれ代表取締役の職務遂行に対する監視義務を怠った任務懈怠に対する重大な過失が認められる。

事案の概要

1　A社は，飲食店の経営，フランチャイズ・チェーン店への経営及び技術指導，内装仕上工事業等を目的とする株式会社である。

2　Bは，A社の代表取締役で，A社を実質的に支配していた者，Y_1 は，Bの叔父で，A社の設立当初から取締役であった者，Y_2 は，A社に従業員として就職した後，取締役に就任した者である（以下，Y_1 及び Y_2 あわせて「Yら」という。)。

3　X_1 及び X_2 （以下「Xら」という。)（フランチャイジー）は，A社がフランチャイザーとして営んでいたチーズケーキ店のフランチャイズ事業（以下「本

件事業」という。）に関し，平成17年6月までにそれぞれA社とフランチャイズ契約を締結し，加盟店としてチーズケーキ店を開業した。

4　しかし，Xらは，その後，売上不振により経営困難に陥り，平成18年12月末日までにいずれも閉店を余儀なくされ，これにより多額の損失を被った。

5　そこで，Xらは，Xらが多額の損失を被ったのは，A社において，本件事業を展開するに必要な十分なノウハウを持っておらず，また既に多くの店舗が閉店していたにもかかわらず，売上高や手取額について実態に反した説明をXらにして加盟店募集をしたことによるが（情報提供義務違反），A社がこのような無責任な事業展開をしたことについては，A社の取締役であったYらが取締役として代表取締役Bの業務執行が適正に行われるよう監視すべき職務を怠ったことにも起因するとして，Yらに対し，平成17年法律第87号による改正前の商法266条ノ3第1項（現行会社法429条）に基づき，損害賠償金及び遅延損害金の連帯支払を求めた。

6　原審（東京地判平成21年12月24日判時2101号137頁）は，会社の加盟者に対する情報提供義務違反について，訴外A社が責任を負うこと及び訴外A社代表者Bが改正前商法266条ノ3第1項の責任を負うことを認定したうえで，取締役の監視義務に重大な任務懈怠があったとしてYらに改正前商法266条ノ3第1項の取締役の対第三者責任を認めた。損害のうち，逸失利益については因果関係を認める主張立証がないとして退けられたが，他は2割5分の過失相殺の上，概ね認容された。

7　かかる原審の判決に対して，Yらから控訴がなされたのが本件である。なお，Y_2は控訴理由を明らかにしなかった。

判決要旨

1　Y_1の改正前商法266条ノ3第1項に基づく責任の有無について

「①Y_1は，長らく建設業に携わり，自ら，ビルメンテナンス・建設工事業を営む会社を経営していた経験があり，東京証券取引所第二部上場企業である株式会社Cにて建設本部部長として約7年在籍したほか，株式会社Dの常務取

締役の地位にあったなど経営者及び実務者としての経歴を有していたこと, ② A社が, その事業の一つである建設業について東京都知事に対する建設業許可申請をするに際し, 取締役として名を連ね, A社が内装業を営むに際し, 仕事, 出資者及び業者の紹介, 賃貸の便宜などの協力をしていたこと, ③ Y_1 は, 自身が会社を経営していた当時, 8年間にわたりBを従業員として雇用しており, 両者の関係は単なる親戚という以上に親しく近い関係にあったこと, ④A社は, 平成18年ころまでの2年以上の期間, 名古屋証券取引所のセントレックスに上場することを目指し, 証券会社の指導を受けていたこと, ⑤セントレックスの上場基準としては, 高い成長の可能性を有していると認められる企業で上場時時価総額が5億円以上であり, 上場時500単位以上の株式があること, 株主数が上場時300人以上であり, 上場申請日から起算して1か年以前から取締役会を設置して継続的に事業活動をしており, 上場申請のための有価証券報告書等に虚偽記載がなく, 監査法人の監査意見が適正であることなどが上場申請要件として求められていること, ⑥ Y_1 は, 上場を目指した新興企業に対する証券会社の指導の下にA社において実際に開催された取締役会への出席を求められてこれに出席していたこと (Y_1 自認), ⑦公認会計士の資格を有するEが平成15年7月22日から平成18年4月20日までA社の社外取締役に就任していたこと, ⑧A社において, 上場申請に向け, ストックオプションとして新株予約権を発行する旨を平成17年4月30日開催の取締役会で決議しており, Y_1 も無償にて新株予約権の目的となる普通株式20株の割当を受けたことが認められる。」

上記の認定事実からすると,「Y_1 は, 他社で取締役の地位にあったこともあり, 取締役に就任することの法的義務や実務的な意味合いについて十分な認識を持ちつつ, Bの求めに応じてA社の事業の一つである建設業に関する知識, 経験を役立てるため取締役に就任し, 実際に仕事, 出資者及び業者の紹介, 賃貸の便宜などの点においてA社の事業の遂行に種々の協力をしたものと評価される。また, Y_1 は, A社が近い将来にセントレックスに上場することを目指していたことは認識しており, 上場した際の利益の配分に与るべく, 新株予約権の割当を受けていたから, 全く無報酬であったともいえず, 上場を目指した新興企業に対する証券会社の指導の下に実際にA社において開催された取締役会への出席を求められこれに出席していた。そうすると, A社の取締役としての Y_1 の存在は, 零細な家族企業における単なる員数合わせのための名目的な取締役などというようなものではなく, A社の業務の一つに欠かせない役割を有し, 実際に, A社のために実質的な職務を遂行し, さらに新株引受権の割当

を受けて，取締役として利益の一部を享受するとともに，上場を目指す企業の取締役としての行動を求められていたものというべきである。

したがって，Y_1の名目的な取締役にすぎず，代表取締役の業務執行について，監視義務を負わない旨の主張は理由がない。」

2　上記1のとおり，「Y_1は，上場を目指していたA社の取締役であり，実際に取締役会に出席したことがあるほか，数回にわたりBと面会していた（Y_1自認）のであるから，取締役として，担当者などから事業内容の報告を受けるなどして，A社において今後も本件事業を続けていくかどうかについて，経済的，合理的判断をし，それに基づき取締役の一員として行動することは可能かつ容易であったというべきである。それにもかかわらず，Y_1が，Bの業務執行のあり方について何度も問題提起をする機会があったのに，何ら具体的な問題提起や提言をして来なかったことが認められるから，Y_1は，取締役としての監視義務を重大な過失により怠ったものというほかない。」

「また，Y_1のA社の事業における役割，叔父と甥という関係のほか，Y_1が，Bを8年間も雇用していたことからすると，Y_1が問題提起や提言をすれば，Bにおいて業務執行を改めることは十分想定されたものといえるから，Y_1の任務懈怠とYらの損害の発生との間には相当因果関係があるとみるのが相当である。」

「したがって，Y_1の監視義務違反がなく，またYらの損害との間に相当因果関係がない旨の主張は理由がない。」

分　析

1　取締役の第三者に対する責任

本件は，フランチャイザーの取締役の職務懈怠が問題となった事案である。取締役の第三者に対する責任につき，現行会社法429条（改正前の商法266条ノ3第1項）は，役員等（取締役を含む。）は，その職務を行うについて悪意又は重過失があったときは，連帯して，これによって第三者に生じた損害を賠償する責任を負うとする。会社法429条については，最大判昭和44年11月26日判時578号3頁がリーディングケースとなっている。

そして，取締役は代表取締役らの業務執行を監視すべき義務を負うとされ（最判昭和37年8月28日集民62号273頁），監視義務は，取締役会に上程された事項

に限られず，代表取締役の業務執行全般に及び，必要があれば取締役会を自ら招集し，あるいは招集することを求めて，取締役会を通じて尽くさなければならず，これを怠ることは会社法429条1項の任務懈怠に当たる（最判昭和48年5月22日判時707号92頁参照）。

名目的な取締役について，責任が否定されるかどうかの裁判例上の考慮要素として，当該取締役に係る①職務免除の特約，②無報酬又は過少な報酬，出資の欠如，③就任期間の長短，④取締役会の不開催，⑤他の仕事の兼業，⑥遠隔地居住，⑦病気・老齢，⑧専門的知識の欠如，⑨事実上の影響力の欠如などの事情があるとされる（『類型別会社訴訟〔第三版〕I』323頁）。

本判決は，Y₁について監視義務違反を肯定するに際し，②報酬の有無について，新株予約権割当ての存在，③就任期間の長短について，Y₁の取締役就任時期，④取締役会開催の有無について，A社における取締役会開催とY₁の出席，⑧専門的知識の有無及びY₁の会社経営経験のそれぞれについて言及しており，これらを考慮要素としている。また，監視義務違反と損害との相当因果関係については，Y₁とBの関係性に言及しており，⑨事実上の影響力の有無を考慮要素としている。

2　Y₂の責任について

Y₂について，原審は，「Y₂は，A社の本件事業の内容及び問題点を理解した上で平成17年4月30日にA社の取締役に就任したものであり，その直後に抜本的な方針転換をBに迫ることまでは事実上困難であったと考えられるものの，遅くとも同年9月16日の取締役会においてA社の方針を変更するまでには，担当取締役ではなかったとはいえ，Y₂がかねて指摘していた懸念が現実化し，本件事業そのものの根底が揺らぐ事態になっていたことを認識していたことは明らかであるから，……A社においてフランチャイジー募集を今後も続けていくかどうかについて経済的合理的な判断に基づき進言することは可能かつ容易であったといえるのに，そのような進言をしなかったばかりか，Bの提案を情を知りつつ賛成したのであるから，少なくとも重大な過失により取締役としての任務を怠った」として，Y₁同様に会社法429条の責任を認め，本判決も原審の判断を維持している。Y₂については，今後のA社のキーパーソンとしてBに対する事実上の影響力を最も有していたこと

が指摘されており，⑨の代表取締役の業務執行に対する事実上の影響力の大きさが考慮されている。

3　他のフランチャイズ裁判例

フランチャイザーの取締役について，会社法429条1項に基づく責任が認められた他の裁判例として，京都地判平成22年5月25日判時2081号144頁（以下「裁判例①」という。）があり，参考となる。ただし，裁判例①は，フランチャイザーの従業員が急性心不全により死亡した事案について，会社取締役に，長時間労働を前提とした勤務・給与体系を取っていたことが労働者の安全に配慮すべき義務の懈怠に当たるとした事案で，フランチャイジーに対してフランチャイザーの取締役の責任が認められた事案ではない。また，取締役の義務内容は，裁判例①では労働者の安全に配慮すべき義務が問題となっており，本件の代表取締役に対する監視義務とは異なる。さらに，裁判例①のフランチャイザーは東証1部上場企業であり，本件のように，同族経営の比較的小規模な会社とは事案が異なる点にも留意する必要がある。

4　本判決の意義

旧商法下においては，報酬も一切受けない等の名目的取締役には重過失による任務懈怠があるとはいえないとの理由で責任を否定するものが少なくなかったが，この背景には，会社法制定前，小規模なものも含め株式会社すべてにつき3人以上の取締役を要求していた法制（平成17年改正前商法255条）が名目的取締役を生んでおり，会社の規模を問わずに取締役に就任した者に，常に一律に責任を負わせることは酷であるとの考え方に基づくものであったとされる。しかし，会社法の下では，取締役は1名でも足りることになったため（会社法326条），名目的取締役についても厳しい判断がなされる可能性が指摘されている（『会社法大系第3巻』254頁，江頭『株式会社法　第4版』473頁）。

本判決は，特にY_1について，名目的取締役にすぎず，監視義務を負わない旨のY_1の主張を排斥し，②報酬の有無，③就任期間の長短，④取締役会開催の有無，⑧専門的知識の有無，⑨事実上の影響力の有無などの考慮要素から，監視義務が否定されるか否かを実質的に判断しており，近時の裁判例における取締役の責任を重視する基調に合致するものといえる。事例判断ではあるが，会社法下においても取締役の監視義務，第三者責任の有無を判断

する上で，その考慮要素等につき参考になると思われる。

【林　紘司】

〔参考文献〕
江頭憲治郎＝門口正人編集代表『会社法大系第3巻　機関・計算等』246頁（青林書院，2008年）
東京地方裁判所商事研究会編『類型別会社訴訟〔第三版〕Ⅰ』321-326頁（判例タイムズ社，2011年）
江頭憲治郎『株式会社法　第4版』473頁（有斐閣，2011年）

〔参考裁判例〕
最大判昭和44年11月26日判時578号3頁
最判昭和37年8月28日集民62号273頁
最判昭和48年5月22日判時707号92頁
京都地判平成22年5月25日判時2081号144頁

判 例 索 引

【明　治】

大判明治32年5月2日民録5輯5号4頁 ………………………………………… 404, 431

【大　正】

大判大正7年5月10日民録24輯830頁 ……………………………………………… 404, 431
大判大正11年11月24日民集1巻738頁 ………………………………………………… 470

【昭　和】

大判昭和7年10月29日民集11巻1947頁 ………………………………………… 404, 431
最判昭和31年4月5日民集10巻4号330頁 ……………………………………………… 469
最判昭和31年5月15日民集10巻5号496頁・判時77号18頁 ………………………… 339
最判昭和37年2月1日裁判集民58号441頁 …………………………………………… 469
最判昭和37年8月28日裁判集民62号273頁 ……………………………………… 535, 538
最判昭和38年4月12日民集17巻3号460頁 …………………………………………… 469
最判昭和39年7月28日民集18巻6号1220頁 …………………………………………… 397
最判昭和39年7月29日裁判集民74号777頁 …………………………………………… 322
最判昭和40年12月7日民集19巻9号2101頁 ………………………………………… 399
最判昭和41年1月27日民集20巻1号112頁 …………………………………………… 294
最判昭和41年5月19日民集20巻5号989頁 …………………………………………… 469
最判昭和43年3月6日民集22巻2号399頁〔氷山事件〕……………………………… 241
最大判昭和44年11月26日判時578号3頁 ………………………………………… 535, 538
最大判昭和44年12月24日刑集23巻12号1625頁・判タ242号119頁 ………………… 348
東京地昭和47年5月30日判タ283号274頁〔ピロビタン事件Ⅰ〕………… 221, 229, 258, 259, 382
東京地昭和48年1月17日判タ291号252頁〔おもちゃの国事件〕……………… 243, 244
最判昭和48年5月22日判時707号92頁 …………………………………………… 536, 538
大阪地判昭和48年9月21日判タ300号346頁 ………………………………………… 266
東京高判昭和52年8月24日判タ359号297頁 ………………………………………… 251
名古屋高判昭和52年11月9日判時884号69頁 …………………………………… 388, 391
大阪地判昭和53年2月23日判タ363号248頁 ………………………………………… 60
最判昭和56年10月13日民集35巻7号1129頁〔マクドナルド事件〕…………… 257, 259
神戸地判昭和56年10月20日判タ466号149頁 ………………………………………… 382
最判昭和57年3月4日判時1042号87頁 …………………………………………… 483, 484
東京地判昭和57年6月16日無体集14巻2号418頁 …………………………………… 242

最判昭和58年10月7日民集37巻8号1082頁〔マンパワー事件〕·················241, 267
札幌地判昭和59年3月28日判タ536号284頁································267
最判昭和59年5月29日民集38巻7号920頁〔フットボールチーム・マーク事件〕··········241
東京高判昭和60年7月30日判タ615号121頁······························251
高知地判昭和60年11月21日判タ603号65頁〔こがねちゃん弁当事件〕··········382, 446
名古屋高判昭和61年5月14日判タ629号174頁〔東天紅事件〕···············243, 244
大阪地判昭和61年10月8日判タ646号150頁・判時1223号96頁〔ほっかほっか亭大阪事業本部事件〕
   ···231, 376, 382, 416, 482, 484
東京地八王子支判昭和63年1月26日判時1285号75頁〔NACチェーン事件〕······ 405, 407, 417, 446,
   431, 433
最判昭和63年7月1日民集42巻6号451頁·······································302

【平　成】

〔元年〕

東京地判平成元年11月6日判時1363号92頁··································52, 54
大阪地判平成元年10月9日無体集21巻3号776頁〔回る元禄寿司事件〕·········243, 244, 257, 259
名古屋地判平成元年10月31日判時1377号90頁····································365

〔2年〕

大阪地判平成2年11月28日判時1389号105頁·································202, 204
名古屋地判平成2年3月16日判タ730号227頁······································243
東京地判平成2年3月28日判時1353号119頁·································292, 295
名古屋地判平成2年8月31日判時1377号90頁, 94頁·························286, 287, 364

〔3年〕

浦和地判平成3年1月28日判時1394号144頁〔アイコンタクト事件〕················243, 244
東京高判平成3年7月4日知的裁集23巻2号555頁〔ジェットスリムクリニック事件〕······257, 259
京都地判平成3年10月1日判時1413号102頁〔進々堂事件〕······ 52, 54, 61, 72, 87, 88, 93, 95, 96, 101,
   102, 114, 118, 121, 129, 130, 140, 141, 146, 149, 154, 156, 183, 186, 220
最判平成3年10月25日民集45巻7号1173頁··································483, 484
東京高判平成3年11月18日判時1410号107頁·······································242

〔4年〕

東京地判平成4年7月2日判時1461号83頁··391
神戸地判平成4年7月20日判タ805号124頁〔本家かまどや事件〕··· 259, 333, 376, 381, 389, 391, 405,
   407, 415, 416, 417, 424, 431, 433, 446
鹿児島地判平成4年8月28日判例集未登載·······································286, 287
最判平成4年9月22日判時1347号139頁〔大森事件〕·······························241
最判平成4年11月20日判タ805号48頁··251

〔5年〕

東京地判平成5年1月28日判時1469号93頁・判タ848号277頁〔チェスコム秘書センター事件〕···445

京都地判平成5年3月30日判タ827号233頁〔教導塾京都事件〕……………………………20, 27, 30
東京地判平成5年6月23日判タ825号247頁……………………………………………………267
最判平成5年9月10日民集47巻7号5009頁〔SEIKO EYE事件〕…………………………………242
東京地判平成5年11月29日判時1516号92頁〔クレープ・ハウス・ユニ事件〕………………95, 96
東京地判平成5年11月30日判タ1521号91頁〔ファンタスティックサム事件〕……21, 24, 37, 61, 88, 94,
96, 101, 130, 156
浦和地判平成5年11月30日判タ873号183頁〔天商事件〕……………………217, 229, 258, 259
〔6年〕
東京地判平成6年1月12日判タ860号198頁・判時1524号56頁〔ニコマート事件〕……333, 376, 382,
389, 391, 405, 407, 415, 416, 433
大阪高判平成6年2月4日〔本家かまどや事件〕………………………………………………424
福岡地判平成6年2月18日判タ877号250頁……………………………………………………35, 36
浦和地判平成6年4月28日判時1591号25頁………………………………………371, 389, 391
最判平成6年7月18日判時1540号38頁…………………………………………………………469
千葉地判平成6年12月12日判タ877号229頁…………………………………………………130, 203
〔7年〕
水戸地判平成7年2月21日判タ876号217頁…………………………………………………35, 36, 60
東京高判平成7年2月27日判時1591号22頁〔日本さわやかグループ事件〕…………………………369
東京地判平成7年2月27日判時1542号68頁……………………………………………405, 407, 433
大阪地判平成7年5月30日知財速報241号41頁………………………………………………267
浦和地川越支判平成7年7月20日判時1572号109頁〔フローラ事件〕…………………20, 28, 48
大阪地判平成7年8月25日判タ902号123頁………………………………………………130, 230, 231
東京地判平成7年10月16日判タ894号73頁〔東京リーガルマインド事件〕……………………445
大阪地判平成7年11月30日知財速報250号42頁………………………………………………266
〔8年〕
大阪地判平成8年2月19日判タ915号131頁〔ローソン事件〕……………………72, 114, 202, 204, 321
東京高判平成8年3月28日判時1573号29頁〔ニコマート事件控訴審〕………382, 389, 405, 407, 433
福岡高宮崎支判平成8年11月27日判例集未登載…………………………………………………362
〔9年〕
秋田地判平成9年1月22日 LEX/DB28060026〔ピザ・カリフォルニア事件〕………………257, 259
〔10年〕
大阪高判平成10年1月30日知的裁集30巻1号1頁………………………………………………267
名古屋地判平成10年3月18日判タ976号182頁〔飯蔵事件〕……80, 81, 94, 95, 96, 118, 121, 130, 140,
141, 148, 149, 157, 184, 186, 195, 196
大阪高判平成10年6月17日判時1665号73頁〔ノムラクリーニング事件〕………………………384
〔11年〕
東京地判平成11年5月11日判タ1026号211頁〔エーエム・ピーエム事件第一審〕………326, 404, 406
東京地判平成11年7月23日判タ1010号296頁…………………………………………………307

東京地判平成11年10月27日判時1711号105頁〔クィニーシステム事件〕·····························55
東京高判平成11年10月28日判タ1023号203頁・判時1704号65頁〔マーティナイジングドライクリーニング事件〕······28, 52, 63, 80, 81, 87, 93, 94, 95, 96, 102, 118, 121, 129, 141, 146, 149, 154, 183, 186, 195, 196, 337
札幌地判平成11年11月17日判時1707号150頁···300, 301, 304
東京高判平成11年12月15日金判1085号3頁・NBL685号72頁〔エーエム・ビーエム事件控訴審〕
··203, 326, 334, 378, 404, 406

〔12年〕
鹿児島地決平成12年10月10日判タ1098号179頁〔ほっかほっか亭鹿児島事件〕·················361, 379
東京地判平成12年10月20日2000WLJPCA102000007···46
東京地判平成12年10月31日判タ1097号295頁··307
大阪地判平成12年10月31日判時1764号67頁···297
東京地判平成12年11月13日判タ1047号280頁〔顧客情報流用事件〕······································307

〔13年〕
福岡高判平成13年4月10日判タ1129号157頁・判時1773号52頁〔神戸サンド屋事件〕······23, 26, 28, 52, 73, 88, 148, 149
名古屋地判平成13年5月18日判時1774号108頁··83, 85, 337
横浜地判平成13年5月31日判時1777号93頁〔オタギ事件〕···477
名古屋地判平成13年6月28日判タ1121号179頁··321, 394
千葉地判平成13年7月5日判時1778号98頁〔ローソン千葉事件〕················21, 25, 28, 90, 320
大阪高判平成13年7月31日判時1764号64頁〔ファミリーマート事件〕······························296
神戸地尼崎支判平成13年11月30日平成12年(ワ)第652号 LEX/DB28071340〔ユーポス事件〕······288

〔14年〕
東京地判平成14年1月25日判タ1138号141頁・判時1794号70頁〔フードデザイン事件〕···22, 97, 130, 146, 149
最判平成14年3月28日民集56巻3号662頁〔京樽サブ・リース事件〕····································465
大阪地判平成14年3月28日判タ1126号167頁〔デイリーヤマザキ事件Ⅰ〕······22, 24, 25, 28, 105, 130
名古屋高判平成14年4月18日 LLI05720537··22, 82
金沢地判平成14年5月7日平成12年(ワ)第242号，平成12年(ワ)第666号〔デイリーヤマザキ事件Ⅱ〕··23, 27, 115
名古屋高判平成14年5月23日判タ1121号170頁〔サークルK京都事件〕···88, 256, 259, 321, 377, 392, 403, 406
東京地判平成14年8月30日2002WLJPCA08300019···424
大阪高判平成14年8月31日平成14年(ネ)第99号···294

〔15年〕
神戸地判平成15年7月24日平成13年(ワ)第2419号 WLJPCA07249003〔ステーキワン事件〕······223, 225

判例索引

〔16年〕
最判平成16年2月20日民集58巻2号367頁 ·· 520
東京地判平成16年5月31日判タ1186号158頁 ································ 321, 324
最決平成16年8月30日民集58巻6号1763頁・判時1873号28頁 ···················· 443

〔17年〕
東京地判平成17年1月25日判タ1217号283頁〔弁当宅配FC事件〕 ······· 256, 259, 378, 397, 400, 417,
418, 433
東京高判平成17年2月23日金判1250号33頁 ·· 315
福岡地判平成17年2月24日平成14年(ワ)第1244号 ·································· 135
那覇地判平成17年3月24日判タ1195号143頁〔ホットスパー事件〕 ············ 22, 29, 122
名古屋高判平成17年3月30日平成16年(ネ)第763号〔防犯ビデオカメラ事件〕 ··············· 345
大阪地判平成17年5月26日判タ1203号247頁〔メガネの愛眼チェーン事件〕 ············· 237
名古屋高金沢支判平成17年6月20日判時1931号48頁 ······························· 337
名古屋高判平成17年10月6日平成17年(ネ)第182号 ································· 522
知財高判平成17年12月20日判時1922号130頁〔PAPA JON'S事件〕 ···················· 245

〔18年〕
東京地決平成18年1月12日平成17年(モ)第13686号, 平成17年(モ)第13731号〔フジフード事件〕
··· 485
福岡高判平成18年1月31日判タ1216号172頁〔コンビニ・フランチャイズ事件〕 ··· 20, 23, 26, 28, 52,
93, 95, 96, 130, 133, 146, 149
福岡高判平成18年1月31日判タ1235号217頁〔ポプラ事件〕 ······ 23, 26, 28, 52, 72, 87, 93, 95, 96, 102,
114, 140, 142, 154, 185, 186
東京地判平成18年2月21日判タ1232号314頁〔マクドナルド標章抹消請求事件〕 ··· 252, 378, 404, 407
東京地判平成18年6月8日LLI6132285 ·· 230, 231
名古屋高判平成18年7月26日平成18年(ネ)第67号 ··································· 522
さいたま地判平成18年12月8日判時1987号69頁〔アイディーエス事件〕 ·········· 21, 25, 28, 52, 150

〔19年〕
東京地判平成19年1月24日 LLI 06230284 ·· 80, 81
大阪地判平成19年3月23日平成17年(ワ)第2104号〔フジオシステム事件〕 ················· 232
東京高判平成19年5月31日平成19年(ネ)第877号 ···································· 335
最判平成19年6月11日判タ1250号76頁・金判1277号45頁〔セブン・イレブン・チャージ事件〕
··· 315, 343
東京地判平成19年6月26日2007WLJPCA06268011 ································ 46
大阪地判平成19年7月3日判時2003号130頁〔ごはんや まいどおおきに事件〕 ············· 260
福岡高判平成19年7月19日平成19年(ネ)第51号2007WLJPCA07199017 ················ 268
福岡高判平成19年7月19日平成19年(ネ)第59号〔Aラーメン事件〕 ······················· 379
東京地判平成19年7月23日判例集未登載 ·· 364
千葉地判平成19年8月30日判タ1283号141頁・LLI06250280〔オクトパス事件〕 ······· 21, 26, 28, 160,

                                                                        274, 275
東京地判平成19年9月12日判時1996号132頁 ································· 522
知財高判平成19年9月27日2007WLJPCA09279003 ····················· 258
東京高判平成19年10月31日判タ1266号309頁 ·························· 251
東京高判平成19年12月27日 FRANJA44-16 ······························ 324

〔20年〕

東京地決平成20年3月28日判例集未登載 ·································· 434
福島地決平成20年3月31日平成19年(モ)第49号 ················· 492, 493
東京地判平成20年5月14日判時2013号147頁〔デジタルダイレクト事件〕·········· 352
最判平成20年6月10日裁判集民228号195頁・裁時1461号225頁・判時2014号150頁······ 515, 517, 518
最判平成20年7月4日判時2028号32頁・金判1318号60頁・金法1858号46頁〔セブン・イレブン・オープンアカウント事件〕···················· 211, 213, 335, 495, 501
東京高決平成20年9月17日判時2049号21頁〔ほっかほっか亭仮処分事件〕········ 286, 287, 365, 434
静岡地浜松支判平成20年10月27日平成17年(ワ)第459号, 平成17年(ワ)第464号, 平成18年(ワ)第244号〔創庫生活館事件〕 ·· 21, 169
最決平成20年11月25日民集62巻10号2507頁 ···························· 498

〔21年〕

大津地判平成21年2月5日判時2071号76頁〔シャトレーゼ事件〕 ··············· 23, 27, 28, 177
東京地判平成21年3月9日判時2037号35頁〔労働者派遣事業 FC 事件〕······· 213, 419, 431, 530, 531
仙台高決平成21年3月24日平成20年(ラ)第75号〔コンビニFC文書提出命令申立事件〕········ 492
公取委命令平成21年6月22日平成21年(措)第8号〔セブン・イレブン見切り販売事件〕········ 451
東京高判平成21年8月25日 LEX/DB06420449〔セブン・イレブン・オープンアカウント差戻事件〕
··· 342, 501
東京地判平成21年11月18日判タ1326号224頁・LLI06430657〔関塾事件〕 ······· 274, 275, 408, 418
仙台高判平成21年11月26日判タ1339号113頁〔コンビニ・リロケイト物件事件〕··· 21, 24, 26, 28, 52, 187
東京地判平成21年12月24日判時2101号137頁 ···························· 533
東京高判平成21年12月25日平成21年(ネ)第1043号〔フジオフードシステム事件〕······· 27, 197
神戸地尼崎支決平成21年12月28日平成21年(モ)第1056号〔イタリアン・トマト事件〕······· 507

〔22年〕

大阪地判平成22年1月25日判タ1320号136頁〔アルファ事件〕 ··············· 213, 427
東京地判平成22年2月25日2010WLJPCA02258008 ······················ 424
最判平成22年3月25日判タ1327号71頁 ··································· 423
東京地判平成22年5月11日判タ1331号159頁〔ほっかほっか亭事件〕 ······· 276, 379, 442
大阪地判平成22年5月12日判タ1331号139頁 ···························· 213
京都地判平成22年5月25日判時2081号144頁 ·························· 537, 538
大阪地判平成22年5月27日判時2088号103頁〔ニコニコキッチン事件〕 ······· 23, 205, 417
大阪地判平成22年6月8日 LLI06550324 ·································· 314

東京地判平成22年7月9日判時2086号144頁〔クレープハウス　ユニ・ピーアール事件〕········514
東京地判平成22年7月14日判時2095号59頁〔不二家事件〕··524
東京高判平成22年8月25日判時2101号131頁〔エイエスピー事件〕·······························532
大阪地判平成22年10月21日 LLI06550549··314
知財高判平成22年12月8日平成22年(行ケ)第10013号··250

〔23年〕
大阪地判平成23年4月28日 LLI06650209···314
福岡地判平成23年9月15日判時2133号80頁···459

■編者

西口　元（にしぐち　はじめ）
前橋地方裁判所部総括判事

奈良輝久（なら　てるひさ）
弁護士　四樹総合法律会計事務所

若松　亮（わかまつ　りょう）
弁護士　四樹総合法律会計事務所

判例ハンドブック
フランチャイズ契約

2012年3月21日　初版第1刷印刷
2012年4月5日　初版第1刷発行

｜廃止　検印｜　　©編者　西　口　　　元
　　　　　　　　　　　　奈　良　輝　久
　　　　　　　　　　　　若　松　　　亮
　　　　　　　　　　発行者　逸　見　慎　一

発行所　東京都文京区　株式　青林書院
　　　　本郷6丁目4の7　会社
振替口座　00110-9-16920／電話03(3815)5897〜8／郵便番号113-0033
http://www.seirin.co.jp

印刷・星野精版印刷㈱／落丁・乱丁本はお取替え致します。
Printed in Japan　ISBN978-4-417-01559-8

JCOPY 〈(社)出版者著作権管理機構　委託出版物〉
本書の無断複写は著作権法上での例外を除き禁じられています。複写される場合は、そのつど事前に、(社)出版者著作権管理機構（電話03-3513-6969, FAX 03-3513-6979, e-mail:info@jcopy.or.jp）の許諾を得てください。